国学经典之

四书品读

赵华伦◎主编

商務印書館
国际有限公司

图书在版编目（CIP）数据

国学经典之四书品读 / 赵华伦主编. —2 版. —北京：商务印书馆国际有限公司，2015.7（2016.9 重印）

ISBN 978-7-5176-0140-1

Ⅰ. ①国… Ⅱ. ①赵… Ⅲ. ①儒家②四书－注释③四书－译文
Ⅳ. ① B222.14

中国版本图书馆 CIP 数据核字 (2015) 第 133686 号

国学经典之四书品读

主　　编　赵华伦
出版发行　商务印书馆国际有限公司
　　　　　（地址 北京市东城区史家胡同甲 24 号 邮编 100010）
　　　　　（总编室电话 010-65592876　市场营销部电话 010-65598498）
经　　销　全国新华书店
印　　刷　北京汇林印务有限公司
开　　本　710mm×1000mm 1/16
印　　张　37.75
字　　数　500 千字
版　　次　2016 年 9 月第 2 版第 4 次印刷
书　　号　ISBN 978-7-5176-0140-1
定　　价　50.00 元

前言

国学有广义与狭义之分。广义的国学，即胡适先生所说的“中国的一切过去的历史文化”，思想、学术、文学艺术、术数方技等均包括其中；狭义的国学，则主要指意识形态层面的传统思想文化，它是国学的核心内涵，是国学本质属性的集中体现。儒家的思想文化被公认为是国学中最重要的内容之一，是中国人，尤其是古代中国人约束自己的思想和行为的准则，它对中国人人格心理的铸造产生了不可估量的影响。

《四书》即《大学》《中庸》《论语》《孟子》，是儒家思想文化的集大成者。据称，它们分别出自早期儒家的四位代表人物曾参、子思、孔子、孟子，故称《四子书》或《四子》，也简称为《四书》。其中，《论语》《孟子》分别是孔子、孟子及其学生的言论集，《大学》《中庸》则是《礼记》中的两篇。首次把它们编辑在一起的是南宋著名学者朱熹。不过，早在朱熹之前，北宋著名教育家程颢、程颐兄弟已大力提倡研读这几部书了。他们认为，《大学》是孔子讲授“初学入德之门”的要籍，经孔子的学生曾参整理成文；《中庸》是“孔门传授心法”之书，是孔子的孙子子思“笔之于书，以授孟子”的。这两部书与《论语》《孟子》一起集中反映了儒学的基本思想体系，是研究儒学的最重要的文献。正是根据程颢、程颐的观点，朱熹把《论语》《孟子》《大学》《中庸》这四部书编辑在一起，并分别为这四部书作了注释。其中，《大学》《中庸》的注释称为“章句”；《论语》《孟子》的注释因为引用他人的说法较多，故称为“集注”。值得一提的是，朱熹所编辑的《四书》的次序本来是《大学》《论语》《孟子》《中庸》，是按由浅入深地进行研读的思路排列的。后人因为《大学》《中庸》的篇幅较短，为了刻写出版的方便，便把《中庸》提到《论语》之前，形成了现在通行的《大学》《中庸》《论语》《孟子》的顺序。

《大学》原是《礼记》中的一篇，在南宋前从未单独刊印。相传它是孔子弟子曾参所作。从唐代韩愈、李翱维护道统而推崇《大学》，至北宋程颢、程颐对《大学》极力褒奖和宣扬，甚至称"《大学》，孔氏之遗书而初学入德之门也"，再到南宋朱熹继承二程的思想，把《大学》与《论语》《孟子》《中庸》相提并论，并亲自撰写《四书章句集注》，自此，《大学》便成了《四书》之一，而且朱熹还把《大学》列为《四书》之首。

《中庸》原来也是《礼记》中的一篇，一般认为它出自孔子的孙子子思之手，《史记·孔子世家》称"子思作《中庸》"。其传承的过程与《大学》极为相似。不过，现存的《中庸》已经经过秦代儒者的修改，所以每篇的表达方式已不同于《大学》，它不是取正文开头的两个字为题，而是撮取文章的中心内容为题。

《论语》是记载孔子及其学生言行的一部典籍。孔子（公元前551—前479），名丘，字仲尼，春秋时鲁国陬邑（今山东曲阜）人，儒家学派的创始人，中国古代最著名的思想家、政治家、教育家，对中国思想文化的发展有极其深远的影响。《论语》成书于春秋战国之际，由孔子的弟子及其再传弟子记录和整理。《论语》涉及哲学、政治、经济、教育、文艺等诸多方面，内容非常丰富，是儒学最主要的经典。在表达上，《论语》语言精练，形象生动，是语录体散文的典范。在编排上，《论语》没有严格的编纂体例，每一条就是一章，集章为篇，篇、章之间并无紧密联系，只是大致归类，并有重复章节出现。

《孟子》是记载孟子及其学生言行的一部典籍。孟子（约公元前390—前323），名轲，字子舆，战国中期邹国（今山东邹县东南）人，著名的思想家、政治家、教育家，孔子学说的继承者。南宋孝宗时，朱熹所编的《四书》收入了《孟子》，把《孟子》提到了很高的地位。元、明以后，《孟子》成为科举考试的内容，于是成了读书人的必读书。和孔子一样，孟子也曾带领学生游历魏、齐、宋、鲁、滕、薛等国，并一度担任过齐宣王的客卿。由于他的政治主张也与孔子的一样不被重视，所以他便回到家乡聚徒讲学，与学生万章等人著书立说。《史记·孟子荀卿列传》中载：（孟子）"序《诗》《书》，述仲尼之意，作《孟子》七篇。"东汉著名经学家赵岐在《〈孟子〉题辞》中把《孟子》与《论语》相提并论，认为《孟子》是"拟圣而作"。所以，尽管《汉书·艺文志》仅把《孟子》放在"诸子略"中，将其视为子书，但实际上在汉代人的心目中，《孟子》已被视为是辅助"经书"的"传书"

了。到五代后蜀时，后蜀主孟昶令人楷书十一经，其中包括了《孟子》，由此，《孟子》开始被列入“经书”。

有人把《四书》与西方的《圣经》相提并论，认为它是东方的“圣经”。的确，无论从其流传的广度，还是从其对于中国人人格心理的铸造所产生的影响等来看，这种比拟都是毫不为过的，而这也正是我们编纂此书并期待国人，尤其是广大的青少年学生能够阅读和喜爱本书之动因所在。

本书内容主要由引语、原文、注释、译文四部分组成。其中注释主要包括难字难词的注音释义和人物、典章制度的介绍等内容。译文在忠实原文的前提下努力做到“达”和“雅”。

我们相信，阅读此书，读者可以更系统、更全面、更深入地学习、了解和领会博大精深的儒家思想文化，从而使中国的这一宝贵的文化遗产得以传承并且发扬光大。

在本书付梓之际，特向刘墨菊、苏培芬、吴峥、夏杉等先生表示衷心的感谢！在本书编纂过程中，他们向编委会提供了许多宝贵的资料和中肯的建议，并且在繁忙的工作之余积极参与了初稿的校订和审阅。

古往今来，各类研究、介绍、鉴赏《四书》的作品林林总总、纷繁杂然。我们所编写的这本《四书品读》，不仅通俗易懂，并可雅俗共赏，是一部集阐释、研读和鉴赏于一体的佳作。然而，惟《四书》之博大精深及编纂工作之浩繁，尽管我们已倾注全力，但书中仍难免会存在错误与遗憾，诚望广大读者不吝指正，以便使本书不断完善。

目录

大学

中　庸

论　语

孟　子

大 学

《大学》——大学者，以其记博学可以为政也。

——汉·郑玄

引 言

《大学》原本是《礼记》中的一篇，宋代人把它从《礼记》中抽出来，与《论语》《孟子》《中庸》相配合，到朱熹撰《四书章句集注》时，便成了“四书”之一。

按朱熹和宋代另一位著名学者程颐的看法，《大学》是孔子及其门徒留下来的遗书，是儒学的入门读物。所以，朱熹把它列为“四书”之首。

朱熹又认为收在《礼记》中的《大学》本子有错乱，便把它重新编排了一番，分为“经”和“传”两个部分。其中“经”一章，是孔子的原话，由孔子的学生曾子记录，是基本的观点；“传”十章，是曾子对“经”的理解和阐述，由曾子的学生记录。这样一编排，便有了我们今天所见到的《大学》版本。

《大学》就是“大人之学”。“大人”有两种含义：一是指成年之人，可以在社会上立足，因此需要知书明理，通晓人生之道；二是指充实而有光辉的伟大人格，可以在社会上表现道德芳表，修己治人，风动草偃，以平天下为最高目标。这两种含义并不冲突，却有先后顺序。所以《大学》主张：“自天子以至于庶人，壹是皆以修身为本。”

全书融伦理、哲学与政治于一体，着重阐述了个人修养与社会政治的关系，提出了宋儒称作“三纲领”和“八条目”的理论思想。“三纲领”和“八条目”是儒家实现“内圣外王”的根本方法。“内圣”意即“内求于己”，也就是“八条目”所说的“格物、致知、诚意、正心、修身”；“外王”表示“外用于世”，指的是“八条目”中的“齐家、治国、平天下”。孟子说，“穷则独善其身，达则兼善天下”，正是表达了“内圣外王”的精义所在，其主要的思想源自于《大学》的“经”。

第一章 《大学》“经文”

【本章引语】

《大学》本是《礼》中的一篇，北宋程颐、南宋朱熹将其单独提出，并为其分章。朱熹依据程颐的定本，分《大学》为《经》一章，《传》十章。“经”是基本观点，“传”是对经的解释、阐述，本书就按此分章。大学，是大人之学。这本书中说的都是大人修已治人的大道理，故书名为《大学》。而“明明德”“亲民”“止于至善”被称为《大学》的三纲领。格物、致知、诚意、正心、修身、齐家、治国、平天下，被称为《大学》的八条目。只有依次完成这八项条目，才能明明德于天下，人人都作新民，达到最完善的道德境界和“王道”（政治清明的社会）。可见“三纲”“八目”的重要性。

【程子提示】

子程子①曰：“《大学》，孔氏②之遗书，而初学入德之门也。于今可见古人为学次第③者，独赖此篇之存，而《论》④《孟》⑤次之。学者必由是而学焉，则庶乎其不差矣。”

【注释】

①子程子：前一个“子”，意为夫子、老师；后一个“子”，是对古代男子的尊称，意为先生。程子（1033—1107），名颐，字正叔，后世学者尊称为伊川先生，北宋著名哲学家、教育家。他与其兄程颢同从师于著名学者周敦颐，并共同继承和发扬了周敦颐的理学思想（周敦颐在儒家哲学上，建立了“无极而太极”的本体论。他认为世界的本原是实有而非物、本无而不空的绝对体。这个绝对体演生阴阳而生五行，五行生成万物。其学术思想来源于对《周易》思想的研究，用《周易》之易理来解释宇宙万

物），遂成为北宋理学的奠基人，世称“二程”。②孔氏：指孔子。孔子（公元前551—公元前479），名丘，字仲尼，春秋末期鲁国（今山东曲阜）人，我国历史上最伟大的思想家、教育家，儒家学说的创始人。他自述自己提升心境的过程说：“吾十有五而志于学，三十而立，四十而不惑，五十而知天命，六十而耳顺，七十而从心所欲不逾矩。”孔子少时贫贱，故“多能鄙事”。孔子好学，相传曾问礼于老聃，学乐于苌弘，学琴于师襄等人。年轻时从事政治活动，因为政绩突出，50岁时被升任为鲁国司寇，摄行宰相事务。晚年率弟子周游宋、卫、蔡、陈、齐、楚等国，但没能实现自己的政治抱负。到公元前484年（哀公十一年）六十八岁时，返回鲁国后致力于教育，学生多达三千人，并整理《诗》《书》《礼》，删修《春秋》，研习《易经》。现存《论语》记录了孔子的主要事迹及其言行，是研究孔子学说的主要资料。③次第：次序。④论：即《论语》，是孔子言行的汇编，由孔门弟子及再传弟子整理而成，采用的主要是语录体和问答体。今本计一万二千七百余字，共二十篇。其所阐述的思想，渗透到哲学、文化、文学、教育、伦理、历史、政治等领域。⑤孟：即《孟子》，是孟轲及弟子的论著。孟轲（约公元前390—前305年），战国时邹（今山东邹城）人。父早卒，少时的教育得力于母亲，“孟母三迁”“断机教子”的故事至今广为流传。成年后师从孔子的孙子子思的门人，他以孔学继承者自居，对百年前的孔子非常崇敬，自称“乃所愿，则学孔子也”，表示以孔子的思想言行为榜样。志愿宏大，自认担负着平治天下的历史任务，“如欲平治天下，当今之世，舍我其谁哉？”为推行自己的政治思想，历游齐、宋、滕、魏诸国，曾任齐宣王的客卿。历史上将孔、孟并称，即所谓“孔孟”之道。

【译文】

夫子程颐先生说：“《大学》是孔子所遗留下来的书籍，是开始学习知识的人进入道德修养的入门典籍。如今的人们可以看到古人做学问的先后次序，特别要依赖这篇《大学》的存在，其次才是《论语》和《孟子》。学习知识的人沿着《大学》这本书学起，那就差不多了，不会有错的。”

【原文】

大学之道①，在明明德②，在亲民③，在止于至善④。

【注释】

①大学之道：即大学的道理。大学，君子之学。道，儒家的重要思想范畴，一般指道理、原理、原则、纲领，也指一个人的人生观、世界观、政治主张或者思想体系。古人八岁入小学，主学识文应对之事，十五岁入大学，学习做人以及治国平天下的大道理。②明明德：前一个“明”作动词，意思是表明、彰明；后一个“明”为形容词，意为光明的，可以引申为美好的、善良的。儒家认为，人生来便具有善良的德性，即“明德”，人们因为后天受到物欲的蒙惑，受到个人偏狭气质的约束，使明德受到抑制，此句即是说人应该通过教化，通过自身修习，使自身的美好品德重新显露、发扬出来。③亲民：亲，前人有两种解释。朱熹作“新”讲，指革新除旧的意思。民，是指天下的人。亲民，是说天下的人不但要自明其德，还要推己及人，使之去其旧污，做一个“新民”。④止于至善：达到至善的境地。止，即达到、做到之意；至善，善的最完美形式，即最善。此句是说，人对自己达到了“明明德”，对人做到了“亲民”，就达到了最善的人生境界。

【译文】

《大学》中做学问的道理，在于彰显出自身天赋所固有的完美德性，然后用这种完美德性来革新民心，从而达到最完美的境地。

【原文】

知止而后有定[①]，定而后能静，静而后能安，安而后能虑，虑而后能得[②]。物有本末[③]，事有终始，知所先后[④]，则近道矣。

【注释】

①知止：能够知道所应该达到的地步，即指至善的境地。定，确定的志向。②得：得到、获得，指达到至善的境界。《孟子·告子上》：“心之官则思，思则得之，不思则不得也。”③物有本末：指事物有根本和末节，也用来比喻事物的先后、主次关系。④知所先后：知道和把握道德修养的先后次序。

【译文】

知道所要达到的完美境地，内心才能够有确定的志向；有了确定的志向之后，才能够做到内心的宁静而不妄动；做到了内心不妄动之后，才能够达到安稳的心态；有了安稳的心态之后，才能够行事思虑周密；行事思虑周密之后，才能够达到最完美的境地。事物都有其根本和末节，事情都有其开始与终结，能够知道这其中的先后次序，那么也就接近于《大学》所讲的道理了。

【原文】

古之欲明明德于天下者，先治其国①；欲治其国者，先齐其家②；欲齐其家者，先修其身③；欲修其身者，先正其心④；欲正其心者，先诚其意⑤；欲诚其意者，先致其知⑥，致知在格物⑦。

【注释】

①国：指各诸侯国。②齐其家：管理好自己的家室、家庭。齐，整治。家，大夫之家，也指有血缘关系的家庭。③修其身：修养陶冶自身的品德。④正其心：端正自己的内心，指去除邪念，做到内心的清明。⑤诚其意：指心意诚实不自欺。诚，诚实。意，意念，亦即内心的思想倾向。⑥先致其知：首先使认识达到极致，指充分发挥思想意识的作用。⑦致知：获得知识或获得认识。格物：探究事物的原理，即通过与事物的深入接触，从而获得事物中所蕴涵的深刻道理。格，达到、至。

【译文】

古时，想要把自身的美好德性彰显于天下的人，首先要治理好自己的国家；想要治理好自己的国家，首先要管理好自己的家庭；想要管理好自己的家庭，首先要提高自身的道德修养；想要提高自身的道德修养，首先要端正自己的心志；想要端正自己的心志，首先要使自己的意念真诚；想要使自己的意念真诚，就要先获得知识，要获得知识就要穷究事物的根本道理。

【原文】

物格而后知至①，知至而后意诚，意诚而后心正，心正而后身修，身修而后家齐，家齐而后国治，国治而后天下平。

【注释】

①知至：认识明确，即对事物的道理有了根本的认识，并非指绝对真理。

【译文】

穷究事物中的根本道理之后，才能够达到认识的透彻；达到认识的透彻之后，才能够达到意念的真诚；达到意念的真诚之后，才能够做到内心的端正；做到内心的端正之后，才能够提高自身的修养；提高了自身的修养之后，才能够使家庭安定；做到家庭安定之后，才能够使国家得以治理；国家治理好之后，天下就可以太平了。

【原文】

自天子以至于庶人①，壹是②皆以修身为本。其本乱③而末治者否矣④，其所厚⑤者薄，而其所薄者厚，未之有⑥也！

【注释】

①天子：古称统治天下的君主，以君权神授，秉承天意而治理人民。庶人：百姓，平民，春秋时期指从事农业生产的人，古时泛指没有爵位（或官职）的平民，即老百姓。②壹是：全部，一切。③本乱：自身的道德修养败坏了。④否矣：不可能。⑤厚：尊重、重视。其反义为“薄”，即轻薄、轻视的意思。此处所说“厚、薄”指的是重视程度的轻重。⑥未之有：即“未有之”，没有过。

【译文】

从天子到普通老百姓，一切都要以修养自身作为根本。一个自身道德修养败坏的人，却要他做到治理好家庭、国家，以至使天下太平，是不可能的；把切近的修身、齐家看得不重要而高谈治国平天下，这样的道理，是从来没有的。

【朱熹提示】

右经[①]一章，盖[②]孔子之言，而曾子[③]述之，凡二百五字。其传[④]十章，则曾子之意而门人记之也。旧本颇有错简[⑤]，今因[⑥]程子所定，而更考经文，别为序次如左[⑦]，凡千五百四十六字。

【注释】

①右：前面的。经：经典，作为典范的书。汉代起将孔子以及其他儒家的一些著作称之为“经”或“经典”。②盖：大约，大概。③曾子：即曾参（公元前505—前436年），字子舆，孔子著名弟子。④传：即传记，此处为解释经文的文字。《大学》第二章至十一章为传。⑤错简：古代的“书”是写在竹简上按次序串联编成的，竹简前后次序错乱即为错简。后用来形容文字颠倒错乱。简，指竹片。⑥因：依照，根据。⑦原文竖排，故为“左”，现改为横排，应为“下”或“后”。下同。

【译文】

朱熹说，前面是经文的一篇，大概是孔子的言论，由曾参口述的，共二百零五字。以后十章的传文是曾参的见解，由曾参的学生记录下来的。旧书中多有文字错乱颠倒的地方，现在依照程子的校正，重新考证经文，按以下章节确定次序，共一千五百四十六字。

第二章　释“明明德”

【本章引语】

这是“传”文的头一章（篇），阐述或解释“明明德”的思想。《大学》“传”文阐述“经”文多以引用古书上的句子来完成的。“传”文是曾参对孔子“经”文的解释，并由曾参的学生记录下来的。“明明德”是“经”文的三纲之一，也是《大学》思想的根本。

【原文】

《康诰》[①]曰：“克明德[②]。”《大甲》[③]曰：“顾是天之明命[④]。”《帝典》[⑤]曰：“克明峻德[⑥]。”皆[⑦]自明也。

【注释】

①《康诰》：《尚书·周书》中的篇名。《尚书》就是上古之书，远古之书，原称《书》，又称《书经》，是周代以前的重要历史文献和部分追述古代事迹著作的汇编，也是我国最早的一部史书，分虞书、夏书、商书、周书四个部分。周公平定武庚的叛乱后封康叔于殷地。康诰，是周公封康叔时所作的文诰。诰，告示、告诫。②克明德：原句为“惟乃丕显考文王，克明德慎罚”，是赞扬周文王的话。克，能够。明，崇尚。③《大甲》：《尚书·商书》中的篇名。④顾是天之明命：原句为“伊尹作书曰，先王顾是天之明命，以承上下神祇”，是商代大臣伊尹告诫太甲的话。意为要重视此上天所赋予的光辉使命。顾，重视。明命，光辉的使命。⑤《帝典》：即《尧典》，《尚书·虞书》中的篇名。⑥克明峻德：原句为“帝典曰若稽古帝尧……克明俊德，以亲九族”。峻，《尚书》作“俊”，意为广大、崇高。⑦皆：指上面所引的几段文字。

【译文】

《康诰》上说："（周文王）能够彰明本有的德性。"《大甲》上说："（成汤）应该重视此上天所赋予的光辉使命。"《帝典》上说："（若稽）能够发扬崇高的德性。"这都是说要由自己弘扬原有的美德。

【朱熹提示】

右传之首章，释"明明德"。

【译文】

朱熹说，前面一段是传文的头一章，解释的是"明明德"。

第三章　释“新民”

【本章引语】

释“新民”是在说明“作新民”的重要性。商汤在沐盆上刻文辞用来警示自己，告诫后代，目的就是不断清除自身习染的私欲，修养自身，提高品质；如周文王承受天命来治理国家更新法度，使人民个个自新一样；使有德的君子和天子都能坚持不懈地追求尽善尽美的至高境界。

【原文】

汤①之《盘铭》②曰：“苟日新，日日新，又日新③。”《康诰》曰：“作新民④。”《诗》⑤曰：“周虽旧邦，其命惟新⑥。”是故，君子无所不用其极⑦。

【注释】

①汤：即成汤，商朝开国之君。子姓，名履，伐夏桀灭夏朝，建立商朝，是儒家称颂的圣王。②《盘铭》：成汤刻在沐盆上用来警示自己的文辞。盘，沐盆。铭，铭刻在器皿上用以警示的文辞。③苟日新，日日新，又日新：意思是说假如一天能够自新，则应该天天自新，不可间断。苟，假如、倘若。新，指洗去身体上的污垢，焕然一新，引申为品德修养上的弃旧图新。④作新民：意为振作精神，做一个新的人。作，振作、鼓励。原句为“己，汝惟小子，乃服惟弘王，应保殷民。亦惟助王宅天命，作新民”。⑤《诗》：即《诗经》，我国第一部诗歌总集。先秦称作《诗》或《诗三百》，汉代儒家把它奉为经典，始称《诗经》。共收入西周初年到春秋中叶大约五百多年间的诗歌三百零五篇，按照乐调不同，分为“风”“雅”“颂”三个部分，反映了西周初年至春秋中期的整个社会风貌。⑥周虽旧邦，其命惟新：出自《诗经·大雅·文王》篇，是赞美周文王的诗句，意为周朝虽然是一个古老的诸侯邦国，但它承受的天命

却是要使国家更新法度，使人民个个自新。⑦无所不用其极：无论处于什么环境，无不尽心竭力去追求，以达到完善。极，顶点。

【译文】

商汤在沐盆上刻着警示自己的文辞说："假若有一天自己能够把习染的污垢洗净，焕然一新，就应该天天焕然一新，每天都焕然一新。"《康诰》上说："要鼓励人们除旧布新。"《诗经》中说："周朝虽然是旧诸侯邦国，到文王却能够承受天命，自我更新。"因此，君子无论处在何时何地，都应该努力达到尽善尽美的境界。

【朱熹提示】

右传之二章，释"新民"。

第四章 释“止于至善”

【本章引语】

“止于至善”是《大学》的核心思想。本章曾参引用了《诗经》的句子，首先用孔子借鸟以警示人的话，告诉人们：每个人都应该以至善作为自己的人生目标，即以追求高尚的道德品质来完善自己。以周文王为典范推及到国家、社会的方方面面，即为人君，止于仁；为人臣，止于敬；为人子，止于孝；为人父，止于慈；与国人交，止于信。这些都是我国传统道德中可借鉴和扬弃（上下尊卑）的部分。其中“信”是重要纽带，是“至善”的普遍要求，也是维护社会稳定的人际关系和社会秩序的基石。其次，以卫武公品性和讲求学问等美德，说明明德达于至善时的具体表现，即精研求学如切如磋，品德修养如琢如磨，待人接物态度谨慎，仪表端庄威严，令人敬慕，从而达到人们不能忘记他的境地，这也是儒家德政学说的宗旨。君子的一言一行应当作人们的榜样，用以感化人民，发挥典范的教育作用。最后再以周文王和周武王的功业德泽惠于后世为引，要人们学习前王。在《论语·学而篇》中，曾子曰：“慎终追远，民德归厚矣！”其中“慎终”指孝道；“追远”就是虔诚静穆地追念历代祖先的贤德，用以提高自己的修养品德。“民德归厚”意思是老百姓的道德就会日趋忠厚老实了，人们就能安居乐业，所以前君王“贤其贤而亲其亲”自然是后世贤君的榜样，后人都很怀念前王，可见前王施行“德政”的影响多么深远。

【原文】

《诗》云：“邦畿千里，惟民所止①。”《诗》云：“缗蛮黄鸟，止于丘隅②。”子③曰：“于④止，知其所止，可以人而不如鸟乎！”《诗》云：“穆穆文王，于缉熙敬止⑤。”为人君，止于仁；为人臣，止于敬；为人子，止于孝；为人父，止于慈；与国人交，止于信。

【注释】

①邦畿（jī）千里，惟民所止：出自《诗经·商颂·玄鸟》篇，原是一篇祭祀时所唱的诗，叙述了殷商始祖契诞生的传说，成汤建立王业，武丁中兴的功绩。邦畿，古代诸侯分封的国家。畿，国都周围的地域。止，居住。此句意为，国都周围千里，都是百姓所居之处。②缗（mín）蛮黄鸟，止于丘隅：出自《诗经·小雅·缗蛮》篇，是行役二人对唱的诗。缗蛮，即绵蛮，鸟的鸣叫声。丘隅，多树的山。止，栖息。此句意为，唧唧喳喳的小黄鸟，栖息在山角林中。③子：即孔子。④于：叹词。⑤穆穆文王，于缉熙敬止：出自《诗经·大雅·文王》。穆穆，仪态美好、态度端庄恭敬的样子。文王，即周文王。姓姬，名昌，西周开国之君周武王的父亲，是孔子认为的古代圣贤之一。缉，继续。熙，光明之意。敬止：敬，恭敬谨慎；止，至、停止。

【译文】

《诗经》上说："国都附近方圆千里，是百姓所居住之处。"《诗经》上说："唧唧喳喳的黄鸟儿，喜欢停息在那多树的山上。"孔子说："啊，黄鸟都知道它应该栖息的地方，人怎么可以比不上鸟儿呢！"《诗经》上说："仪态美好，态度端庄恭敬的文王，发扬自己光明正大的美德，恭敬谨慎地达于至善的境界。"文王作为国君做到仁爱；为臣子做到恭敬谨慎；为人子做到孝顺；为人父亲做到慈爱；与国人交往做到坚守诚信。

【原文】

《诗》云："瞻彼淇澳，绿竹猗猗。有斐君子，如切如磋，如琢如磨。瑟兮僩兮，赫兮喧兮。有斐君子，终不可諠兮①。""如切如磋"者，道学②也；"如琢如磨"者，自修③也；"瑟兮僩兮"者，恂栗④也；"赫兮喧兮"者，威仪⑤也；"有斐君子，终不可諠兮"者，道盛德至善⑥，民之不能忘也。

【注释】

①"《诗》云"句：出自《诗经·卫风·淇澳》篇，主要是赞美卫武公品德好，学问好，有才华。瞻，看望、注视。淇，水名，在今河南省北部。澳，水边的弯曲处。猗

猗，植物茂盛的样子。斐，文采。如切如磋，如琢如磨：《尔雅·释器》：“骨谓之切，象谓之磋，玉谓之琢，石谓之磨。”比喻人研究学问和磨炼品性的功夫。切，切割；磋，磨光；琢，雕琢。瑟，庄重。僩（xiàn），胸怀开阔。赫，显耀。喧，通“煊”，盛大的样子。諠（xuān），忘记、遗忘。②道学：道，言、说。学，研习、讨论。③自修：自我反省。④恂栗（xúnlì）：形容因恐惧而发抖。这里指谦恭谨慎的样子。⑤威仪：仪表威严。⑥道盛德至善：指君子的道德高尚达到了至善的境地。

【译文】

《诗经》中说：“看那淇水弯曲的岸边，碧绿的竹子多么美好而茂盛。有个有文采的风流君子，讲求学问就像那切磋后的骨器，修养德性就像雕磨过的玉石。他的仪态庄重而坚毅，品德光明而坦荡。这样有文采的风流君子，让人永远也不能忘记。”

“如切如磋”，是在说君子精研求学；“如琢如磨”，是在说君子磨炼品性；“瑟兮僩兮”，是在说君子态度谨慎；“赫兮喧兮”，是说君子仪表威严。“有斐君子，终不可諠兮”，是说君子的品德高尚达到了至善的境界，人们当然难以忘记他。

【原文】

《诗》云：“於戏！前王不忘①。”君子贤其贤而亲其亲②，小人乐其乐而利其利③，此以没世不忘也④。

【注释】

①於戏，前王不忘：出自《诗经·周颂·烈文》篇。是成王祭祀祖先时戒勉诸侯的诗。於戏（wūhū），叹词。前王，指周文王和周武王。此句是赞叹前世圣王的德泽流传深远，使人不能忘怀之意。②君子贤其贤而亲其亲：君子即贵族，这里指后世贤君。贤其贤，前“贤”字作动词，意为尊贵、敬重，后“贤”字为名词，指贤明的君子。亲其亲，前“亲”字作动词，意为亲爱、亲近，后“亲”字为名词，指亲属、亲族。③小人乐其乐而利其利：小人，这里指后世的百姓。乐其乐，前“乐”字为动词，意为以贤王之乐为快乐。利其利，前“利”字为动词，意为获得利益或得到实惠。④此以：因此，所以。没世：一辈子，终身。

【译文】

《诗经》上说："呜呼！前代贤王的美德，让人一辈子难以忘怀。"那是因为后世的贤王都能效法前王，尊重前王那样的贤明君子，亲近前王那样的亲人；百姓享受到前王给他们带来的快乐，又能得到前王给予的恩泽。因此，前代贤王永垂青史，人们终不会忘记他们。

【朱熹提示】

右传之三章，释"止于至善"。

第五章　释“本末”

【本章引语】

这一章是由阐述如何解决争讼来推论出如何才叫“知本”的问题。孔子认为最好是没有诉讼发生，但这只是一种美好愿望，实际上是不可能的。曾子认为应该使当权者具有美德，以身作则，感化民众，这样民心敬服美德，诉讼自然就会减少。经文上所说的“本末”，也就是知本，知道根本，即听讼为末，无讼为本。这一点是可取的。

【原文】

子曰：“听讼，吾犹人也，必也使无讼乎①！”无情②者，不得尽其辞③。大畏民志④，此谓知本⑤。

【注释】

①“子曰”句：出自《论语·颜渊》。听，听取。讼，诉讼。犹人，指和别人一样。必也使无讼乎，指最好是没有诉讼发生。这是因为儒家注重以礼教感化人心，使人人自觉向善，从而达到整个社会的和谐发展。②情：指真实情况。③尽其辞：尽情陈述虚诞不实之辞。④民志：民心。⑤知本：知道道理的根本。

【译文】

孔子说：“听取诉讼或审理案件，我同别人的本事差不多。重要的是让人们没有诉讼案件发生！”使那些隐瞒实情的人不敢编造谎词来控告别人，要使人们做好自身修养，民心敬服美德，这就叫做知道根本。

【朱熹提示】

右传之四章，释“本末”。

第六章　释“格物致知”

【本章引语】

本章主要阐述朱熹的补文，朱熹曰：“此句之上，别有阙文，此特其结语耳。”意指上面必有话要说，大概是古人流传时遗漏了，所以他按照他本人和程子的观点，在“此谓知本，此谓知之至也”句后补了一段文字，解释了经文中“格物致知”的问题。因为“格物致知”是《大学》中“八目”的基础，格物致知就是说要认识事物的现象，极力探求事物的本质道理，即要达到认识的至高境界。所以朱熹认为“格物致知”之义的传文虽是补文，但对于后人学习和理解《大学》原文的完整性是大有裨益的。朱熹十分推崇“格物致知”，它是朱熹理学思想的核心。

【原文】

此谓知本①，此谓知之至也②。

【注释】

①此谓知本：这一句与上文重复，程子认为是“衍文”。②此谓知之至也：这叫做达到了认识的极致。

【译文】

这就是认识根本的道理，也就是达到了认识的最高境界了。

【朱熹补文】

右传之五章，盖释格物、致知之义，而今亡矣①。闲尝②窃③取程子之意以补

之，曰："所谓致知在格物者，言欲至吾之知，在即物而穷其理也。盖人心之灵莫不有知，而天下之物莫不有理，惟于理有未穷，故其知有不尽也。是以《大学》始教，必使学者即凡天下之物，莫不因其已知之理而益穷之，以求至乎其极。至于用力之久，而一旦豁然贯通④焉，则众物之表里精粗⑤无不到，而吾心之全体大用无不明矣。此谓物格，此谓知之至也。"

【注释】

①亡矣：遗失了，缺失了。②闲：近来。尝：曾经。③窃：私自。④豁然贯通：猛然领悟、融会贯通其中的道理。⑤表里精粗：表，指事物的表面现象。里，指事物的本质。精，指大的道理。粗，指浅显的道理。

【译文】

朱熹说，上面一段是传文的第五章，是用来解释"格物致知"的含义的，然而"传"的原文现今已经遗失了。我近来私自采取了程子的意思，把它补充起来："经文中所说的致知在于格物的意思，是说我们想要达到认识的极致，在于根据每一事物而极力探求其中的道理。一般地说，人的头脑是灵敏的，没有一个不具有认识事物的能力，而天下的事物也无不包含着自身道理。只是对于这些道理有的人还没有穷尽，所以人们的认识才不全面。因此，《大学》首先教导人的是，一定要让学习者对于天下的事物，根据自己已经认识的道理，而进一步深入探求，以达到认识的极致。如果不断努力，一旦豁然领悟、融会贯通其中的道理，那么，一切事物的表象与内涵、微观与宏观，没有认识不到的，而我们的认识也就没有不明白的了。这就叫做认识事物，这就叫做认识的极致。"

第七章 释“诚意”

【本章引语】

这一章主要阐释思想和行动、君子与小人的关系。提出了慎独的思想，即要求君子不要自己欺骗自己，而理应使自己的意念诚实。因为思想和行动是不可分割的，对于不正确的念头要承认、反省、改正，否则会失之毫厘，差之千里，铸成行动上的大错。对于君子与小人的关系，在《论语·述而篇》中，子曰：“君子坦荡荡，小人长戚戚。”孔子认为，作为君子，应当有宽广的胸怀，可以容忍别人，容纳各种事件，不计个人利害得失。而小人则是心胸狭窄，与人为难、与己为难，时常忧愁，局促不安，这样就不可能成为君子。所以小人伪善，君子坦荡，这也就说明了“诚意”“慎独”的重要性。

【原文】

所谓诚其意①者，毋②自欺也，如恶恶臭③，如好好色④。此之谓自谦⑤，故君子必慎其独⑥也。

【注释】

①诚其意：使意念诚实。诚，使动用法。②毋（wú）：不要。③恶恶臭：前一个“恶（wù）”是动词，意为讨厌、厌恶。恶（è）臭，污秽的意思。④好好色：前一个“好（hào）”为动词，意为喜好、喜欢。后一个“好（hǎo）”为形容词，美丽、漂亮的意思。色，女色、女子。好好色，喜欢美丽的女子。⑤谦：同“慊（qiè）”，满足、满意。⑥慎其独：即慎独，儒家要求的君子修养之一，指一个人在独处时也一定要小心谨慎。

【译文】

所谓使自己的意念诚实，就是说不要自己欺骗自己，就像碰到污秽的臭气就厌恶，碰到美丽的女子就喜欢一样。这就叫做自己满足，所以有道德的人，必须谨慎地对待自己在独处时的行为。

【原文】

小人[1]闲居[2]为不善，无所不至，见君子而后厌然[3]，掩其不善[4]，而著其善[5]。人之视己，如见其肺肝然，则何益[6]矣？此谓诚于中[7]，形于外，故君子必慎其独也。

【注释】

①小人：坏人，自身修养不高的人。②闲居：这里指独处之时或没有人的时候。③厌（yā）然：遮遮掩掩，见不得人的样子。厌，堵塞，掩藏。④掩其不善：掩，掩藏、掩饰。意思是小人虽为不善，但一见到君子，就觉察到了自己行为的不好，所以要把自己不善的一面掩藏起来。⑤著其善：把好的地方显露出来。著，使之显露、明显。⑥何益：有什么好处。⑦诚于中：心中意念真诚。

【译文】

小人在没有人的时候，容易做坏事，什么坏事都做得出来；当遇到有道德的人时，他们就会遮遮掩掩的，将自己不好的方面掩藏起来，而将好的方面显露出来。别人看他的伪善，就像看到了他的肺肝一样，那么掩饰又有什么益处呢？这就叫人的内心意念真诚，一定会在外表上表露出来，所以有道德的人，必须谨慎地对待自己在独处时的行为。

【原文】

曾子曰："十目所视，十手所指，其[1]严乎！"富润屋，德润身[2]，心广体胖[3]，故君子必诚其意。

【注释】

①其：通"岂"，难道不。②富润屋，德润身：润，滋润，引申为修饰、装饰。意思是拥有富贵可以使房屋华丽，具有道德可以修身养性。③心广体胖（pán）：胖，安适舒坦。意思是心胸开阔，才会使身体安适舒坦。

【译文】

曾子说:“一个人若是被很多双眼睛盯着,很多只手指着,这难道不是严峻可畏的事情吗?”财富可以用来装饰房屋,道德能够用来修身养性,这样胸襟开阔,才会使身体安适舒坦,所以有道德修养的人必须使自己的意念真诚。

【朱熹提示】

右传之六章,释“诚意”。

第八章　释“正心修身”

【本章引语】

本章主要阐释了“修身”在于“正心”，即要提高自身的品德修养关键在于端正自己的心志。人能够认知外物，但认识要正确，关键是先要正心，即心要端正。若受到了外界喜怒哀乐等情感的影响，就会心神不集中，产生偏差，就会失去自身认知事物的功能，产生视而不见、听而不闻、食而不知其味的弊端。讲述修身，却不从身子入手，而从正心入手，因为古人认为“心之官则思”，认为心是统驭人行为的中枢，是身子的主宰。要正心，却不先忙着正心，而首先努力去从“意”上用功，因为古人认为“意”主宰心，只有当心的主宰——“意”诚笃了，才会使一切由“意”所发出的想法没有半点虚饰伪装。在《论语·雍也篇》中，子曰：“知者乐水，仁者乐山；知者动，仁者静；知者乐，仁者寿。”提出了“仁者静”，意思是仁德者性好静。好静就是静心，就是不为物欲所蔽，保持心灵的安静。静心才能修身养性。

【原文】

所谓修身在正其心者：身有所忿懥①，则不得其正；有所恐惧②，则不得其正；有所好乐③，则不得其正；有所忧患④，则不得其正。

心不在焉⑤，视而不见，听而不闻，食而不知其味。此谓修身在正其心。

【注释】

①忿懥（fèn zhì）：懥，愤懑、愤怒。②恐惧：害怕，畏惧。③好乐：喜好，欢乐。④忧患：忧虑，担心。⑤心不在焉：焉，谦辞用法，言“于此”，即在这里。意思是心思不在这里，比喻用心不专注。

【译文】

所谓提高自身的品德修养，关键在于端正自己的心志。当人心里有了愤怒，则心志就不能端正；心里有了畏惧，心志就不能端正；心里有了特殊的喜好，心志就不能端正；心里有了忧虑，心志就不能端正。

若心思不集中，眼睛看着的东西就像没有看见，耳朵听着的声音就像没有听到，嘴里吃着东西却没有辨出什么滋味。这就叫做修养自身品德在于端正自己的心志。

【朱熹提示】

右传之七章，释“正心修身”。

第九章 释"修身齐家"

【本章引语】

本章阐述了修身与齐家的关系。格物、致知、诚意、正心是修身的方法，而修身的目的是为了齐家、治国、平天下，故修身是根本。但由于人们自身所处环境、受教育程度等不同，对自己在思想上的喜好、厌恶等的认识就会出现偏私及任性。故谚有之曰："人莫知其子之恶，莫知其苗之硕。"可谓一针见血，指出了人们内心深处的痼疾，那就是：偏私和贪婪。所以，要整治好家庭，关键在于修养好自身的品德。

中华民族自古以来非常重视自身的道德品德修养，把社会的规范变为人们的道德品质，化为自觉的行动。曾子说："吾日三省吾身。"（《论语·学而篇》）荀子说："君子博学而日参省乎已，则知明而行无过矣。"（《荀子·劝学篇》）孔子从十五岁开始，力学五十有五年，修养道德，终于成为圣人。他自觉承担起教育社会的责任，培养三千多弟子，七十二贤人，晚年更删《诗》《书》，序《周易》，定《礼》《乐》，作《春秋》，对保存和传播古代文化作出了伟大的贡献。周公以道德修身，尽事君之道，武王患疾，他向上天祷告，愿以身代。他辅佐成王，"一沐三握发，一饭三吐哺"，勤于王事。孟子的"养吾浩然之气"，苏武囚于匈奴十九年，守节不屈，文天祥杀身成仁，舍生取义。范仲淹专注于修身，具有"先天下之忧而忧，后天下之乐而乐""居庙堂之高则忧其民，处江湖之远则忧其君""不以物喜，不以己悲"的博大胸怀（《岳阳楼记》）。此外，所有这些"富贵不能淫，贫贱不能移，威武不能屈"的伟大人格力量，都是从不断的修身中得来的。由此可知，修身在八条目中处于根本和关键的地位。"金无足赤，人无完人"，只要有坦荡的胸襟，关爱每一个人，在家庭中，人心都会向着他。

【原文】

所谓齐其家在修其身者，人之其所亲爱而辟[①]焉，之其所贱恶[②]而辟焉，之其所畏敬[③]而辟焉，之其所哀矜[④]而辟焉，之其所敖惰[⑤]而辟焉。故好而知其恶，恶而知其美者，天下鲜矣。故谚有之曰："人莫知其子之恶，莫知其苗之硕[⑥]。"此谓身不修不可以齐其家。

【注释】

①之：同"于"用法，意为"对于"。辟：偏见。②贱恶：看不起别人和厌恶别人。③畏敬：害怕而敬重。④哀矜：同情和怜惜别人。⑤敖惰：骄傲和懒惰。⑥人莫知其子之恶，莫知其苗之硕：意思是说，人对于自己的子女总是偏爱的，因为过分溺爱而不知道他们的坏处；人对于自己所种下的禾苗也总是偏爱的，因为偏爱而希望它们茁壮成长，所以总是觉得自家的禾苗长得不茂盛。硕，原指头大，引申为大。这里是茂盛的意思。

【译文】

所谓整治自己的家庭在于修养自身的品德，是因为人们对于自己所亲爱的人往往会有偏爱，对于自己所讨厌的人往往会有偏恶，对于自己所敬畏的人往往会有偏敬，对于自己所同情的人往往会有偏护，对于自己所轻视的人往往会有偏见。所以说喜欢一个人，同时又知道他的不足，厌恶一个人，同时又知道他的优点，能做到这样的人天下少有啊！因此俗话说："人们都不知道自己孩子的坏处，不知道自家禾苗的茂盛。"这就是说人们不修养好自身的品德，就不能够整治好自己的家庭。

【朱熹提示】

右传之八章，释"修身齐家"。

第十章　释“齐家治国”

【本章引语】

本章主要阐释了“齐家”与“治国”的本末关系。在古代，我国是一个以小农经济为主体的国家，家庭就是国家和社会的细胞，所以，治国必须从治家开始。在《论语·为政篇》中，子曰：“为政以德，譬如北辰，居其所而众星共之。”意思是当政者以道德教化来治理国政，就像北极星那样，自己安居于一定的方位，而其他众星都会井然有序地环绕在它的周围。“为政以德”强调道德对政治生活的决定作用，主张以道德教化为治国的原则。这是孔子学说中较有价值的部分，表明儒家治国的基本原则是“德治”，即仁爱、礼让、善行，然后推己及人，国家就可以安定。历史上也是如此，即“尧、舜帅天下以仁，而民从之”。齐家是治国的根本。本章引用《诗经》的三首诗发挥了齐家的思想，实际上是在弘扬儒家“和为贵”的精神。在《论语·学而篇》中，有子曰：“礼之用，和为贵。先王之道，斯为美，小大由之。”意思是礼的施行，以和谐为贵。古代君主的治国方法，最可贵的地方就在这里，不论大事小事都遵循这个道理。即也诠释了一句“家和万事兴”的道理。“和”是多样性的统一，是处理人与人、人与自然关系的基本原则，它也可化解矛盾和冲突。这对个人立身处世和国家处理国际关系都有重大意义。

【原文】

所谓治国必先齐其家者，其家不可教而能教人者无之。故君子不出家而成教①于国。孝②者所以事君也；弟③者所以事长④也；慈者所以使众也⑤。

《康诰》曰：“如保赤子⑥。”心诚求之，虽不中⑦，不远矣。未有学养子而后嫁者也。

【注释】

①成教：把教育、教化成功地推广。②孝：孝顺，孝道，儒家重要道德规范之一。③弟：同“悌（tì）”，旧注说：善事父母曰孝，善事兄长曰弟。儒家重要道德规范之一。④长：兄长，也可指上司、长官。⑤慈者所以使众也：慈，父母爱子女；使，役使。意思是如果君王爱民众像父母爱子女一样，那么君王就能使唤民众。⑥如保赤子：《尚书·康诰》篇中为“若保赤子”，是周成王告诫康叔的话，意思是爱护民众要像母亲养育婴儿一样。⑦中（zhòng）：符合。

【译文】

所谓治理好国家首先要整治好自己的家庭，连自己的家庭都没有整治好，而能教育好别人的人，是不存在的。所以君子不走出家庭也能成功地把教化推广到全国。家庭中所讲求的孝道，目的是用来侍奉国君；尊敬兄长，目的是用来侍奉长官；爱护子女，目的是用来役使民众。

《尚书·康诰》上说：“爱护民众要像母亲养育自己的婴儿一样。”内心真诚地去考虑养育婴儿的要求，即使不能完全符合婴儿的心意，也不会相差太远。生活中还没有见过先学习抚养婴儿然后才出嫁的女子。

【原文】

一家仁①，一国兴②仁；一家让③，一国兴让；一人贪戾④，一国作乱。其机⑤如此。此谓一言偾事⑥，一人⑦定国。

【注释】

①仁：儒家最重要的思想、道德范畴之一，这里指仁爱。②兴：兴起，兴盛。③让：谦逊，谦让。④贪戾（lì）：贪婪而行为乖张。⑤机：古代弩箭上的发动机关，意为关键。⑥偾（fèn）事：败坏大事。⑦一人：指国君。

【译文】

国君的一家实行仁爱，整个国家就会兴起仁爱之风；国君的一家实行谦恭礼让，整个国家就会兴起谦让之风；国君的一家贪婪暴戾，整个国家的民众就会犯上作乱。

国家治乱关键就是如此。这就是说国君一句话可以败坏大事，国君仁爱而又谦恭礼让可以安定整个国家。

【原文】

尧、舜①帅②天下以仁，而民从之；桀、纣③帅天下以暴，而民从之。其所令反其所好，而民不从。是故君子有诸己④而后求诸人，无诸己⑤而后非诸人。所藏⑥乎身不恕⑦，而能喻⑧诸人者，未之有也。故治国在齐其家。

【注释】

①尧舜：传说中父系氏族社会后期部落联盟中的两位首领，被历代认为是圣君。尧，号陶唐氏，名放勋，史称唐尧。舜，号有虞氏，名重华，史称虞舜。②帅：通“率”，率领、统帅。③桀纣：先古时代的两位暴君。桀，夏代最后一位君主，名履癸，以暴虐著称，为商汤所灭。纣，商代最后一位君主，也称帝辛，为周武王所灭。④有诸己：自己有善的地方。诸，对于。⑤无诸己：自己无邪恶的地方。⑥藏：积藏。⑦恕：即恕道，儒家重要道德范畴之一。儒家认为，“己所不欲，勿施于人”，意思是自己不愿意做的事情，也不去要求别人做，如此推己及人的品德即恕道。⑧喻：使人明白。

【译文】

尧舜用仁爱之心来治理天下，天下人也跟着做仁爱的事；桀纣以贪暴来统治天下，天下人也跟着变得贪暴。国君号召人民实行仁爱而自己却嗜好暴虐，人民是不会顺从的。所以品德高尚的君子首先要让自己具备美德，然后才能要求别人也具有这种美德；先要求自己没有恶行，然后才能要求别人远离恶行。自身有不合乎恕道的行为，却去教导别人讲求恕道，从来没有过这样的道理。所以要想治理好国家，首先要整治好自己的家庭。

【原文】

《诗》云：“桃之夭夭，其叶蓁蓁；之子于归，宜其家人①。”宜其家人，而后可以教国人。《诗》云：“宜兄宜弟②。”宜兄宜弟，而后可以教国人。《诗》云：“其仪不忒，正是四国③。”其为父子兄弟足法，而后民法之也。此谓治国在齐其家。

【注释】

①“《诗》云”句：出自《诗经·周南·桃夭》篇，是西周末东周初祝贺女子出嫁的诗。夭夭（yāo），美丽、姣好。蓁蓁（zhēn），茂盛的样子。之子于归，指姑娘要出嫁到夫家了。宜其家人，一定使他的家人友好和睦。②宜兄宜弟：出自《诗经·小雅·蓼萧》篇，是一首谢恩祝福的诗。此句意为与兄弟友爱和睦。③其仪不忒（tè），正是四国：出自《诗经·曹风·鸤鸠》篇，意为他的行为礼仪没有一点差错，就可以匡正诸侯国的人。仪，礼仪，这里指行为规范。忒，差错。

【译文】

《诗经》上说：“桃花开得妖娆美丽，树叶长得光润碧绿（茂盛）；姑娘就要出嫁到夫家了，她让一家人和睦欢愉。”只有使自己的家人和睦相处，然后才可以去教育国人。《诗经》上说：“兄弟之间要友爱和睦。”只有兄弟之间友爱和睦，然后才可以去教育国人。《诗经》上说：“他的行为礼仪没有一点差错，就可以匡正诸侯国的人。”他作为父亲讲慈爱，作为儿子懂孝顺，作为兄长讲友爱，作为弟弟讲尊敬，这些行为值得效法，然后人们都会去效法他。这就是治理好国家的关键在于先整治好自己的家庭。

【朱熹提示】

右传之九章，释“齐家治国”。

第十一章 释“治国平天下”

【本章引语】

本章阐释了治国平天下之道。首先提出了“絜矩之道”——即君子的言行要有道德准则。这是以人同此心，心同此理为前提。在《论语·颜渊篇》中，齐景公问政于孔子。孔子对曰：“君君、臣臣、父父、子子。”意思是做君主的要像君主的样，做臣子的要像臣子的样，做父亲的要像父亲的样，做儿子的要像儿子的样。这里强调并表达了儒家推崇的“名正”则“言顺”的礼制思想。其次，对“絜矩之道”进行了分析说明，所谓上下、前后、左右，方方面面都包括了。指出君子要会推己及人，将心比心，即“己欲立而立人，己欲达而达人，能近取譬，可谓仁之方也已”（《论语·雍也篇》），“己所不欲，勿施于人”（《论语·卫灵公篇》）的思想。接着，引用《诗经》的三首诗来说明得民心者得天下，失民心者失天下的道理。再以德行与财货、人才作比，指出治国有先后、本末之别，德为本，财为末，即君子爱财，取之有道，不能本末倒置。以德行服人，以德行举荐、任用贤人。再引用《秦誓》秦穆公的人才观，说明国君用人应以德为主，方能争得民心平天下。这就是儒家道德规范——“忠恕之道”。最后，讲义利的关系，指出治国平天下应有以散财于民为本，以仁义为利的君子风范，而不是有以积敛财富为本，以财利为利的小人之心。

【原文】

所谓平天下在治其国者，上老老[1]而民兴孝；上长长[2]而民兴弟；上恤孤[3]而民不倍[4]，是以君子有絜矩之道[5]也。

【注释】

①老老：意指赡养老人（自己的父母），即将老人当作老人来赡养。前一个“老”字为动词，赡养；后一个“老”字为名词，老人。②长长：意指敬重兄长，即将兄长当作兄长来敬重。前一个“长”为动词，敬重；后一个“长”字为名词，兄长。③恤孤：恤，体恤、周济。孤，幼年丧父为孤。④倍：同“背”，背弃、违背。⑤絜（xié）矩之道：儒家伦理思想之一，指君子的言行要有道德的准则。絜，衡量、审度。矩，制作方形物件的工具。

【译文】

所谓使天下太平，根本在于要治理好自己的国家，是说君王孝敬老人（自己的父母），在百姓中就会兴起孝道之风；君王敬重兄长，在百姓中就会兴起敬爱兄长之风；君王体恤爱惜孤幼，老百姓也就不会背道而行。这就是君子推己及人的絜矩之道——君子的言行要有道德准则。

【原文】

所恶①于上，毋②以使下；所恶于下，毋以事上。所恶于前，毋以先后；所恶于后，毋以从前；所恶于右，毋以交于左；所恶于左，毋以交于右。此之谓絜矩之道。

【注释】

①恶（wù）：厌恶，讨厌，憎恨。②毋：不要。

【译文】

我厌恶上级做令自己厌恶的事，就不应用来对待我的下级；下级做了令自己厌恶的事，就不应用来对待我的上级。前面的人做了令自己厌恶的事，就不应用来对待后来的人；后面的人做了令自己厌恶的事，就不应用来对待前面的人；右边的人做了令自己厌恶的事，不应以此来对待左边的人；左边的人做了令自己厌恶的事，不应以此来对待右边的人。这就是所说的絜矩之道——君子的言行要有道德准则。

【原文】

《诗》云："乐只君子，民之父母[1]。"民之所好，好之；民之所恶，恶之，此之谓民之父母。《诗》云："节彼南山，维石岩岩；赫赫师尹，民具尔瞻[2]。"有国者不可以不慎，辟，则为天下僇[3]矣。《诗》云："殷之未丧师，克配上帝。仪监于殷，峻命不易[4]。"道[5]得众则得国，失众则失国。

【注释】

①乐只君子，民之父母：出自《诗经·小雅·南山有台》篇，此篇是祝祷周王贤人的诗。意为快乐的君子，能与民同甘共苦，爱民如子，而民亦爱之如父母。乐，快乐、喜悦。只（zhǐ），语气助词，犹"哉"。②"《诗》云"句：出自《诗经·小雅·节南山》篇。这首诗是西周幽王时代讽刺执政太师尹氏的。节，高大的样子。南山，指终南山。岩岩，山石堆积、高峻的样子。赫赫，威严的样子。师尹，指太师尹氏。太师为周代的三公之一。具，同"俱"。瞻，注视、看。③僇（lù）：通"戮"，杀戮。④"《诗》云"句：出自《诗经·大雅·文王》。此诗为祭文王而作，歌颂文王能恭顺天命。殷，商代的另称。丧师，丧失众人。克，能。配，符合。仪监于殷，意为应以失败的殷商为借鉴。仪监，原诗为"宜监"，宜以……为鉴。峻命不易，指崇高的天命是不容易保持的。峻，高大。⑤道：指"絜矩之道"。

【译文】

《诗经》上说："欢乐的君子，是天下民众的父母。"民众所喜欢的事情，他就喜欢，民众所厌恶的事情，他也厌恶，这才配称民众的父母。《诗经》上说："那高大的终南山啊，层峦叠嶂多么险峻；高大威严的尹太师啊，人民都仰望着你。"统治国家的人，不可以不谨慎从事，若有所偏私，就会被天下人所诛戮了。《诗经》上说："殷朝还没有失去民心的时候，还能够符合上天的旨意。我们应以殷商的兴亡为教训，明白崇高的天命是不容易保持的。"这就是说，统治者得到民心的拥护，就会保有国家，失去民心的拥护，就会失去国家。

【原文】

是故君子先慎乎德[1]。有德此[2]有人[3]，有人此有土[4]，有土此有财，有财此有用[5]。德者，本也；财者，末也。外本内末[6]，争民施夺[7]。是故财聚则民散，财散则民聚。是故言[8]悖[9]而出者，亦悖而入；货悖而入者，亦悖而出。

【注释】

①先慎乎德：先要谨慎地遵守道德，也就是要注重道德修养。②此：这样。③有人：指得到众人的拥护，即得到民心。④有土：指拥有整个国家。⑤有用：指可供国家之财用。⑥外本内末：将根本当作外，将末节当作内，意指轻视道德，重视财物，即主次颠倒。外，疏远。内，亲近。⑦争民：与民争利的意思。施夺：施行掠夺。⑧言：言语。⑨悖：逆，意指不合道理。

【译文】

因此，君子首先应该谨慎地注重道德修养。有了道德，就自然能得到民众的归附，有了民众就自然能拥有土地，拥有了土地就能拥有财富，拥有财富就自然能供给国家的用度。道德是根本，财富是末节。如果国君表面重道德而内心重财富，就会与民争利，甚至强取豪夺。因此，财富虽然聚集于国君，民心却离散了；若财富分散于民众，那么民心就会聚集（依附在国君的周围）。因此，对别人说话不合道理，别人也一定会用不合道理的言语来回敬你；财富的聚散不合道理的人，也一定会被人以不合道理的手段掠夺走。

【原文】

《康诰》[1]曰："惟命不于常[2]。"道善则得之，不善则失之矣。

《楚书》[3]曰："楚国无以为宝，惟善以为宝。"

舅犯[4]曰："亡人无以为宝，仁亲以为宝[5]。"

【注释】

①《康诰》：《尚书》中的篇名。②惟命不于常：唯独天命是无常的。惟，唯独、只有。命，天命。③《楚书》：指《国语·楚书》，楚昭王时史书。《楚书》中记载：楚昭王派王孙圉到晋国行聘礼，晋国赵简子问起楚国的国宝白珩璧玉之事。王孙圉回答说，楚国并不以白珩璧玉为宝，而是以观射父、左史倚这样德才兼备的善人为宝。这个故事说明楚国能够以德为本，以财货为末。事见《国语·楚语》，汉代刘向的《新

序》中也有类似的记载。④舅犯：晋文公（姓姬，名重耳，晋献公次子）母舅狐偃，字子犯。⑤亡人无以为宝，仁亲以为宝：亡人，流亡在外之人，这里指晋文公重耳。重耳是春秋时晋国国君，晋献公的儿子。因晋献公听信谗言，欲立幼子为嗣，逼迫太子申生自缢而死，公子重耳被迫逃亡十九年，舅子犯随行。晋献公去世，秦穆公派人劝说重耳趁机归国即位，重耳以此事告母舅，子犯以为不可，遂以此言告之（公元前636—前628年晋文公在位。任用贤才，救宋破楚，辅助周襄王并从此挟天子以令诸侯。晋文公是春秋时期有作为的政治家，著名的霸主之一。事见《礼记·檀弓下》）。这件事说明公子重耳能以仁爱为本，而以权位为末。

【译文】

《康诰》上说："唯独天命是无常的。"是说君主行善道就能保有天命，不行善道就会失去天命。

《国语·楚书》中说："楚国没有什么宝，只是把善当作宝贝。"

舅犯说："流亡在外的人没有什么可以当作宝贝，只是把仁爱当作宝贝。"

【原文】

《秦誓》[①]曰："若有一介臣，断断[②]兮无他技，其心休休[③]焉，其如有容焉。人之有技，若已有之，人之彦圣[④]，其心好之，不啻[⑤]若自其口出。实[⑥]能容之，以能保我子孙黎民，尚亦有利哉。人之有技，媢[⑦]疾以恶之，人之彦圣，而违之俾不通[⑧]，实不能容，以不能保我子孙黎民，亦曰殆[⑨]哉！"

【注释】

①《秦誓》：指《尚书·周书·秦誓》。春秋时期秦穆公伐郑，在崤地被晋国打败，归国后作此誓词以告诫群臣。誓言中通篇为悔过之词，这里所引的话就是秦穆公有关用人的经验。②断断：诚恳的样子。③休休：善良宽厚的样子。④彦圣：指德才兼备的君子。彦，美好。圣，明。⑤不啻（chì）：不但，不仅，不只。⑥实：实在。《尚书》作"是"。⑦媢（mào）：嫉妒。⑧违之俾（bǐ）不通：故意压制使他不被任用。违，故意压制别人。俾，使。⑨殆：危险。

【译文】

《秦誓》上说："如果有这样一个臣子，为人诚恳老实却没有其他本领，但他心胸宽广而能容纳人。人家有了技艺，就像他自己有技艺一样，人家有才有德，他心里就十分喜欢，不只是在口头上加以称赞，而是心里能真正容纳人，因此用这样的人能保护我的子孙和百姓，而且能为我的子孙、百姓谋取利益。如果别人有技艺，他就嫉妒、讨厌，别人有才有美德，他就设法故意压制使别人不被任用，心里也不能容纳他人，要是重用了这样的人，就不能保护我的子孙和百姓，也可说是太危险了！"

【原文】

唯仁人放流之①，迸诸四夷②，不与同中国③。此谓唯仁人为能爱人，能恶人。见贤而不能举④，举而不能先，命⑤也。见不善而不能退，退而不能远，过也。好人之所恶，恶人之所好，是谓拂⑥人之性，菑必逮夫身⑦。是故君子有大道，必忠信以得之，骄泰⑧以失之。

【注释】

①放流之：流放，放逐。之，指前面所述不能容人之人。②迸（bǐng）诸四夷：驱逐到边远的夷狄的地方去。迸，通"屏"，驱逐。四夷，东夷、西戎、南蛮、北狄合称为四夷，是古代我国中原地区的人对周边地区的贬称。因其经济、文化相对于中原地区的国家落后，谓之不开化，缺乏教养，不知书达礼，素有"华夷之辨"的区分。夷，对古代东方少数民族部落的蔑称。③中国：全国的中心地区。古代汉族多生活在黄河流域，故称其地为"中国"，其意与"中原""中土"等称谓相同。④举：推荐，任用。⑤命：郑玄认为应作"慢"，即轻慢、怠慢的意思。⑥拂：违反。⑦菑必逮夫身：灾祸必然惹到自己身上来。菑，古作"灾"。逮，危及、降临。⑧骄泰：骄恣放纵。骄，骄傲。泰，恣肆。

【译文】

只有仁德的国君才能够流放那种嫉贤妒能的人，把他们驱逐到蛮夷之地，不让他们与贤能的人一起住在中国境内。这就是说只有仁德的人，才懂得喜爱好人，憎恨坏人。

国君遇到了贤才却不能推荐他，即使推荐了也不能尽早地重用他，这就是怠慢了。遇到不贤的人却不能黜退他，即使黜退了却不能远离他，这就是罪过了。喜欢人们所憎恶的人，憎恶人们所喜欢的人，这就是说违背了人的本性，灾害一定会降临在自己身上。因此，上位的君子要具有絜矩之道，必须凭借忠诚信实才能获得它，如果骄傲自大、恣肆放纵，就会失掉它。

【原文】

生财有大道，生之者众，食之者寡，为之者疾①，用之者舒②，则财恒足矣。仁者以财发身③，不仁者以身发财。未有上好仁而下不好义④者也，未有好义其事不终⑤者也，未有府库⑥财非其财者也。

【注释】

①疾：迅速，迅疾，不误农时。②舒：舒缓，适当，量入为出。③以财发身：散财以修身。发，发达、发起。④义：正义，指思想行为合乎一定的道德准则。⑤终：完成，成功。⑥府库：即国库，古代国家收藏财货的地方。

【译文】

积累财富有重要的原则，从事创造财富的人多，消耗财富的人少，掌管财富的人勤快，耗用财富的人节俭，这样国家的财富就可以经常保持充足了。

有仁德的人，散财于民使自身获得好的名声，没有仁德的人舍去自身的名声来聚敛财富。没有君主崇尚仁德而百姓却不爱好道义的，没有坚持道义而事情办不成功的，没有国库里的财物不是属于国君的。

【原文】

孟献子①曰："畜马乘②，不察于鸡豚③；伐冰之家④，不畜牛羊；百乘⑤之家，不畜聚敛之臣。与其有聚敛之臣，宁有盗臣⑥。"此谓国不以利为利，以义为利也。

【注释】

①孟献子：姓仲孙，名蔑，春秋时鲁国大夫。鲁襄公时卒。②畜马乘：指有车一

乘的士大夫。畜，通“蓄”，养。乘，用四匹马拉的车。古时一车四马为一乘。③不察于鸡豚：意为做了大夫的人，不应该料理养鸡养猪的小事了。察，查看、关注。豚，小猪，这里泛指猪。④伐冰之家：古代卿大夫之家，丧祭时能用冰来保存死者遗体。伐，凿。⑤乘：每乘拥有四匹马拉的兵车一辆，车上甲士3人，车下步卒72人，后勤人员25人，共计100人。⑥盗臣：盗窃府库钱财的臣子。

【译文】

孟献子说：“能够有车一乘的大夫之家，就不该去关注饲养这样的小事了；能够享用凿冰丧祭的卿大夫家庭，就不必通过饲养牲畜来与民争利了；拥有百乘和封邑采地的大国之卿，不必养只顾聚敛财富的家臣了。与其有这样的家臣，还不如有会偷盗的臣子。”这就是说，一个国家不能以财货为根本利益，要以仁义为根本利益。

【原文】

长[①]国家而务[②]财用者，必自小人矣。彼[③]为善之，小人之使为国家，灾害并至，虽有善者，亦无如之何[④]矣！此谓国不以利为利，以义为利也。

【注释】

①长：成为国家之长，即君王。②务：专心。③彼：指统治国家的君王。④无如之何：无法对付，无法挽救。

【译文】

作为一个治理国家的君王而成为专务聚敛财富的人，必定是误用小人了。小人善于聚敛财富，由小人去治理国家，那么天灾人祸将一并降临，即使有贤能的人，也没有什么办法了！这就是说，国家不应该以财货为根本利益，而应以仁义为根本利益。

【朱熹提示】

右传之十章，释“治国平天下”。凡[①]传十章：前四章统论纲领指趣[②]；后六章细论条目功夫[③]。其第五章乃明善之要。第六章乃诚身之本，在初学尤为当务之急。读者不可以其近[④]而忽之也。

【注释】

①凡：共，总计。②统论纲领指趣：指全面论述总纲的宗旨。统，全面的意思。纲领，总纲。指趣，宗旨。③条目：细目。功夫：素养，工力。④近：这里指“浅近”。

【译文】

朱熹说，上面一段是传文的第十章，解释的是“治国平天下”。传文总计为十章：前四章全面论述总纲的宗旨，后六章详细论述细目和应该着力之所在。其中的第五章阐述的是“至善”的要领。第六章阐述的是“修身诚意”的根本，对于初学者而言，实在是当务之急。读者不要因为浅近而把它忽视了。

附录一　曾参简介

曾参，字子舆，约生于公元前505年，卒于公元前435年，春秋末年鲁国南武城（今山东省平邑县）人，孔子晚年著名弟子，为“孔门十哲”之一。在《论语》中记载的孔子弟子，一般都称字，只有曾参和有若全部尊称为子。据此，有很多专家、学者认为《论语》一书是由曾参和有若的弟子所记录而成。

曾参之先祖为夏少康之子曲烈，封于甑，经四代而至曾参。曾参父曾皙（名点，字子皙）也是孔子的弟子，曾皙以“莫春者，春服既成，冠者五六人，童子六七人，浴乎沂，风乎舞雩，咏而归”（《论语·先进篇》）的洒脱志向而得到孔子赞许，谓“吾与点也”。孔子之所以赞赏曾皙的主张，是因为曾皙用形象的方法描绘了礼乐之治下的和谐景象，体现了“仁”和“礼”的治国原则，也正是他所要追寻的那种政治清明的理想社会。

公元前505年（鲁定公五年），曾参出生时，正值鲁国宰相季孙氏家臣阳虎囚季桓子而专权于鲁政。阳虎欲见孔子，孔子不见，阳虎送孔子豚，孔子趁其不在家时拜谢，结果途中相遇，阳虎劝孔子出仕，孔子答应了却未出仕，可见当时国家动乱不堪。曾参的家境并不富裕，早年亲自劳作。他小孔子46岁，是孔子晚年的学生。其为人性格内向，处事谨慎小心，态度谦虚，性情沉静，思维比较迟钝，被孔子认为“参也鲁（迟钝）”（《论语·先进篇》）。

虽然曾参思维比较迟钝，但是其性情沉静，悟性极高，在《论语·里仁篇》中记载，子曰：“参乎！吾道一以贯之。”曾子曰：“唯。”子出。门人问曰：“何谓也？”曾子曰：“夫子之道，忠恕而已矣。”意思是：孔子说：“参啊，我讲的学说是由一个基本的思想贯彻始终的。”曾子说：“是。”孔子出去之后，学生们便问曾子：“这话是什么意思？”曾子说：“老师的学说，就是忠、恕两个字罢了。”可见，孔子“一

以贯之”的“忠恕之道”——忠指“己欲立而立人，己欲达而达人”；恕指“己所不欲，勿施于人”。这可以说是孔子发明的，它是处理人们之间关系的一条准则，可以消除别人对自己的怨恨，缓和人际关系，安定当时的社会秩序，但却是由曾参首先揭示出来的。这也是儒家伦理的一个特色，对后人影响很大。

曾参一生非常注意修身，具有大丈夫性格。在《论语·学而篇》中记载，曾子曰：“吾日三省吾身：为人谋而不忠乎？与朋友交而不信乎？传不习乎？”意思是我每天多次自我反省：替别人谋划办事是否尽心竭力了呢？与朋友交往是不是做到诚实相待了呢？老师传授给我的学业是否认真复习了？这段话他提出了“反省内求”的修养办法，不断检查自己的言行，使自己具备完美的理想人格，还提出了“忠”和“信”的范畴。忠的特点是一个“尽”字，办事尽力，死而后已。“信”的含义有二，一是信任，二是信用。其内容是诚实不欺，用来处理上下等级和朋友之间的关系，“信”特别与言论有关，表示说真话，说话算数，一言九鼎。这是一个人立身处世的基石。

曾参还具有君子风范。在《论语·泰伯篇》中记载，曾子曰：“士不可以不弘毅，任重而道远。仁以为己任，不亦重乎？死而后已，不亦远乎？”意思是：士人不可以不刚强果断，因为他责任重大，道路遥远。把实现仁德作为自己的责任，难道还不重大吗？奋斗终身才停止，难道路程还不遥远吗？更重要的是“可以托六尺之孤，可以寄百里之命，临大节而不可夺”，意思是：可以把年幼的君主托付给他，可以把国家的政令托付给他，面临重大事情而不动摇他的志向。这样的人是君子吗？这样的人是君子。同时，他又主张“君子思不出其位”（《论语·宪问篇》），考虑问题不要越出自己的地位，这不仅是为君之道，也是从政之道。

曾参也是一个重视道德、讲究礼仪的人。曾子借用《诗经》里的“战战兢兢，如临深渊，如履薄冰”三句，来说明自己一生谨慎小心，避免了伤害，能够对父母尽孝。据《孝经》记载，孔子曾对曾参说过：“身体发肤，受之父母，不敢毁伤，孝之始也。”就是说，一个孝子，应当极其爱护父母给予自己的身体，包括头发和皮肤都不能有所损伤，这就是孝的开始。曾子在临死前要他的弟子们看看自己的手脚，以表白自己免于了祸害刑戮，是一生遵守孝道的。可见，“孝”在儒家的道德规范当中是多么重要。

曾参以“孝”著称，在《论语·学而篇》中记载，曾子曰：“慎终追远，民德归厚矣！”意思是：恭敬谨慎地办理父母的丧事，虔诚静穆地追念历代的祖先，老百姓的道德就会日趋忠厚老实了。《大戴礼记》中有“曾子本孝”“曾子立孝”“曾子大孝”“曾子事父母”等篇章记录生前敬事父母或死后葬祭礼仪等关于如何行孝的规定。

曾参提倡“和为贵”，即“犯而不校”（《论语·泰伯篇》），意思是：被人侵犯或冒犯却也不计较。又载曾子与孟敬子（鲁国大夫仲孙捷）在政治立场上是对立的。曾子在临死以前，还在试图改变孟敬子的态度，所以他说：“人之将死，其言也善。”这一方面表白他自己对孟敬子没有恶意，同时也告诉孟敬子，作为君子应当重视的三个方面：一是使自己的容貌庄重严肃，这样可以避免粗暴、放肆；二是使自己的脸色端正，这样就接近于诚信；三是使自己说话的言辞和语气谨慎小心，这样就可以避免粗野无礼。这些道理现在看起来，还是很有意义的，对于个人的道德修养与和谐的人际关系有重要的借鉴价值。

据《史记·仲尼弟子列传》中记载：“孔子以为能通孝道，故授之业。”据说，《大学》《孝经》就是曾参所著。《孝经》在汉代和《论语》一起升格为儒家经典。《汉书·艺文志》著录《曾子》18篇，一般认为《大戴礼记》中有10篇是从《曾子》而来，亦多是阐发“孝道”的。南宋时，朱熹将《大学》《中庸》《论语》《孟子》一起，合称“四书”。到明清两代，“四书”成为官方取士的教科书。

由于勤奋学习，曾参很快就学有所成，并且还谋到了官职。孔子去世后，曾参聚徒讲学，有不少弟子。孟子说他有弟子七十多人，相传孔子的思想由他传授给孔子的孙子子思，子思通过他的门人传给孟子，因此在儒家道统中具有重要位置。据《吕氏春秋》记载，吴起也是他的弟子。由于曾参收徒日众后，名声鹊起，齐国君想迎他为相，楚国君想迎他为令尹，晋国君想迎他为上卿，但都被他一概婉言辞谢，而专心致力于忠、孝、仁、义的学习和传授弟子的教学活动，终于成为一位著名的儒家大师。

曾参在孔子门下弟子中的地位原本不太高，没有选入“孔门十哲”之列，直到颜渊配享孔子后，他才被升为“十哲”之一。唐玄宗时追认为“笈伯”。中唐以后，随着孟子地位的上升，曾参的地位也随之步步升高。北宋徽宗时加封为“武城侯”，南宋度宗时加封为“笈国公”，元至顺元年加封为“郕国宗圣公”，到明世宗时改称为“宗圣”，在孔庙大成殿内配享孔子，地位仅次于“复圣”颜回而列第二。

附录二　《大学》重要研究著作

《小戴礼记·大学篇》　西汉·戴圣撰

《二程集·大学解》　宋·程颢、程颐撰

（《大学》本是《小戴礼记》中的一篇，宋代之前并不单行，宋人将其从《礼记》中抽出来才成为单行本。程颢、程颐兄弟将它整理编次，与《中庸》《论语》《孟子》合在一起，叫做《四书》。“四书”之名，肇始于此。）

《四书章句集注》　宋·朱熹撰

（朱熹是南宋的大理学家，他继承和发扬了“二程”的思想，倾其一生心血为《大学》《中庸》《论语》《孟子》作注，这就是著名的《四书章句集注》。对于《大学》，他用力尤多，直至去世前，仍在修改。经过朱熹的注释和阐述，《大学》与《小戴礼记·大学篇》的精神有所不同。《小戴礼记·大学篇》所反映的是秦汉之际儒学的政治观点，侧重于为政治民，治国平天下。）

中　庸

《中庸》——历选前圣之书，所以提挈纲维，开示缊奥，未有若是之明且尽者也。

——宋·朱熹

引　言

《中庸》原来也是《礼记》中的一篇，一般认为它出于孔子的孙子子思（前483—前402）之手。据《史记·孔子世家》记载，孔子的儿子名叫孔鲤，字伯鱼；伯鱼的儿子名叫孔伋，字子思。孔子去世后，儒家分为八派，子思是其中一派。荀子把子思和孟子看成是一派。从师承关系来看，子思学于孔子的得意弟子之一曾子，孟子又学于子思；从《中庸》和《孟子》的基本观点来看，也大体上是相同的，所以有“思孟学派”的说法。后代因此而尊称子思为“述圣”。

不过，现存的《中庸》已经经过秦代儒者的修改，大致写定于秦统一全国后不久。所以各篇方式已不同于《大学》，不是取正文开头的两个字为题，而是提取文章的中心内容为题了。

早在西汉时代就有专门解释《中庸》的著作，《汉书·艺文志》载录有《中庸说》二篇，以后各代关于这方面的著作相沿不绝。但影响最大的还是朱熹的《中庸章句》，他把《中庸》与《大学》《论语》《孟子》合在一起，使它成为“四书”之一，成为后世读书人求取功名的阶梯。

中庸释义：①不偏之谓中，不易之谓庸。中者，天下之定理。②其书始言一理，中散为万物，末复合为一理，放之则弥六合，卷之则退藏于密。

朱熹认为应“先读《大学》，以定其规模”，“后读《中庸》，以求古人微妙处”。《中庸》是致广大而尽精微的论述至诚之道。《大学》所论述的主要是三纲领（明德、亲民、至善）和八条目（格物、致知、诚意、正心、修身、齐家、治国、平天下）。《中庸》所阐述的则是以“诚”为实现中庸之道的最根本条件。孔子说：“德之不修，学之不讲，闻义不能徙，不善不能改，是吾忧也。”（《论语·述而篇》）由于当时正值春秋末年，天下大乱，孔子万分忧虑，将道

德修养、读书学习和知错即改三个方面的问题相提并论，在他看来，三者之间有内在联系，因为进行道德修养和学习，最重要的就是要能够及时改正自己的过失或“不善”，只有这样，修养才可以完善，知识才可以丰富。所谓的读经就是读好书和向圣人学习，而讲课则为阐述经典的义理。选读的儒家经典，应以《大学》《中庸》为主。《大学》实为博大的修学阶梯，而《中庸》则是精深的生命境界。

朱熹认为《中庸》“忧深言切，虑远说详”，“历选前圣之书，所以提挈纲维，开示缊奥，未有若是之明且尽者也”（《中庸章句·序》）。并且在《中庸章句》的开头引用程颐的话，强调《中庸》是“孔门传授心法”的著作，“放之则弥六合，卷之则退藏于密”，其味无穷，都是实用的学问。善于阅读的人只要仔细玩味，便可以终身受用不尽。

程颐的说法也许有些过头，但《中庸》的确内容丰富，不仅提出了“中庸”作为儒家的最高道德标准，而且还以此为基础讨论了一系列的问题，涉及到儒家学说的各个方面。所以，《中庸》被推崇为“实学”，被视为可供人们终身受用的经典，绝不是偶然的。

《中庸》对孔子“过犹不及”的思想作了进一步的发挥，认为不偏不倚是衡量一切道德行为的最高准则；也论述了达到中庸之道的条件和方法，“始合而开，其开也有渐。末后开而复合，其合也有渐”。同时，它结构严密，体例完整，是一篇逻辑严密、表达儒家哲学思想的论文。

《中庸》全书33章纲领

天命第一：概括《中庸》全旨，明心之“全体”“大用”。
君子中庸第二：释明君子中庸，小人反中庸。
中庸其至第三：慨叹中庸之德的不兴。
道之不行第四：说明道之不行的缘故。
道其不行第五：慨叹道之不行。
大知第六：言舜行道的方法。
予知第七：是言知之不易。
回之为人第八：赞美颜回的真知。
中庸不可能第九：言中庸之道的难以实行。
问强第十：言君子之强。
索隐第十一：言君子的入道方法。
费隐第十二：说明道的所在。申言首章道不可离的意义。
道不远人第十三：是言道的为用广大。
素位第十四：言道的实行。
行远第十五：申明行道必自近处着手。
鬼神第十六：申明道之所在。
大孝第十七：申言德的重要，举舜为证。
无忧第十八：言修德的重要，行道的方法。
达孝第十九：言武王周公的达孝。
问政第二十：综言道不可离，而诚为行天道人道的枢纽。
自诚明第二十一：言诚者诚之者的意义。申明天道人道的一贯。
尽性第二十二：言至诚尽性，可以赞天地的化育而参天地。
致曲第二十三：言唯至诚而后能化。

前知第二十四：言至诚如神，足征修为效验的神妙。

自成第二十五：申言诚者非但成己，又当成物。

无息第二十六：是言天地之道诚一不贰。

大哉第二十七：是言圣人之道峻极于天。

自用第二十八：不安于本分，便不胜其妄想。中庸明道，只是一“诚”而已。

三重第二十九：是言君子之道，以申居上不骄。

祖述第三十：言仲尼之道，犹如天地之道。

至圣第三十一：申言至圣之德，犹如川流。

经纶第三十二：申言至诚之道，以明大德敦化之意。

衣锦第三十三：反复叮咛，约言中庸全篇大要。

《中庸章句》序

朱 熹

【原文】中庸何为而作也？子思子忧道学之失其传而作也。盖自上古圣神继天立极，而道统之传有自来矣。其见于经，则“允执厥中”者，尧之所以授舜也；“人心惟危，道心惟微，惟精惟一，允执厥中”者，舜之所以授禹也。尧之一言，至矣，尽矣！而舜复益之以三言者，则所以明夫尧之一言，必如是而后可庶几也。

【译文】子思先生为什么要撰写《中庸》呢？他担心道学因历时久远失其真传而撰写的。原来从上古圣人、神人开始，他们继承天命，开创皇极，而道统的传授就发源于此了。中庸在经书中出现，那就是《论语·尧曰篇》中引《尚书》中的“允执厥中”这句话，这是尧用来传授给舜的。舜又拿“人心惟危，道心惟微，惟精惟一，允执厥中”这四句话传授给禹。尧的一句话，已经把中庸的精神概括无余了，而舜又增加了三句话，为什么呢？原来是用来阐明尧的一句话，必须这样，才差不多说得很完整了。

【原文】盖尝论之：心之虚灵知觉，一而已矣，而以为有人心、道心之异者，则以其或生于形气之私，或原于性命之正，而所以为知觉者不同，是以或危殆而不安，或微妙而难见耳。然人莫不有是形，故虽上智不能无人心，亦莫不有是性，故虽下愚不能无道心。二者杂于方寸之间，而不知所以治之，则危者愈危，微者愈微，而天理之公卒无以胜夫人欲之私矣。精则察夫二者之间而不杂也，一则守其本心之正而不离也。从事于斯，无少间断，必使道心常为一身之主，而人心每听命焉，则危者安、微者著，而动静云为自无过不及之差矣。

【译文】我曾对它加以论述：心的本体和心的美德，实质是一回事罢了。认为有人心、道心差异的人，这是因为有人认为它可能生成于形气的私，有人认为它本原于性命的正，因此形成内心的德的不同，所以有人以为危险而不安宁，有人以为深奥微妙而

难以见到。但人都是有形体的，所以即使是上等智慧的人，也不能没有人心，也不能没有这样的天性。所以虽然是下等的愚蠢人，也不能没有道心。人心和道心，交杂在人们心中，但不知怎么处理才好，那么就会导致危险的愈加危险，暗微的愈加暗微，而天理的公，终于不能战胜人欲的私了。精心审察人心、道心之间不相交杂，乃是专一守住它的本心之正而不离开。从事于修道心，没有丝毫的间断，必定使道心常常成为一身的主宰，而人心常常听道心的指挥和制约。这样做，危险的自然安宁，暗微的自然明显，而动静均能合度，就没有过和不及的差异了。

【原文】夫尧、舜、禹，天下之大圣也。以天下相传，天下之大事也。以天下之大圣，行天下之大事，而其授受之际，丁宁告戒，不过如此。则天下之理，岂有以加于此哉？自是以来，圣圣相承：若成汤、文、武之为君，皋陶、伊、傅、周、召之为臣，既皆以此而接夫道统之传，若吾夫子，则虽不得其位，而所以继往圣、开来学，其功反有贤于尧舜者。然当是时，见而知之者，惟颜氏、曾氏之传得其宗。及曾氏之再传，而复得夫子之孙子思，则去圣远而异端起矣。子思惧夫愈久而愈失其真也，于是推本尧舜以来相传之意，质以平日所闻父师之言，更互演绎，作为此书，以诏后之学者。盖其忧之也深，故其言之也切；其虑之也远，故其说之也详。其曰“天命率性”，则道心之谓也；其曰“择善固执”，则精一之谓也；其曰“君子时中”，则执中之谓也。世之相后，千有余年，而其言之不异，如合符节。历选前圣之书，所以提挈纲维、开示缊奥，未有若是之明且尽者也。自是而又再传以得孟氏，为能推明是书，以承先圣之统，及其没而遂失其传焉。则吾道之所寄，不越乎言语文字之间，而异端之说日新月盛，以至于老佛之徒出，则弥近理而大乱真矣。然而尚幸此书之不泯，故程夫子兄弟者出，得有所考，以续夫千载不传之绪；得有所据，以斥夫二家似是之非。盖子思之功于是为大，而微程夫子，则亦莫能因其语而得其心也。惜乎！其所以为说者不传，而凡石氏之所辑录，仅出于其门人之所记，是以大义虽明，而微言未析。至其门人所自为说，则虽颇详尽而多所发明，然倍其师说而淫于老佛者，亦有之矣。

【译文】尧、舜、禹是天下的大圣人。拿天下相禅让，这是天下的大事呀！以天下的大圣人，实行传授天下的大事，当他们之间传授和接受的时候，叮咛告诫，不过是“允执厥中”的中庸道理而已，可见这是最高的道理。天下的道理，有哪一个道理能够超过中庸的道理呢？从尧、舜、禹以来，圣人与圣人互相承袭，譬如商汤、文王、武王做君主，皋陶、伊尹、傅说、周公、召公做臣子，都用“允执厥中”的中庸之道来接受和继承道统的流传。像我们的先生孔子，他虽然不能得到天子的尊位，但他从中庸之道出发，继承圣人，开启后学，他的功业反而比尧、舜还要伟大。然而在当时，能亲见而亲知的人，只有颜回、曾参能够承传他的正宗。等到曾子的再传弟子，又到孔子的孙子子思，这时候，已离开圣人较远而异端学说兴起来了。子思恐怕时间愈久而愈失其真理，于是追源于尧、舜以来相传授的本意，用平日听到的父辈、师长的言论加以印证，互相推理，撰成《中庸》一书，用来教诲后来的学者。原来子思先生担忧中庸的失真很深，所以他的话特别恳切；他的思虑更加深远，所以他说的话特别详尽。他说“天命率性”，就是所谓的道心；他说“择善固执”，就是所谓求善精一；他说“君子时中”，就是所谓无过无不及而用其中。从此以后一千多年，他的话没有变异，好像符合凭证、信物等符节一样。选择历代圣贤的书，能够做到提纲挈领，开启、阐发深奥而蕴藏着的义理的，没有比《中庸》更明显而详尽的了。从此以后，由子思而再传到了孟轲，孟轲能够推广阐明这中庸之道，以继承先圣的道统。等到孟轲死后，中庸的道统便失传了。那么，我们道学的理论寄托，不能超越《中庸》一书的语言文字之间了。可是异端的学说，日新月盛，一天比一天发展，甚至于道教、佛教的传人出来，他们用似是而非的言论，大大地干扰了中庸的正道而乱其真。然而，值得庆幸的是《中庸》这部书没有泯灭。所以程颢、程颐先生两兄弟出来，能够有所考证，用来续承千年不传的道统；能够有所依据，用来斥责道、佛二家似是而非的谬论，由此回顾，子思对于续承道统的功劳是很大的了。而程颢、程颐先生，也还不能按照子思的话而掌握他的精神实质。尤为可惜的是程颢、程颐先生阐发中庸的论说没有流传下来，虽然有石先生辑录的《中庸集解》，那也仅仅出于他的学生的记录。所以中庸的大义虽然明确，而细节的探讨尚未能做到条分缕析。至于程颢、程颐先生的学生也各自立说，虽然有很多比较详尽的阐述和较多的创见，然而，违背他老师的说法，而倾向于道家和佛家的说教，也是有的。

【原文】熹自早岁即尝受读而窃疑之，沉潜反复，盖亦有年，一旦恍然似有以得其要领者，然后乃敢会众说而折其中，既为定著章句一篇，以俟后之君子。而一二同志复取石氏书，删其繁乱，名以《辑略》，且记所尝论辩取舍之意，别为《或问》，以附其后。然后此书之旨，支分节解，脉络贯通，详略相因，巨细毕举，而凡诸说之同异得失，亦得以曲畅旁通，而各极其趣。虽于道统之传，不敢妄议，然初学之士，或有取焉，则亦庶乎行远升高之一助云尔。

【译文】我早年就曾经接受诵读《中庸》，而私下有所疑惑；深沉地反复思考，也有好多年了。某天恍然大悟，好像得到了它的要领，于是才敢会集大家的说法而加以分析折衷，终于著成《中庸章句》一篇，用来等待后来的君子加以修正。再与一二志同道合的朋友，取石先生所编辑的《中庸集解》一书，删去它烦琐杂乱的地方，定名为《中庸辑略》，而且又把记录平时曾经论辩取舍的内容，别为《或问》一书，将它们附在《中庸章句》后面。这样，《中庸》这部书的要旨，支流分而节目解，脉络贯通，详略得当，大小道理全部包括在里面了。而所有各种说法的相同相异，所得所失，亦能够婉曲流畅，触类旁通，而各尽它的旨趣。虽然对于道统的流传，我不敢妄加议论，但对于初学的人，大概是有帮助的。那也差不多是为登高远行的人增添一点助力罢了！

【原文】淳熙己酉春三月戊申，新安朱熹序

【译文】南宋孝宗淳熙己酉（1189年）春三月戊申（十八日），新安朱熹序。

第一章 纲 领

【本章引语】

这是《中庸》的第一章，从道不可片刻离开引入话题，强调在《大学》里面也阐述过的“慎其独”问题，要求人们加强自觉性，真心诚意地顺着天赋的本性行事，按道的原则修养自身。

解决了上述思想问题后，本章才正面提出“中和”（即中庸）这一范畴，进入全篇的主题。

作为儒学的重要范畴之一，不同的人历来对“中庸”有各种各样的理解。本章是从情感的角度切入，对“中”“和”作正面的基本的解释。按照本章的意思，在一个人还没有表现出喜怒哀乐的情感时，心中是平静淡然的，所以叫做“中”，但喜怒哀乐是人人都有而不可避免的，它们必然要表现出来。表现出来而符合常理，有节度，这就叫做“和”。二者协调和谐，这便是“中和”。人人都达到“中和”的境界，大家心平气和，社会秩序井然，天下也就太平无事了。

所以，《中庸》的主要思想，在于论述为人处世的普遍原则，不要太过，也不要不及，恰到好处，这就是中庸之道。

本章具有全篇总纲的性质，以下十章（2—11）都围绕本章内容而展开。

【程子提示】

子程子曰：“不偏之谓中，不易之谓庸。中者，天下之正道，庸者，天下之定理。”此篇乃孔门传授心法，子思恐其久而差也，故笔之于书，以授孟子。其书始言一理，中散为万事，末复合为一理，“放之则弥六合，卷之则退藏于密”，其味无穷，皆实学也。善读者玩索而有得焉，则终身用之，有不能尽者矣。

【译文】

老师程颐先生说："不偏不倚叫做中，不变不更叫做庸；中是天下的正道，庸是天下的定理。"《中庸》一篇是孔子门徒传授心得体会方法的结晶，子思担心年代久远出现差错，因而记录成书，又传授给孟子。这部书一开始只阐述一个道理，中间分散成各种事体，末了又归纳到一个道理上来。这个道理散发开可塞满天地四方，收拢回来则又能隐藏于内心深处。它所蕴涵的趣味是无穷无尽的，而且都是踏实的学问。善于阅读的人玩味、探索之后有所得，那么就可以终身使用，而且用之不竭。

【原文】

天命之谓性①，率性之谓道②，修道之谓教。道也者，不可须臾离也，可离非道也。是故君子戒慎乎其所不睹，恐惧乎其所不闻。莫见乎隐，莫显乎微③。故君子慎其独也。

喜怒哀乐之未发，谓之中④；发而皆中节⑤，谓之和。中也者，天下之大本也；和也者，天下之达道也。致⑥中和，天地位焉，万物育焉。

【注释】

①天命：天赋。朱熹解释说："天以阴阳五行化生万物，气以成形，而理亦赋焉，犹命令也。"（《中庸章句》）所以，这里的天命（天赋）实际上就是指人的自然禀赋，并无神秘色彩。②率性：遵循本性。率，遵循、按照。③莫：在这里是"没有什么更……"的意思。见：显现，明显。乎：于，在这里有比较的意味。④中：符合。⑤节：节度，法度。⑥致：达到。

【译文】

人的自然禀赋叫做"性"，顺着本性行事叫做"道"，按照"道"的原则修养叫做"教"。"道"是不可以片刻离开的，如果可以离开，那就不是"道"了。所以，品德高尚的人在没有人看见的地方也是谨慎的，在没有人听见的地方也是有所戒惧的。越是隐蔽的地方越是明显，越是细微的地方越是显著。所以，品德高尚的人在一人独处的时候也是谨慎的。

喜怒哀乐没有表现出来的时候，叫做“中”；表现出来以后符合节度，叫做“和”。“中”，是人人都有的本性；“和”，是大家遵循的原则。达到“中和”的境界，天地便各在其位了，万物便生长繁育了。

【朱熹提示】

右第一章。子思述所传之意以立言，首明道之本，原出于天而不可易，其实体备于己而不可离。次言“存养省察”之要，终言“圣神功化”之极。盖欲学者于此，反求诸身而自得之，以去夫外诱之私，而充其本然之善，杨氏所谓一篇之体要是也。其下十章，盖子思引夫子之言，以终此章之意。

【译文】

朱熹说，上面一段是第一章，是子思根据孔子传授的意思以创立《中庸》。首先说明“道”的本原是出于天并且不可变更，“道”实际上存在于我们自身而不可分离；其次说明“存养省察”的要点，最后说明“圣神功化”的至高境界。其目的大概是想使那些做学问的人可以从这里开始学习，反过来要求自己从而领悟出其中的道理，用以去除因外界的引诱而产生的私欲，充实自己天生的本性，这就是杨氏所说的：这一章是《中庸》一书的纲领。以下十章，是子思引述孔子的言论，用来阐释和说明这一章的含义的。

第二章 知 人

【本章引语】

本章以君子与小人作比，阐释中庸之道，指出君子之所以能够施行中庸之道的原因。在《论语·子路篇》中，子曰：“君子泰而不骄，小人骄而不泰。”意思是说君子安详坦然，却不傲慢无礼，小人傲慢无礼，却不安详坦然。这是十分准确的。

中庸是孔子和儒家的重要思想，是一种折衷调和的思想。调和与均衡是事物发展过程中的一种状态，这种状态是相对的、暂时的。中庸，宋儒说，不偏不倚谓之中，平常谓庸。孔子的学生子贡曾经问孔子：“子张和子夏哪一个贤一些？”孔子回答说：“子张过分，子夏不够。”子贡问：“那么是子张贤一些吗？”孔子说：“过分与不够是一样的。”（《论语·先进篇》）这一段话是对“君子而时中”的生动说明。也就是说，过分与不够貌似不同，其实质却都是一样的，都不符合中庸的要求。中庸的要求是恰到好处。

【原文】

仲尼曰[①]：“君子中庸[②]，小人反中庸。君子之中庸也，君子而时中。小人之中庸也[③]，小人而无忌惮[④]也。

【注释】

①仲尼：即孔子。孔子（公元前551—公元前479），名丘，字仲尼，春秋末期鲁国（今山东曲阜）人，我国历史上最伟大的思想家、教育家，儒家学说的创始人。孔子少时贫贱，故“多能鄙事”。孔子好学，相传曾问礼于老聃，学乐于苌弘，学琴于师襄等人。年轻时从事政治活动，因为政绩突出，50岁时升任为鲁国司寇，摄行宰相事务。晚年率弟子周游宋、卫、蔡、陈、齐、楚等国，但没能实现自己的政治抱负。到

公元前484年（哀公十一年）六十八岁时，返回鲁国后致力于教育，学生多达三千人，并整理《诗》《书》《礼》，删修《春秋》，研习《易经》。②中庸：中是不偏不倚，即中和；庸是平常，不可改易。中庸就是平常而不可改易的中正和谐的道理。③小人之中庸也：应为“小人之反中庸也”。④忌惮：顾忌和畏惧。

【译文】

仲尼说：“有道德的君子的言行是符合中庸之道的，无道德的小人的言行是违背中庸之道的。君子之所以能做到中庸，是因为君子随时按照中庸之道做到适中，无过无不及；小人之所以违背中庸之道，是因为小人肆无忌惮，专走极端。”

第三章 正 心

【本章引语】

本章阐述“过犹不及”即“正心”，因为它是最高的德行，最高的道德标准，所以很少有人能够真正实现它。这正如我们要求“大公无私”，很少有人能做到，提出“国家、集体、个人利益三兼顾”，就比较容易做到了。这样说来，中庸之道是不是也只能作为一种理想的道德规范而加以提倡呢？

【原文】

子曰：“中庸其至矣乎！民鲜能久矣①！”

【注释】

①鲜（xiǎn）：少，不多。

【译文】

孔子说：“中庸大概是最高的德行了吧！大家缺乏它已经很久了！”

第四章　正　心

【本章引语】

本章认为："执其两端，用其中于民，其斯以为舜乎？"这是说，舜于两端取其中，既非过，也非不及，以中道教化百姓，所以为大圣。正因为要么太过，要么不及，所以，总是不能做得恰到好处。而无论是过还是不及，无论是智还是愚，或者说，无论是贤还是不肖，都是因为缺乏对"道"的自觉性，正如人们每天都在吃吃喝喝，但却很少有人真正品味一样，人们虽然也在按照一定的道德规范行事，但由于自觉性不高，在大多数情况下不是做得过了头就是做得不够，难以达到"中和"的恰到好处。所以，提高自觉性是推行中庸之道至关重要的一环。

【原文】

子曰："道①之不行也，我知之矣，知者②过之，愚者不及也。道之不明也，我知之矣，贤者过之，不肖者③不及也。人莫不饮食也，鲜能知味也。"

【注释】

①道：中庸之道。②知（zhì）者：即智者，与愚者相对，指智慧超群的人。知，同"智"。③不肖者：与贤者相对，指不贤的人。

【译文】

孔子说："中庸之道不能实行的原因，我知道了：聪明的人自以为是，认识过了头；愚蠢的人智力不及，不能理解它。中庸之道不能弘扬的原因，我知道了：贤能的人做得太过分，不贤的人根本做不到。就像人们每天都要吃喝，但却很少有人能够真正品尝滋味。"

第五章　修　身

【本章引语】

本章阐述中庸之道之所以不能行于天下，是由于人们不明白道的意义，不从自身做起而使言行有失节度。在《论语·卫灵公篇》中，子曰：“由！知德者鲜矣。”意思是孔子说：“由啊！懂得道德的人太少了啊。”孔子周游各国，向各国陈述自己的主张，都少有被采纳。同时看到各国征战，从天子到老百姓都失去了中庸之道，才有此感叹。孔子把中庸之道推崇到至高无上，中庸之道不能施行，那么天下如何彰显至高无上的善德呢？但是历史上还是有得中庸之道的人。舜就是其中的一个，他是具有极大明智的人，好察、好问，隐恶而扬善，执其两端，用其中于民。颜回也是一个，他择乎中庸，得“善则拳拳服膺而弗失”。因此笃守中庸之道，唯圣者能够做到。

【原文】

子曰：“道其①不行矣夫②！”

【注释】

①其：语气助词，表示推测。②矣夫：叹词，表示感叹。

【译文】

孔子说：“中庸之道恐怕不能够实行了啊！”

第六章　审　问

【本章引语】

本章指出“隐恶扬善，执两用中”的舜的智慧。既是不偏不倚、无过无不及的中庸之道，又是杰出的领导艺术。要真正做到，当然得有非同一般的大智慧。困难之一在于，要做到执两用中，不仅要有对于中庸之道的自觉意识，而且得有丰富的经验和过人的见识。困难之二在于，要做到隐恶扬善，更得有博大的胸襟和宽容的气度。对于一般人来说，不隐你的善扬你的恶就算是谢天谢地了，岂敢奢望他隐你的恶而扬你的善！如此看来，仅有大智慧都还不一定做得到隐恶扬善，还得有大仁义才行啊。大智大仁的舜帝毕竟只有一个，不然的话，孔圣人又怎么会感叹又感叹呢？

【原文】

子曰：“舜其大知也与！舜好问而好察迩言①，隐恶而扬善，执其两端，用其中于民。其斯以为舜乎②！”

【注释】

①迩言：浅近的话。迩，近。②其斯以为舜乎：这就是舜之所以为舜的地方吧！其，语气词，表示推测。斯，这。“舜”字的本义是仁义圣明，所以孔子有此感叹。

【译文】

孔子说：“舜可真是具有大智慧的人啊！他喜欢向人问问题，又善于分析别人浅近话语里的含义。隐藏人家的坏处，宣扬人家的好处。过与不及两端的意见他都掌握，采纳适中的用于老百姓。这就是舜之所以为舜的地方吧！”

第七章　明　道

【本章引语】

本章阐释“明道”的思想。有道是：聪明反被聪明误。自以为聪明而好走极端，走偏锋，不知适可而止，不合中庸之道，所以往往自投罗网而自己却还不知道。另一方面，虽然知道适可而止的好处，知道选择中庸之道作为立身处世原则的意义，但好胜心难以满足，欲壑难填，结果是越走越远，不知不觉间又放弃了适可而止的初衷，背离了中庸之道。就像孔子所惋惜的那样，连一个月都不能坚持住。

【原文】

子曰：“人皆曰‘予①知’，驱而纳诸罟擭②陷阱之中，而莫之知辟③也。人皆曰‘予知’，择乎中庸，而不能期月④守也。”

【注释】

①予：我。②罟（gǔ）：捕兽的网。擭（huò）：装有机关的捕兽的木笼。③辟（bì）：同“避”。④期（jī）月：一整月。

【译文】

孔子说：“人人都说自己聪明，可是被驱赶到罗网陷阱中去却不知躲避。人人都说自己聪明，可是选择了中庸之道，却又连一个月的时间也不能坚持。”

第八章　正　心

【本章引语】

这是针对前一章所说的那些不能坚持中庸之道的人而言的。作为孔门的高足，颜回经常被老师推荐为大家学习的榜样，在中庸之道方面也不例外。孔子曾表扬他“不迁怒，不贰过”“其心三月不违仁”“一箪食，一瓢饮，在陋巷，人不堪其忧，回也不改其乐，贤哉回也”。一旦认定，就坚定不移地坚持下去。这是颜回的作为，也是孔圣人“吾道一以贯之”（《论语·里仁》）的风范。

【原文】

子曰：“回①之为人也，择乎中庸，得一善，则拳拳服膺②而弗失之矣。”

【注释】

①回：指孔子的弟子颜回。鲁国人，孔子的得意门生。姓颜名回，字子渊，生于公元前521年，比孔子小30岁，在“四科十哲”中属“德行”，是孔子所喜爱的最聪慧、最有修养的一个学生。②拳拳服膺：牢牢地放在心上。拳拳，牢握不舍的样子，引申为恳切。服，著、放置。膺，胸口。

【译文】

孔子说：“颜回就是这样一个人，他选择了中庸之道，领悟到了它的好处，就牢牢地把它放在心上，再也不让它失去。”

第九章 正 心

【本章引语】

孔子用国家可均、爵禄可辞、白刃可蹈这三件事作比喻，对中庸之道持高扬和捍卫态度。事实上，一般人对中庸的理解往往过于肤浅，看得比较容易。孔子正是针对这种情况有感而发，所以把它推到了比赴汤蹈火、治国平天下还难的境地，其目的还是在于引起人们对中庸之道的高度重视。

【原文】

子曰："天下国家可均也①，爵禄可辞也②，白刃可蹈③也，中庸不可能也。"

【注释】

①均：即平，指治理。②禄：官吏的薪俸。辞：放弃。③蹈：踏。

【译文】

孔子说："天下国家可以平定治理，官爵俸禄可以放弃不要，雪白的刀刃可以冒死践踏而过，中庸之道却难于实现啊。"

第十章　明　道

【本章引语】

本章阐释“明道”，提出什么样的强才能符合中庸之道呢？子路性情鲁莽，勇武好斗，所以孔子教导他：有体力的强，有精神力量的强，但真正的强不是体力的强，而是精神力量的强。精神力量的强体现为和而不流，柔中有刚；体现为中庸之道；体现为坚持自己的信念不动摇，宁死不改变志向和操守。在《论语·子罕篇》中，子曰：“三军可夺帅也，匹夫不可夺志也。”这就是孔子所推崇的强。“匹夫不可夺志”反映出孔子对于“志”的高度重视，甚至将它与三军之帅相比。作为个人，应维护自己的尊严，不受威胁利诱，始终保持自己的“志向”。这就是中国人“人格”观念的形成及确定。不过，回到《中庸》本章来，孔子在这里所强调的中庸之道不是忍让、折中、调合，而是坚守理想，一丝不苟，待人处世以道义为原则，毫无个人之私欲。这是儒学中最为高深的道行。

【原文】

子路①问强。子曰：“南方之强与？北方之强与？抑而强与②？宽柔以教，不报③无道，南方之强也，君子居④之。衽金革⑤，死而不厌⑥，北方之强也，而强者居之。故君子和而不流⑦，强哉矫⑧！中立而不倚，强哉矫！国有道，不变塞⑨焉，强哉矫！国无道，至死不变，强哉矫！”

【注释】

①子路：姓仲名由，字子路。孔子的弟子，长期追随孔子。生于公元前542年。在“四科十哲”中属“政事”。②抑：选择性连词，意为“还是”。而：代词，你。与：疑问语气词。③报：报复。④居：处。⑤衽：卧席，此处用为动词。金：指铁制的兵器。

革：指皮革制成的甲盾。⑥死而不厌：死而后已的意思。⑦和而不流：性情平和又不随波逐流。⑧矫：坚强的样子。⑨不变塞：不改变志向。

【译文】

子路问什么是强。孔子说：“（你问的是）南方的强呢？北方的强呢？还是你认为的强呢？用宽容柔顺的精神去教育人，人家对我蛮横无礼也不报复，这是南方的强，品德高尚的人具有这种强。用兵器甲盾当枕席，死而后已，这是北方的强，勇武好斗的人就具有这种强。所以，品德高尚的人和顺而不随波逐流，这才是真强啊！保持中庸而不偏不倚，这才是真强啊！国家政治清明时不改变志向，这才是真强啊！国家政治混乱时坚持操守，宁死不变，这才是真强啊！”

第十一章　正　心

【本章引语】

本章阐释“正心”，旨在说明应向圣人学习，无怨无悔地恪守中庸之道的精神。做事荒唐，行为怪异，走极端，欺世盗名等，这些都不合中庸之道的规范，自然是圣人所不齿的。找到了正确的中庸之道，浅尝辄止，半途而废，也是圣人所不欣赏的。虽遇到困难却能坚持正道直行，一条大路走到底，这才是圣人所赞赏并身体力行的。所以，“路漫漫其修远兮，吾将上下而求索”（屈原），这是圣人所赞赏的精神；“鞠躬尽瘁，死而后已”（诸葛亮），这也是圣人所赞赏的精神。以上几章从各个方面引述孔子的言论，反复阐释第一章所提出的“中和”（中庸）这一概念，弘扬中庸之道，是全篇的第一大部分。

【原文】

子曰：“素隐行怪①，后世有述②焉，吾弗为之矣。君子遵道而行，半涂而废，吾弗能已矣③。君子依乎中庸，遁世不见知④而不悔，唯圣者能之。”

【注释】

①素：据《汉书》应为“索”。隐：隐僻。怪：怪异。②述：记述。③涂：同“途”。已，止、停止。④见知：被知。见，被。

【译文】

孔子说：“寻找隐僻的歪道理，做些怪诞的事情来欺世盗名，后世也许会有人来记述他，为他立传，但我是绝不会这样做的。有些品德不错的人按照中庸之道去做，但是半途而废，不能坚持下去，而我是绝不会停止的。真正的君子遵循中庸之道，即使一生默默无闻不被人知道也不后悔，这只有圣人才能做得到。”

第十二章 知 物

【本章引语】

本章又回到第一章“道也者，不可须臾离也，可离非道也”进行阐述，以下八章（13—20）都是围绕这一中心而展开的。正因为君子之道博大精深而不可须臾离开，所以君子之道就应该有普遍的可适应性，应该“放之四海而皆准”，连普通男女都可以知道，可以学习，也可以实践，说明它并不神秘。不过，知道是一回事，一般性地实践是一回事，要进入其高深境界又是另一回事了。所以，君子之道又必须有精微奥妙的一方面，供德行高、修养深的学者进行深造，进行创造性的实践。如此两方面的性质结合起来，使君子之道既广大又精微，既有普及性又有提高性，既下里巴人又阳春白雪，说到底，是一个开放的、兼容的、可发展的体系。人们要实行中庸之道，即可从自身开始。由近及远，然后可以推广到天地之间。

【原文】

君子之道费而隐[①]。夫妇[②]之愚，可以与[③]知焉，及其至也，虽圣人亦有所不知焉。夫妇之不肖，可以能行焉，及其至也，虽圣人亦有所不能焉。天地之大也，人犹有所憾。故君子语大，天下莫能载焉；语小，天下莫能破[④]焉。《诗》云：“鸢飞戾天，鱼跃于渊[⑤]。”言其上下察[⑥]也。君子之道，造端[⑦]乎夫妇，及其至也，察乎天地。

【注释】

①费：广大。隐：精微。②夫妇：指普通男女。③与：动词，参与。④破：分开。⑤鸢飞戾天，鱼跃于渊：引自《诗经·大雅·旱麓》。鸢，老鹰。戾，到达。⑥察：昭著，明显。⑦造端：开始。

【译文】

君子实行的中庸之道广大而又精微。普通男女虽然愚昧，也可以知道一些中庸之道；但它的最高深境界，即便是圣人也有弄不清楚的地方。普通男女虽然不贤明，也可以实行一些中庸之道，但它的最高深境界，即便是圣人也有做不到的地方。天地如此之大，但人们仍有不满足的地方。所以，君子说到中庸之道的“大”处，整个天下都承载不起；君子说到“小”处，天下也不能把它解析透彻。《诗经》说：“鸢鸟飞向云天，鱼儿跃入深水。”这是说中庸之道上下分明。君子所奉行的道理，开始于普通男女，但它的最高深境界却昭著于整个天地。

【朱熹提示】

右第十二章。子思之言，盖以申明首章“道不可离”之意也。其下八章，杂引孔子之言以明之。

【译文】

朱熹说，上面一段是第十二章。是子思所说的话，大概用来阐明第一章“道不可离”的意思。下面八章，博引了孔子的话来阐明它。

第十三章　笃　行

【本章引语】

本章阐述道不可须臾离的基本条件是道不远人。换言之，一条大道，欢迎所有的人行走。

推行“道”的另一条基本原则是从实际出发，使不同的人从不同的具体情况出发，使“道”既具有“放之四海而皆准”的普遍性，又能够适应不同个体的特殊性。这就是普遍性与特殊性相结合。

大道理是从身边的小道理开始的。中庸体现在人自身的各种关系之中，所以说道不远人。既然如此，就不要对人求全责备。

“己所不欲，勿施于人”可以说是孔子发明的，它是处理人们之间关系的一条准则，可以消除别人对自己的怨恨，缓和人际关系，安定社会秩序。这也是儒家伦理的一个特色，即“忠恕之道”，只要你做到忠恕，也就离道不远了。说到底，还是要“言顾行，行顾言”，凡事不走偏锋，不走极端，这就是“中庸”的原则，这就是中庸之道。

【原文】

子曰：“道不远人。人之为道而远人，不可以为道。”

“《诗》云：‘伐柯伐柯，其则不远。①’执柯以伐柯，睨②而视之，犹以为远。故君子以人治人。改而止。”

“忠恕违道③不远，施诸己而不愿，亦勿施于人。”“君子之道四，丘未能一焉：所求乎子以事父，未能也；所求乎臣以事君，未能也；所求乎弟以事兄，未能也；所求乎朋友先施之，未能也。庸④德之行，庸言之谨，有所不足，不敢不勉；有余不敢尽。言顾行，行顾言，君子胡不慥慥尔⑤？”

【注释】

①伐柯伐柯，其则不远：引自《诗经·豳风·伐柯》。伐柯，砍削斧柄。柯，斧柄。则，法则，这里指斧柄的式样。②睨：斜视。③违道：离道。违，离。④庸：平常。⑤胡：何，怎么。慥慥（zào）：忠厚诚实的样子。

【译文】

孔子说："道并不排斥人。如果有人实行道却排斥他人，那就不可以实行道了。"

"《诗经》说：'砍削斧柄，砍削斧柄，斧柄的式样就在眼前。'握着斧柄砍削斧柄，应该说不会有什么差异，但如果你斜眼一看，还是会发现差异很大。所以，君子总是根据不同人的情况采取不同的办法治理，只要他能改正错误实行道就行。"

"一个人做到忠恕，离道也就差不远了。什么叫忠恕呢？自己不愿意的事，也不要施加给别人。"

"君子有四项道德，我孔丘连其中的一项也没有能够做到（自谦之辞）：作为一个儿子应该对父母孝顺，我没有能够做到；作为一个臣民应该对君王忠心，我没有能够做到；作为一个弟弟应该对哥哥遵从，我没有能够做到；作为一个朋友应该诚信，我没有能够做到。平常的德行努力实践，平常的言谈尽量谨慎。德行的实践有不足的地方，不敢不勉励自己努力；言谈却不敢放肆而无所顾忌。说话符合自己的行为，行为符合自己说过的话，这样的君子怎么会不忠厚诚实呢？"

第十四章 修 身

【本章引语】

素位而行近于《大学》里面所说的“知其所止”，换句话说，叫做安守本分，也就是人们常说的安分守己。

这种安分守己是对现状的积极适应、处置，是什么角色，就做好什么事，然后才能游刃有余，进一步积累、创造自己的价值，取得水到渠成的成功。

事实上，任何成功的追求、进取都是在对现状恰如其分的适应和处置后取得的。一个不能适应现状，在现实面前手足无措的人是很难取得成功的。

在我们的现实生活中，诸如此类的例子其实还可以举出许多，比如人们常说的“这山望着那山高”，实质上是没有认识清楚自己，迷失了方向。与“这山望着那山高”密切相关的另一种迷失是不满足自己的职位，总是奢望向上爬，奢望高升，总是怨天尤人，而不像圣人所说的那样“反求诸其身”。

只可惜很多人没有真正认识到这种精神的深刻内涵，不能“素其位而行”，安分守己，提高自己的修养，“居易以俟命”，而是心存妄想，只知道羡慕，甚至嫉妒别人，不惜采取一切手段向上爬，“行险以侥幸”，结果是深深地陷入无休无止的勾心斗角和无尽的烦恼之中，迷失了本性。凡有奢望，必生烦恼。所以，不要去妄想什么，只问自己该做什么吧——这就是素位而行，安分守己。

【原文】

君子素其位①而行，不愿乎其外。素富贵，行乎富贵；素贫贱，行乎贫贱；素夷狄②，行乎夷狄；素患难，行乎患难。君子无入③而不自得焉。

在上位，不陵④下；在下位，不援⑤上。正己而不求于人则无怨。上不怨天，下不尤⑥人。故君子居易⑦以俟命⑧，小人行险以侥幸。子曰：“射⑨有似乎君子，失诸正鹄[10]，反求诸其身。”

【注释】

①素其位：安于现在所处的地位。素，平素、现在的意思，这里作动词用。②夷狄：泛指当时的少数民族。夷，指东方的部族。狄，指北方的部族。③无入：无论处于什么情况下。入，处于。④陵：欺侮。⑤援：攀援，本指抓着东西往上爬，引申为投靠有势力的人往上爬。⑥尤：抱怨。⑦居易：居于平安的地位，也就是安居现状的意思。易，平安。⑧俟命：等待天命。⑨射：指射箭。⑩正鹄：正、鹄均指箭靶子。画在布上的叫正，画在皮上的叫鹄。

【译文】

君子安于现在所处的地位去做应做的事，不生非分之想。处于富贵的地位，就做富贵人应做的事；处于贫贱的状况，就做贫贱人应做的事；处于边远地区，就做在边远地区应做的事；处于患难之中，就做在患难之中应做的事。君子无论处于什么情况下都是安然自得的。

处于上位，不欺侮在下位的人；处于下位，不攀援在上位的人。端正自己而不苛求别人，这样就不会有什么抱怨了。上不抱怨天，下不抱怨人。所以，君子安居现状来等待天命，小人却铤而走险妄图获得非分的东西。孔子说：“君子立身处世就像射箭一样，射不中，不怪靶子不正，只怪自己射术不行。”

第十五章 齐 家

【本章引语】

本章阐释“齐家”之道，提出万事总宜循序渐进，不可操之过急，正如老子说“千里之行，始于足下”，荀子说“不积跬步，无以至千里；不积小流，无以成江海”，都是“行远必自迩，登高必自卑”的意思。否则，“欲速则不达”，效果适得其反。一切从自己做起，从自己身边切近的地方做起。要在天下实行中庸之道，首先得和顺自己的家庭。说到底，还是《大学》修、齐、治、平循序渐进的道理。

【原文】

君子之道，辟①如行远，必自迩②；辟如登高，必自卑③。《诗》曰：“妻子好合，如鼓瑟琴。兄弟既翕，和乐且耽。宜尔室家，乐尔妻帑④。”子曰：“父母其顺矣乎！”

【注释】

①辟：同“譬”。②迩：近。③卑：低处。④“妻子好合”六句：引自《诗经·小雅·常棣》。妻子，妻与子。好合，和睦。鼓，弹奏。翕，和顺、融洽。耽，《诗经》原作“湛”，安乐。帑，通“孥”，子孙。

【译文】

君子实行中庸之道，就像走远路一样，必定要从近处开始；就像登高山一样，必定要从低处起步。《诗经》说：“妻子儿女感情和睦，就像弹琴鼓瑟一样。兄弟关系融洽，和顺又快乐。使你的家庭美满，使你的妻儿幸福。”孔子赞叹说：“这样，父母也就称心如意了啊！”

第十六章　齐　家

【本章引语】

这一章借孔子对鬼神的论述说明道无所不在，道“不可须臾离”。另一方面，也是照应第十二章说明“君子之道费而隐”，广大而又精微。看它也看不见，听它也听不到是“隐”，是精微；但它却体现在万物之中使人无法离开它，是“费”，是广大。作一个形象的比喻，道也好，鬼神也好，就像空气一样，看不见，听不到，但却无处不在，无时不在，任何人也离不开它。既然如此，当然应该是人人皈依，就像对鬼神一样地虔诚礼拜了。

【原文】

子曰：“鬼神之为德，其盛矣乎！视之而弗见，听之而弗闻，体物而不可遗。使天下之人，齐明盛服①，以承祭祀。洋洋乎！如在其上，如在其左右。《诗》曰：‘神之格思，不可度思，矧可射思。’②夫微之显，诚之不可掩③如此夫！”

【注释】

①齐（zhāi）：通“斋”，斋戒。明：洁净。盛服：即盛装。②“神之格思”三句：引自《诗经·大雅·抑》。格，来临。思，语气词。度，揣度。矧（shěn），况且。射（yì），通“斁”，指厌怠不敬。③掩：掩盖。

【译文】

孔子说：“鬼神的德行可真是大得很啊！看它也看不见，听它也听不到，但它却体现在万物之中使人无法离开它。天下的人都斋戒净心，穿着庄重整齐的服装去祭祀它，无所不在啊！好像就在你的头上，好像就在你左右。《诗经》说：‘神的降临，不可揣测，怎么能够怠慢不敬呢？’从隐微到显著，真实的东西就是这样不可掩盖！”

第十七章 知 天

【本章引语】

“天生我材必有用”，只要你修身而提高德行，“居易以俟命”，总有一天会受命于天，担当起治国平天下的重任。到那时，名誉、地位、财富都已不在话下，应有的都会有。就像前苏联故事片《列宁在十月》里的主人公瓦西里说的：“面包会有的，一切都会有的。”

由此看来，儒学并不是绝对排斥功利，而只是反对那种急功近利、不安分守己的做法。换言之，儒学所强调的，是从内功练起，修养自身，提高自身的德行和才能，然后顺其自然，水到渠成地获得自己应该获得的一切。这其实也正是中庸之道的精神——凡事不走偏锋，不走极端，而是循序渐进，一步一个脚印走下去。

【原文】

子曰：“舜其大孝也与？德为圣人，尊为天子，富有四海之内，宗庙飨之①，子孙保之。故大德必得其位，必得其禄，必得其名，必得其寿。故天之生物，必因其材②而笃③焉。故栽者培④之，倾者覆⑤之。《诗》曰：‘嘉乐君子，宪宪令德。宜民宜人，受禄于天。保佑命之，自天申之。’⑥故大德者必受命。”

【注释】

①宗庙：古代天子、诸侯祭祀先王的地方。飨（xiǎng）：一种祭祀形式，祭先王。之：代词，指舜。②材：资质，本性。③笃：厚，这里指厚待。④培：培育。⑤覆：倾覆，摧败。⑥“嘉乐君子”六句：引自《诗经·大雅·假乐》。嘉乐，即《诗经》之“假乐”，“假”通“嘉”，意为美善。宪宪，《诗经》作“显显”，显明兴盛的样子。令，美好。申，重申。

【译文】

孔子说："舜该是个最孝顺的人了吧？德行方面是圣人，地位上是尊贵的天子，财富拥有整个天下，宗庙里祭祀他，子子孙孙都保持他的功业。所以，有大德的人必定得到他应得的地位，必定得到他应得的财富，必定得到他应得的名声，必定得到他应得的长寿。所以，上天生养万物，必定根据它们的资质而厚待它们。能成材的得到培育，不能成材的就遭到淘汰。《诗经》说：'高尚优雅的君子，有光明美好的德行，让人民安居乐业，享受上天赐予的福禄。上天保佑他，任用他，给他以重大的使命。'所以，有大德的人必定会承受天命。"

第十八章　齐　家

【本章引语】

古代礼制：国君薨逝，继承者住在凶庐守丧，三年不问政治。在这期间，朝中百官就要各人管好自己的职事，一切听从于太宰的宏观调控。原来，按照古代规矩，只有诸侯之死，才能由臣处理后事。臣的治丧工作，在诸侯没死之时，就已经开始了，比如为将死者处理剪须、安放手脚等事，以及死后才能组织的治丧事宜。不过到了孔子之时，可能已经有很多卿大夫不管这套礼仪，也擅自开始使用家臣之制，作大规模的后事安排了。对于这种越礼的治丧规格，孔子的态度非常明确：反对。孔子认为子孝父一定要合乎礼节，从孔子的主张看，客观论孝是和忠君爱国紧密联系在一起的，从而形成一个系统的伦理纲常，所谓“其为人也孝弟，而好犯上者鲜矣”；微观论孝则从爱护自身，体恤父母，侍奉老人，继承遗志着眼，处处充满着纳入礼节的人伦爱意。

把这种父子家庭之爱，撇开其含义不合时宜的忠君礼节成分，扩展到社会中去，就能形成博爱。人是需要爱的，尤其是在商品社会，当人们彼此都处于赤裸裸的金钱关系中，当人们彼此都冷漠相向时，这种爱就显得尤其难能可贵。

【原文】

子曰：“无忧者，其惟文王①乎！以王季②为父，以武王③为子，父作之，子述之。武王缵④大王⑤、王季、文王之绪⑥。壹戎衣⑦而有天下，身不失天下之显名。尊为天子，富有四海之内。宗庙飨之，子孙保之。”

【注释】

①文王：即周文王，姓姬，名昌，西周开国国君古公亶父的孙子，商朝末期周族

领袖。②王季：名季历，又称西伯，古公亶父的儿子，文王之父。③武王：即周武王，姓姬，名发，文王之子，西周王朝的建立者。④缵（zuǎn）：继承，继续。⑤大王：即太王，指古公亶父。⑥绪：延续，指前人未竟的事业。⑦壹戎衣：即推翻大殷。壹，同“殪（yì）”，歼灭。戎，大。衣，“殷”的误读。一说是一披上战袍就伐纣取胜而夺取天下。

【译文】

孔子说：“无忧无虑的人，大概只有文王吧！他有王季那样的父亲，又有武王那样的儿子，父亲王季为他开创了事业，儿子武王继承了他的事业。武王继承了曾祖太王、祖父王季、父亲文王的事业，灭掉了大殷，夺得了天下。武王虽然以武力推翻殷商，但却无损于他显赫天下的美好声名，被人们尊为天子，拥有全天下的财富，享受宗庙中的祭祀，子子孙孙永无断续。”

【原文】

“武王末①受命，周公②成文武之德，追王③大王、王季，上祀先公以天子之礼。斯礼也，达④乎诸侯、大夫，及⑤士、庶人。父为大夫，子为士；葬以大夫，祭以士。父为士，子为大夫；葬以士，祭以大夫。期之丧⑥，达乎大夫；三年之丧，达乎天子；父母之丧，无贵贱，一也。”

【注释】

①末：晚年。②周公：姓姬，名旦，周武王的胞弟，西周初年政治家，曾辅助武王灭掉殷商。因其采邑在周，因此历史上又称其“周公”。武王死后，成王年幼，周公作为摄政大臣，为天下制礼作乐，巩固了周王朝最初的统治。③追王：后代追封先祖以“王”的称号。④达：到，至。⑤及：推及，普及。⑥期（jī）之丧：一周年的守丧期。期，一整年。

【译文】

“武王晚年受命于天而平定天下，周公辅助成王，成就了文王、武王的德业，追尊太王、王季为王，用天子的礼祭祀祖先。这种礼制一直实行到诸侯、大夫以及士和庶人中间。如果父亲为大夫，儿子为士，那么父亲死后就要按大夫的礼制安葬，按士的礼制祭祀。如果父亲为士，儿子为大夫，那么父亲死后就要按士的礼制安葬，按大夫的礼制祭祀。为其他亲人服丧一年的丧礼，一直实行到大夫；为父母服丧三年的丧礼，一直实行到天子；为父母服丧，无论贵贱都是一样的。”

第十九章　齐　家

【本章引语】

周公达孝，在于继志、述事。继志，继承先人之遗志，如文王有志伐纣，武王能继承之，武王开创周朝基业，周公能继承之，以礼治国，巩固王业。述事，如文王有文德为王基，而周公制礼以述之。综合二者，以事亲为大。

《礼记•王制》载周代的祭祖庙制："天子七庙，三昭，三穆与太祖之庙而七。诸侯五庙，二昭二穆与太祖之庙而五。大夫三庙，一昭一穆与太祖之庙而三……"由此看来，天子庙七，诸侯五，大夫三，嫡士二，官师（诸有师之长）一，尊卑有序，等级森严。

至于宗庙里的神位排列，也是有制度的。按周期礼制，左昭右穆是宗庙排列的顺序。祭祀时，以始祖牌位居中，第二、四、六世之祖为昭，第三、五、七世之祖为穆。此为辨别尊卑之礼。

朱熹说："旅，众也。酬，导饮也。旅酬之礼，宾弟子，兄弟之子各举觯于其长而众相酬。盖宗庙之中，以有事为荣，故逮及贱者，使亦得以中其敬也。"（《四书集注•中庸章句》）这就是说，在祭祀的大节目已结束，饮福受胙之后，众人饮酒，主人先举觯献宾，宾饮毕，就以觯授于执事者，执事者则将它献给长辈，向下传递，献给沃盥者为止。在饮酒时，即使最低贱的人也能涉及到，下为上所酬，体现恩及于下，关心下人。祭毕宴会，以毛发之色别为长幼，以年岁的大小为次序而坐席，体现尊敬长者的意思。这是说宗庙祭祀、宴饮的礼节，体现祭则贵贵，贵贵则尚爵；燕则亲亲，亲亲则尚齿。

【原文】

子曰："武王、周公，其达孝矣乎[①]！夫孝者，善继人[②]之志，善述人之事者也。

春秋修其祖庙③，陈其宗器④，设其裳衣⑤，荐其时食⑥。宗庙之礼，所以序昭穆⑦也；序爵⑧，所以辨贵贱也；序事⑨，所以辨贤也。旅酬下为上⑩，所以逮贱也⑪；燕毛⑫，所以序齿也。践其位⑬，行其礼，奏其乐，敬其所尊，爱其所亲，事死如事生，事亡如事存，孝之至也。郊社之礼⑭，所以事上帝也；宗庙之礼，所以祀乎其先也。明乎郊社之礼，禘尝之义⑮，治国其如示诸掌⑯乎。”

【注释】

①其达孝矣乎：是通达孝道的人吧。达，通。②人：指祖先。③春秋修其祖庙：春秋，一年四季的代称，这里指祭祀的季节。祖庙，供奉祖宗神位的地方。《礼记》中记载周代的祭祖庙制为：天子七庙，诸侯五庙，大夫三庙，士一庙，庶人祭于寝。④陈其宗器：陈列着祭祀时所用的祭器。⑤设其裳衣：陈设着祖宗生前穿过的衣服。裳指下衣，衣指上装。⑥荐其时食：给祖宗进献时令鲜食。荐，进献、献上。时食，祭祀用的时令鲜食。⑦序昭穆：排列昭穆的次序。按照周礼，宗庙中的排列是有一定顺序的，即左昭右穆，祭祀时，以始祖牌位居中，第二、四、六世之祖为昭，第三、五、七世之祖为穆。⑧序爵：按官爵大小排列次序。⑨序事：按在祭祀时担任的职事排列次序。事，职事，职务。⑩旅酬下为上：指子弟向长辈、旁系亲属的兄弟向直系亲属的兄弟敬酒。旅，众人。酬，敬酒。⑪所以逮贱也：意为祖宗的恩惠惠及晚辈。逮，及。⑫燕毛：意思是指祭祀完毕后举行宴饮时，以头发的颜色来区别老少长幼，以安排宴会的座次。燕，同“宴”，宴会。毛，毛发、头发，意为长幼。⑬践其位：指各在其位，站在应站的位置上。⑭郊社之礼：郊是祭天，社是祭地，指祭奉天地神明。⑮禘尝之义：禘（dì），天子宗庙中极为隆重的大祭，每五年举行一次。尝，每年秋天所举行的常祭。⑯示诸掌：与人看自己的手掌一般。示，同“视”。

【译文】

孔子说：“武王、周公，是最通达于孝道的人吧！能够实行孝道的人，就善于继承先人的遗志，善于继续先人未竟的事业。春秋祭祀时节，修缮先祖宗庙，陈列祭祀器物，陈设祖先穿过的衣服，进献时令鲜食。宗庙的礼仪，是用来排列父子、长幼、亲疏的顺序的；把官职爵位的次序排列出来，是用来区别贵贱的；把祭祀时担任执事的主次排列出来，是用来区别才能高低的；祭祀完毕后举行宴饮时，地位卑下者先敬酒，是为了表示祖宗的恩惠已惠及晚辈；宴饮时按头发的颜色就坐，是为了使老少长幼秩序井然。参加祭祀的人都各就其位，行先王传下来的祭礼，奏先王时代的音乐，尊敬先王所尊敬的，亲爱先王所亲爱的，侍奉死者就像侍奉活着的人一样，侍奉亡故者就像侍奉生存着的人一样，这就是孝的最高境界。制定了郊祭和社祭的礼仪，是为了侍奉天地神明的；制定了宗庙里的礼仪，是为了侍奉祖先的。明白了郊祭、社祭的礼仪，大祭、小祭的意义，治理国家就像把自己手掌里的东西给人看一样。”

第二十章 治 国

【本章引语】

这一章是《中庸》全篇的枢纽。此前各章主要是从方方面面论述中庸之道的普遍性和重要性，这一章则从鲁哀公询问政事引入，借孔子的回答提出了政事与人的修养的密切关系，从而推导出天下人共有的五项伦常关系、三种德行、治理天下国家的九条原则，最后落脚到“真诚”的问题上来，并提出了做到真诚的五个具体方面。本章以后各章，就是围绕“真诚”的问题而展开的了。

孔子把政治比作芦苇，取的是它的可塑性。意思是说什么样的人执政，就会有什么样的政治。尧舜禹汤文武执政，于是有仁政；纣王执政，于是有酒池肉林；始皇执政，于是有焚书坑儒；太宗执政，于是有贞观之治。如此等等，不一而足。所以，孔子提出“为政在人”的问题，强调执政者的修养。

关于天下人共有的五项伦常关系，除了因进入民主时代而再无君臣关系外，其它几项关系都依然是与我们血肉相连而不可分割的，也都是需要我们正确处理而不可忽视的。至于处理这几项关系的三种德行，智、仁当然是不言而喻的，倒是“知耻近乎勇”一点，值得我们补上两句。俗话说：“羞耻之心，人皆有之。”孟子说：“羞耻之心对于人至关重要！搞阴谋诡计的人是不知道羞耻的。不以自己不如别人为羞耻，怎么能够赶得上别人呢？”（《孟子•尽心上》）也就是说，知道羞耻是赶上别人的重要条件之一。个人是这样，一个国家、一个民族也是这样，所以，我们以“毋忘国耻”作为爱国主义教育的重要内容之一。究其实质，正是因为“知耻近乎勇”。一个人只有知道羞耻，才能够勇于改正错误，勇于弥补自己的不足，迎头赶上别人，从而免于羞耻。一个民族，一个国家，只有知道羞耻，才能够发愤图强，富国强兵，富民兴邦，自立于世界民族之林。这就是“知耻近乎勇”的道理所在。

关于治理天下国家的九条原则，方方面面，实际上是《大学》里提出的修身、齐家、治国、平天下几个阶段的具体展开，是实用的统治学理论。值得我们特别注意的是“凡事豫则立，不豫则废”的思想。这与孔子所说的“人无远虑，必有近忧”（《论语·卫灵公》）相近，都是未雨绸缪，防患于未然，或者说是“不打无准备之仗”的思想，具有深刻的哲学内涵，值得我们贯彻到实际生活中去，而不仅仅适用于政治范畴。

最后说到如何做到真诚的问题。“择善固执”是纲，选定美好的目标而执著追求。“博学、审问、慎思、明辨、笃行”是目，是追求的手段。立于“弗措”的精神，“人一能之，己百之；人十能之，己千之”的态度，则都是执著的体现。“弗措”的精神，也就是《荀子·劝学》里的名言“锲而舍之，朽木不折；锲而不舍，金石可镂”的精神；“人一能之，己百之；人十能之，己千之”的态度，也就是俗语所说的“笨鸟先飞”的态度，龟兔赛跑的寓言里那获胜的乌龟的态度。其实，无论是纲还是目，也无论是精神还是态度，都绝不仅仅适用于对真诚的追求，举凡学习、工作、生活的方方面面，抓住这样的纲，张开这样的目，坚持这样的精神与态度，有什么样的困难不能克服，有什么样的成功不能取得呢？

总而言之，本章内容丰富而涵盖面广，几乎涉及到《大学》格、致、诚、正、修、齐、治、平的各个环节，特别应该引起我们的重视。

【原文】

哀公[①]问政。子曰：“文武之政，布在方策[②]。其人存[③]，则其政举；其人亡，则其政息[④]。人道敏[⑤]政，地道敏树。夫政也者，蒲卢也[⑥]。故为政在人，取人以身，修身以道，修道以仁。仁者，人也，亲亲为大。义者，宜也，尊贤为大。亲亲之杀[⑦]，尊贤之等，礼所生也。故君子不可以不修身。思修身，不可以不事亲；思事亲，不可以不知人；思知人，不可以不知天。”

天下之达道五，所以行之者三。曰：君臣也，父子也，夫妇也，昆弟也[⑧]，朋友之交也；五者，天下之达道也。知、仁、勇三者，天下之达德也。所以行之者一也：或生而知之，或学而知之，或困而知之；及其知之，一也。或安而行之，或利而行之，或勉强而行之；及其成功，一也。子曰：“好学近乎知，力行近乎仁，知耻近乎勇。”知斯三者，则知所以修身；知所以修身，则知所以治人；知所以治人，则知所

以治天下国家矣。

凡为天下国家有九经[9]。曰：修身也，尊贤也，亲亲也，敬大臣也，体[10]群臣也，子庶民[11]也，来百工[12]也，柔远人[13]也，怀[14]诸侯也。修身则道立；尊贤则不惑；亲亲则诸父昆弟不怨；敬大臣则不眩；体群臣则士之报礼重；子庶民则百姓劝[15]；来百工则财用足；柔远人则四方归之；怀诸侯则天下畏之。齐明盛服，非礼不动，所以修身也；去谗[16]远色，贱货而贵德，所以劝贤也；尊其位，重其禄，同其好恶，所以劝亲亲也；官盛任使[17]，所以劝大臣也；忠信重禄，所以劝士也；时使薄敛[18]，所以劝百姓也；日省月试[19]，既禀称事[20]，所以劝百工也；送往迎来，嘉善而矜[21]不能，所以柔远人也；继绝世[22]，举废国[23]，治乱持[24]危，朝聘[25]以时，厚往而薄来，所以怀诸侯也。凡为天下国家有九经，所以行之者一也。

凡事豫[26]则立，不豫则废。言前定，则不跲[27]；事前定，则不困；行前定，则不疚；道前定，则不穷。

在下位不获乎上，民不可得而治矣。获乎上有道：不信乎朋友，不获乎上矣；信乎朋友有道：不顺乎亲，不信乎朋友矣；顺乎亲有道：反诸身不诚，不顺乎亲矣；诚身有道：不明乎善，不诚乎身矣[28]。

诚者，天之道也；诚之者，人之道也。诚者，不勉而中，不思而得，从容中道，圣人也。诚之者，择善而固执之者也。博学之，审问之，慎思之，明辨之，笃行之。有弗学，学之弗能弗措[29]也；有弗问，问之弗知弗措也；有弗思，思之弗得弗措也；有弗辨，辨之弗明弗措也；有弗行，行之弗笃弗措也。人一能之，己百之；人十能之，己千之。果能此道矣，虽愚必明，虽柔必强。

【注释】

①哀公：春秋时鲁国国君。姓姬，名蒋，“哀”是谥号。②布：陈列。方：书写用的木板。策：书写用的竹简。③其人：指文王、武王。④息：灭，消失。⑤敏：勉力，用力，致力。⑥蒲卢：即芦苇。芦苇性柔而具有可塑性。⑦杀：减少，降低。⑧昆弟：兄和弟，也包括堂兄堂弟。⑨九经：九条准则。经，准则。⑩体：体察，体恤。⑪子庶民：以庶民为子。子，动词。庶民，平民。⑫来：招来。百工：各种工匠。⑬柔远人：安抚边远地方来的人。⑭怀：安抚。⑮劝：勉力，努力。⑯谗：说别人的坏话，这里指说坏话的人。⑰盛：多。任使：足够使用。⑱时使：指使用百姓劳役有一定时间，

不误农时。薄敛：赋税轻。⑲省：视察。试：考核。⑳既（xì）：即“饩”，指赠送别人粮食或饲料。禀：给予粮食。称：符合。㉑矜：怜悯，同情。㉒继绝世：延续已经中断的家庭世系。㉓举废国：复兴已经没落的邦国。㉔持：扶持。㉕朝聘：诸侯定期朝见天子。每年一见叫小聘，三年一见叫大聘，五年一见叫朝聘。㉖豫：同“预”。㉗跲（jiá）：说话不通畅。㉘这一段与《孟子·离娄上》中一段基本相同。到底是《中庸》引《孟子》还是《孟子》引《中庸》，不好断定。张岱年先生《中国哲学史料学》认为是《孟子》引《中庸》。㉙弗措：不罢休。弗，不。措，停止、罢休。

【译文】

鲁哀公询问政事。孔子说：“周文王、周武王的政事都记载在典籍上。他们在世，这些政事就实施；他们去世，这些政事也就废弛了。治理人的途径是勤于政事；治理地的途径是多种树木。说起来，政事就像芦苇一样，完全取决于用什么人。要得到适用的人在于修养自身，修养自身在于遵循大道，遵循大道要从仁义做起。仁就是爱人，亲爱亲族是最大的仁。义就是事事做得适宜，尊重贤人是最大的义。至于说亲爱亲族要分亲疏，尊重贤人要有等级，这都是礼的要求。所以，君子不能不修养自身。要修养自身，不能不侍奉亲族；要侍奉亲族，不能不了解他人；要了解他人，不能不知道天理。”

天下人共有的伦常关系有五项，用来处理这五项伦常关系的德行有三种。君臣、父子、夫妇、兄弟、朋友之间的交往，这五项是天下人共有的伦常关系；智、仁、勇，这三种是用来处理这五项伦常关系的德行。至于这三种德行的实施，道理都是一样的。比如说，有的人生来就知道它们，有的人通过学习才知道它们，有的人要遇到困难后才知道它们，但只要他们最终都知道了，也就是一样的了。又比如说，有的人自觉自愿地去实行它们，有的人为了某种好处才去实行它们，有的人勉勉强强地去实行，但只要他们最终都实行起来了，也就是一样的了。孔子说：“喜欢学习就接近了智，努力实行就接近了仁，知道羞耻就接近了勇。知道这三点，就知道怎样修养自身；知道怎样修养自身，就知道怎样管理他人；知道怎样管理他人，就知道怎样治理天下和国家了。”

治理天下和国家有九条原则。那就是：修养自身，尊崇贤人，亲爱亲族，敬重大臣，体恤群臣，爱民如子，招纳工匠，优待远客，安抚诸侯。修养自身就能确立正道；尊崇贤人就不会思想困惑；亲爱亲族就不会惹得叔伯兄弟怨恨；敬重大臣就不会遇事无措；体恤群臣，士人们就会竭力报效；爱民如子，老百姓就会忠心耿耿；招纳工匠，财物就会充足；优待远客，四方百姓就会归顺；安抚诸侯，天下的人都会敬畏了。像斋戒那样净心虔诚，穿着庄重整齐的服装，不符合礼仪的事坚决不做，这是为了修养自身；驱除小人，疏远女色，看轻财物而重视德行，这是为了尊崇贤人；提高亲族的地位，给他们以丰厚的俸禄，与他们爱憎相一致，这是为了亲爱亲族；让众多的官员供他们使用，这是为了敬重大臣；真心诚意地任用他们，并给他们以较多的俸禄，这是为了体恤群臣；使用民役不误农时，少收赋税，这是为了爱民如子；经常视察考核，按劳付酬，这是为了招纳工匠；来时欢迎，去时欢送，嘉奖有才能的人，救济有困难的人，这是为了优待远客；延续绝后的家族，复兴灭亡的国家，治理祸乱，扶持危难，按时接受朝见，赠送丰厚，纳贡菲薄，这是为了安抚诸侯。总而言之，治理天下和国家有九条原则，但实行这些原则的道理都是一样的。

任何事情，事先有准备就会成功，没有准备就会失败。说话先有准备，就不会中断；做事先有准备，就不会受挫；行为先有准备，就不会后悔；道路预先选定，就不会走投无路。

在下位的人，如果得不到在上位的人信任，就不可能治理好平民百姓。得到在上位的人信任有办法，得不到朋友的信任就得不到在上位的人信任；得到朋友的信任有办法，不孝顺父母就得不到朋友的信任；孝顺父母有办法，自己不真诚就不能孝顺父母；使自己真诚有办法，不明白什么是善就不能够使自己真诚。真诚是上天的原则，追求真诚是做人的原则。天生真诚的人，不用勉强就能做到，不用思考就能拥有，自然而然地符合上天的原则，这样的人是圣人。努力做到真诚，就要选择美好的目标执着追求，广泛学习，详细询问，周密思考，明确辨别，切实实行。要么不学，学了没有学会绝不罢休；要么不问，问了没有懂得绝不罢休；要么不想，想了没有想通绝不罢休；要么不分辨，分辨了没有明确绝不罢休；要么不实行，实行了没有成效绝不罢休。别人用一分努力就能做到的，我用一百分的努力去做；别人用十分的努力做到的，我用一千分的努力去做。如果真能够做到这样，虽然愚笨也一定可以聪明起来，虽然柔弱也一定可以刚强起来。

第二十一章　知　性

【本章引语】

无论是天性还是后天人为的教育，只要做到了真诚，二者也就合一了。明道向善不问先天后天。从另一个角度看，这里也表达了天人合一的思想。

【原文】

自诚明①谓之性；自明诚谓之教。诚则②明矣，明则诚矣。

【注释】

①自：从，由。明：明白。②则：即，就。

【译文】

由真诚而自然明白道理，这叫做天性；由明白道理后做到真诚，这叫做人为的教育。真诚也就会自然明白道理，明白道理后也就会做到真诚。

【朱熹提示】

右第二十一章。子思承上章夫子天道、人道之意而立言也。自此以下十二章，皆子思之言，以反复推明此章之意。

【译文】

朱熹说，上面一段是第二十一章。是子思承接上章孔夫子所说天道、人道的旨意而发表的看法。从这以后的十二章，都是子思的话，用来反复推论、阐明这一章的意思。

第二十二章 诚 意

【本章引语】

真诚者只有首先对自己真诚，然后才能对全人类真诚。真诚可使自己立于与天地并列为三的不朽地位。它的功用居然有如此之大，那我们又何乐而不为呢？

【原文】

唯天下至诚，为能尽其性[1]；能尽其性，则能尽人之性；能尽人之性，则能尽物之性；能尽物之性，则可以赞天地之化育[2]；可以赞天地之化育，则可以与天地叁矣[3]。

【注释】

①尽其性：充分发挥本性。②赞：赞助。化育：化生和养育。③与天地叁矣：与天地并列为三。

【译文】

只有天下极端真诚的人能充分发挥他的本性；能充分发挥他的本性，就能充分发挥众人的本性；能充分发挥众人的本性，就能充分发挥万物的本性；能充分发挥万物的本性，就可以帮助天地培育生命；能帮助天地培育生命，就可以与天地并列为三了。

第二十三章　诚　意

【本章引语】

这一章相对于上一章而言。上一章说的是天生至诚的圣人，这一章说的是比圣人次一等的贤人。换句话说，圣人是“自诚明”，天生就真诚的人，贤人则是“自明诚”，通过后天教化明白道理后才真诚的人。贤人虽然致力于某一方面，但通过教化和修养，通过“形、著、明、动、变、化”的阶段，同样可以一步一步地达到圣人的境界：化育万物，与天地并列为三。说到底，只要你努力奋斗，曲径通幽，条条道路通罗马，最终都可以大功告成，修成正果。在劝人真诚的问题上，《中庸》真可以说是苦口婆心，不遗余力的了。

【原文】

其次致曲①，曲能有诚。诚则形②，形则著③，著则明④，明则动，动则变，变则化⑤。唯天下至诚为能化。

【注释】

①其次：次一等的人，即次于“自诚明”的圣人的人，也就是贤人。致曲：致力于某一方面，即从小的善事做起。曲，是善之一偏僻处，即很小的善事。②形：显露，表现。③著：显著。④明：光明。⑤化：化育。

【译文】

比圣人次一等的贤人从小的善事做起，从小的善事做起也能做到心地真诚。做到了心地真诚付诸行动就会表现出来，表现出来就会日益显著，日益显著了就会发扬光大，发扬光大就会自然感动他人，感动他人就会引起转变——由不善到从善，引起转变就能化育万物，与善融为一体。只有天下最真诚的圣人，才是能教化人从善的人。

第二十四章 治 国

【本章引语】

本章阐述把握至诚的人何以能预知吉凶，也就是说心灵至诚到能预知未来吉凶祸福的程度，可就不是一般人能达到的境界了。至于“国家将兴，必有祯祥；国家将亡，必有妖孽”的现象非常神秘，而历代的正史、野史记载可以说比比皆是，不胜枚举。在《论语·子罕篇》中，子曰：“凤鸟不至，河不出图，吾已矣夫!”意思是凤鸟（神瑞之鸟，象征为“盛世”吉兆）不来了，黄河中也不出现八卦图（象征为“盛世”吉兆）了，我这一生也就完了吧！

其实，撩开神秘的迷雾，这里的意思不外乎是说，心灵达到了至诚的境界，不被私心杂念所迷惑，就能洞悉世间万物的根本规律，因而能够预知未来的吉凶祸福、兴亡盛衰。一言归之，至诚的出神入化功用在于成就自己的仁的道德境界而成为圣人，还要由己推及他人和整个社会。

【原文】

至诚之道，可以前知①。国家将兴，必有祯祥②；国家将亡，必有妖孽③。见乎蓍龟④，动乎四体⑤。祸福将至：善，必先知之；不善，必先知之。故至诚如神⑥。

【注释】

①前知：预知未来。②祯祥：吉祥的预兆。③妖孽：物类反常的现象。草木之类称妖，虫豸之类称孽。④见（xiàn）：呈现。蓍（shī）龟：蓍草和龟甲，用来占卜。⑤四体：手足，指动作仪态。⑥如神：如神一样微妙，不可言说。

【译文】

极端真诚可以预知未来的事。国家将要兴旺，必然有吉祥的征兆；国家将要衰亡，必然有不祥的反常现象。呈现在蓍草龟甲上，表现在手脚动作上。祸福将要来临时，是福可以预先知道，是祸也可以预先知道，所以极端真诚就像神灵一样微妙。

第二十五章 诚 意

【本章引语】

本章进一步阐述"诚意"之道。这里把智、仁与至诚的修养结合起来了。因为，至诚从大的方面来说，是事物的根本规律，是事物的发端和归宿；至诚从细的方面来说，是内心的自我完善。所以，要修养至诚就必须做到物我同一，天人合一。而要做到这一点既要靠学习来理解，又要靠实践来实现。

这里最值得注意的是至诚的外化问题，也就是说，至诚不仅仅像我们一般所理解的是一种主观内在的品质，自我的道德完善，还要外化到他人和一切事物当中去。自己真诚了，他人真诚了，真诚无处不在，无时不有，世界也就美好和谐了。说到底，还是至诚的奇妙神功。

【原文】

诚者，自成①也；而道，自道也。诚者，物之终始，不诚无物，是故君子诚之为贵。诚者，非自成己而已也，所以成物也。成己，仁也；成物，知也。性之德也，合外内之道也，故时措之宜也。

【注释】

①自成：自我成全，也就是自我完善的意思。

【译文】

真诚是自我的完善，道是自我的引导。真诚是事物的发端和归宿，没有真诚就没有了事物，因此君子以真诚为贵。不过，真诚并不是自我完善就够了，而是还要完善事物。自我完善是仁，完善事物是智。仁和智是出于本性的德行，是融合自身与外物的准则，所以任何时候施行都是适宜的。

第二十六章　博　学

【本章引语】

本章阐述“博学”之道。生命不息，真诚不已，这是儒学修身的要求。不仅如此，而且还要显露发扬出来，达到悠远长久、广博深厚、高远、旷大、光明，从而承载万物，覆盖万物，生成万物。而这正是天地的法则，说穿了，还是对真诚的追求由小到大、由局部到全体而达到与天地并列为三的终极目的。这使人想到诗人屈原在《橘颂》里的咏叹：“秉德无私，叄天地兮！”实质上是一种巨人哲学，一种英雄主义追求。这种哲学，这种追求在过去的时代里一直是天经地义，不容置疑的。

圣人之德至诚在于没有私欲污染，永不停息地坚持而产生功德，积累广博深厚，体现在事业上就会崇高远大而光明，即行天道，国昌明，民和乐。如文王，独一无二。这说的是至诚的圣人感动天地化育万物的作用。假如没有高尚的道德，是无法通过自身的行为体现圣人之道的。

【原文】

故至诚无息[①]，不息则久，久则征[②]，征则悠远，悠远则博厚，博厚则高明。博厚，所以载物也；高明，所以覆物也；悠久，所以成物也。博厚配地，高明配天，悠久无疆[③]。如此者，不见而章[④]，不动而变，无为而成。

天地之道，可一言[⑤]而尽也：其为物不贰[⑥]，则其生物不测。天地之道，博也，厚也，高也，明也，悠也，久也。

今夫天，斯昭昭之多[⑦]，及其无穷也，日月星辰系焉，万物覆焉今夫地，一撮土之多，及其广厚，载华岳[⑧]而不重，振[⑨]河海而不泄，万物载焉。

今夫山，一卷石[⑩]之多，及其广大，草木生之，禽兽居之，宝藏兴焉。今夫水，一勺之多，及其不测[⑪]，鼋鼍、蛟龙、鱼鳖生焉，货财殖焉。

《诗》云：“维天之命，於穆不已！”盖曰天之所以为天也。“於乎不显，文王之德之纯！”⑫盖曰文王之所以为文也，纯亦不已。

【注释】

①息：止息，休止。②征：征验，显露于外。③无疆：无穷无尽。④见（xiàn）：显现。章：即彰，彰明。⑤一言：即一字，指“诚”字。⑥不贰：诚是忠诚如一，所以不贰。⑦斯：此。昭昭：光明。⑧华岳：即华山。⑨振：通“整”，整治，引申为约束。⑩一卷（quán）石：一拳头大的石头。卷，通“拳”。⑪不测：不可测度，指浩瀚无涯。⑫“《诗》云”以下两句诗均引自《诗经·周颂·维天之命》。维：语气词。於：语气词。穆：深远。不已：无穷。不显：“不”通“丕”，大；显，明显。

【译文】

所以，极端真诚是没有止息的，没有止息就会保持长久，保持长久就会显露出来，显露出来就会悠远，悠远就会广博深厚，广博深厚就会高大光明。广博深厚的作用是承载万物；高大光明的作用是覆盖万物；悠远长久的作用是生成万物。广博深厚可以与地相比，高大光明可以与天相比，悠远长久则是永无止境。达到这样的境界，不显示也会明显，不活动也会改变，无所作为也会有所成就。

天地的法则，简直可以用一个“诚”字来囊括：诚本身专一不二，所以生育万物多得不可估量。大地的法则，就是广博、深厚、高大、光明、悠远、长久。

今天我们所说的天，原本不过是由一点一点的光明聚积起来的，可等到它无边无际时，日月星辰都靠它维系，世界万物都靠它覆盖。今天我们所说的地，原本不过是由一撮土一撮土聚积起来的，可等到它广博深厚时，承载像华山那样的崇山峻岭也不觉得重，容纳那众多的江河湖海也不会泄漏，世间万物都由它承载了。

今天我们所说的山，原本不过是由拳头大的石块聚积起来的，可等到它高大无比时，草木在上面生长，禽兽在上面居住，宝藏在上面储藏。今天我们所说的水，原本不过是一勺一勺聚积起来的，可等到它浩瀚无涯时，蛟龙鱼鳖等都在里面生长，珍珠珊瑚等有价值的东西都在里面繁殖。

《诗经》说：“天命多么深远啊，永远无穷无尽！”这大概就是说的天之所以为天的原因吧。“多么显赫光明啊，文王的品德纯真独一无二！”这大概就是说的文王之所以被称为文王的原因吧，纯真的美德也是没有止息的。

第二十七章　修　身

【本章引语】

这一章在继续盛赞圣人之道的基础上，提出了两个层次的重要问题。首先是修养德行以适应圣人之道的问题。因为没有极高的德行，就不能成就极高的道，所以君子应该“尊崇道德修养而追求知识学问；达到广博境界而又钻研精微之处；洞察一切而又奉行中庸之道；温习已有的知识从而获得新知识；诚心诚意地崇奉礼节”。朱熹认为，这五句“大小相资，首尾相应”，最得圣贤精神，要求学者尽心尽意研习。其实，五句所论不外乎尊崇道德修养和追求知识学问这两个方面，用我们今天的话来说，也就是“德育”和“智育”的问题。其性质内涵自然有本质的不同，但其入手的途径却是相通的。

在《论语·泰伯篇》中，子曰：“笃信好学，守死善道。危邦不入，乱邦不居。天下有道则见，无道则隐。邦有道，贫且贱焉，耻也。邦无道，富且贵焉，耻也。”意思是坚定信念并努力学习，誓死守卫并完善治国与为人的真理。政局不稳的国家不进入，不在动乱的国家居住。天下政治清明就出来做官；天下政治混乱就隐居不出。国家政治清明而自己贫贱，就是耻辱；国家政治混乱而自己富贵，也是耻辱。这反映孔子的为官之道、处世之道。“天下有道则见，无道则隐”，“用之则行，舍之则藏”，这是孔子为官处世的一条重要原则。

修养是主观方面的准备，而实现圣人之道还有赖于客观现实方面的条件。客观现实条件具备当然就可以大行其道，客观现实条件不具备又应该怎样做呢？这就需要“居上不骄，为下不倍”，身居高位不骄傲，身居低位不自弃，“富贵不能淫，贫贱不能移，威武不能屈”（《孟子·滕文公下》）的大丈夫气概。至于“国有道其言足以兴，国无道其默足以容”的态度，则是与孟子所说的“穷则独善其身，达则兼善天下”（《孟子·尽心上》）一脉相承的，都是对于现实政治的

一种处置，一种适应。反过来说，也就是一种安身立命，进退仕途的艺术，所以归根结底，还是“既明且哲，以保其身”。当然，说者容易做者难，看似平淡却艰辛，要做到明哲保身，的确是非常不容易的。

【原文】

大哉圣人之道！洋洋①乎！发育万物，峻极于天。优优②大哉！礼仪③三百，威仪④三千。待其人⑤而后行。故曰：苟不至德⑥，至道不凝⑦焉。故君子尊德性而道问学⑧，致广大而尽精微，极高明而道中庸。温故而知新，敦厚以崇礼。是故居上不骄，为下不倍⑨。国有道其言足以兴，国无道其默足以容⑩。《诗》曰：“既明且哲，以保其身。”⑪其此之谓与？

【注释】

①洋洋：盛大，浩瀚无边。②优优：充足有余。③礼仪：古代礼节的主要规则，又称经礼。④威仪：古代典礼中的动作规范及待人接物的礼节，又称曲礼。⑤其人：指圣人。⑥苟不至德：如果没有极高的德行。苟，如果。⑦凝：聚，引申为成功。⑧问学：询问，学习。⑨倍：通“背”，背弃、背叛。⑩容：容身，指保全自己。⑪既明且哲，以保其身：引自《诗经·大雅·烝民》。哲，智慧，指通达事理。

【译文】

伟大啊，圣人的道！浩瀚无边，生养万物，与天一样崇高；充足有余，礼仪三百条，威仪三千条。这些都有待圣人来实行。所以说，如果没有极高的德行，就不能成就极高的道。因此，君子尊崇道德修养而追求知识学问；达到广博境界而又钻研精微之处；洞察一切而又奉行中庸之道；温习已有的知识从而获得新知识；诚心诚意地崇奉礼节。所以身居高位不骄傲，身居低位不自弃。国家政治清明时，他的言论足以振兴国家；国家政治黑暗时，他的沉默足以保全自己。《诗经》说：“既明智又通达事理，可以保全自身。”大概说的就是这个意思吧？

第二十八章　明　道

【本章引语】

本章承接上一章发挥“为下不倍”的意思。反对自以为是，独断专行，也有“不在其位，不谋其政”（《论语·泰伯篇》）的意思。归根结底，其实还是素位而行，安分守己的问题。

此外有一点值得注意的是，这里所引孔子的话否定了那种“生乎今之世反古之道”的人，这与一般认为孔子主张“克己复礼”，具有复古主义倾向的看法似乎有些冲突。其实，孔子所要复的礼，恰好是那种“今用之”的“周礼”，而不是“古之道”的“夏礼”和“殷礼”。因为夏礼已不可考，而殷礼虽然还在它的后裔宋国那里残存着，但毕竟也已是过去的了。因为孔子生于周代，他把“夏礼”和“殷礼”进行比较，认为“周礼”是参照了“夏礼”和“殷礼”而制定的，最为完美，所以决定遵从“周礼”。

【原文】

子曰：“愚而好自用①，贱而好自专②，生乎今之世反③古之道。如此者，灾及其身者也。”

非天子，不议礼，不制度④，不考文⑤。今天下车同轨，书同文，行同伦⑥。虽有其位，苟无其德，不敢作礼乐焉，虽有其德，苟无其位，亦不敢作礼乐焉。

子曰：“吾说夏礼⑦，杞不足征也⑧；吾学殷礼⑨，有宋⑩存焉；吾学周礼⑪，今用之，吾从周⑫。”

【注释】

①自用：凭自己主观意图行事，自以为是，不听别人的意见，即刚愎自用的意

思。②自专：独断专行。③反：通“返”，回复的意思。④制度：在这里作动词用，指制定法度。⑤考文：考订文字规范。⑥车同轨，书同文，行同伦：车同轨指车子的轮距一致；书同文指字体统一；行同伦指伦理道德相同。这种情况是秦始皇统一六国后才出现的，据此知道《中庸》有些章节的确是秦代儒者所增加的。⑦夏礼：夏朝的礼制。夏朝，约公元前2205年—前1776年，传说是禹建立的。⑧杞：国名，传说是周武王封夏禹的后代于此，故城在今河南杞县。征：验证。⑨殷礼：殷朝的礼制。商朝从盘庚迁都至殷（今河南安阳）到纣亡国，一般称为殷代，整个商朝也称商殷或殷商。⑩宋：国名，商汤的后代居此，故城在今河南商丘县南。⑪周礼：周朝的礼制。⑫以上这段孔子的话也散见于《论语·八佾篇》《论语·为政篇》。

【译文】

孔子说：“愚昧却喜欢自以为是，卑贱却喜欢独断专行，生于现在的时代却一心想回复到古时去。这样做，灾祸一定会降临到自己的身上。”

不是天子就不要议定礼仪，不要制定法度，不要考订文字规范。现在天下车子的轮距一致，文字的字体统一，伦理道德相同。虽有相应的地位，如果没有相应的德行，是不敢制定礼乐制度的；虽然有相应的德行，如果没有相应的地位，也是不敢制定礼乐制度的。

孔子说：“我谈论夏朝的礼制，夏的后裔杞国已不足以验证它；我学习殷朝的礼制，殷的后裔宋国还残存着它；我学习周朝的礼制，现在还实行着它，所以我遵从周礼。”

第二十九章　明　辨

【本章引语】

这一章承接“居上不骄”的意思而发挥。提出在位之君王，要想使天下太平，首先必须做好三件事，即“三重”——制定礼仪、法度，考订文字。要求当政者身体力行，不仅要有好的德行修养，而且要有行为实践的验证，才能取信于民，使人听从。其次君王要制定礼乐制度，必须做到六点，才可以达到尽善尽美的程度，即“六事”——“本诸身，征诸庶民，考诸三王而不缪，建诸天地而不悖，质诸鬼神而无疑，百世以俟圣人而不惑。”

提高到理论上来说，就是强调重实践的观点。“本诸身，征诸庶民”，以自身的德行为根本，并从老百姓那里得到验证。这是主客观的结合，理论与实践的统一，用客观实践来检验自己的主观意图、见解、理论是否符合老百姓的利益与愿望，从而使自己的举止能世世代代成为天下的先导，行为能世世代代成为天下的法度，语言能世世代代成为天下的准则。这样就达到了知天通晓天道，知人通晓人道的地步，完全符合天命率性的中庸之道。

这里当然还是蕴涵着儒者对伟大与崇高的向往和对不朽的渴望，也就是中国古代知识分子崇奉的“立德、立功、立言”的三不朽追求，为天下人景仰，为天下人效法。

【原文】

王天下有三重焉①，其寡过矣乎！上焉者②，虽善无征，无征不信，不信民弗从。下焉者③，虽善不尊，不尊不信，不信民弗从。故君子之道，本诸身，征诸庶民，考诸三王④而不缪，建⑤诸天地而不悖，质⑥诸鬼神而无疑，百世以俟⑦圣人而不惑。质诸鬼神而无疑，知天也；百世以俟圣人而不惑，知人也。是故君子动而世为天下道[8]，行而世为天下法，言而世为天下则。远之则有望[9]，近之则不厌。

《诗》曰："在彼无恶，在此无射。庶几夙夜，以永终誉[10]。"君子未有不如此而蚤[11]有誉于天下者也。

【注释】

①王（wàng）天下有三重焉：王，作动词用，王天下即在天下做王的意思，也就是统治天下。三重，指上一章所说的三件重要的事：仪礼、制度、考文。②上焉者：指在上位的人，即君王。③下焉者：指在下位的人，即臣下。④三王：指夏、商、周三代君王。⑤建：立。⑥质：质询，询问。⑦俟：待。⑧道：通"导"，先导。⑨望：威望。⑩"《诗》曰"句：引自《诗经·周颂·振鹭》篇。是殷商后代宋微子来周助祭的乐歌。射：《诗经》本作"斁"，厌弃的意思。庶几：几乎。夙（sù）夜：早晚。夙，早。⑪蚤：即"早"。

【译文】

治理天下能够做好议定礼仪，制定法度，考订文字规范这三件重要的事，也就没有什么大的过失了吧！在上位的人，虽然行为很好，但如果没有验证的话，就不能使人信服，不能使人信服，老百姓就不会听从。在下位的人，虽然行为很好，但由于没有尊贵的地位，也不能使人信服，不能使人信服，老百姓就不会听从。所以君子治理天下应该以自身的德行为根本，并从老百姓那里得到验证。考察夏、商、周三代先王的做法而没有背谬，立于天地之间而没有悖乱，质询于鬼神而没有疑问，百世以后待到圣人出现也没有什么不理解的地方。质询于鬼神而没有疑问，这是知道天理；百世以后待到圣人出现也没有什么不理解的地方，这是知道人意。所以君子的举止能世世代代成为天下的先导，行为能世世代代成为天下的法度，语言能世世代代成为天下的准则。在远处有威望，在近处也不使人厌恶。

《诗经》说："在那里没有人憎恶，在这里没有人厌烦，日日夜夜操劳啊，为了保持美好的名望。"君子没有不这样做而能够早早在天下获得名望的。

第三十章　知　法

【本章引语】

本章阐述孔子之德，与天地比肩，与日月同辉。是因他继承尧舜的道德，即“惟精惟一，允执厥中”的中庸之道，效法文王、武王的礼乐制度，所以天地的伟大之处，就是孔子的伟大之处。这一章以孔子为典范，盛赞他的德行，为学者塑造了一个伟大、崇高而不朽的形象，使他流芳百世而成为后代人永远学习与敬仰的楷模。这就是大成至圣先师的孔圣人。从《中庸》本身的结构来看，这也是从理论到实际了，从中庸之道方方面面的阐述落实到一个具体的榜样上来，而榜样的力量是无穷的。

【原文】

仲尼祖述①尧舜，宪章②文武，上律天时，下袭③水土。辟如大地之无不持载，无不覆帱④，辟如四时之错行⑤，如日月之代明⑥。万物并育而不相害，道并行而不相悖。小德川流，大德敦化⑦。此天地之所以为大也!

【注释】

①祖述：效法、遵循前人的行为或学说。②宪章：遵从，效法。③袭：与上文的“律”近义，都是符合的意思。④覆帱（dào）：覆盖。⑤错行：交错运行，流动不息。⑥代明：交替光明，循环变化。⑦敦化：使万物敦厚纯朴。

【译文】

孔子继承尧舜，以文王、武王为典范，上遵循天时，下符合地理。就像天地那样没有什么不承载，没有什么不覆盖。又好像四季的交错运行，日月的交替光明。万物一起生长而互不妨害，道路同时并行而互不冲突。小的德行如河水一样长流不息，大的德行使万物敦厚纯朴。这就是天地的伟大之处啊!

第三十一章 修 身

【本章引语】

这一章阐述“修身”之道，儒家崇拜圣人，认为只有圣人才能“外王”治国。怎样才算圣人呢？圣人应该具备圣、仁、义、礼、知五德。子思明指圣人，实际上是指孔子，赞美孔子具备五德。“聪明睿知”是圣，足以君临天下，治理天下。“宽裕温柔”是仁，宽宏大度，足以容物。“发强刚毅”是义，操执牢固，足以励守其志。“齐庄中正”是礼，无过与不及，足以致其敬。“文理密察”是知，知识渊博，足以辨别是非。只有天下圣人，才能够具备此五德，君临天下，统治万民而天下太平。

至圣与至诚是就表里而言的。至诚存在于内，为本，至圣表现于外，所以人能看见它，辨别它。圣人之德广大无边，又幽静而深邃。诚于中之德必形于外，一切表现在外的又必然反映其真实的内在。这是在强调圣人之德符合天道人心，自然而然就会产生这样巨大的力量。

【原文】

唯天下至圣，为能聪明睿知①，足以有临②也；宽裕温柔，足以有容③也；发强刚毅④，足以有执⑤也；齐庄中正⑥，足以有敬也；文理密察⑦，足以有别⑧也。

溥博渊泉⑨，而时出之。溥博如天，渊泉如渊。见而民莫不敬，言而民莫不信，行而民莫不说。是以声名洋溢⑩乎中国，施及蛮貊⑪。舟车所至，人力所通，天之所覆，地之所载，日月所照，霜露所队⑫，凡有血气者，莫不尊亲。故曰配天。

【注释】

①睿知（zhì）：聪明智慧。知，通“智”。②有临：居上临下。③有容：容纳，包容。④发强刚毅：发，奋发。强，强健有力。刚，刚正。毅，坚毅。⑤有执：决断。⑥齐

庄中正：齐庄，恭敬庄重。中正，不偏不倚。⑦密察：密，详细。察，明察。⑧有别：辨别是非正邪。⑨溥博渊泉：溥博，辽阔广大。溥，广大、普遍。渊泉，深潭。⑩洋溢：广泛传播。⑪施及蛮貊（mò）：施及，蔓延、延伸。蛮貊，古代两个边远部族的合称，泛指未开化的少数民族。⑫队：通“坠”，坠落。

【译文】

只有天下最圣明的人，才能够做到聪明睿智，完全可以临视万物；宽宏大量，温和柔顺，完全能够包容天下；发奋勇健，刚强坚毅，完全能够决断天下大事；威严庄重，公平正直，完全能够得到人们的称赞；条理清晰，详察明辨，完全能够辨别是非正邪。

圣人的美德广博而又深厚，并且时常会显现出来。其广博如天，深厚如渊。表现在仪容上，百姓无不敬佩；表现在言谈上，百姓无不信服；表现在行动上，百姓无不欢欣鼓舞。因此，他的美名广泛流传于中原大地，并且远播到边远的少数民族地区。凡是车船所能行驶到的地方，人力所能步行到的地方，天所覆盖的地方，地所承载的地方，日月照耀的地方，霜露降临的地方，只要是有血脉气息的人，没有不尊敬亲近他的。所以说圣人的美德可以与天相匹配。

第三十二章　诚　意

【本章引语】

这一章是总结上两章的，说圣人之德如此强盛，他的名声充溢中原大地，远远传到周边的少数民族。舟车所及，日月所照，都流传着他的名声。圣人之德可以与天匹配，如程颢所说："圣人成德，非万物皆备，足以应物而已；其停蓄充盛，至深至大，出之以时，人莫不敬信悦服，惟天德为能配。"

经纶，在这里引申为治理，"大经"就是上文所说的"凡为天下国家有九经"的九项平治天下国家的大纲，也就是庸。"大本"就是上文所说的"中也者天下之本也"。知化育就是上文所说的"赞天地之化育"。这三者都以诚为基为本。"肫肫""渊渊""浩浩"，这是说至诚的圣人态度诚恳，具有粹然仁者的胸怀；静穆幽深，具有立其根本而不竭的意志；广大浩瀚，具有生育变化之功能，与天同其大。惟有圣人知圣人，非至圣无以显至诚之全体，非至圣无以全至圣之妙用。所以文章中反问："如果他不是本来就聪明智慧、通达天赋美德的人，还有谁能知道天地的至诚呢？"

【原文】

唯天下至诚，为能经纶[①]天下之大经，立天下之大本[②]，知天地之化育。夫焉有所倚？肫肫[③]其仁，渊渊其渊[④]，浩浩其天[⑤]。苟不固[⑥]聪明圣知达天德者[⑦]，其孰能知之？

【注释】

①经纶：原指用蚕丝纺织前整理丝缕的一道工序，其中理其绪而分之曰经，比其类而合之曰纶，后用来比喻经营、管理政治的能力。②大本：根本。③肫肫：诚挚

恳切的样子。④渊渊其渊：意为圣人的思想如潭水一样幽深。渊渊，水幽深静穆的样子。⑤浩浩其天：指圣人的美德像苍天一样广阔。浩浩，原指水浩大的样子，引申为广阔。⑥固：实在。⑦达天德者：通达天德的人。天德，天地之德性。

【译文】

只有天下最真诚的人，才能制定治理天下的法则，树立天下的根本原则，懂得天地化育万物的道理。他哪里有什么依恃呢？其仁心是那么诚挚，其心思是那么幽深，其美德是那么广大。如果他不是本来就聪明睿智、通达天赋美德的人，还有谁能知道天地的真诚呢？

第三十三章　正　心

【本章引语】

本章阐述“正心”之道，提出君子修养道德应注意“淡而不厌，简而文，温而理”，只有这样，才能“知远之近，知风之自，知微之显”，即道德自然而然就会日趋完美。德行能到这种境界，当然就是圣人了。可谁又能达到这种境界呢？就是孔圣人也未必就能达到吧。所以还有次一等的境界，这就是“轻如毫毛”的境界。借用诗圣杜甫的诗，是“好雨知时节，当春乃发生。随风潜入夜，润物细无声”（《春夜喜雨》）的境界。这种境界，和风细雨，沁人心脾而入人肺腑，使人在潜移默化中受到感化，这大概就是圣人的境界吧。

本章是《中庸》全篇的结尾，重在强调德行的实施，应用“不显之德”来治国治民。从天理到人道，从知到行，从理论到实践，从“君子笃恭”到“天下平”，既回到与《大学》相呼应的人生进修阶梯之上，又撮取《中庸》全篇的宗旨而加以概括。各段文字，既有《诗》为证又引申发挥，达到了天人合一的境地，产生了奇妙的作用，完全实现了中庸之道。难怪朱熹要在《中庸章句》的末尾大发感叹：“这样反复叮咛以教人的用意是多么深切啊，后世学者难道可以不用心去钻研体会吗？”的确也是如此啊！

【原文】

《诗》曰：“衣锦尚絅[1]。”恶其文之著也。故君子之道，暗然[2]而日章；小人之道，的然[3]而日亡。君子之道，淡而不厌，简而文，温而理，知远之近，知风之自，知微之显，可与入德矣。

《诗》云：“潜虽伏矣，亦孔之昭！”[4]故君子内省不疚，无恶于志。君子之所不可及者，其唯人之所不见乎？《诗》云：“相在尔室，尚不愧于屋漏。”[5]故君子不动而敬，不言而信。

《诗》曰：“奏假无言，时靡有争。”⑥是故君子不赏而民劝，不怒而民威于铁钺⑦。

《诗》曰：“不显惟德，百辟其刑之。”⑧是故君子笃恭而天下平。

《诗》云：“予怀明德，不大声以色。”⑨子曰：“声色之于以化民，末也。”

《诗》曰：“德輶如毛。”⑩毛犹有伦⑪，“上天之载，无声无臭”。⑫至矣！

【注释】

①衣锦尚䌹：引自《诗经·卫风·硕人》。衣：此处作动词用，指穿衣。锦：指色彩鲜艳的衣服。尚：加。䌹（shā）：同“裟”，用麻布制的罩衣。②暗然：隐藏不露。③的然：鲜明，显著。④潜虽伏矣，亦孔之昭：引自《诗经·小雅·正月》。孔：很。昭：《诗经》原作“沼”，意为明显。⑤相在尔室，尚不愧于屋漏：引自《诗经·大雅·抑》。相：注视。屋漏：指古代室内西北角设小帐的地方，相传是神明所在，所以这里是以屋漏代指神明。不愧于屋漏喻指心地光明，不在暗中做坏事，起坏念头。⑥奏假无言，时靡有争：引自《诗经·商颂·烈祖》。奏：进奉。假（gé）：通“格”，即感通，指诚心能与鬼神或外物互相感应。靡（mǐ）：没有。⑦铁钺：古代执行军法时用的斧子。⑧不（pī）显惟德，百辟其刑之：引自《诗经·周颂·烈文》。不显：“不”通“丕”，不显即大显。辟：诸侯。刑：通“型”，示范、效法。⑨予怀明德，不大声以色：引自《诗经·大雅·皇矣》。声：号令。色：容貌。以：与。⑩德輶如毛：引自《诗经·大雅·杰民》。輶：古代一种轻便车，引申为轻。⑪伦：比。⑫上天之载，无声无臭：引自《诗经·大雅·文王》。臭（xiù）：气味。

【译文】

《诗经》说：“身穿锦绣衣服，外面罩件套衫。”这是为了避免锦衣花纹太显露，所以，君子的道深藏不露而日益彰明；小人的道显露无遗而日益消亡。君子的道，平淡而有意味，简略而有文采，温和而有条理，由近知远，由风知源，由微知显，这样，就可以进入道德的境界了。

《诗经》说：“潜藏虽然很深，但也会很明显的。”所以君子自我反省没有愧疚，没有恶念头存于心志之中。君子的德行之所以高于一般人，大概就是在这些不被人看见的地方吧？

《诗经》说："看你独自在室内的时候，是不是能无愧于神明。"所以，君子就是在没做什么事的时候也是恭敬的，就是在没有对人说什么的时候也是信实的。

《诗经》说："进奉诚心，感通神灵。肃穆无言，没有争执。"所以，君子不用赏赐，老百姓也会互相劝勉；不用发怒，老百姓也会很畏惧。

《诗经》说："弘扬那德行啊，诸侯们都来效法。"所以，君子笃实恭敬就能使天下太平。

《诗经》说："我怀有光明的品德，不用厉声厉色。"孔子说："用厉声厉色去教育老百姓，是最拙劣的行为。"

《诗经》说："德行轻如毫毛。"轻如毫毛还是有物可比拟的，"上天所承载的，既没有声音也没有气味"。这才是最高的境界啊！

【朱熹提示】

右第三十三章。子思因前章极致之言，反求其本。复自下学为己谨独之事，推而言之，以驯致乎笃恭而天下平之盛，又赞其妙，至于无声无臭而后已焉。盖举一篇之要而约言之，其反复丁宁示人之意，至深切矣，学者其可不尽心乎？

【译文】

朱熹说，上面一段是第三十三章。子思按照前章所说圣人道德的极致，反过来探求其根本。这一章再从后学立身慎独说起，一直讲到君子敦厚恭敬而致天下太平的盛况，更称赞他们德行的高妙，达到了"无声无臭"的最高境界，然后才结束话题。这大概是举出《中庸》一篇的要点，而加以概括说明。如此反复叮咛以教人的用意，非常深挚恳切，学道的人难道可以不尽心去领会吗？

论 语

吾十有五而志于学，三十而立，四十而不惑，五十而知天命，六十而耳顺，七十而从心所欲，不逾矩。

——《论语·为政篇》

引　言

当今中国，随着经济的高速增长，时代的进步，社会的发展，中西文化的无数次撞击，再一次折射出中国传统文化底蕴深厚的光芒。许多国家都在研究中国，研究中国文化，其中，耀眼的孔子学院在国外雨后春笋般矗立起来。那么，孔子究竟是一个什么样的人呢？孔子又是怎样成为我国春秋末期伟大的思想家、教育家和儒家学派的创始人的呢？本书将为你一一解读孔子传奇的一生及孔子思想在文化上、历史上、哲学上的突出贡献，为你学习和探究孔子思想开启一扇大门。

《论语》是儒家的原始经典之一，也是孔子教学的一本教科书，也可以说是中国教育史上第一部教科书。要了解孔子和他的学说，《论语》是最直接、最可靠的资料。直到近代新文化运动之前，约两千多年的历史中，《论语》一直是中国人的启蒙必读之书。于丹教授讲著的《于丹论语心得》揭示了它的真谛："就是告诉大家，怎样才能过上我们心灵所需要的那种快乐的生活。"使《论语》倡导的精髓思想熠熠生辉，给予人们一次精神与心灵上的洗礼。博大精深的《论语》究竟包括哪些思想，其存在与发展的价值是什么呢？

《论语》是孔子的门人记录孔子言行的一部论著（语录体文集），主要记载孔子及其弟子的言行，因此称为"语"。早在春秋后期孔子设坛讲学时期，其主要内容就已经结集完成，经由孔子弟子和再传弟子代代传授，并逐渐将传诵的孔门语录言行记录下来，集腋成裘，最终在战国初年汇编论纂以成书，因此称为"论"。

因秦始皇焚书坑儒，根据《汉书·艺文志》的记载，《论语》传到汉代，出现三种传本。今文（用汉代通行的隶书书写）《论语》有两家：即鲁人口头传授的《鲁论语》20篇和齐人口头传授的《齐论语》22篇（多《问王》《知道》两篇）。另有从孔子住宅夹壁中发现的《古论语》21篇（用先秦时期的六国文字抄写）。西汉末年，汉成帝师安昌侯张禹先后学习《鲁论语》和《齐论语》，并将两传本以《鲁论语》篇目为

根据，称为《张侯论》。东汉末年，郑玄以《张侯论》为依据，参考《齐论语》《古论语》，作《论语注》，今本有敦煌遗书本残卷，新疆唐墓也出土唐抄郑玄《论语注》残本。《齐论语》《古论语》不久亡佚。现存《论语》共20篇，492章，其中记录孔子与弟子及时人谈论之语444章，记孔门弟子相互谈论之语48章。

《论语》记录了春秋时代中原地区的口语，是汉语史研究的基本素材，书中语汇早已经成为人们学习、社会生活、工作中流传千年不衰的经典名言或格言，如“子在川上曰：‘逝者如斯夫！不舍昼夜’”，“吾十有五而志于学，三十而立，四十而不惑，五十而知天命，六十而耳顺，七十而从心所欲，不逾矩”，“学而不思则罔，思而不学则殆”，“四海之内，皆兄弟也”，“有朋自远方来，不亦乐乎”，“道不同，不相为谋”，“己所不欲，勿施于人”，“岁寒，然后知松柏之后凋也”，“人无远虑，必有近忧”，“君子喻于义，小人喻于利”，“欲速则不达”，“言必信，行必果”，“名不正则言不顺，言不顺则事不成”，“工欲善其事，必先利其器”等等，均朗朗上口，易于记诵。

《论语》中修辞手段丰富，语言表达讲究对仗排比，重视韵律，人物刻画自然真实，也是文学史的重要研究资料。而其保存的许多史实，也是研究春秋时代历史的重要资料。

历代有关《论语》的著述汗牛充栋，较为重要的有魏何晏注、宋邢昺疏《论语注疏》，宋朱熹《论语集注》，清刘宝楠《论语正义》，今人杨伯峻《论语译注》，张燕婴《论语》译注。

学而篇　第一

【本篇引语】

《论语》一书共二十篇。《学而》是《论语》第一篇的篇名。读此篇即可初步了解孔子作为教育家、思想家和政治家的多重身份。

本篇分为十六章。内容涉及学习、为人和修养道德等方面，也有一些论政的语录。即“学而时习”的学习方法；孝悌为本的仁学基础；“吾日三省吾身”不断反省的修德手段；“节用而爱人，使民以时”的治国手段；“礼之用，和为贵”先道德后文化的学习进程；“无友不如已者”的交友原则；过则能改的君子气度；“慎终追远”的行孝规定；“温良恭俭让”的律己作风；安贫乐道、敏行慎言的君子之德；推己及彼、举一反三的治学能力等。包括孔子语录9章，有子3章，曾子2章，子夏、子贡各1章。

（备注：各篇的命名并没有特别的用意，只是选用该篇开始的两三个字作为一篇的题目，这种类型的篇题在先秦时代的典籍中比较常见。《论语》中各篇一般都是以第一章的前两三个字作为该篇的篇名。但以“子曰”起首的有七篇，因此这些篇的篇名就选用“子曰”之后的两三个字，以便相互区别。）

【原文】

1.1　子曰①：“学②而时习③之，不亦说④乎？有朋⑤自远方来，不亦乐⑥乎？人不知⑦而不愠⑧，不亦君子⑨乎？”⑩

【注释】

①子：古代对于有地位、有学问的男子的尊称，有时也泛称男子。《论语》书中“子曰”的“子”，都是指孔子。②学：孔子在这里所讲的“学”，主要是指学习西

周的礼、乐、诗、书等传统文化典籍。③时习：在周秦时代，“时”字用作副词，意为“在一定的时候”或者“在适当的时候”。但朱熹在《论语集注》一书中把“时”解释为“时常”。习，指演习礼、乐，复习诗、书，也含有温习、实习、练习的意思。④说（yuè）：同“悦”，高兴、愉快的意思。⑤有朋：一本作“友朋”。旧注说“同门曰朋”，即同在一位老师门下学习的叫朋，也就是志同道合的人。⑥乐：与“说”有所区别。旧注说，悦在内心，乐则见于外。⑦人不知：此句不完整，没有说出人不知道什么，缺少宾语。一般而言，知是了解的意思。人不知，是说别人不了解自己。⑧愠（yùn）：恼怒、怨恨。⑨君子：《论语》书中的君子，有时指有品德者，有时指有地位者。此处指孔子理想中具有高尚人格的人。⑩本章提出以学习为乐事，做到人不知而不愠，反映出孔子学而不厌、诲人不倦、注重修养、严格要求自己的主张。这些思想主张在《论语》书中多处可见，有助于对第一章内容的深入了解。

【译文】

孔子说：“学了，然后按时温习和练习，不也是很高兴的吗？有志同道合的人从远方来相会，不也是令人很愉快的吗？别人不了解我，我也不怨恨、生气，不也是很有君子风度吗？”

【原文】

1.2 有子①曰：“其为人也孝弟②，而好犯上③者，鲜④矣；不好犯上，而好作乱者，未之有也⑤，君子务本⑥，本立而道生⑦。孝弟也者，其为仁之本与⑧！”

【注释】

①有子：孔子的弟子，姓有，名若。在《论语》中记载的孔子弟子，一般都称字，只有曾参和有若全部尊称为子。据此，有很多人认为《论语》一书是由曾参和有若的弟子所记录而成。②孝弟：孝，奴隶社会时期所认为的子女对待父母的正确态度；弟，同“悌（tì）”，即弟弟遵从兄长。孝、弟是孔子和儒家特别提倡的两个基本道德规范。旧注说：善事父母曰孝，善事兄长曰弟。③犯上：犯，冒犯、干犯。上，指在上位的人。④鲜（xiǎn）：少。《论语》书中的“鲜”字，都是如此用法。⑤未之有也：此为“未有之也”的倒装句型。古代汉语的句法有一条规律，否定句的宾语若为

代词，一般置于动词之前。⑥务本：务，专心、致力于。本，根本。⑦道：在中国古代思想里，道有多种含义。此处的道，指孔子提倡的仁道，即以仁为核心的整个道德思想体系及其在实际生活中的体现。简单讲，就是治国做人的基本原则。⑧为仁之本：仁是孔子哲学思想的最高范畴，又是伦理道德准则。为仁之本，即以孝悌作为仁的根本。还有一种解释，认为古代的“仁”就是“人”字，为仁之本即做人的根本。与，同“欤（yú）”，疑问语气词。

【译文】

有子说：“为人孝顺父母，尊从兄长，而喜欢冒犯上层统治者，这样的人很少。不喜欢冒犯上层统治者，而喜欢造反的人是没有过的。君子致力于根本的工作，根本确立了，正道（治国做人的原则）也就产生了。孝敬父母、尊从兄长，这大概就是施行仁道的根本吧！”

【原文】

1.3 子曰：“巧言令色①，鲜②矣仁。”③

【注释】

①巧言令色：朱熹注曰：“好其言，善其色，致饰于外，务以说人。”巧和令都是美好的意思。令色，好的脸色。此处应解释为假装和颜悦色的样子。②鲜：少。③本章讲述孔子和儒家注重人的实际行动，特别强调人应当言行一致，力戒空谈浮言，心口不一。这表明，儒家崇尚质朴，反对花言巧语；主张说话应谨慎小心，说到做到，先做后说，反对说话办事随心所欲。这种踏实态度和质朴精神长期影响着中国人，成为中华传统思想文化中的精华内容。

【译文】

孔子说：“花言巧语，面貌伪善（假装和颜悦色的样子）的人，这种人的仁德就很少了。”

【原文】

1.4 曾子[1]曰："吾日三省[2]吾身：为人谋而不忠[3]乎？与朋友交而不信[4]乎？传不习[5]乎？"

【注释】

①曾子：曾子姓曾名参（cān），字子舆，生于公元前505年，鲁国人，是被鲁国灭亡了的鄫国贵族的后代。曾参是孔子的得意门生，以孝顺出名。据说《孝经》就是他撰写的。本章曾参提出了"反省内求"的修养办法，不断检查自己的言行，从而形成完美的理想人格。还提出了"忠"和"信"的范畴。忠的特点是一个"尽"字，办事尽力，死而后已。"信"的含义有二，一是信任，二是信用。其内容是诚实不欺，用来处理上下等级和朋友之间的关系。信特别与言论有关，表示说真话、说话算数。这是一个人立身处世的基石。②三省（xǐng）：多次反省。古代汉语中在有动作性的动词前加上数字修饰成分的，一般表示动作频率。而"三""九"等数字，不必认定为具体次数。此章下文恰好是三件事，只是一个巧合。③忠：旧注曰：尽己之谓忠。此处指对人应当尽心竭力。④信：旧注曰：信者，诚也。以诚实之谓信。要求人们按照礼的规定相互守信，以调整人们之间的关系。⑤传不习：传，旧注曰："受之于师谓之传。"指老师的传授。习，与"学而时习之"的"习"字一样，指温习、学习、演习等。

【译文】

曾子说："我每天多次自我反省：替别人谋划办事是否尽心竭力了呢？与朋友交往是不是做到诚实相待呢？老师传授给我的学业是否认真复习了？"

【原文】

1.5 子曰："道[1]千乘之国[2]，敬事[3]而信，节用而爱人[4]，使民以时[5]。"

【注释】

①道：一本作"导"，古体字，作动词用。这里是治理的意思。在本章中孔子所

说的话，主要是对国家的执政者而言的，是关于治理国家的基本原则。他讲了三个方面的问题，即要求统治者严肃认真地办理国家各方面事务，恪守信用；节约用度，爱护官吏；役使百姓应注意不误农时等。这是治国安邦的基本点。②千乘（shèng）之国：乘，意为辆。这里指古代军队的基层单位。每乘拥有四匹马拉的兵车一辆，车上甲士3人，车下步卒72人，后勤人员25人，共计100人。千乘之国，指拥有1000辆战车的国家，即诸侯国。春秋时代，战争频仍，所以国家的强弱都用车辆的数目来计算。在孔子时代，千乘之国已经不是大国。③敬事：敬字一般用于表示个人的态度，尤其是对待所从事的事务要谨慎专一、兢兢业业。④爱人：古代“人”的含义有广义与狭义的区别。广义的“人”，指一切人群；狭义的“人”，仅指士大夫以上各个阶层的人。此处的“人”与“民”相对而言，可见其用法为狭义。爱，关爱。⑤使民以时：以时，按时，这里指不违背农时。古代百姓以农业为主，这是说役使百姓要按照农时，不要耽误耕作与收获。

【译文】

孔子说：“治理拥有一千辆兵车的国家，就要严谨认真地对待国家大事而又恪守信用，节约财政开支而又爱护官吏臣僚，役使百姓要不违背农时。”

【原文】

1.6　子曰：“弟子①入②则孝，出③则弟，谨④而信，泛⑤爱众而亲仁⑥。行有余力⑦，则以学文⑧。”

【注释】

①弟子：指年纪较小为人弟和为人子的人，这里指年轻人。②入：古代时父子分别住在不同的居处，学习则在外舍。《礼记·内则》：“由命士以上，父子皆异宫。”入是入父宫，指进到父亲住处，或说在家。③出：与“入”相对而言，指外出拜师学习。出则弟，是说要用悌道对待师长，也可泛指年长于自己的人。④谨：寡言少语称之为谨。⑤泛（fàn）：广泛的意思。⑥仁：即仁人，有仁德之人。⑦行有余力：指有闲暇时间。⑧文：古代文献。主要有诗、书、礼、乐等文化知识。本章孔子要求弟子们首先要致力于孝悌、谨信、爱众、亲仁，培养良好的道德观念和道德行为，如果还有闲暇时

间和余力，则用以学习古代典籍，增长文化知识。

【译文】

孔子说："年轻人在家，就要孝顺父母，出门在外，要尊敬师长，行为要谨慎，言语可信，要广泛地去爱众人，亲近那些有仁德的人。这些都做到之后，还有余力的话，就去学习文化知识。"

【原文】

1.7　子夏①曰："贤贤易色②，事父母能竭其力，事君能致其身③，与朋友交，言而有信；虽曰未学，吾必谓之学矣。"

【注释】

①子夏：姓卜，名商，字子夏，孔子的弟子中有所谓"四科十哲"之说，子夏长于"文学"（见11.3章）。比孔子小44岁，生于公元前507年。孔子死后，他在魏国宣传孔子的思想主张。②贤贤易色：看重德行，轻视表面的姿态。第一个"贤"字作动词用，尊重的意思。贤贤即尊重贤者。易，轻视。③致其身：致，给予、献出。这是说把生命奉献给君主。

【译文】

子夏说："一个人能够看重德行，轻视表面的姿态；侍奉父母竭尽全力；服务君主能奉献自身；与朋友交往，说话诚实有信。这样的人，即使说没有学习过，我也一定说他学习过了。"

【原文】

1.8　子曰："君子①不重②则不威，学则不固③。主忠信④，无⑤友不如己⑥者，过⑦则勿惮⑧改。"

【注释】

①君子：这个词一直贯穿于本段始终，因此这里应当有一个断句。本章孔子提出

了君子应当具有的品德，这部分内容主要包括庄重威严、认真学习、慎重交友、过而能改等项。作为具有高尚人格的君子，“过则勿惮改”就是对待错误和过失的正确态度，可以说，这一思想闪烁着真理光辉，反映出孔子理想中的完美品德，对于研究和理解孔子思想有重要意义。②重：庄重、自持。③学则不固：固，固执己见。这里是说知道学习就不会自以为是，顽固不化。④主忠信：以忠信为主。以下三句与前两句意思不相连贯，又见9.25章，疑是错简重出于此。⑤无：通“毋”，“不要”的意思。⑥不如己：这里指道德上不如自己。⑦过：过错、过失。⑧惮（dàn）：害怕、畏惧。

【译文】

孔子说：“称得上君子的人，如果不庄重就没有威严；知道学习就不会自以为是，顽固不化。恪守忠诚信实的道德要求，不与道德上不如自己的人交往，有了过错就不要怕改正。”

【原文】

1.9 曾子曰：“慎终①追远②，民德归厚矣！”

【注释】

①慎终：曾子以继承和传播孔子有关孝道的思想闻名，如《大戴礼记》中有《曾子本孝》《曾子立孝》《曾子大孝》《曾子事父母》等篇章，记录生前敬事父母或死后葬祭礼仪等关于如何行孝的规定。终，长辈丧亡之事。②追远：远指祖先。这里指祭祀远祖。

【译文】

曾子说：“恭敬谨慎地办理父母的丧事，虔诚静穆地追念历代的祖先，老百姓就会日趋忠厚老实了。”

【原文】

1.10 子禽①问于子贡②曰：“夫子③至于是邦④也，必闻其政，求之与？抑⑤与之与？”子贡曰：“夫子温、良、恭、俭、让⑥以得之。夫子之求之也，其诸⑦异乎人之

求之与!”

【注释】

①子禽：姓陈名亢，字子禽。郑玄所注《论语》说他是孔子的弟子，但《史记·仲尼弟子列传》未载此人，故一说子禽非孔子弟子，他对孔子的学说总是持怀疑的态度，参见16.13、19.25章。②子贡：姓端木名赐，字子贡，卫国人，比孔子小31岁，是孔子的弟子，在“四科十哲”中属“言语”（11.3章），生于公元前520年。子贡善辩，孔子认为他可以做大国的宰相。据《史记》记载，子贡在卫国做了商人，家有财产千金，成了有名的商业家。③夫子：这是古代的一种敬称，凡是做过大夫的人都可以取得这一称谓。孔子曾担任过鲁国的司寇（掌管刑狱的官员），所以他的弟子们称他为“夫子”。后来，因此而沿袭以称呼老师。《论语》书中所说的“夫子”，都是孔子的弟子对他的称呼。④邦：指当时割据的诸侯国家。⑤抑：表示选择的文言连词，有“还是”的意思。⑥温、良、恭、俭、让：就字面理解即为温和、善良、恭敬、谨慎、谦让。这是孔子的弟子对他的赞誉。俭，约束。本章通过子禽与子贡两人的对话，把孔子的为人处世品格凸现出来。孔子之所以受到各国统治者的礼遇和器重，就在于孔子具有温和、善良、恭敬、俭朴、谦让的道德品格。⑦其诸：表示不肯定的推测语气词，有“大概”“或许”的意思。

【译文】

子禽问子贡说：“老师每到一个国家，总是预闻这个国家的政事。(这种资格)是他请求来的呢？还是人家主动给他的呢？”子贡说：“先生温和、善良、恭敬、谨慎、谦让，是凭借这些德行才得到这样的资格，先生求取的办法，大概不同于别人求取的办法吧？”

【原文】

1.11 子曰：“父在，观其①志；父没②，观其行③；三年无改于父之道④，可谓孝矣。”

【注释】

①其：他的，指代儿子，不是指父亲。②没（mò）：死去。③行：指行为举止等。④道：有时候是一般意义上的名词，无论好坏、善恶都可以叫做道。但更多时候

是积极意义的名词，表示善的、好的东西。这里表示“正道”的意思。

【译文】

孔子说：“父亲在世的时候，要观察儿子的志向；在他父亲死后，要考察儿子的实际行动；如果能够对他父亲传下来的正道多年不加改变，这样的人可以说是尽到孝了。”

【原文】

1.12 有子曰：“礼之用①，和②为贵。先王之道③，斯④为美，小大由之。有所不行，知和而和，不以礼节⑤之，亦不可行也。”

【注释】

①礼：在春秋时代，“礼”泛指奴隶社会的典章制度和道德规范。孔子的“礼”，既指“周礼”，礼节、仪式，也指人们的道德规范。用：施行。《礼记·中庸》写道：“喜怒哀乐之未发谓之中，发而皆中节谓之和。”就是说孔子既强调礼的运用以和为贵，又指出不能为和而和，要以礼节制之，可见孔子提倡的和并不是无原则的调和，这是有其合理性的。②和：调和、协调、和谐。③先王之道：指尧、舜、禹、汤、文、武、周公等古代帝王的治国之道。④斯：这、此。⑤礼节：这里指用礼来节制和谐的道理。

【译文】

有子说：“礼的施行，以和谐为贵。古代君主的治国方法，最可贵的地方就在这里，不论大事小事都遵循这个道理。如果有行不通的地方，只知道和谐为贵的道理，一味地只追求和谐，而不懂得用礼来节制和谐的道理的话，也是行不通的。”

【原文】

1.13 有子曰：“信近①于义②，言可复③也。恭近于礼，远④耻辱也。因⑤不失其亲，亦可宗⑥也。”

【注释】

①近：接近、符合、合乎的意思。②义：义是儒家的伦理范畴，是指思想和行为

符合一定的标准。这个标准就是“礼”。孔子的弟子有子对“信”和“恭”是十分看重的。因为“信”和“恭”都要以周礼为标准，不符合礼的话绝不能讲，讲了就不是“信”的态度；不符合礼的事绝不能做，做了就不是“恭”的态度。这讲的是为人处世的基本态度。③复：因循、实践的意思。朱熹《集注》云：“复，践言也。”④远：动词，使动用法，使之远离的意思，此外亦可以译为避开。⑤因：依靠、凭借。一说“因”应写作“姻”，但从上下文看似有不妥之处。⑥宗：可靠、信任。

【译文】

有子说：“许下的诺言如果符合义的话，这样的诺言才能遵循实行。恭敬的样子如果符合礼的话，这样就能避开耻辱。依靠的人中不缺少关系深的，也就可靠了。”

【原文】

1.14 子曰：“君子食无求饱，居无求安，敏于事而慎于言，就①有道②而正③焉，可谓好学也已。”

【注释】

①就：靠近、看齐。②有道：指有道德的人。孔子认为，一个有道德的人，不应当过多地讲究自己的饮食与居处，他在工作方面应当勤劳敏捷，谨慎小心，而且能经常检讨自己，有道德的人还要对自己的言行加以匡正。③正：匡正、端正。

【译文】

孔子说：“君子，饮食不贪求饱足，居住不贪求安逸，做事勤劳敏捷，说话谨慎，求教于有道的人来端正自己，这样可以说是好学的了。”

【原文】

1.15 子贡曰：“贫而无谄①，富而无骄，何如②？”子曰：“可也。未若贫而乐，富而好礼者也。”③子贡曰：“《诗》云‘如切如磋，如琢如磨’④，其斯之谓与？”子曰：“赐⑤也，始可与言《诗》已矣！告诸往而知来者⑥。”

【注释】

①谄（chǎn）：巴结、奉承。②何如：《论语》书中的“何如”，都可以译为“怎么样”。③未若贫而乐，富而好礼者也：贫而乐，一本作“贫而乐道”。孔子希望他的弟子以及所有的人们，都能够达到贫而乐道、富而好礼这样的理想境界，因而在平时对弟子的教育中，就把这样的思想讲授给弟子。贫而乐道，富而好礼，社会上无论贫或富都能做到各安其位，便可以保持社会的安定了。④如切如磋，如琢如磨：此二句是《诗经·卫风·淇奥》中的句子。切、磋、琢、磨都是加工器物时反复修治的动作，这里用来比喻治学、修身要精益求精的意思。⑤赐：子贡名，孔子对弟子都称其名。⑥告诸往而知来者：诸，之于；往，过去的事情；来，未来的事情。从这段对话中可以看出，子贡能独立思考、举一反三，因而得到孔子的赞扬。这是孔子教育思想中的一个显著特点。

【译文】

子贡说：“贫穷却不谄媚，富有却不骄傲自大，人能做到这些怎么样？”孔子说：“可以了。但是还不如虽贫穷却怡然自乐，虽富裕却能谦逊好礼。”子贡说：“《诗》上说，‘像制造器物一样，切割、磋治、雕琢、打磨’，大概就是讲反复修治、精益求精这个意思吧？”孔子说：“赐呀，我可以同你谈论《诗经》了。你能从我讲过的话中推知我还没有说到的。”

【原文】

1.16 子曰：“不患①人②之不己知，患不知人也。”③

【注释】

①患：忧虑、担心。②人：指有教养、有知识的人，而非民。③这段话是孔子对自己弟子所传授的为人处世之道。在孔子的观念中，“学而优则仕”是一种积极入世的态度。这里的潜台词是：在了解别人的过程中，也使别人了解自己。

【译文】

孔子说：“不担心别人不了解自己，只担心自己不了解别人。”

为政篇　第二

【本篇引语】

《为政》分为二十四章，全部是孔子的语录。提及的人则有鲁国国君、鲁国大夫、孔子弟子等，据此可以了解孔子为众人师表的情况。本篇主要涉及为政、教化、学习、修养、孝道等方面的内容，即孔子主张“德政礼治”的思想、如何谋求官职和从政为官的基本原则、学习与思考的关系、孔子本人学习和修养的过程、提倡学思并重的学习方法，以及对孝、悌等道德范畴的进一步阐述。2.5~2.8章对孝道的含义做了集中说明。2.9~2.10章谈到考察人的品性要以行动为依据。2.12~2.14章分析了君子的特点。2.23章总结了政治文化世代继承的特点。

【原文】

2.1　子曰：“为政以德[①]，譬如北辰[②]，居其所[③]而众星共[④]之。”

【注释】

①为政以德：以，用的意思。此句是说统治者应以道德进行统治，即“德治”。这是强调道德对政治生活的决定作用，主张以道德教化为治国的原则。这是孔子学说中较有价值的部分，表明儒家治国的基本原则是德治，而非严刑峻法。②北辰：北极星。《尔雅·释天》：“北极谓之北辰。”③所：处所、位置。④共（gǒng）：同“拱”，环绕、环抱的意思。这里是以北辰比喻统治者，以众星比喻被统治者。

【译文】

孔子说：“当政者以道德教化来治理国政，就像北极星那样，自己安居于一定的方位，而其他众星都会井然有序地环绕在它的周围。”

【原文】

2.2 子曰："《诗》三百①，一言以蔽②之，曰：'思无邪。'③"

【注释】

①《诗》三百：《诗》指《诗经》一书，《诗经》实有305篇，三百只是概举其整数。孔子时代，可供弟子阅读的书还不很多，《诗经》经过孔子的整理加工以后，被用作教材。孔子对《诗经》有深入研究，所以他用"思无邪"来概括它。《论语》中解释《诗经》的话，都是按照"思无邪"这个原则而提出的。②蔽：概括的意思。③思无邪：此为《诗经·鲁颂》中的一句。思，指思想内容。无邪，指纯正。这里是孔子借用来评价《诗经》各篇思想内容的纯正。

【译文】

孔子说："《诗经》三百篇，可以用一句话来概括它，就是'思想主旨纯正无邪'。"

【原文】

2.3 子曰："道之以政①，齐②之以刑，民免③而无耻④。道之以德，齐之以礼，有耻且格⑤。"⑥

【注释】

①道：同"导"，引导。政：法制、禁令。②齐：管制、约束。③免：逃避、躲避。④耻：羞耻之心。⑤格：至、来。⑥本章中孔子认为，刑罚只能使人避免犯罪，不能使人懂得犯罪可耻的道理，而道德教化比刑罚要高明得多，既能使百姓守规蹈矩，又能使百姓有知耻之心。这反映了道德在治理国家时有不同于法制的特点。

【译文】

孔子说："用法制或禁令去引导百姓，使用刑法来约束他们，老百姓只会尽量避免犯罪受惩，却失去了羞耻之心；用道德教化引导百姓，使用礼制去统一人民的言行，人民就会有羞耻心，而且归顺。"

【原文】

2.4 子曰："吾十有五而志于学①，三十而立②，四十而不惑③，五十而知天命④，六十而耳顺⑤，七十而从心所欲，不逾矩⑥。"⑦

【注释】

①有：同"又"。古人十五岁为入学之年，《礼记·王制》"立四教"郑玄注引《尚书传》曰："年十五岁入小学，年十八岁入大学。"②立：立足于礼。"立于礼"（见8.8章）、"不知礼，无以立"（20.3）等说法，可参照之。③不惑：掌握了知识，不因外界事物而困惑。④知天命：懂得天命不可抗拒而乐天由命。⑤耳顺：一般而言，指听得进（或接受）各种不同意见。⑥从心所欲，不逾矩：从，遵从的意思；逾，越过；矩，规矩。这里是说能随心所欲地做事，而又从不超出规矩。⑦在本章里，孔子表述了他学习和修养的过程：是一个随着年龄的增长，思想境界逐步提高的过程。就思想境界来讲，整个过程分为三个阶段：十五岁到四十岁是学习领会的阶段；五十、六十岁是安心立命的阶段，也就是不受环境左右的阶段；七十岁是主观意识和做人的规则融合为一的阶段。在这个阶段中，道德修养达到了最高的境界。

【译文】

孔子说："我十五岁立志于学习；三十岁能依照礼仪的要求立足于世；四十岁就不再因外界事物而困惑；五十岁懂得了乐天由命；六十岁能听得进各种不同意见；七十岁能随心所欲地做事，而又从不超出规矩。"

【原文】

2.5 孟懿子①问孝。子曰："无违②。"樊迟③御④，子告之曰："孟孙⑤问孝于我，我对曰'无违'。"樊迟曰："何谓也？"子曰："生，事之以礼；死，葬之以礼，祭之以礼。"

【注释】

①孟懿子：鲁国的大夫，三家之一，姓仲孙，名何忌，"懿"是谥（shì）号（死

后得到的尊号)。其父临终前要他向孔子学礼。②无违：不要违背。③樊迟：孔子的弟子，姓樊名须，字子迟。比孔子小46岁。他曾和冉求一起帮助季康子进行革新。④御：驾驭马车。⑤孟孙：指孟懿子。

【译文】

孟懿子问什么是孝。孔子说："孝就是不要违背礼的规定。"樊迟给孔子驾车，孔子告诉他说："孟孙问我什么是孝，我回答他说不要违背礼的规定。"樊迟说："不要违背礼的规定是什么意思呢？"孔子说："父母活着的时候，要按礼的要求侍奉他们；父母去世后，要按礼的要求埋葬他们，要按礼的要求祭祀他们。"

【原文】

2.6 孟武伯①问孝。子曰："父母唯其疾之忧②。"

【注释】

①孟武伯：孟懿子的儿子，名彘。"武"是他的谥号。本章是孔子对孟懿子之子问孝的答案。对于这里孔子所说的父母唯其疾之忧，历来有三种解释可参考：⑴父母爱自己的子女，无所不至，唯恐其有疾病，子女能够体会到父母的这种心情，在日常生活中格外谨慎小心，这就是孝。⑵做子女的，只须父母在自己有病时担忧，但在其他方面就不必担忧了，表明父母的亲子之情。⑶子女只须为父母的病疾而担忧，其他方面不必过多地担忧。②父母唯其疾之忧：其，指代儿子。疾，病。

【译文】

孟武伯向孔子请教什么是孝道。孔子说："父母对待子女，要特别为他们的疾病担忧。(子女能体会到这一点，平时多加小心)这样做就可以算是尽孝了。"

【原文】

2.7 子游①问孝。子曰："今之孝者，是谓能养。至于②犬马，皆能有养③；不敬，何以别乎？"

【注释】

①子游：孔子的弟子。姓言名偃，字子游，吴人，比孔子小45岁。在“四科十哲”中属“文学”（见11.3章）。②至于：就连、就是。表示提起另一件事。③养：饲养。

【译文】

子游问什么是孝。孔子说：“如今所谓的孝，只是说能够赡养父母。然而，连狗、马这些动物，都能够得到饲养。如果对父母没有孝敬的心意，那么，赡养父母和饲养动物又有什么区别呢？”

【原文】

2.8 子夏问孝。子曰：“色难①。有事，弟子服其劳②；有酒食，先生③馔④。曾⑤是以为孝乎？”

【注释】

①色难：色，敬爱和悦的脸色态度。难，不容易的意思。②服劳：服，从事、担负。服劳即服侍。③先生：指年长者或父母。前面说的弟子，指晚辈、儿女等。④馔（zhuàn）：意为饮食、吃喝。⑤曾：乃、竟。

【译文】

子夏问什么是孝。孔子说：“（当晚辈的要尽到孝），最不容易的就是对父母和颜悦色。遇到事情，年轻人需要替年长者效劳；遇到酒食，让年长者享用。难道这样就可以算是孝了吗？”

【原文】

2.9 子曰：“吾与回①言终日，不违②如愚。退而省其私③，亦足以发。回也不愚。”

【注释】

①回：即孔子的弟子颜回。鲁国人，孔子的得意门生。姓颜名回，字子渊，生于

公元前521年，比孔子小30岁，在“四科十哲”中属“德行”（见11.3章），是孔子所喜爱的最聪慧最有修养的一个学生。参见6.3、6.7、6.11章。②不违：不违拗。不提相反的意见和问题。③退而省其私：考察颜回独自钻研和自我实践。退，散学回去。私，独处。

【译文】

孔子说：“我整天给颜回讲学，他从来不提反对意见和疑问，像个愚笨的人。等他散学回去，我考察他钻研和实践，发现他对我所讲授的内容有所发挥。可见颜回其实并不愚笨。”

【原文】

2.10 子曰：“视其所以①，观其所由②，察其所安③，人焉廋④哉？人焉廋哉？”

【注释】

①以：作为、行动。②由：经由、经历。③安：习。④焉：怎样。廋（sōu）：隐藏、藏匿。

【译文】

孔子说：“（要了解一个人）注意看他的所作所为，观察他的一贯经历，考察他的秉性习惯，这样，这个人怎样能隐藏得了呢？这个人怎样能隐藏得了呢？”

【原文】

2.11 子曰：“温故而知新①，可以为师矣。”

【注释】

①温故而知新：故，旧的知识。新，新的体会。这里是说从旧知识中，获得新的体会。“温故而知新”是一个十分可行的学习方法。它是孔子对我国教育学的重大贡献之一。

【译文】

孔子说："在温习旧的知识时，而能从其中获得新体会、新发现，这样的人就可以当老师了。"

【原文】

2.12 子曰："君子不器。"①

【注释】

①君子不器："君子"是孔子心目中具有理想人格的人，非凡夫俗子，他应该担负起治国安邦之重任。器，器具、器皿。孔子认为君子应当博学多识，具有多方面才干，不只局限于某个方面，因此，他可以通观全局、领导全局，成为合格的领导者。这种思想在今天仍有可取之处。

【译文】

孔子说："君子不能像器皿一样只有单一的用途。"

【原文】

2.13 子贡问君子。子曰："先行其言而后从之。"

【译文】

子贡问怎样才能算是君子。孔子说："先实践你所要说的话，然后再把话说出来，这就可以说是一个君子了。"

【原文】

2.14 子曰："君子周①而不比②，小人③比而不周。"④

【注释】

①周：合、团结。②比（bì）：齐同、勾结。③小人：没有道德修养的凡人。④孔子

在本章提出君子与小人的区别点之一，就是小人结党营私，与人相勾结，不能与大多数人融洽相处；而君子则不同，他胸怀广阔，与众人和谐相处，从不与人相勾结，这种思想在今天仍有积极意义。

【译文】

孔子说："君子团结而不与人勾结，小人与人勾结而不团结。"

【原文】

2.15 子曰："学而不思则罔①，思而不学则殆②。" ③

【注释】

①罔：迷惑、无知的样子。②殆（dài）：疑惑。③本章孔子主张学与思相结合。只有将学与思相结合，才可以使自己成为有道德、有学识的人。这种思想在今天的教育活动中有其值得肯定的价值。

【译文】

孔子说："只读书学习而不思考，就会罔然无知而没有收获；只是思考而不读书学习，就会疑惑而不解。"

【原文】

2.16 子曰："攻①乎异端②，斯③害也已④。"

【注释】

①攻：从事某事，进行某项工作。"攻"也可解释为"治"。②异端：历来的注解多指不正确的言论或危险的思想，而与孔子本人的思想学说相对。这里"异"，指不同的。端，顶头、极。③斯：代词，这。④也已：这里用作语气词连用，表示肯定。

【译文】

孔子说："攻治两极的思想学说，这是一种祸害。"

【原文】

2.17 子曰："由①，诲女②知之乎？知之为知之，不知为不知，是知③也。"

【注释】

①由：姓仲名由，字子路。孔子的弟子，长期追随孔子。生于公元前542年。在"四科十哲"中属"政事"（见11.3章）。②女：通"汝"，第二人称代词，你。③知：同"智"。

【译文】

孔子说："由，我教导你的内容，你都知道了吧？知道的就是知道，不知道就是不知道，这才是有智慧。"

【原文】

2.18 子张①学干禄②。子曰："多闻阙③疑④，慎言其余，则寡尤⑤；多见阙殆，慎行其余，则寡悔。言寡尤，行寡悔，禄在其中矣。"

【注释】

①子张：孔子的弟子。姓颛（zhuān）孙名师，字子张，生于公元前503年，比孔子小48岁。②干禄：干，求的意思。禄，即古代官吏的俸禄。干禄就是求取官职。③阙：缺。此处意为放置在一旁。④疑：疑问。⑤寡尤：寡，少的意思。尤，过错、过失。

【译文】

子张向孔子学习谋取官职的方法。孔子说："要多聆听，有疑问的地方先放在一旁不说，其余有把握的地方，要谨慎地表达出来，这样就可以少犯错误。要多观察，有疑问的地方先放在一旁不做，其余有把握的，要谨慎地采取行动，这样就能减少后悔。说话方面少犯过失，行动方面避免后悔，官职俸禄就在这里面了。"

【原文】

2.19 哀公①问曰："何为则民服？"孔子对曰②："举直错诸枉③，则民服；举枉错诸直，则民不服。”

【注释】

①哀公：鲁国国君，姓姬名蒋，公元前494年—前468年在位，“哀”是其谥号。②对曰：《论语》中记载对国君及在上位者问话的回答都用“对曰”，以表示尊敬。③举直错诸枉：举，选拔的意思。直，正直公平。错，同“措”，放置。枉，不正直、邪曲不正。“荐举贤才、选贤用能”这是孔子德治思想的重要组成部分。宗法制度下的选官用吏，唯亲是举，非亲非故者即使再有才干，也不会被选用。孔子的这种用人思想在当时可说是一大进步。“任人唯贤”的思想，在今天不失其珍贵的价值。

【译文】

鲁哀公问：“怎样做才能使百姓顺从呢？”孔子回答说：“提拔正直无私的人，把他放在邪恶不正之人的上位，老百姓就会服从了；如果提拔邪恶不正的人，把他放在正直无私之人的上位，老百姓就不会服从统治了。”

【原文】

2.20 季康子①问：“使民敬、忠以②劝③，如之何？”子曰：“临④之以庄，则敬；孝慈⑤，则忠；举善而教不能，则劝。”⑥

【注释】

①季康子：姓季孙名肥，鲁哀公时任正卿，是当时政治上最有权势的人。“康”是他的谥号。②以：连接词，与“而”同，和。③劝：勉励。这里是受到鼓励的意思。④临：对待。⑤孝慈：当政者引导老百姓对父母孝顺。⑥本章中孔子主张“礼治”“德治”，这不单单是针对老百姓的，对于当政者仍是如此。当政者本人应当庄重严谨、孝顺慈祥，这样老百姓就会对当政的人尊敬、尽忠又努力干活。

【译文】

季康子问道：“要使老百姓对当政的人尊敬、尽忠而努力干活，该怎样去做呢？”孔子说：“你用庄重的态度对待老百姓，他们就会尊敬你；你对待父母孝顺，百姓就会

尽忠于你；你选用好人，又教导能力不足的人，百姓就会互相勉励，加倍努力了。”

【原文】

2.21　或[1]谓孔子曰：“子奚[2]不为政？”子曰：“《书》[3]云：‘孝乎！惟孝，友于兄弟，施于有政[4]。’是亦为政，奚其为为政？”

【注释】

①或：不定代词，有人。②奚（xī）：疑问词，相当于“为什么”。③《书》：指《尚书》。④施于有政：施，延及。这里是说用这种孝悌的风气去影响当政者。

【译文】

有人对孔子说：“你为什么不从事政治呢？”孔子回答说：“《尚书》上说，‘孝敬父母，友爱兄弟，用这种孝悌的风气去影响当政者。’这也就是从事政治，为什么一定要做官才能算是从事政治呢？”

【原文】

2.22　子曰：“人而无信[1]，不知其可也。大车无輗[2]，小车无軏[3]，其何以行之哉？”

【注释】

①而：若。信：儒家传统伦理准则之一。孔子认为，信是人立身处世的基点。在《论语》书中，信的含义有两种：一是信任，即取得别人的信任；二是对人讲信用。②輗（ní）：古代大车车辕前面横木上的活销子。大车指的是牛车。③軏（yuè）：古代小车车辕前面横木上的活销子。没有輗和軏，车就不能走。

【译文】

孔子说：“一个人如果不讲信用，是根本不可以的。就好像大车没有輗、小车没有軏一样，它还靠什么来行车呢？”

【原文】

2.23 子张问："十世[①]可知也？"子曰："殷因[②]于夏礼，所损益[③]可知也；周因于殷礼，所损益可知也；其或继周者，虽百世可知也。"

【注释】

①世：古时称30年为一世。此处指朝代。②因：沿用、承袭。③损益：废除的和增加的，即优化、变动之意。"损益"的含义是增减、兴革，即对前代典章制度、礼仪规范等有继承、沿袭，也有改革、变通。这表明孔子本人并不是顽固保守派，并不一定要回到周公时代，他也不反对所有的改革。当然，他的损益程度是受限制的，是以不改变周礼的基本性质为前提的，这是有极限的。

【译文】

子张问孔子："今后十代（的礼仪制度）可以预先知道吗？"孔子回答说："殷代继承了夏代的礼仪制度，废除的和增加的内容是可以知道的；周代又继承殷代的礼仪制度，废除的和增加的内容也是可以知道的。如果有继承周代统治的政权，就是有一百代也是可以预先知道的。"

【原文】

2.24 子曰："非其鬼[①]而祭之，谄[②]也。见义[③]不为，无勇也。"[④]

【注释】

①鬼：指死去的祖先而言。这里泛指鬼神。②谄（chǎn）：谄媚、阿谀。③义：正义的事。④在本章中，孔子又提出"义"和"勇"的概念，这都是儒家有关塑造高尚人格的规范。孔子把"勇"作为实行"仁"的条件之一，"勇"必须符合"仁、义、礼、智"，才算是勇，否则就是"犯乱"。

【译文】

孔子说："不是你应该祭祀的鬼神，而你却去祭祀他，这就是谄媚的行为。遇到正义的事情却袖手旁观，这就是没有胆量。"

八佾篇　第三

【本篇引语】

本篇分为26章，其中25章是孔子的语录，1章是仪封人对孔子的评价。

本篇主要内容涉及“礼”的问题，主张维护礼在制度上、礼节上的种种规定；孔子提出“绘事后素”的命题，表达了他的伦理思想以及“君使臣以礼，臣事君以忠”的政治道德主张。本篇重点讨论如何维护“礼”的问题，比较集中地反映了孔子的礼乐思想。3.1、3.2、3.6、3.22章反对鲁国、齐国大夫僭用国君之礼。3.3~3.4章，论及礼的本质是仁德，是真实的情感，而不是礼仪乐律、铺张奢侈的形式。3.5章陈述当时各国君主名存实亡的状况。3.8章讲礼文与美质的关系。3.7、3.16章谈射礼，3.10~3.13、3.17、3.21章谈祭礼。3.9章讲到夏商两代的古礼已失传，3.14章讲周礼煌煌可观。3.15章讲入太庙之礼。3.18~3.19章讲事君尽礼。3.20章讲音乐表达感情应当适度。3.23章讲演奏音乐的程序。3.25章评论音乐。

【原文】

3.1　孔子谓季氏①：“八佾②舞于庭，是可忍③也，孰不可忍也？”④

【注释】

①谓：说，用于评论人物。季氏：鲁国大夫，正卿季孙氏，即季平子。②八佾：佾（yì），古代乐舞的行列。古时一行8个人叫一佾，八佾就是64人的舞蹈队伍。据《周礼》规定，只有周天子才可以使用八佾，诸侯为六佾，卿大夫为四佾，士用二佾。季氏是正卿，只能用四佾乐舞队伍，他用八佾就是破坏礼制。③可忍：可以忍心。一说可以容忍。④本章与下一章都是谈鲁国当政者违“礼”的事件。对于这些越礼犯上的举动，孔子表现得极为愤慨。天子有天子之礼，诸侯有诸侯之礼，各守各的礼，才可以使天下安定。因此，“礼”是孔子政治思想体系中的重要范畴。

【译文】

孔子谈到季氏，说："他用天子规格的八行乐舞队伍在自己的庭院中奏乐舞蹈，如果这样的事可以容忍的话，还有什么事情是不可容忍的呢？"

【原文】

3.2 三家①者以《雍》彻②。子曰："'相维辟公，天子穆穆'③，奚取于三家之堂④？"

【注释】

①三家：鲁国当政的三家：孟孙氏、叔孙氏、季孙氏。他们都是鲁桓公的后代，又称"三桓"。②《雍》：《诗经·周颂》的一篇，是周天子祭祀宗庙后撤去祭品的乐歌。彻：撤除。③相维辟公，天子穆穆：《诗经·周颂·雍》诗中的两句，恰好点明了此诗是天子之歌。三家擅用天子之歌，是对礼制的破坏。相，助。维，语助词，无意义。辟公，指诸侯。穆穆，庄严肃穆。④堂：接客祭祖的地方。

【译文】

孟孙氏、叔孙氏、季孙氏三家在祭祖完毕撤去祭品时，也命乐工唱《雍》这篇诗来撤去祭品。孔子说："（《雍》诗上这两句）'助祭的是诸侯，天子严肃静穆地在那里主祭。'这歌词哪一句适用于三家祭祖的厅堂呢？"

【原文】

3.3 子曰："人而不仁，如礼何？人而不仁，如乐何？"①

【注释】

①乐是表达人们思想情感的一种形式，在古代，它也是礼的一部分。礼与乐都是外在的表现，而仁则是人们内心的道德情感和要求，所以乐必须反映人们的仁德。这里，孔子就把礼、乐与仁紧紧联系起来，认为没有仁德的人，根本谈不上什么礼、乐的问题。

【译文】

孔子说："一个人如果没有仁德，他怎么能实行礼呢？一个人如果没有仁德，他怎么能对待乐呢？"

【原文】

3.4　林放①问礼之本。子曰："大哉问！礼，与其奢也，宁俭；丧，与其易②也，宁戚③。"

【注释】

①林放：鲁国人。②易：弛、铺张。这里指有关丧葬的礼节仪式办理得很周到。③戚：心中悲哀的意思。

【译文】

林放问什么是礼的根本。孔子回答说："你问的问题意义重大呀！就礼节仪式的一般情况而言，与其奢侈，不如节俭；就丧礼而言，与其仪式上铺张，不如内心真正哀伤。"

【原文】

3.5　子曰："夷狄①之有君，不如诸夏②之亡③也。"

【注释】

①夷狄：古代中原地区的人对周边地区的贬称。因经济、文化相对于中原地区的国家落后，谓之不开化，缺乏教养，不知书达礼。素有"华夷之辨"的区分。②诸夏：古代中原地区华夏族的自称。③亡（wú）：无。在《论语》中"亡"之后不带宾语，"无"字之后则带宾语。

【译文】

孔子说："就连夷狄（文化落后）之国都有君主，不像中原诸国，君主已经名存实亡了。”

【原文】

3.6 季氏旅①于泰山。子谓冉有②曰：“女③弗能救④与？”对曰：“不能！”子曰：“呜呼！曾谓泰山不如林放⑤乎？”

【注释】

①旅：祭山。祭祀山川为旅。当时，只有天子和诸侯才有祭祀名山大川的资格。季氏只是大夫，而要祭祀名山大川，是破坏礼制的行为。②冉有：孔子的弟子，姓冉名求，字子有，生于公元前522年，比孔子小29岁。当时是季氏的家臣，所以孔子责备他。③女：同“汝”，你。④救：挽救、劝阻的意思。这里指阻止。⑤曾谓泰山不如林放：按照古人的理解，山川之神有灵，对于祭祀者、祭品能够做出要不要接受的选择。曾，竟。林放，从本篇3.4章之注来看，孔子认为他是懂得礼的人。

【译文】

季孙氏将去祭祀泰山。孔子对冉有说：“你难道不能阻止他破坏礼制的行为吗？”冉有说：“不能。”孔子说：“唉！你难道说泰山神还不如林放知礼，会接受这种不合规矩的祭祀吗？”

【原文】

3.7 子曰：“君子无所争，必也射①乎！揖②让而升，下而饮，其争也君子。”

【注释】

①射：原意为射箭。此处指古代的射礼。起源于人们借田猎而进行的军事训练活动，进而发展成为以习射观德、求贤选能为目的的礼仪形式。②揖：拱手行礼，表示尊敬。

【译文】

孔子说：“君子没有什么可与别人争夺的事情。如果有争夺的话，那就是射箭比赛

了。比赛时，先相互作揖谦让，然后登上台阶。射完后，又相互作揖再退下台阶，然后登堂共同喝酒。这就不失为君子之争。"

【原文】

3.8 子夏问曰："'巧笑倩兮，美目盼兮，素以为绚兮①。'何谓也？"子曰："绘事后素②。"

曰："礼后乎？"子曰："起予者商也③，始可与言《诗》已矣！"

【注释】

①巧笑倩兮，美目盼兮，素以为绚兮：前两句见《诗经·卫风·硕人》篇。倩(qiàn)，面容姣好。兮，语助词，相当于"啊"。盼，眼睛黑白分明。绚，有文采。②绘事后素：这里是说绘画的工作在素地上进行。素地就是女子"巧笑倩兮，美目盼兮"的容貌，绘事则指粉黛、钗环、衣裳等饰物，达到锦上添花的效果。子夏从孔子所讲的"绘事后素"中，领悟到仁先礼后的道理，受到孔子的称赞。孔子认为，外表的礼节仪式同内心的情操应是统一的，如同绘画一样，质地不洁白，不会画出丰富多彩的图案。③起予者商也：起，启发。予，我，孔子自指。商，子夏名商。

【译文】

子夏问道："'微笑的面容美好动人啊，美丽的眼睛真明亮啊，洁白的底子上绘有文采啊。'这几句话是什么意思呢？"孔子说："这是说先有白底然后画画。"子夏又问："那么，是不是说礼也是产生于仁之后呢？"孔子说："你真是能启发我的商啊！从此可以同你讨论《诗经》了。"

【原文】

3.9 子曰："夏礼，吾能言之，杞①不足徵②也；殷礼，吾能言之，宋③不足徵也。文献④不足故也。足则吾能徵之矣。"

【注释】

①杞：春秋时国名，是夏禹的后裔所建，遗址在今河南杞县一带。②徵：也作

"征"，证明。③宋：春秋时国名，是商汤的后裔所建，遗址在今河南商丘一带。④文献：文指历史典籍；献指贤人，即通晓历史掌故的人。

【译文】

孔子说："夏朝的礼，我能说出来，（但是它的后代）杞国不足以证明我的话；殷代的礼，我能说出来，（但它的后代）宋国不足以证明我的话。这都是由于文字资料和通晓夏礼、殷礼的贤人不足的缘故。如果足够的话，我就可以引以为证了。"

【原文】

3.10 子曰："禘[①]自既灌[②]而往者，吾不欲观之矣[③]。"

【注释】

①禘（dì）：祭名，古代只有天子才可以举行的祭祀祖先的非常隆重的典礼。在孔子看来，一个人的等级名分，不仅活着的时候不能改变，死后也不能改变。生时是贵者、尊者，死后其亡灵也是尊者、贵者。这里，他对行禘礼的议论，反映出当时礼崩乐坏的状况，也表示了他对现状的不满。②灌：禘礼中第一次献酒。灌，本作"祼"，祼祭，祭祀中的一个程序。用活人（一般为幼年男女）代替受祭者。禘祭要献酒九次，第一次献酒叫做祼。③吾不欲观之矣：我就不想看了。

【译文】

孔子说："对于行禘礼的仪式，从第一次献酒以后，我就不想看了。"

【原文】

3.11 或问禘之说[①]，子曰："不知也。知其说者之于天下也，其如示诸斯[②]乎！"指其掌。

【注释】

①禘之说：说，理论、道理、规定。禘之说，意为关于禘祭的理论。②示诸斯：斯指后面的"掌"字。

【译文】

有人问孔子关于举行禘祭的理论。孔子说："我不知道。知道这种理论的人，对于治理天下的事来说，就像把这东西摆在这里一样（容易）清楚吧！"一面说一面指着自己的手掌。

【原文】

3.12　祭如在[①]，祭神如神在。子曰："吾不与[②]祭，如不祭。"

【注释】

①"祭如在"一句所祭祀的对象应该是"鬼"（死去的祖先），以与下句"祭神如神在"相对。这里孔子强调参加祭祀的人，应当在内心有虔诚的情感。这样看来，孔子主张进行的祭祀活动主要是道德的而不是宗教的。②与：参与。

【译文】

祭祀祖先就像祖先真在眼前一样，祭神就像神真在眼前一样。孔子说："我如果不亲自参加祭祀，那就和没有举行祭祀一样。"

【原文】

3.13　王孙贾[①]问曰："'与其媚[②]于奥[③]，宁媚于灶[④]'，何谓也？"子曰："不然，获罪于天[⑤]，无所祷也。"

【注释】

①王孙贾：卫灵公的大臣，时任大夫。见14.9章"王孙贾治军旅"。②媚：谄媚、巴结、奉承。③奥：这里指屋内位居西南角的神，为室内最尊贵的处所。④灶：这里指灶旁管烹饪做饭的神，为五祀（户、灶、中霤、门、行）之一。⑤天：以天喻君。

【译文】

王孙贾问道："'（人家都说）与其奉承西南角的神，不如奉承灶神'，这话是什么意思？”孔子说：“不对。如果得罪了上天，祈祷也没有用了。”

【原文】

3.14 子曰：“周监[1]于二代[2]，郁郁[3]乎文哉，吾从周。”

【注释】

①监（jiàn）：同“鉴”，借鉴的意思。②二代：这里指夏代和商代。③郁郁：丰富、浓郁之意。这里指文采丰富的样子。

【译文】

孔子说：“周代的礼仪制度借鉴于夏、商二代，是多么丰富而有文采啊。我赞同周朝的制度。”

【原文】

3.15 子入太庙[1]，每事问。或曰：“孰谓鄹[2]人之子知礼乎？入太庙，每事问。”子闻之，曰：“是礼也。”

【注释】

①太庙：古代开国之君叫太祖，太祖之庙叫太庙。鲁国的太庙，即周公旦的庙，供鲁国祭祀周公。孔子对周礼十分熟悉。他来到祭祀周公的太庙里却每件事都要问别人。所以，有人就对他是否真的懂礼表示怀疑。这一段说明孔子并不以“礼”学专家自居，而是虚心向人请教的品格，同时也说明孔子对周礼的恭敬态度。②鄹（zōu）：春秋时鲁国地名，又写作“陬”，是孔子的出生地，在今山东曲阜县东南十里的西邹集。鄹人，指孔子的父亲叔梁纥。“鄹人之子”指孔子。

【译文】

孔子进入太庙，每件事都要问一问。有人说：“谁说此人（指孔子）懂得礼呀，他到了太庙里，什么事都要问别人。”孔子听到此话后，说：“这就是礼节啊！”

【原文】

3.16　子曰："射不主皮①，为力不同科②，古之道也。"

【注释】

①射不主皮：不专以是否射中箭靶子的中心为善。射礼所要考察的除了射箭的技能高低之外，更重视射箭时的容体是否合乎礼，动作节奏是否合乎乐。皮，用善皮做成的箭靶子。孔子在这里所讲的"射箭"只不过是一种比喻。意思是说，只要肯学习有关礼的规定，不管学到什么程度，都是值得肯定的。②为：因为。同科：同等。

【译文】

孔子说："射礼中的比赛射箭，不在于是否穿透靶子中心，因为各人的力气大小不同。自古以来就是这种规则。"

【原文】

3.17　子贡欲去告朔①之饩羊②。子曰："赐也！尔爱③其羊，我爱其礼。"

【注释】

①告朔：朔，农历每月初一为朔日。告朔，是古代一种制度，每年秋冬之际，天子把第二年的历书颁发给诸侯，告知那一年有无闰月，每个月的初一日是哪一天。诸侯接受历书后藏于祖庙，每逢初一日，以一只羊为牺牲祭祀于祖庙，这个过程称为"告朔"。②饩（xì）羊：祭祀用的活羊。③爱：爱惜的意思。

【译文】

子贡提出想免去每月初一日告祭祖庙用作牺牲的活羊。孔子说："赐呀！你爱惜那只羊，我却舍不得那种礼。"

【原文】

3.18　子曰："事君尽礼，人以为谄也。"

【译文】

孔子说："我完全按照周礼的规定去侍奉君主，别人却以为这是谄媚呢。"

【原文】

3.19 定公问①："君使臣，臣事君，如之何？"孔子对曰："君使臣以礼，臣事君以忠。"②

【注释】

①定公：鲁国国君，姓姬，名宋，公元前509—前495年在位，"定"是谥号。②君使臣以礼，臣事君以忠：这是孔子君臣之礼的主要内容。强调只要做到这一点，君臣之间就会和谐相处。

【译文】

鲁定公问孔子："君主使用臣子，臣子侍奉君主，各自应该怎么做呢？"孔子回答说："君主应该按照礼的规定去使用臣子，臣子应该以忠心来侍奉君主。"

【原文】

3.20 子曰："《关雎》①乐而不淫②，哀而不伤。"

【注释】

①《关雎（jū）》：《诗经》的第一篇，是写男女爱情、祝贺婚礼的诗，与"思无邪"本不相干，但孔子却从中认识到"乐而不淫、哀而不伤"的中庸思想，认为无论哀与乐都不可过分，有其可贵的价值。此篇写一君子"追求"淑女，思念时"寤寐（wù mèi）思服""辗转反侧"的忧思，以及结婚时"琴瑟友之""钟鼓乐之"的欢乐。②淫：过分而失当。

【译文】

孔子说："《关雎》这篇乐章，欢乐而不过分，悲哀而不伤情。"

【原文】

3.21 哀公问社①于宰我。宰我②对曰："夏后氏以松，殷人以柏，周人以栗，曰使民战栗③。"子闻之曰："成事不说，遂事不谏，既往不咎。"④

【注释】

①社：土神，是国家的象征，这里指社主。古代在祭祀土神时要立一个木制的牌位，称为"主"。此章所问就是制作牌位所用木质的问题。②宰我：孔子的弟子。姓宰，名予，字子我，在"四科十哲"中，宰我长于"言语"（见11.3章）。③战栗：恐惧、发抖。④成事不说，遂事不谏，既往不咎：古时立国都要建立祭土神的庙，选用宜于当地生长的树木做土地神的牌位。宰我回答鲁哀公说，周朝用栗木做社主是为了"使民战栗"，孔子就不高兴了，因为宰我在这里讥讽了周天子，所以说了这一段话。

【译文】

鲁哀公询问宰我土神的社主所用木质的问题。宰我回答："夏代用松木，商代用柏木，周代用栗木。用栗木的意思是说：使老百姓战栗害怕。"孔子听到后，说："已经完成的事情不用再劝说了，终了的事情不用再去劝阻了，已经过去的事也不必再追究了。"

【原文】

3.22 子曰："管仲①之器小哉！"或曰："管仲俭乎？"曰："管氏有三归②，官事不摄③，焉得俭？""然则管仲知礼乎？"曰："邦君树塞门④，管氏亦树塞门；邦君为两君之好，有反坫⑤，管氏亦有反坫。管氏而知礼，孰不知礼？"

【注释】

①管仲：姓管，名夷吾，齐国人，春秋时期的法家先驱。齐桓公的宰相，辅助齐桓公成为诸侯的霸主。公元前645年死。事详见《史记·管晏列传》。《论语》中多次提到管仲，孔子对他既有肯定，又有否定，从大处而言还是赞扬。②三归：市租，根据《管子·山至数》的记载，市租按常例应该由国家收取。齐桓公成为诸侯的霸主后，

对管仲恩赏有加，就将收取市租的权力给了他。③摄：兼任、兼职。④树塞门：树，树立。塞门，在大门口筑的一道短墙，以别内外，相当于屏风、照壁等。塞，遮掩。⑤反坫（diàn）：坫，古代君主招待别国国君时，放置献过酒的空杯子的土台。献过酒之后，将酒杯放回坫上，即反坫。

【译文】

孔子说："管仲这个人的器量真是狭小呀！"有人问道："管仲有约束吗？"孔子说："他有权力收取市租，做官的人不应该兼任，怎么谈得上有约束呢？"又问："那么管仲懂得礼节吗？"孔子回答："国君大门口设立照壁，管仲在大门口也设立照壁。国君同别国国君举行会见时在堂上有放空酒杯的土台，管仲也有这样的土台。如果说管仲懂得礼节，那么还有谁不懂得礼节呢？"

【原文】

3.23 子语①鲁大师乐②。曰："乐其可知也：始作，翕如③也；从④之，纯⑤如也，皦⑥如也，绎⑦如也，以成。"

【注释】

①语（yù）：告诉，动词用法。②大（tài）师：乐官之长。孔子对弟子的教育内容极为丰富和全面，乐理就是其中之一。这里反映了孔子的音乐思想和音乐欣赏水平。③翕（xī）：意为盛。如：形容词语尾，用法同"然"。④从（zòng）：通"纵"，意为放纵、展开。⑤纯：美好、和谐。⑥皦（jiǎo）：音律清晰分明。⑦绎：连绵不断。

【译文】

孔子告诉鲁国乐官演奏音乐的奥妙，说道："奏乐是可以通晓的：开始演奏，各种乐器合奏，声音繁美；展开下去，悠扬悦耳，音律清晰分明，连绵不断，最后完成。"

【原文】

3.24 仪封人①请见。曰："君子之至于斯也，吾未尝不得见也。"从者见之②。出，曰："二三子何患于丧③乎？天下之无道也久矣，天将以夫子为木铎④。"

【注释】

①仪封人：仪为地名，在今河南兰考县境内。封人，系镇守边疆的官。②从者见之：随从弟子引他见了孔子。③丧：失去，这里指失去官职。④木铎（duó）铜制木舌的铜铃。古代天子发布政令时摇木铎，以召集听众。

【译文】

仪地这个地方的长官请求拜见孔子，说道：“凡是到这里来的君子，我从来没有不得拜见的。”孔子的随从弟子引他去见了孔子。他拜见后，出来（对孔子的弟子们）说：“你们几位何必为没有官位而发愁呢？天下无道已经很久了，上天将起用孔夫子，借他来澄清政治，号令天下。”

【原文】

3.25　子谓《韶》①：“尽美②矣，又尽善③也。”谓《武》④：“尽美矣，未尽善也。”

【注释】

①韶：相传是古代歌颂虞舜的一种乐曲名。孔子对于《韶》乐赞美至极。参见7.14章。②美：指乐曲的音调、舞蹈的形式而言。③善：指乐曲的思想内容而言的。④武：相传是歌颂周武王的一种乐曲名。

【译文】

孔子评价《韶》乐时说：“艺术形式美极了，内容也好极了。”谈到《武》乐时说：“艺术形式很美，但内容还不够好。”

【原文】

3.26　子曰：“居上不宽①，为礼不敬，临丧②不哀，吾何以观之哉？”③

【注释】

①宽：宽厚，指行德政。②临丧：哭丧、吊丧。③本章中孔子主张实行“德

治”“礼治”，这首先提出了对当政者的道德要求。倘为官执政者做不到“礼”所要求的那样，自身的道德修养不够，那这个国家就无法得到治理。当时社会上礼崩乐坏的局面，已经使孔子感到不能容忍了。

【译文】

孔子说：“居于执政地位的人，不能宽厚待人，行礼的时候不严肃，参加丧礼时也不悲哀，这种情况我怎么能看得下去呢？”

里仁篇　第四

【本篇引语】

本篇分为二十六章，包括孔子语录25章（其中1章含曾子的解说），子游1章。主要内容涉及到义与利的关系问题；个人的道德修养问题，包括仁、义、利、礼、孝、言、行、事君、交友等内容；孝敬父母的问题以及君子与小人的区别。

这一篇包括了儒家的若干重要范畴、原则和理论，对后世都产生过较大影响。4.1~4.7章论仁，指出有仁德的人爱憎分明，结交善友，安贫乐道，尽力有为。4.8章讲闻道之于人生的重要。4.9章讲致力于追求真理的人不应畏惧贫困。4.10章论义，指出义是人一切行为的依据。4.11、4.16章讲君子与小人的区别。4.12章讲仅追求实利的人怨恨多。4.13章讲应以礼让治国。4.14章讲要有立身的本领。4.15章讲可终身实践的忠恕之道。4.17章讲以贤者为模范，不贤者为警戒。4.18~4.21章讲孝事父母的做法。4.22、4.24章讲要言行一致。4.23章讲要约束自己。4.25章讲有道德的人必有善友。4.26章讲事君待友要遵守礼数，不可过度。

【原文】

4.1　子曰：“里仁为美①，择不处②仁，焉得知③？”

【注释】

①里仁为美：里，住处，借作动词用。这里是说住在有仁者的地方才好。②处：居住。③知（zhì）：同“智”。

【译文】

孔子说：“居住在仁德的地方才是好的。如果你选择的住处不是在仁德的地方，怎么能说你是聪明的呢？”

【原文】

4.2 子曰：“不仁者不可以久处约①，不可以长处乐。仁者安仁，知者利仁②。”

【注释】

①约：穷困、困窘。②安仁、利仁：安仁是安于仁道；利仁，从仁德中获利。

【译文】

孔子说：“没有仁德的人，不能长久地处在贫困中，也不能长久地处在安乐中。仁人是安于仁道的，智慧的人则可以从仁德中获利。”

【原文】

4.3 子曰：“唯仁者能好①人，能恶②人。”

【注释】

①好（hào）：喜欢的意思，作动词。②恶（wù）：憎恶、厌恶，作动词。

【译文】

孔子说：“只有那些有仁德的人才能够正确地喜欢人，正确地厌恶人。”

【原文】

4.4 子曰：“苟志于仁矣，无恶①也。”②

【注释】

①恶（è）：邪恶。②本章指出只要有了仁德之心，那就不会有邪念去做坏事，即不会犯上作乱、为非作恶，也不会骄奢淫逸、随心所欲，而是可以做有益于国家、有利于百姓的善事了。

【译文】

孔子说:“如果立志于修行仁德,就不会再有邪恶了。”

【原文】

4.5 子曰:“富与贵,是人之所欲也;不以其道得之,不处也。贫与贱,是人之所恶[1]也;不以其道得之,不去也。君子去仁,恶乎[2]成名?君子无终食之间违仁,造次[3]必于是,颠沛[4]必于是。”

【注释】

①恶(wù):厌恶。②恶(wū)乎:怎么、怎样。③造次:仓促、紧急。④颠沛:倾覆、仆倒,引申为形容人事困顿、社会动乱。

【译文】

孔子说:“富裕和显贵是人人都期望得到的,不用正当的方法得到它,君子就不能得到享受;贫穷与低贱是人人都厌恶的,不用正当的方法抛弃它,君子就不能超脱。君子如果离开了仁德,又怎么能成就名声呢?君子不会在哪怕只有一顿饭那么短的时间里背离仁德,就是在最紧迫的时刻也一定遵循仁德办事,就是在颠沛流离的时候,也一定会遵循仁德。”

【原文】

4.6 子曰:“我未见好仁者、恶不仁者。好仁者,无以尚[1]之;恶不仁者,其为仁矣,不使不仁者加乎其身。有能一日用其力于仁矣乎?我未见力不足者。盖[2]有之矣,我未之见也。”[3]

【注释】

①尚:超过。②盖:大概。③本章中孔子认为,对仁德的修养,主要还是要靠个人自觉的努力,因为只要经过个人的努力,是完全可以达到仁的境界的。

【译文】

孔子说："我没有见过喜好仁德的人，也没有见过厌恶不仁的人。喜好仁德的人，没有比这再好的了；厌恶不仁的人，在修行仁德的时候，不让不仁德的东西影响自己。有谁能一天把自己的力量都用在修行仁德上呢？我还没有看见过这种人的力量是不够的。这种人可能还是有的，但我没见过罢了。"

【原文】

4.7 子曰："人之过也，各于其党①。观过，斯知仁②矣。"

【注释】

①党：类。②仁：通"人"。

【译文】

孔子说："人的过错，总是属于一定的类型。所以，考察一个人所犯的过错，就可以知道他是什么样的人了。"

【原文】

4.8 子曰："朝闻道①，夕②死可矣。"③

【注释】

①闻：领悟。道：真理。②夕：晚上。③我们理解到孔子在本章所讲的"道"，系指社会、政治的最高原则和做人的最高准则——真理，这主要是从伦理学意义上说的。

【译文】

孔子说："早晨领悟了真理，就是当天晚上死去了也心甘情愿。"

【原文】

4.9 子曰："士志于道，而耻①恶衣恶食者，未足与议②也。"

【注释】

①耻：以……为羞耻。②议：谋划。

【译文】

孔子说："士人立志于追求真理，但又以自己穿破衣服、吃粗粮淡饭为耻辱的话，对这种人，是不值得与他共同谋划大事或谈论真理的。"

【原文】

4.10 子曰："君子之于天下也，无适[1]也，无莫[2]也，义[3]之与比[4]。"

【注释】

①适（dí）：意为固定。②莫：不固定。③义：道义。④比：以……为依据。

【译文】

孔子说："君子对于天下的人和事，没有必须固定的想法，也没有必须不固定的想法，只是一切都以道义的规定为依据。"

【原文】

4.11 子曰："君子怀[1]德，小人怀土[2]；君子怀刑[3]，小人怀惠[4]。"

【注释】

①怀：关心。②土：土地，即思恋乡土。③刑：法制惩罚。④惠：实惠、好处。即小恩小惠。

【译文】

孔子说："君子关心的是道德，小人关心的是土地；君子关心的是法度，小人关心的是好处。"

【原文】

4.12 子曰："放[①]于利而行，多怨[②]。"

【注释】

①放（fǎng）：同"仿"，效法，引申为依据。②怨：别人的怨恨。

【译文】

孔子说："以追求个人利益来行事，就会招致更多的怨恨。"

【原文】

4.13 子曰："能以礼让为国乎，何有[①]？不能以礼让为国，如礼何[②]？"

【注释】

①何有：全意为"何难之有"，即有什么困难的。②如礼何：把礼怎么办？

【译文】

孔子说："能够用礼让原则来治理国家吗？这有什么困难的。不能用礼让原则来治理国家，又怎么来对待礼仪呢？"

【原文】

4.14 子曰："不患无位，患所以立[①]；不患莫己知，求为可知[②]也。"

【注释】

①所以立：可以立身的本领。②为可知：能够被别人所知道的本领。

【译文】

孔子说："不怕自己没有官位，就怕自己没有学到可以立身的本领。不怕没有人知道自己，只担心自己不具备能够被别人所知道的本领。"

【原文】

4.15 子曰："参乎！吾道一以贯①之。"曾子曰："唯。"子出。门人问曰："何谓也？"曾子曰："夫子之道，忠恕②而已矣。"

【注释】

①贯：统贯。②忠：相当于（6.30章的）"己欲立而立人，己欲达而达人"。恕：相当于（15.24章的）"己所不欲，勿施于人"。"忠恕之道"是孔子思想的重要内容，待人忠恕，这是仁的基本要求，贯穿于孔子思想的各个方面。

【译文】

孔子说："参啊，我讲的学说是由一个基本的思想贯彻始终的。"曾子说："是。"孔子出去之后，学生们便问曾子："这话是什么意思？"曾子说："老师的学说，就是忠、恕两个字罢了。"

【原文】

4.16 子曰："君子喻①于义，小人喻于利。"②

【注释】

①喻：知道、明白。②本章孔子认为，利要服从义，要重义轻利。他的义指服从等级秩序的道德，一味追求个人利益，就会犯上作乱，破坏等级秩序。所以，把追求个人利益的人视为小人。经过后代儒家的发展，这种思想就变成义与利尖锐对立、非此即彼的义利观。

【译文】

孔子说："君子明白的是大义，小人知道的是小利。"

【原文】

4.17 子曰："见贤思齐焉，见不贤而内自省也。"

【译文】

孔子说："见到贤人，就应该向他学习、看齐，见到不贤的人，就应该自我反省是不是自己也有与他相类似的问题或错误。"

【原文】

4.18 子曰："事父母几[①]谏。见志不从，又敬不违，劳[②]而不怨。"

【注释】

①几(jī)：稍微、婉转的意思。②劳：操劳、烦劳的意思。

【译文】

孔子说："侍奉父母，对父母的过错要委婉地劝说。自己的意见表达了，见父母心里不愿听从，也要对他们恭恭敬敬，不加违抗，替他们操劳但不怨恨。"

【原文】

4.19 子曰："父母在，不远游[①]，游必有方[②]。"

【注释】

①游：指求学、求官、游历等外出活动。②方：去向，也指去一定的地方。

【译文】

孔子说："父母在世，不去远方游历；如果不得已要出远门，也必须去一定的地方(有去向)。"

【原文】

4.20 子曰："三年无改于父之道，可谓孝矣。"[①]

【注释】

①本章内容见于《学而篇》1.11章，此处略。

【译文】

孔子说：“多年不改变父亲传下来的正道的话，这样的人可以说是尽到孝了。”

【原文】

4.21 子曰：“父母之年，不可不知也；一则以喜，一则以惧。”

【译文】

孔子说：“父母亲的年纪，不可不知道并且常常记在心里。一方面为他们的长寿而高兴，一方面又为他们的高寿而忧惧。”

【原文】

4.22 子曰：“古者言①之不出，耻躬②之不逮③也。”

【注释】

①言：允诺、表态。“谨言慎行”是孔子一贯的主张。所以孔子说，古人不轻易说话，更不说随心所欲的话，因为他们以不能兑现允诺会失信于人、威信降低而感到耻辱。②躬：自身。③逮（dài）：及、达到。

【译文】

孔子说：“古代人不轻易允诺或表态，这是因为他们担心自己做不到时会感到羞耻啊！”

【原文】

4.23 子曰：“以约①失之者鲜②矣。”

【注释】

①约：约束。这里指“约之以礼”。②鲜：少的意思。

【译文】

孔子说："用礼仪来约束自己而犯了错误，这是很少见的。"

【原文】

4.24 子曰："君子欲讷[1]于言而敏[2]于行。"

【注释】

①讷（nè）：言语迟钝。这里指说话要谨慎。②敏：动作敏捷、快速的意思。

【译文】

孔子说："君子说话上要谨慎小心，而行动上要勤快敏捷。"

【原文】

4.25 子曰："德不孤，必有邻。"

【译文】

孔子说："有道德的人是不会孤单的，一定会有志同道合的人与他相处。"

【原文】

4.26 子游曰："事君数[1]，斯[2]辱矣；朋友数，斯疏矣。"

【注释】

①数（shuò）：屡次、多次，引申为频繁的意思。②斯：就。

【译文】

子游说："侍奉君主太过频繁，就会招致侮辱；与朋友交往太频繁，就会遭到疏远了。"

公冶长篇　第五

【本篇引语】

本篇分为二十八章。本篇著名的句子有“朽木不可雕也，粪土之墙不可杇也”；“听其言而观其行”；“敏而好学，不耻下问”；“三思而后行”等。

在本篇里，孔子和他的弟子们从各个侧面探讨仁德的特征。这些思想对后世产生过较大影响。在内容上以谈论仁德、评论人物为主，包括孔门弟子，如公冶长、南宫适、宓子贱、子贡、冉雍、漆雕开、子路、冉求、公西赤、颜回、宰予、申枨等12人；同时代的政治人物，如孔文子、子产、晏婴、臧文仲、令尹子文、季文子、宁武子等7人，遍及卫国、郑国、齐国、鲁国、楚国；其他历史人物，如伯夷、叔齐、微生高、左丘明等4人。论及人物的修养水平、处世风格、政治才能、学习能力、性格特征等方面。5.12章介绍孔子学问的内容。5.22章涉及孔子在陈国游历的经历。5.26章反映孔子和弟子们的政治理想。5.27章指出人应勇于作自我批评。5.28章强调要好学。

【原文】

5.1　**子谓公冶长①：“可妻②也。虽在缧绁③之中，非其罪也。”以其子④妻之。**

【注释】

①公冶长：孔子的弟子。姓公冶，名芝，字子长，齐国人。孔子能把女儿嫁给他，说明公冶长具备仁德。②妻（qì）：嫁与人妻。③缧绁（léi　xiè）：捆绑犯人用的绳索，这里借指牢狱。④子：古时无论儿子、女儿均称子。这里指女儿。

【译文】

孔子评论公冶长，说道：“可以把女儿嫁给他。他虽然曾被关在牢狱里，但这并不是他的过错呀。”于是，孔子就把自己的女儿嫁给了公冶长。

【原文】

5.2 子谓南容①："邦有道②，不废③；邦无道，免于刑戮④。"以其兄之子妻之。

【注释】

①南容：孔子的弟子。姓南宫名适（kuò），字子容。《论语》通称他为南容。孔子把自己的侄女嫁给南容，也表明南容有仁德。②道：孔子这里所讲的道，是说国家的政治符合最高的和最好的原则。③废：废置，不任用。④刑戮：刑罚。

【译文】

孔子评论南容，说："国家有正道清明时，（他）总有官做，也不会被弃用；国家政治混乱时，（他）也可以免去刑罚。"于是把自己的侄女嫁给了他。

【原文】

5.3 子谓子贱①："君子哉若人②！鲁无君子者，斯焉取斯③？"

【注释】

①子贱：孔子的弟子。姓宓（fú），名不齐，字子贱。生于公元前521年，比孔子小49岁。②若人：这个人、此人。③斯焉取斯：斯，此。第一个"斯"指子贱，第二个"斯"字指子贱的品德。

【译文】

孔子评论宓子贱，说："这个人真是个君子呀。如果鲁国没有君子的话，他是从哪里学到这样的好品德呢？"

【原文】

5.4 子贡问曰："赐也何如？"子曰："女①，器也。"曰："何器也？"曰："瑚琏②也。"

【注释】

①女：通"汝"，你。②瑚琏：古代祭祀时盛粮食用的器具，是相当贵重而华美的。这里用来比喻子贡有某一方面的才干，是可以重用的人才。

【译文】

子贡问孔子："我这个人怎么样？"孔子说："你呀，好比一个器具。"子贡又问："是什么器具呢？"孔子说："是宗庙祭祀时盛粮食用的瑚琏。"

【原文】

5.5　或曰："雍①也仁而不佞②。"子曰："焉用佞？御人以口给③，屡憎于人。不知其仁④，焉用佞？"

【注释】

①雍：孔子的弟子。姓冉，名雍，字仲弓，生于公元前522年。在"四科十哲"中，冉雍属于"德行"（见11.3章）。②佞（nìng）：能言善辩，口才好。③口给：口齿伶俐，有辩才。给，丰足。④不知其仁：指有口才者有仁与否不可知，即不仁的委婉说法。

【译文】

有人说："冉雍这个人有仁德但不善辩。"孔子说："何必要能言善辩呢？靠口齿伶俐和人辩论，常常会招致别人的厌恶，我不知道他是否称得上仁，但又何必要能言善辩呢？"

【原文】

5.6　子使漆雕开仕①。对曰："吾斯之未能信。"子说②。

【注释】

①漆雕开：孔子的弟子。姓漆雕，名开，字子开，生于公元前540年。仕：做官。孔子的教育方针是"学而优则仕"，学到知识，就要去做官，他经常向弟子灌输读书

做官的思想，鼓励和推荐弟子们去做官。②说（yuè）：同“悦”，高兴。

【译文】

孔子让漆雕开去做官。漆雕开回答说：“我对做官这件事还没有树立起信心。”孔子听了很高兴。

【原文】

5.7 子曰：“道不行，乘桴[①]浮于海。从[②]我者，其由与？”子路闻之喜。子曰：“由也，好勇过我，无所取材[③]。”

【注释】

①桴（fú）：用竹或木编成的小筏子，用来过河的工具。②从：跟随、随从。③好勇过我，无所取材：孔子认为子路有勇，可以跟随他一同前去，但同时又指出子路的不足仍然在于仅有勇而已。

【译文】

孔子说：“如果我的主张行不通，我就乘上木筏子到海上去漂流。能跟从我的大概只有仲由吧！”子路听到这话很高兴。孔子说：“仲由这个人勇敢大大超过了我，但没有什么选择区分。”

【原文】

5.8 孟武伯问：“子路仁乎？”子曰：“不知也。”又问。子曰：“由也，千乘之国，可使治其赋[①]也。不知其仁也。”“求也何如？”子曰：“求也，千室之邑[②]，百乘之家[③]，可使为之宰[④]也。不知其仁也。”“赤[⑤]也何如？”子曰：“赤也，束带立于朝[⑥]，可使与宾客[⑦]言也。不知其仁也。”

【注释】

①赋：兵赋，向居民征收的军事费用，包括兵员和装备等。②千室之邑：邑是古代居民聚居点的通称，小的只有十家，大的可有上万家。有一千户人家算是大邑

了。③百乘之家：指卿大夫的采邑，当时大夫有车百乘，是采邑中的较大者。④宰：地方最高长官，这里指总管。⑤赤：孔子的弟子。姓公西名赤，字子华，生于公元前509年。⑥束带立于朝：指穿着礼服立于朝廷。这里指上朝做官，需要束带。⑦宾客：指一般客人和来宾。

【译文】

孟武伯向孔子问子路算不算有仁德，孔子说：“我不知道。”孟武伯又问一遍。孔子说：“仲由嘛，在拥有一千辆兵车的国家里，可以让他管理军事，但我不知道他算不算有仁德。”孟武伯又问：“冉求这个人怎么样？”孔子说：“冉求这个人，可以让他在一个有千户人家的公邑或有一百辆兵车的采邑里当总管，但我也不知道他算不算有仁德。”孟武伯又问：“公西赤又怎么样呢？”孔子说：“公西赤嘛，可以让他穿着礼服，站在朝廷上，用外交辞令接待贵宾，我也不知道他算不算有仁德。”

【原文】

5.9　子谓子贡曰：“女与回也孰愈①？”对曰：“赐也何敢望回？回也闻一以知十②，赐也闻一以知二③。”子曰：“弗如也。吾与④女弗如也。”

【注释】

①女：通“汝”。愈：胜过、超过。②十：指数的全体，旧注云：“一，数之始；十，数之终。”③二：旧注云：“二者，一之对也。”④与：同意、赞同。

【译文】

孔子对子贡说：“你和颜回两个相比，谁更强一些呢？”子贡回答说：“我怎么敢和颜回相比呢？颜回他听到一件事就可以推知十件事；我呢，知道一件事，只能推知两件事。”孔子说：“是不如他呀，我同意你说的，是不如他。”

【原文】

5.10　宰予昼寝。子曰：“朽木不可雕也，粪土①之墙不可杇②也，于予与何诛③？”子曰：“始吾于人也，听其言而信其行；今吾于人也，听其言而观其行。于予与[4]改是。”

【注释】

①粪土：腐土、脏土。②杇（wū）：抹墙用的工具。这里用作动词，抹平，修饰墙面。③诛：意为责备、批评。从《论语》篇章内容可以看出，宰予对孔子学说存有异端思想，所以受到孔子斥责。此外，孔子在这里还提出判断一个人的正确方法，即听其言而观其行。④与：语气词。

【译文】

宰予大白天睡觉。孔子说：“腐朽的木头经不起雕刻，粪土垒的墙壁无法粉刷。对于宰予这个人嘛，有什么可以责备的呢？”孔子又说：“起初我对别人，是听了他说的话便相信了他的行为；现在我对别人，听了他讲的话还要观察他的行为。因为宰予，我改变了观察人的态度。”

【原文】

5.11 子曰：“吾未见刚者。”或对曰：“申枨[1]。”子曰：“枨也欲[2]，焉得刚？”

【注释】

①申枨（chéng）：孔子的弟子。姓申，名枨，字周。②欲：贪欲。

【译文】

孔子说：“我没有见过刚强不屈的人。”有人回答说：“申枨就是这样的人。”孔子说：“申枨这个人欲望太多，怎么能刚强不屈呢？”

【原文】

5.12 子贡曰：“我不欲人之加诸我也，吾亦欲无加诸人。”子曰：“赐也，非尔所及[1]也。”

【注释】

①非尔所及：不是你能做到的。参见15.24章，孔子就是拿“己所不欲，勿施于人”的原则来教导子贡的，可见这还不是子贡已经达到了的境界。

【译文】

子贡说：“我不愿别人强加于我的事，我也不愿强加给别人。”孔子说：“赐呀，这就不是你所能做到的了。”

【原文】

5.13 子贡曰：“夫子之文章①，可得而闻也；夫子之言性②与天道③，不可得而闻也。”

【注释】

①文章：文献典籍。而孔子就是《诗》《书》《礼》《乐》《易》《春秋》等六经的整理者和传播者。②性：性命，即命运。《阳货篇》第十七中谈到性。③天道：古时所说的天道，一般是指自然和人类社会吉凶祸福的关系。《论语》中孔子多处讲到天和命，但不见有孔子关于天道的言论。

【译文】

子贡说：“老师讲授的文献典籍知识，依靠耳闻是能够学到的；老师讲授的关于命运和天道的言论，依靠耳闻是不能够学到的。”

【原文】

5.14 子路有闻，未之能行，唯恐有①闻。

【注释】

①有：通“又”。这里反映了子路重视实践和急于实践的学习态度。

【译文】

子路在听到一条道理，但还没有来得及亲自付诸实践的时候，惟恐又听到新的道理。

【原文】

5.15 子贡问曰：“孔文子[1]何以谓之‘文’也？”子曰：“敏[2]而好学，不耻下问，是以谓之‘文’也。”

【注释】

①孔文子：卫国大夫，“子”是尊称。姓孔，名圉（yǔ），“文”是谥号。②敏：敏捷、勤勉。

【译文】

子贡问道：“为什么给孔文子一个‘文’的谥号呢？”孔子说：“他聪敏勤勉而好学，不以向比他地位卑下的人请教为耻，所以给他‘文’的谥号。”

【原文】

5.16 子谓子产[1]：“有君子之道四焉：其行己[2]也恭，其事上也敬，其养民也惠，其使民也义。”

【注释】

①子产：春秋时郑国的贤相，是郑穆公的孙子。姓公孙，名侨，字子产。在郑简公、郑定公时执政二十二年，是郑国大夫，做过正卿，堪称杰出的政治家和外交家。郑国地处要冲，而周旋于晋国、楚国两大国之间，子产却能不低声下气，也不妄自尊大，使国家得到尊敬和安全。孔子对子产的评价甚高，认为治国安邦就应当具有子产的这四种道德。《论语》中孔子评价子产都是褒扬之词。②行己：自我修养。

【译文】

孔子评论子产，说：“他具备君子的四种道德：他自我修养行为庄重，他侍奉君主恭敬谨慎，他教养百姓多用恩惠，他役使百姓有法度（合乎道义）。”

【原文】

5.17 子曰：“晏平仲[1]善与人交，久而敬之[2]。”

【注释】

①晏平仲：春秋齐国的贤大夫，姓晏，名婴，字仲。齐灵公、齐庄公、齐景公时执政。《晏子春秋》和《史记·管晏列传》卷六十二有他的传。“平”是他的谥号。本章孔子一方面是对晏婴的称赞，另一方面则是希望他的弟子向晏婴学习，做到“善与人交”，互敬互爱，成为有道德的人。②久而敬之：“之”在这里指代晏平仲。这里用久而受人尊敬的效果说明晏婴之善交。

【译文】

孔子说：“晏平仲善于与人交朋友，交往、相识久了，别人会更加尊敬他。”

【原文】

5.18 子曰：“臧文仲①居蔡②，山节藻 ③，何如其知也④？”

【注释】

①臧文仲：鲁国大夫臧孙辰。姓臧孙，名辰，“文”是他的谥号。历任庄、闵、僖、文四朝。臧文仲在当时被人们称为“智者”，但他不顾周礼的规定，竟然修建了藏龟的大屋子，装饰成天子宗庙的式样，这在孔子看来就是“越礼”。所以，孔子指责他“不仁”“不智”。②蔡：大龟，古时国君用龟甲以占卜，故养龟于室，以备使用。③山节藻棁：山，雕刻为山。节，柱上的斗拱。棁（zhuō），房梁上的短柱。把斗拱雕成山形，在棁上绘以水草花纹。这是古时装饰天子宗庙的做法；而臧文仲滥用，可见他不知礼教。④“何如”句：用疑问的语气表示否定。知，“智”的古体字。

【译文】

孔子说：“臧文仲造了大房子给一只大龟住，屋子斗拱雕成山的形状，短柱上画以水草花纹，他这个人怎么能算是有智慧呢？”

【原文】

5.19 子张问曰：“令尹子文①三仕为令尹，无喜色；三已②之，无愠色。旧令尹之政，必以告新令尹。何如？”子曰：“忠矣。”曰：“仁矣乎？”曰：“未知。焉得仁？”“崔子弑齐君③，陈文子④有马十乘⑤，弃而违⑥之。至于他邦，则曰：‘犹吾大夫崔子也。’违之。之一邦，则又曰：‘犹吾大夫崔子也。’违之。何如？”子曰：“清矣。”曰：“仁矣乎？”曰：“未知。焉得仁？”

【注释】

①令尹子文：令尹，楚国的官名，相当于宰相。子文是楚国的著名宰相。②三已：三，指多次。已，罢免。③崔子：齐国大夫崔杼（zhù），曾杀死齐庄公，在当时引起极大反应。弑：指古代地位在下的人杀了地位在上的人。齐君：指被崔杼所杀的齐庄公。“崔子弑齐君”的事见《左传·襄公二十五年》。④陈文子：陈国的大夫，名须无。⑤乘：古时四匹马驾一辆车，故四匹马称一乘。⑥违：离开。

【译文】

子张问孔子说：“令尹子文几次做楚国宰相，没有显出高兴的样子；几次被免职，也没有显出怨恨的样子。（他每一次被免职）一定把自己的一切政事全部告诉给来接任的新宰相。你看这个人怎么样？”孔子说：“可以说是忠诚了。”子张问：“算得上仁了吗？”孔子说：“不知道。这怎么能算得上仁呢？”子张又问：“崔杼杀了他的君主齐庄公，陈文子家有四十匹马，都舍弃不要了，离开了齐国，到了另一个国家，一看便说：‘这里的执政者也和我们齐国的大夫崔子差不多！’于是就离开了。到了另一个国家，一看又说：‘这里的执政者也和我们的大夫崔子差不多！’又离开了。这个人你看怎么样？”孔子说：“可算得上清白了。”子张说：“可说是仁了吗？”孔子说：“不知道。这怎么能算得上仁呢？”

【原文】

5.20 季文子①三思而后行。子闻之，曰：“再②，斯③可矣。”

【注释】

①季文子：鲁国大夫季孙行父。历仕鲁文公、鲁宣公、鲁成公、鲁襄公。在鲁成公、鲁襄公时任正卿，行事谨慎多虑。“文”是他的谥号。②再：两次。③斯：就。

【译文】

季文子每做一件事都要考虑多次才行动。孔子听到了这件事，说：“考虑两次，也就行了。”

【原文】

5.21 子曰：“宁武子[①]，邦有道，则知；邦无道，则愚[②]。其知可及也，其愚不可及也。”

【注释】

①宁武子：卫国大夫。姓宁，名俞，“武”是他的谥号。侍卫成公。宁武子是一个处世为官有方的大夫。当形势好转，对他有利时，他就充分发挥自己的聪明智慧，为卫国的政治竭力尽忠。当形势恶化，对他不利时，他就退居幕后或处处装傻，以便等待时机。孔子对宁武子的这种做法，表示了赞许的态度。②愚：这里是装傻的意思。

【译文】

孔子说：“宁武子这个人，当国家政治清明时，他就显得聪明；当国家政治混乱时，他就装傻。他的那种聪明别人可以达得到，他的那种装傻别人就做不到了。”

【原文】

5.22 子在陈[①]，曰：“归与！归与！吾党之小子[②]狂简[③]，斐然成章[④]，不知所以裁[⑤]之。”

【注释】

①陈：国名，妫姓，舜的后代，周武王灭商后所封。大约在今河南东部和安徽北部一带。公元前478年为楚国所灭。孔子游历列国时，曾困在陈、蔡之间。②吾党之小子：古代以500家为一党。吾党意即我的故乡。小子，指孔子在鲁国的弟子。③狂简：狂，狂傲不羁。简，大。这里是说志向远大。④斐（fěi）然：有文采的样子。章：花纹有条理。⑤裁：裁剪，节制。

【译文】

孔子在陈国，说："回去吧！回去吧！我的这些弟子狂傲不羁，有远大志向，文采已经具备了，但还不知道怎样来约束自己。"

【原文】

5.23 子曰："伯夷、叔齐①不念旧恶②，怨是用希③。"

【注释】

①伯夷、叔齐：殷朝末年孤竹君的两个儿子。父亲去世后，二人互相让位，皆不就，都逃到周文王那里。周武王起兵伐纣，他们认为这是以臣弑君，是不忠不孝的行为，曾加以拦阻。周灭商统一天下后，他们以吃周朝的粮食为耻，逃进深山中以野草充饥，饿死在首阳山中。②恶：仇恨、怨恨。③是用：是以，因此。希：同"稀"，少。

【译文】

孔子说："伯夷、叔齐两个人不记过去人家的仇恨，因此，别人对他们的怨恨也就少了。"

【原文】

5.24 子曰："孰谓微生高①直？或乞醯②焉，乞诸其邻而与之。"

【注释】

①微生高：姓微生名高，鲁国人。相传他是一个守信用的人。与一女子相约于桥下，女子未来，他一直等候，以至于水涨后被淹死。此事见《战国策•燕策》。②醯（xī）：醋。

【译文】

孔子说："谁说微生高这个人直率？有人向他借醋，他不直说没有，而是向他邻居借点给人家。"

【原文】

5.25　子曰："巧言、令色、足恭[1]，左丘明[2]耻之，丘亦耻之。匿怨[3]而友其人，左丘明耻之，丘亦耻之。"

【注释】

①足恭：十分恭敬。这里指过分恭敬而无所节制。②左丘明：姓左丘名明，鲁国人，相传是《左传》一书的作者。③匿怨：暗地里埋怨、怨恨。

【译文】

孔子说："花言巧语，装出好看的脸色，摆出十足恭敬的样子，左丘明认为这种人很可耻，我也认为可耻。把怨恨装在心里，表面上却装出与人友好的样子，左丘明认为这种人十分可耻，我也认为十分可耻。"

【原文】

5.26　颜渊、季路侍[1]。子曰："盍各言尔志[2]？"子路曰："愿车马衣轻裘，与朋友共，敝之而无憾。"颜渊曰："愿无伐善[3]，无施劳[4]。"子路曰："愿闻子之志！"子曰："老者安之，朋友信之，少者怀之[5]。"

【注释】

①侍：服侍，站在身边陪着尊贵者叫侍。②盍（hé）：何不。尔：第二人称代词，你、你们。③伐善：夸耀好处。④施劳：施，表白。劳，功劳。⑤少者怀之：让少年得到关怀。

【译文】

孔子坐着，颜渊、子路两人侍立在孔子身边。孔子说："你们何不各自说说自己的志向？"子路说："愿意拿出自己的车马、衣服、皮袍，同我的朋友共同使用，用坏了也不抱怨。"颜渊说："我愿意不夸耀自己的好处，不表白自己的功劳。"子路说："愿意听听先生您的志向。"孔子说："我的志向是对年老的人加以安抚，对朋友加以信任，对少年加以关怀。”

【原文】

5.27 子曰：“已矣乎！吾未见能见其过而内自讼者也。”

【译文】

孔子说：“算了吧！我还没有看见过能够看到自己的错误而又能从内心责备自己（或自我批评）的人。”

【原文】

5.28 子曰：“十室之邑，必有忠信如丘者焉，不如丘之好学也。”

【译文】

孔子说：“即使只有十户人家的小村庄，也一定有像我这样又尽心又诚信的人，只是不如我那样好学罢了。”

雍也篇 第六

【本篇引语】

本篇分为三十章。其中著名文句有："贤哉回也，一箪食，一瓢饮，在陋巷"；"质胜文则野，文胜质则史，文质彬彬，然后君子"；"知之者不如好之者，好之者不如乐之者"；"敬鬼神而远之"；"己欲立而立人，己欲达而达人"。本篇里有数章谈到颜回，孔子对他的评价甚高。

本篇内容较为庞杂，涉及政治、伦理、哲学、人性、人才等方面，即"中庸之道"、"恕"的学说、"文质"思想，同时还包括如何培养"仁德"的一些主张等。6.1~6.3、6.7~6.8、6.10~6.16章评价人物。6.4、6.5章强调要救济贫苦。6.6章指出选用人才的标准应该是实际才能。6.17章提出仁道是治国的必由之径。6.18章讲文与质的关系。6.19章肯定正直的人生。6.20章划分了修养道德的不同境界。6.22~6.23章分别指出智慧和仁德的含义与区别。6.24章评价齐国、鲁国的政治文化。6.25章慨叹礼制丧失的情况很严重。6.26、6.27章分别论及仁和礼。6.28章涉及孔子在卫国从政的过程。6.29章提出中庸之德。6.30章指出仁与圣的区别。

【原文】

6.1 子曰："雍也可使南面①。"

【注释】

①南面：古代以面向南为尊位，天子、诸侯和官员听政都是面向南面而坐。这里泛指居官位治民，即孔子让冉雍去从政做官，治理国家。

【译文】

孔子说："冉雍这个人，可以让他去做官治理百姓。"

【原文】

6.2 仲弓问子桑伯子[①]。子曰："可也，简[②]。"仲弓曰："居敬[③]而行简[④]，以临[⑤]其民，不亦可乎？居简而行简，无乃[⑥]大[⑦]简乎？"子曰："雍之言然[⑧]。"

【注释】

①仲弓：孔子的弟子冉雍。子桑伯子：人名，此人生平不可考。②可也：肯定子桑伯子其人的本质是好的。简：简要，不烦琐。③居敬：自处时为人严肃认真，依礼严格要求自己。④行简：指推行政事简而不繁。⑤临：面临、面对。此处有"治理"的意思。⑥无乃：岂不是。⑦大：同"太"。⑧然：是的、对的。

【译文】

仲弓问子桑伯子这个人怎么样。孔子说："此人还可以，办事简要而不烦琐。"仲弓说："居心恭敬严肃而行事简要，像这样来治理百姓，不是也可以吗？自处时马马虎虎，又以简易的方法办事，这岂不是太简单了吗？"孔子说："冉雍，这话你说得对。"

【原文】

6.3 哀公问："弟子孰为好学？"孔子对曰："有颜回者好学，不迁怒[①]，不贰过[②]，不幸短命死矣[③]。今也则亡[④]，未闻好学者也。"

【注释】

①不迁怒：不把自己的怒气发泄到别人身上。②不贰过："贰"是重复、一再的意思，这是说不犯同样的错误。③短命死矣：颜回比孔子小30岁，而早于孔子去世，死时年仅31岁。④亡：同"无"。

【译文】

鲁哀公问孔子："你的弟子中谁是最好学的呢？"孔子回答说："有一个叫颜回的弟子好学，他从不迁怒于别人，也从不重复犯同样的过错，不幸短命死了。现在再没有那样的弟子了，再也没有听说过好学的人了。"

【原文】

6.4 子华[1]使于齐，冉子[2]为其母请粟[3]。子曰："与之釜[4]。"请益。曰："与之庾[5]。"冉子与之粟五秉[6]。子曰："赤之适[7]齐也，乘肥马，衣[8]轻裘。吾闻之也：君子周急不继富[9]。"

【注释】

①子华：姓公西名赤，字子华，孔子的弟子，比孔子小42岁。②冉子：冉有，在《论语》书中被孔子弟子称为"子"的只有四五个人，冉有即其中之一。③粟：在古文中，粟与米连用时，粟指带壳的谷粒，去壳以后叫做米；"粟"字单用时，就是指米了。④釜（fǔ）：古代量名，一釜约等于六斗四升。⑤庾（yǔ）：古代量名，一庾等于二斗四升。⑥秉：古代量名，一秉为当时的十六斛。⑦适：往。⑧衣：穿，动词。⑨君子周急不继富：周，周济、救济。富，给富人添富。孔子认为，周济的只是穷人而不是富人，应当"雪中送炭"，而不是"锦上添花"。这种思想符合于人道主义。

【译文】

子华出使齐国，冉求替子华的母亲向孔子请求补助一些谷米。孔子说："给他六斗四升。"冉求请求再增加一些。孔子说："再给他二斗四升。"冉求却给他八十斛。孔子说："公西赤到齐国去，乘坐着肥马驾的车子，穿着又暖和又轻便的皮袍。我听说，君子只是周济急需救济的人，而不是给富人添富。"

【原文】

6.5 原思[1]为之宰[2]，与之粟九百[3]，辞。子曰："毋！以与尔邻里乡党[4]乎！"

【注释】

①原思：孔子的弟子。姓原名宪，字子思，鲁国人，生于公元前515年。孔子在鲁国任司法官的时候，原思曾做他家的总管。②宰：大夫家宰，管家。③九百：没有说明单位是什么。④邻里乡党：相传古代以5家为邻，25家为里，12500家为乡，500家为党。此处指原思的同乡，或家乡周围的百姓。

【译文】

原思给孔子家当总管，孔子给他小米九百为俸禄，原思推辞不要。孔子说：“不要推辞。如果有多的分给你的邻里乡亲吧。”

【原文】

6.6 子谓仲弓曰：“犁牛[①]之子骍且角[②]。虽欲勿用[③]，山川[④]其舍诸[⑤]？”

【注释】

①犁牛：即耕牛。古代祭祀用的牛不能以耕牛代替，系红毛长角，单独饲养的。此词说明我国最晚在春秋时期已经掌握了牛耕的技术，这是社会生产力发展水平的标志。②骍且角：骍（xīn），红色。祭祀用的牛，毛色为红，角长得端正。③用：用于祭祀。④山川：山川之神。此喻上层统治者。⑤其舍诸：其，有“怎么会、难道”的意思。舍，舍弃。诸，“之于”二字的合音。

【译文】

孔子在评论仲弓的时候说：“耕牛产下的牛犊，长着红色的毛，角也长得整齐端正，虽然人们想不用它做祭品，但山川之神难道会舍弃它吗？”

【原文】

6.7 子曰：“回也，其心三月不违仁[①]，其余则日月[②]至焉而已矣。”

【注释】

①三月：指较长的时间。违：离。②日月：指较短的时间。

【译文】

孔子说：“颜回，他的心思可以在长时间内不离开仁德，其余的弟子则只能在短时间内偶尔想起而已。”

【原文】

6.8 季康子[1]问："仲由可使从政也与？"子曰："由也果[2]，于从政乎何有[3]？"曰："赐也可使从政也与？"曰："赐也达[4]，于从政乎何有？"曰："求也可使从政也与？"曰："求也艺[5]，于从政乎何有？"

【注释】

①季康子：他在公元前492年继其父为鲁国正卿，此时孔子正在各地游说。8年以后，孔子返回鲁国，冉求正在帮助季康子推行革新措施。孔子于是对端木赐、仲由和冉求三人做出了评价，认为他们已经具备了担任重要职务的能力。②果：果断、决断。③何有：有什么困难的。④达：通达、顺畅。⑤艺：有才能。

【译文】

季康子问孔子："仲由，可以让他管理国家政事吗？"孔子说："仲由做事果断，对于管理国家政事有什么困难呢？"季康子又问："端木赐，可以让他管理国家政事吗？"孔子说："端木赐通达事理，对于管理政事有什么困难呢？"又问："冉求，可以让他管理国家政事吗？"孔子说："冉求有才能，对于管理国家政事有什么困难呢？"

【原文】

6.9 季氏使闵子骞[1]为费[2]宰。闵子骞曰："善为我辞焉。如有复我[3]者，则吾必在汶上[4]矣。"

【注释】

①闵子骞：孔子的弟子。姓闵名损，字子骞，鲁国人，比孔子小15岁。在"四科十哲"中属"德行"（参见11.3章）。宋儒朱熹对闵子骞评价："刚则必取祸，柔则必取辱。"即硬碰或者屈从都要受害，又刚又柔，刚柔相济，才能应付自如，保存实力。这种态度才能处乱世而不惊，遇恶人而不辱，是极富智慧的处世哲学。②费（bì）：鲁国大夫季氏的封邑，在今山东费县西北二十公里。③复我：再来召我。④汶（wèn）上：汶，水名，即今山东大汶河，当时流经齐、鲁两国之间。去汶水北岸，是

说要离开鲁国到齐国去。

【译文】

季氏派人请闵子骞去做他的采邑费地的长官，闵子骞对来请他的人说："请你好好替我推辞吧。如果再来召我，那我一定跑到汶水北岸去了（离开鲁国到齐国去）。"

【原文】

6.10 伯牛[①]有疾，子问之，自牖[②]执其手，曰："亡之[③]，命矣夫[④]！斯人也而有斯疾也！斯人也而有斯疾也！"

【注释】

①伯牛：姓冉，名耕，字伯牛，鲁国人，孔子的弟子。在"四科十哲"中属"德行"（参见11.3章）。②牖（yǒu）：窗子。③亡之：要死了。④夫（fú）：语气词，相当于"啊"。

【译文】

伯牛病了，孔子前去探望他，从窗子外面握着他的手说："要死了，这是命里注定的啊！这样的人竟会得这样的病啊，这样的人竟会得这样的病啊！"

【原文】

6.11 子曰："贤哉！回也。一箪[①]食，一瓢饮，在陋巷[②]，人不堪其忧，回也不改其乐[③]。贤哉，回也！"

【注释】

①箪（dān）：古代盛饭用的圆形竹器。②巷：古人称巷有两个含义，一指里中道路，一指人的住处。此处指颜回的住处。③乐：愿意学习，并从中得到乐趣。

【译文】

孔子说："颜回的品质是多么高尚啊！一箪饭，一瓢水，住在简陋的小屋里，别人都忍受

不了这种穷困清苦，颜回却不改变自得好学的乐趣。颜回的品质是多么高尚啊！”

【原文】

6.12　冉求曰：“非不说[①]子之道，力不足[②]也。”子曰：“力不足者，中道而废。今女画[③]。”

【注释】

①说（yuè）：同“悦”。②力不足：这里孔子主要强调人们要积极施行仁德，而不能借口“力不足”放弃实践。③女：通“汝”，你。画：即“画地为牢”的画，划定界限，原地不动。

【译文】

冉求说：“我不是不喜欢老师您所讲的学说，而是我的能力不够呀。”孔子说：“能力不够是到半路才停下来，现在你是自己给自己划了界限而原地不动。”

【原文】

6.13　子谓子夏[①]曰：“女为君子儒，无为小人儒。”[②]

【注释】

①子夏在孔子“四科十哲”中属“文学”（11.3章）。②本章中孔子提出了“君子儒”和“小人儒”的区别，要求子夏做有道德修养的儒者，不要做没有道德修养的儒者——小人。“君子儒”是指地位高贵、通晓礼法，具有理想人格的人；“小人儒”则指地位低贱、不通礼仪、品格平庸的人。所以孔子对他才有这样的教诲。

【译文】

孔子对子夏说：“你要做有道德修养的儒者，不要做没有道德修养的儒者。”

【原文】

6.14　子游为武城[①]宰。子曰：“女得人焉尔乎[②]？”曰：“有澹台灭明[③]者，行不由径[4]。非公事，未尝至于偃[5]之室也。”

【注释】

①武城：鲁国的城邑，在今山东费县西南。②焉尔乎：此三个字都是语助词。③澹（tán）台灭明：孔子弟子。姓澹台，名灭明，字子羽，武城人。此时还没有向孔子受业。④径：小路。⑤偃：言偃，即子游，这是他自称其名。

【译文】

子游做了武城的长官。孔子说：“你在那里得到了人才没有？”子游回答说：“有一个叫澹台灭明的人，走路从来不抄小道，没有公事从不到我屋子里来。”

【原文】

6.15　子曰：“孟之反[1]不伐[2]，奔[3]而殿[4]。将入门，策其马，曰：‘非敢后也，马不进也。’”

【注释】

①孟之反：即孟之侧，鲁国大夫。《左传·哀公十一年》记载：公元前484年，鲁国与齐国打仗。鲁国右翼军败退的时候，孟之反在最后掩护败退的鲁军。对此，孔子给予了高度评价，宣扬他提出的“功不独居，过不推诿”的学说，认为这是人的美德之一。②伐：夸耀、自夸。③奔：败走、逃亡。④殿：殿后，在全军最后作掩护。

【译文】

孔子说：“孟之反不喜欢夸耀自己。败退的时候，他留在最后掩护全军。快进城门的时候，他鞭打着自己的马说，‘不是我敢于殿后，是马不肯前行的缘故。’”

【原文】

6.16　子曰：“不有祝鮀之佞[1]，而[2]有宋朝[3]之美，难乎免于今之世矣。”

【注释】

①祝鮀（tuó）：卫国大夫。字子鱼，“祝”为宗庙官名。《左传·定公四年》记载他以能言善辩受到卫灵公重用。佞：有口才。②而：这里是“与”的意思。③宋朝（zhāo）：宋国的公子朝，出奔卫国，仕为大夫。《左传·昭公二十年》中曾记载他因美丽而惹起祸乱的事情。

【译文】

孔子说：“如果没有祝鮀那样的口才，而只有宋朝的美貌，在今天的社会上处世立足是难以免祸的。”

【原文】

6.17 子曰：“谁能出不由户？何莫由斯道也？”①

【注释】

①谁能出不由户？何莫由斯道也：斯道，仁道。孔子这里所说的，其实仅是一个比喻。他所宣扬的“德治”“礼治”，在当时有许多人不予重视，他内心感到很不理解。所以，他发出了这样的疑问。

【译文】

孔子说：“谁能出屋不经过门而走出去呢？为什么没有人遵循我所提倡的仁道呢？”

【原文】

6.18 子曰：“质①胜文②则野③，文胜质则史④，文质彬彬⑤，然后君子。”

【注释】

①质：朴实、自然，无修饰的，指人所固有的好品质。②文：对质而言，指礼乐的修养。③野：此处指粗鲁、鄙野，缺乏文采。④史：言词华丽，这里有虚伪、浮夸的意思。⑤彬彬：指文质配合得很恰当。

【译文】

孔子说："质朴多于文采，就显得粗俗，文采多于质朴，就显得虚伪、浮夸。只有质朴和文采配合恰当，这才可以成为君子。"

【原文】

6.19 子曰："人之生也直，罔之生也幸而免。"①

【注释】

①直：符合儒家"仁"的道德规范。直即直心肠，意思是耿直、坦率、正直、正派，同虚伪、奸诈是对立的。直人没有那么多坏心眼。与此相对，"罔"指不正直的人，他们也能生存，甚至活得更好，这只是他们侥幸地避免了灾祸，并不说明他们的不正直有什么值得效法的。

【译文】

孔子说："一个人的生存靠正直，而不正直的人也能生存，那只是他侥幸地避免了灾祸。"

【原文】

6.20 子曰："知之者不如好之者，好之者不如乐之者。"

【译文】

孔子说："（对于道德修养这件事）懂得它的人，不如喜好它的人；喜好它的人，又不如以追求它为乐的人。"

【原文】

6.21 子曰："中人以上，可以语上也；中人以下，不可以语上也。"①

【注释】

①孔子认为人的智力从出生就有聪明和愚笨的差别，即上智、下愚与中人。正因此孔子提出了"因材施教"的原则，这是他教育思想的一个重要内容，即根据弟子智

力水平的高低来决定教学内容和教学方式，这对我国教育学的形成和发展作出了积极贡献。

【译文】

孔子说：“具有中等以上智力的人，可以给他讲授高深的学问，在中等智力以下的人，不可以给他讲高深的学问。”

【原文】

6.22 樊迟问知[1]。子曰：“务[2]民之义[3]，敬鬼神而远之[4]，可谓知矣。”问仁，曰：“仁者先难而后获[5]，可谓仁矣。”

【注释】

①知（zhì）：同“智”，聪明。②务：从事、致力于。③民之义：指符合人民利益的事。④敬鬼神而远之：这是孔子的主张。他否定了宗法传统的神权观念，不迷信鬼神，即不主张以卜筮向鬼神问吉凶，而是力求以实事求是的态度否定鬼神的作用。⑤先难而后获：先经历实践的困难，而后才会有所得（参见12.21章）。

【译文】

樊迟问孔子怎样才算是聪明。孔子说：“专心致力于做符合老百姓利益的事，尊敬鬼神但要远离它，就可以说是聪明的了。”樊迟又问怎样才是仁德，孔子说：“有仁德的人，先经历实践的困难，而后才会有所得，这样可以说是具备仁了。”

【原文】

6.23 子曰：“知者乐水，仁者乐山[1]；知者动，仁者静；知者乐，仁者寿。”[2]

【注释】

①知者乐水，仁者乐山：“知”（zhì）同“智”；乐（古音yào），喜爱的意思。②本章言智者和仁者的区别，“智者”和“仁者”不是一般人，而是那些有修养的“君子”。同时指出两者的收获。

【译文】

孔子说："聪明人喜爱流动的水，有仁德者喜爱稳重的山；聪明人性好动，仁德者性好静。聪明人快乐，有仁德者长寿。"

【原文】

6.24 子曰："齐一变，至于鲁①；鲁一变，至于道②。"

【注释】

①鲁：《左传•昭公二十年》记载，韩宣子说："周礼尽在鲁矣。"可见春秋时期的鲁国是保留周礼和周代文化最多的国家。②道：指治国安邦的最高原则——国家政治清明。在春秋时期，齐国的封建经济发展较早，而且实行了一些改革，成为当时最富强的诸侯国。与齐国相比，鲁国封建经济的发展比较缓慢，但意识形态和上层建筑保存得比较完备，所以孔子说，齐国改变就达到了鲁国的样子，而鲁国再一改变，就达到了先王之道。这反映了孔子对周礼的无限眷恋之情。

【译文】

孔子说："齐国一改变，可以达到鲁国这样的礼仪之邦；鲁国一改变，就可以达到国家政治清明了。"

【原文】

6.25 子曰："觚①不觚，觚哉！觚哉！"

【注释】

①觚（gū）：古代盛酒的器皿，喇叭口，细腰，高圈足，容量约有二升，这里指周代礼法。后来觚被改变了，所以孔子认为觚不像觚，就失去了古制、古法。这是因为在孔子的思想中，周礼是根本不可更动的，从井田到刑罚，从音乐到酒具，周礼规定的一切都是尽善尽美的，甚至是神圣不可侵犯的。

【译文】

孔子说："觚不像个觚了，还能算是觚吗？还能算是觚吗？"

【原文】

6.26 宰我问曰："仁者，虽告之曰：'井有仁①焉。'其从之也？"子曰："何为其然也？君子可逝②也，不可陷③也；可欺也，不可罔④也。"

【注释】

①仁：这里指有仁德的人。②逝：同"折"，往，这里指摧折。③陷：陷害。④罔：迷惑。

【译文】

宰我问道："对于有仁德的人，别人告诉他说：'井里掉下去一位仁人啦。'他会追随仁者下去吗？"孔子说："为什么要这样做呢？君子可以被摧折，却不可以被陷害；君子可能被欺骗，但不可能被迷惑。"

【原文】

6.27 子曰："君子博学于文，约之以礼①，亦可以弗畔②矣夫③！"

【注释】

①博学于文，约之以礼：这两句说明孔子兼重学习和修身，也说明了孔子的教育目的是着重培养懂得"礼"的君子。约，约束。②畔：同"叛"。③矣夫：语气词，表示较强烈的感叹。

【译文】

孔子说："君子广泛地学习古代的历史文化典籍，又以礼来约束自己，也就可以不离经叛道了。"

【原文】

6.28 子见南子[①]，子路不说[②]。夫子矢[③]之曰："予所否[④]者，天厌之！天厌之！"

【注释】

①南子：卫灵公的夫人，当时实际上左右着卫国政权，而且有不正当的行为，故名声不好。本章对孔子去见南子做什么，没有讲明。据后代儒家讲，孔子见南子是"欲行霸道"。所以，孔子在这里发誓赌咒，说如果做了什么不正当的事的话，就让上天去谴责他。②说（yuè）：同"悦"。③矢（shì）：通"誓"，此处指发誓。④所：代词。否：不对、不是，指做了不正当的事。

【译文】

孔子去见卫灵公的夫人南子，子路不高兴。孔子发誓说："如果我做了不正当的事，让上天谴责我吧！让上天谴责我吧！"

【原文】

6.29 子曰："中庸[①]之为德也，其至[②]矣乎！民鲜久矣。"

【注释】

①中庸：折衷、适当，不走极端。中庸是孔子和儒家的重要思想，是一种折衷调和的思想。调和与均衡是事物发展过程中的一种状态，这种状态是相对的、暂时的。中、庸，宋儒说，不偏不倚谓之中，平常谓庸。②至：至高无上。

【译文】

孔子说："中庸作为一种道德，该是至高无上吧！人们缺少这种道德已经很久了。"

【原文】

6.30 子贡曰："如有博施[①]于民而能济众[②]，何如？可谓仁乎？"子曰："何事于仁，必也圣乎！尧、舜[③]其犹病诸[④]！夫[⑤]仁者，己欲立而立人，己欲达而达人[⑥]。

能近取譬⑦，可谓仁之方也已。”

【注释】

①施：施加恩惠，动词。②众：指大众。③尧、舜：传说中上古时代的两位帝王，也是孔子心目中的榜样。儒家认为是“圣人”。④病诸：病，担忧。诸，“之于”的合音。⑤夫：句首发语词。⑥己欲立而立人，己欲达而达人：在孔子思想中这是实行“仁”的重要原则。⑦能近取譬：能够在近处打比方，即推己及人的意思。

【译文】

子贡说：“假若有一个人，他能做到给老百姓施加恩惠又能周济大众，怎么样呢？可以达到仁人了吗？”孔子说：“岂止是仁人，简直是圣人了！就连尧、舜尚且难以做到呢。至于仁人，就是自己想成功，也要帮助别人成功；自己想通达，也要帮助别人通达。凡事能就近以自己打比方，而推己及人，可以说就是实践仁德的方法了。”

述而篇　第七

【本篇引语】

本篇分为三十八章，也是学者们在研究孔子和儒家思想时引述较多的篇章之一。本篇著名的句子有："学而不厌，诲人不倦"；"饭疏食饮水，曲肱而枕之，乐在其中"；"发愤忘食，乐以忘忧，不知老之将至"；"三人行必有我师"；"君子坦荡荡，小人长戚戚"；"温而厉，威而不猛，恭而安"。

本篇提出了孔子的教育思想和学习态度，孔子对仁、德等重要道德范畴的进一步阐释，以及孔子的其他思想主张。7.1~7.2章反映孔子对待古代文化的态度。7.3章表现孔子对不善行为的担忧。7.4、7.9~7.10、7.32、7.38章描述孔子居处时的状态。7.5章反映孔子对世事的担心。7.6章讲进德修业。7.7~7.8、7.22、7.25章反映孔子的教育思想、学习方法和教学内容。7.11章反映孔子的处世谋略。7.12、7.16章反映孔子的富贵观。7.14、7.17~7.18章反映孔子对古代优秀文化的热爱。7.15章涉及孔子对古今人物的评价。7.19~7.20、7.23~7.24、7.28、7.33~7.34章是孔子评价自己。7.27章反映孔子保护资源的思想。7.29、7.31章反映孔子对待自己与他人过错的态度。7.37章揭示君子与小人的区别。

【原文】

7.1　子曰："述而不作①，信而好古，窃②比于我老彭③。"

【注释】

①述而不作：述，传述、陈述。作，创造，有所发明。孔子提出了"述而不作"的原则，这反映了孔子思想上保守的一面，对于思想的创新和发展有一定程度的局限作用。②窃：私、私自、私下。③老彭：人名，商代一位"好述古事"的"贤大夫"。有的说是老子和彭祖两个人，也有的说是殷商时代的彭祖，但无法考证。

【译文】

孔子说：“只传述而不创作，相信而且喜好古代的文化，我私下里把自己比作老彭。”

【原文】

7.2 子曰：“默而识①之，学而不厌，诲人不倦②，何有于我哉③？”

【注释】

①识（zhì）：记住的意思。②学而不厌，诲人不倦：意思是勤奋学习而不知道满足，教导别人不知道疲倦。诲，教诲。反映了孔子教育方法的一个侧面，这对中国教育思想的形成与发展产生了很大的影响，以至于在今天，我们仍在宣传他的这一教育学说。③何有于我哉：对于我来说有什么呢？何有，还有什么、此外无他。

【译文】

孔子说：“默默地记住所学的知识，勤奋学习而不知道满足，教导别人不知道疲倦，对于我来说又有什么呢？”

【原文】

7.3 子曰：“德之不修，学之不讲，闻义不能徙①，不善不能改，是吾忧也。”②

【注释】

①徙（xǐ）：迁移。此处指靠近道义、做到道义。②春秋末年，天下大乱，孔子万分忧虑，将道德修养、读书学习和知错即改三个方面的问题相提并论。在他看来，三者之间有内在联系，因为进行道德修养和学习，最重要的就是要能够及时改正自己的过失或“不善”，只有这样，修养才可以完善，知识才可以丰富。

【译文】

孔子说：“对于道德不能修养，对于学问不去讲习，听到道义不能去做，有了缺点不能改正，这些都是我所忧虑的事情。”

【原文】

7.4 子之燕居[①]，申申[②]如也，夭夭[③]如也。

【注释】

①燕居：也作宴居、闲居，指古代退朝而处。②申申：整齐端庄的样子。③夭夭：仪态和舒的样子。

【译文】

孔子闲居在家里的时候，整齐端庄，仪态温和舒畅，悠闲自在。

【原文】

7.5 子曰：“甚矣吾衰也！久矣吾不复梦见周公。”[①]

【注释】

①久矣吾不复梦见周公：周公，姓姬，名旦，周文王的儿子，周武王的弟弟，成王的叔父，鲁国国君的始祖，传说是西周典章制度的制定者，是孔子最崇拜的所谓“圣人”之一。孔子把他视作周文化的代表，把梦见周公视为盛世有望的吉兆（参见9.9章）。这句话，表明了孔子对周公的崇敬和思念，也反映了他对周礼的崇拜和拥护。孔子自称继承了自尧、舜、禹、汤、文、武、周公以来的道统，肩负着光大古代文化的重任。

【译文】

孔子说：“我衰老得多么地厉害呀！我已经好久没有梦见周公了。”

【原文】

7.6 子曰：“志于道，据于德[①]，依于仁，游于艺[②]。”

【注释】

①德：旧注云："德者，得也。"能把道贯彻到自己心中而不失掉就叫德。②游于艺：游，游乐，古人认为学习应有张有弛。艺，孔子教授弟子的礼、乐、射、御、书、数等六艺，都是日常所用。《礼记·学记》曾说："不兴其艺，不能乐学。故君子之于学也，藏焉，修焉，息焉，游焉。夫然，故安其学而亲其师，乐其及而信其道，是以虽离师辅而不反也。"这个解释阐明了这里所谓的"游于艺"的意思。孔子培养弟子，就是以仁、德为纲领，以六艺为基本，使弟子能够得到全面均衡的发展。

【译文】

孔子说："以'道'为志向，据守着'德'，以'仁'为凭借，而活动于（礼、乐、射、御、书、数）六艺的范围之中。"

【原文】

7.7 子曰："自行束脩①以上，吾未尝无诲焉。"

【注释】

①束脩：脩（xiū），干肉，又叫脯。束脩就是十条干肉。孔子要求他的弟子，初次见面时要拿十条干肉作为学费。后来，就把弟子送给老师的学费叫做"束脩"，指很微薄的见面礼。

【译文】

孔子说："只要自愿拿着十条干肉为礼来拜见我的人，我从来没有拒绝教诲的。"

【原文】

7.8 子曰："不愤不启①，不悱②不发；举一隅③不以三隅反，则不复④也。"

【注释】

①愤：憋闷，苦思冥想而仍然领会不了的样子。启：开导。在这里，孔子提出了

“启发式”教学的思想。从教学方面而言，他反对“填鸭式”“满堂灌”的做法。要求弟子能够“举一反三”，在弟子充分进行独立思考的基础上，再对他们进行启发、开导，这是符合教学基本规律的，而且具有深远的影响，在今天的教学过程中仍可加以借鉴。②悱（fěi）：想说又不能恰当地说出来的样子。③隅（yú）：方面。“举一隅”而能“以三隅反”就是指能对各方面有所了解。④复：还复。

【译文】

孔子说：“教导弟子，不到他想弄明白而不得的时候，不去开导他；不到他想说却又不能恰当地说出来的时候，不去启发他。教给他一个方面的东西，他却不能由此而推知其他三个方面的东西，那就不再教他了。”

【原文】

7.9 子食于有丧者之侧，未尝饱也。

【译文】

孔子在死了亲人的人旁边吃饭，不曾吃饱过。

【原文】

7.10 子于是日哭，则不歌①。

【注释】

①根据《礼记》记载，古时有“哭日不歌”“吊于人，是日不乐”的礼制规定。

【译文】

孔子如果在这一天哭过，就不再唱歌。

【原文】

7.11 子谓颜渊曰：“用之则行，舍之则藏①，惟我与尔有是夫②！”子路曰：“子行三军③，则谁与④？”子曰：“暴虎⑤冯河⑥，死而无悔者，吾不与也。必也临事而惧⑦，好谋而成者也。”⑧

【注释】

①舍之则藏：舍，舍弃、不用。藏，隐藏。②夫：语气词，相当于“吧”。③行：为，在这里引申为统率、治理。三军：是当时大国所有的军队，每军约一万二千五百人。④与：在一起的意思。⑤暴虎：空拳赤手与老虎进行搏斗。⑥冯（píng）河：无船而徒步过河。⑦临事而惧：指遇到事情便格外小心谨慎。惧，谨慎、警惕。⑧在本章孔子提出不与“暴虎冯河，死而无悔”的人在一起去统率军队。因为在他看来，这种人虽然视死如归，但有勇无谋，是不能成就大事的。“勇”是孔子道德范畴中的一个德目，但勇不是蛮干，而是“临事而惧，好谋而成”的人，这种人智勇兼有，符合“勇”的规定。

【译文】

孔子对颜渊说：“如果任用我，我就去干；不用我，我就隐藏民间，只有我和你才能做到这样吧！”子路问孔子说：“老师您如果统率三军，那么您和谁在一起共事呢？”孔子说：“赤手空拳和老虎搏斗，徒步涉水过河，死了都不会后悔的人，我是不会和他在一起共事的。和我在一起共事的人，一定要是遇事小心谨慎，善于谋划而取得成功的人。”

【原文】

7.12 子曰：“富而可求也①，虽执鞭之士②，吾亦为之。如不可求，从吾所好。”

【注释】

①富：指升官发财。而：如果。可求：指合于道义的求财方法（参见7.16章）。②执鞭之士：古代为天子、诸侯和官员出入时，手执皮鞭催避行人而开路的人。意思指地位低下的官吏。

【译文】

孔子说：“如果富贵合乎于道义就可以去追求，即使是给人执鞭的下等差事，我也愿意去做。如果富贵不合于道义就不必去追求，那就按照我的爱好去行事。”

【原文】

7.13 子之所慎：齐[①]、战、疾。

【注释】

①齐：“斋”的古体字，斋戒。古人在祭祀前要沐浴更衣，不吃荤，不饮酒，不与妻妾同寝，整洁身心，表示虔诚之心，这叫做斋戒。

【译文】

孔子谨慎小心地对待的是斋戒、战争和疾病这三件事。

【原文】

7.14 子在齐闻《韶》[①]，三月不知肉味，曰：“不图[②]为乐之至于斯也。”

【注释】

①《韶》：舜时古乐曲名，是当时流行于贵族当中的古乐。孔子对音乐很有研究，音乐鉴赏能力也很强，他听了《韶》乐以后，在很长时间内品尝不出肉的滋味，这当然是一种夸张的说法，但他欣赏古乐已经到了痴迷的程度，也说明了他在音乐方面的高深造诣。②不图：不料，没想到。

【译文】

孔子在齐国听到了《韶》乐，陶醉得有很长时间尝不出肉的鲜美滋味，他说：“没想到《韶》乐的美达到了这样迷人的境界。”

【原文】

7.15 冉有曰：“夫子为[①]卫君[②]乎？”子贡曰：“诺[③]！吾将问之。”入，曰：“伯夷、叔齐何人也[④]？”曰：“古之贤人也。”曰：“怨乎？”曰：“求仁而得仁，又何怨？”出，曰：“夫子不为也。”

【注释】

①为（wèi）：帮助。这里是赞成的意思。②卫君：卫出公辄，是卫灵公的孙子。公元前492年—前481年在位。他的父亲因谋杀南子而被卫灵公驱逐出国。灵公死后，辄被立为国君，其父回国与他争位。这件事恰好与伯夷、叔齐两兄弟互相让位形成鲜明对照。这里，孔子赞扬伯夷、叔齐，而对卫出公父子违反等级名分极为不满。孔子对这两件事给予评价的标准就是符不符合礼。③诺：答应的说法。④伯夷、叔齐何人也：伯夷、叔齐，以互相谦让王位著称。这里是说子贡询问孔子对此的看法，推测孔子一定反对卫出公辄与父争夺王位的做法。

【译文】

冉有（问子贡）说："老师赞成卫国的国君吗？"子贡说："嗯，我去问他。"于是就进去问孔子："伯夷、叔齐是什么样的人呢？"（孔子）说："古代的贤人。"（子贡又）问："他们互相谦让王位后悔了吗？"（孔子）说："他们求仁而得到了仁，为什么又后悔呢？"（子贡）出来（对冉有）说："老师不会赞成卫君。"

【原文】

7.16 子曰："饭疏食[①]、饮水[②]，曲肱[③]而枕之，乐亦在其中矣！不义而富且贵，于我如浮云[④]。"

【注释】

①饭疏食：饭，这里是"吃"的意思，作动词。疏食即粗粮。②水：古时常与"汤"相对而言。"汤"是热水，"水"是冷水。③曲肱：肱（gōng），胳膊，由肩至肘的部位。曲肱，即弯着胳膊。④如浮云：浮云远在天边，与我无关。

【译文】

孔子说："吃粗粮，喝白水，弯着胳膊当枕头，乐趣也就在这其中了。用不正当的手段得来的富贵，对于我来讲就像天边的浮云一样。"

【原文】

7.17 子曰："加[①]我数年，五十以学《易》，可以无大过矣。"

【注释】

①加（jiǎ）：这里通"假"字，给予的意思。②《易》：指《周易》，古代占卜用的一部书。孔子自称"五十而知天命"，可见他把学《易》和"知天命"联系在一起。他主张认真研究《易》，是为了使自己的言行符合于"天命"。《史记·孔子世家》中说，孔子"读《易》，韦编三绝"。他非常喜欢读《周易》，曾把穿竹简的皮条翻断了很多次。这表明孔子活到老、学到老的刻苦钻研精神，值得后人学习。

【译文】

孔子说："再给我多活几年，到五十岁时去学习《易》，我便可以没有大的过错了。"

【原文】

7.18 子所雅言[①]，《诗》、《书》、执礼，皆雅言也。

【注释】

①雅言：通行的标准语。周王朝的京畿之地在今陕西地区，以陕西语音为标准音的周王朝的官话，在当时被称作"雅言"。孔子平时谈话时用鲁国的方言，但在诵读《诗》《书》和赞礼时，则以当时陕西语音为准。

【译文】

孔子有时讲标准语，读《诗》、念《书》、赞礼时，用的都是标准语。

【原文】

7.19 叶公[①]问孔子于子路，子路不对。子曰："女奚不曰：其为人也，发愤忘食，乐以忘忧[②]，不知老之将至云尔[③]。"

【注释】

①叶（shè）公：叶公姓沈，名诸梁，楚国的大夫，封地在叶城（今河南叶县南三十里），所以叫叶公。②发愤忘食，乐以忘忧：说明孔子从读书学习和各种活动中体味到了无穷乐趣，以至于连吃饭都忘了。这是典型的现实主义和乐观主义者，他不为身旁的小事而烦恼，表现出积极向上的精神面貌。③云尔：云，代词，如此、罢了的意思。“尔”同“耳”，而已、罢了。

【译文】

叶公向子路问孔子是个什么样的人，子路不答。孔子（对子路）说：“你为什么不这样说：他这个人，发愤读书，连吃饭都忘了，快乐得把一切忧虑都忘了，连自己快要衰老了都不知道，如此而已。”

【原文】

7.20 子曰：“我非生而知之者，好古，敏以求之者也。”①

【注释】

①孔子认为“上智”就是“生而知之者”，但他却否认自己是生而知之者。他之所以成为学识渊博的人，在于他爱好古代的典章制度和文献图书，而且勤奋刻苦，思维敏捷。这是他总结自己学习与修养的主要特点。他这么说，是为了鼓励他的弟子发愤努力，成为各方面的有用人才。

【译文】

孔子说：“我不是生来就有知识的人，而是爱好古代的文化，勤奋求学去获得知识的人。”

【原文】

7.21 子不语怪、力、乱、神。

【译文】

孔子不谈论怪异、强力、暴乱、鬼神。

【原文】

7.22 子曰："三人行，必有我师焉。择其善者而从之，其不善者而改之。"①

【注释】

①本章孔子提出的"三人行，必有我师焉"，受到后代知识分子的极力赞赏。但更可贵的是，他不仅要以善者为师，而且以不善者为师，其中包含深刻的哲理，对于指导我们处世待人、修身养性、增长知识，都是十分有益的。

【译文】

孔子说："几个人一起走路，必定有我可以取法的人在其中。我选择他好的品德向他学习，了解别人的缺点作为借鉴，自己不犯类似的错误。"

【原文】

7.23 子曰："天生德于予，桓魋①其如予何？"②

【注释】

①桓魋（tuí）：宋国司马，主管军事行政，是宋桓公的后代，所以叫桓魋。《史记·孔子世家》记载：公元前492年，孔子从卫国去陈国时经过宋国。宋国司马桓魋听说以后，带兵要去加害孔子。当时孔子正与弟子们在大树下讲习礼仪，桓魋砍倒大树，而且要杀孔子，在弟子保护下孔子连忙离开了宋国，在逃跑途中，他说了这句话。②在本章中孔子认为自己是有仁德的人，而且是上天把仁德赋予了他，所以桓魋对他是无可奈何的。

【译文】

孔子说："上天把仁德赋予了我，桓魋能把我怎么样？"

【原文】

7.24 子曰:“二三子①以我为隐②乎?吾无隐乎尔。吾无行③而不与二三子者,是丘也。”

【注释】

①二三子:这里指孔子的弟子们。②隐:隐瞒。③行:行动、作为。

【译文】

孔子说:“弟子们,你们以为我对你们有什么隐瞒的吗?我对你们丝毫没有隐瞒呀,我没有任何行为不向你们公开的,这正是我的特点。”

【原文】

7.25 子以四教:文①、行②、忠③、信④。

【注释】

①文:历史文献、古籍等。②行:指德行,也指社会生活实践方面的内容。③忠:尽己之谓忠诚。对人尽心竭力的意思。④信:以实之谓信用。诚实的意思。

【译文】

孔子以历史文献、生活实践、忠诚、信用四项内容教育弟子。

【原文】

7.26 子曰:“圣人①吾不得而见之矣;得见君子②者,斯③可矣。”子曰:“善人吾不得而见之矣;得见有恒④者,斯可矣。亡而为有,虚而为盈,约⑤而为泰⑥,难乎有恒矣。”

【注释】

①圣人:孔子很少以“圣”来赞许人。②君子:有仁德的人。对于“仁”与“圣”

的区别，参见6.30章。③斯：就。④恒：指恒心。⑤约：穷困。⑥泰：这里是宽裕的意思。

【译文】

孔子说："圣人，我是不能看到了，能看到君子，这就可以了。"孔子又说："善人，我不能看到了，能见到有恒心向善的人，这也就可以了。没有却装作有，空虚却装作充足，穷困却装作富足，这样的人是难于有恒心向善的。"

【原文】

7.27 子钓而不纲①，弋②不射宿③。

【注释】

①纲：大绳，这里作动词用。在水面上拉一根大绳，在大绳上系许多鱼钩来钓鱼，叫纲。②弋（yì）：用带绳子的箭来射鸟。③宿：指归巢歇宿的鸟儿。

【译文】

孔子钓鱼，但不用系满鱼钩的大绳钓鱼；用带丝绳的箭来射飞鸟，不射巢中歇宿的鸟。

【原文】

7.28 子曰："盖有不知而作之者，我无是也。多闻，择其善者而从之；多见而识之，知之次也。"

【译文】

孔子说："大概有什么都不懂却在那里凭空创造的人吧，我却没有这样做过。多听，选择其中好的来学习；多看，然后记在心里，这样的'知'是次一等的'知'。"

【原文】

7.29 互乡①难与言，童子见，门人惑。子曰："与②其进③也，不与其退也。唯何甚！人洁己④以进，与其洁也，不保其往⑤也。"

【注释】

①互乡：地名，具体所在已无可考。②与：赞许、赞成。③进、退：一说进步、退步；一说进见请教，退出以后的作为。④洁己：洁身自好，努力修养，成为有德之人。⑤不保其往：保，保守。往，过去。

【译文】

（孔子认为）很难与互乡那个地方的人谈话，但互乡的一个童子却受到了孔子的接见，弟子们都感到迷惑不解。孔子说："我是赞成他的进步，不是赞成他的倒退。何必做得太过分呢？人家改正了错误以求进步，我们赞成他的洁身自好，努力修养，不只记他过去的不好。"

【原文】

7.30 子曰："仁远乎哉？我欲仁，斯仁至矣。"①

【注释】

①我欲仁，斯仁至矣：意思是只要我想达到仁德的境界，仁德就到来了。这是一种认识的基础，仍然是靠道德的自觉和经过不懈努力的学习达到仁。这里，孔子强调了人进行道德修养的主观能动性，有其重要意义。

【译文】

孔子说："仁德难道离我们很远吗？只要我想达到仁德的境界，仁德就到来了。"

【原文】

7.31 陈司败①问："昭公②知礼乎？"孔子曰："知礼。"孔子退，揖③巫马期④而进之，曰："吾闻君子不党⑤，君子亦党乎？君取⑥于吴，为同姓⑦，谓之吴孟子⑧。君而知礼，孰不知礼？"巫马期以告。子曰："丘也幸⑨，苟有过，人必知之。"

【注释】

①陈司败：陈国主管司法的官，姓名不详，也有人说是齐国大夫，姓陈名司

败。②昭公：鲁国的君主，名裯（chóu），公元前541—前510年在位。“昭”是谥号。③揖：作揖，拱手行礼。④巫马期：孔子的弟子。姓巫马名施，字子期，比孔子小30岁。⑤党：偏袒、偏私的意思。⑥取：“娶”的古体字。⑦为同姓：鲁国和吴国的国君同姓姬。周礼规定：同姓不婚，昭公娶同姓女，是违礼的行为。这表明孔子的确在为鲁昭公袒护，即“为尊者讳”。孔子以维护当时的宗法等级制度为最高原则，所以他自身出现了矛盾。在这种情况下，孔子又不得不自嘲似地说：“丘也幸，苟有过，人必知之。”事实上，他已经承认偏袒鲁昭公是自己的过错，只是无法解决这个矛盾而已。⑧吴孟子：鲁昭公夫人。春秋时代，国君夫人的称号，一般是她出生的国名加上她的姓，但因她姓姬，故称为吴孟子，而不称吴姬。⑨幸：指有人指出自己的错误，让自己可以改过。

【译文】

陈司败问：“鲁昭公懂得礼吗？”孔子说：“懂得礼。”孔子出来后，陈司败向巫马期作了个揖，请他走近自己，对他说：“我听说，君子是没有偏袒的，难道君子还偏袒别人吗？鲁君在吴国娶了一个女子做夫人，是国君的同姓，称她为吴孟子。如果鲁君算是知礼，还有谁不知礼呢？”巫马期把这句话告诉了孔子。孔子说：“我真是幸运。一旦有错，人家一定会知道。”

【原文】

7.32 子与人歌而善，必使反之，而后和之。

【译文】

孔子与别人一起唱歌，如果唱得好，一定要请人再唱一遍，然后自己跟着一起唱。

【原文】

7.33 子曰：“文，莫吾犹人也①。躬行②君子，则吾未之有得。”

【注释】

①文，莫吾犹人也：这句话在学术界有不同解释。有的译为“讲到书本知识我

不如别人”；有的译为“勤勉我是能和别人相比的”。这里我们作了“大约我和别人差不多”这样的意译。因为孔子说自己在身体力行方面，还没有取得君子的成就，希望自己和弟子们尽可能地从这个方面再作努力。②躬行：身体力行。

【译文】

孔子说：“就文章的学问来说，大约我和别人差不多，做一个身体力行的君子，那我还没有做到。”

【原文】

7.34　子曰：“若圣与仁，则吾岂敢！抑①为之②不厌，诲人不倦，则可谓云尔③已矣！”公西华曰：“正唯弟子不能学也。”

【注释】

①抑：只不过。②为之：指“圣”与“仁”。③云尔：罢了。

【译文】

孔子说：“如果说到圣与仁，那我怎么敢当！只不过学习不知道满足，教诲别人也从不感觉疲倦，只能说是如此罢了。”公西华说：“这正是我们学不到的。”

【原文】

7.35　子疾病①，子路请祷②。子曰：“有诸③？”子路对曰：“有之。《诔》④曰：‘祷尔于上下神祇⑤。’”子曰：“丘之祷久矣。”⑥

【注释】

①疾病：疾指有病，病指病情严重。②请祷：向鬼神请求和祷告，即祈祷。③有诸：诸，“之于”的合音。意为：有这样的事吗。④《诔》（lěi）：祈祷文。⑤神祇（qí）：古代称天神为神，地神为祇。⑥丘之祷久矣：这句话有学者表示异议：一种认为，孔子本人也向鬼神祈祷，说明他是一个非常迷信天地神灵的人；另一种认为，他已经向鬼神祈祷很久了，但病情却未见好转，表明他对鬼神抱有怀疑态度，所以

祈祷对他无所谓。

【译文】

孔子得了重病，子路请求为他祈祷。孔子说："有这回事吗？"子路说："有的。《诔》文上说：'为你向天地神灵祈祷。'"孔子说："我很久以前就在祈祷了。"

【原文】

7.36 子曰："奢则不孙[①]，俭则固[②]。与其不孙也，宁固。"

【注释】

①奢：奢侈。春秋时代各诸侯、大夫等都极为奢侈腐化，他们的生活享乐标准和礼仪规模都与周天子没有区别，这在孔子看来，都是越礼、违礼的行为。尽管节俭就会让人感到寒酸，但与其越礼，则宁可寒酸，以维护礼的尊严。孙："逊"的古体字，谦让、恭顺。②固：鄙陋。

【译文】

孔子说："奢侈了就不会谦让，节俭了就会鄙陋。与其不谦让，宁可鄙陋。"

【原文】

7.37 子曰："君子坦荡荡，小人长戚戚。"[①]

【注释】

①君子坦荡荡，小人长戚戚：坦荡荡，心胸宽广、开阔、容忍。荡荡，广大的样子。长戚戚，经常忧怨、烦恼的样子。戚戚，忧怨。这句话自古以来就是人们所熟知的一句名言。孔子认为，作为君子，应当有宽广的胸怀，可以容忍别人，容纳各种事件，不计个人利害得失。心胸狭窄，与人为难、与己为难，时常忧愁，局促不安，就不可能成为君子。

【译文】

孔子说：“君子心胸平坦宽广，小人心中经常忧怨。”

【原文】

7.38 子温而厉，威而不猛，恭而安。

【译文】

孔子温和而又严肃，有威严而不凶暴，庄重而且安详。

泰伯篇　第八

【本篇引语】

本篇分为二十一章，其中著名的文句有："鸟之将死，其鸣也哀；人之将死，其言也善"；"任重而道远"；"死而后已"；"民可使由之，不可使知之"；"不在其位，不谋其政"等。

本篇的基本内容，涉及到孔子及其弟子对尧舜禹等古代先王的评价；孔子教学方法和教育思想的进一步发挥；孔子道德思想的具体内容以及曾子在若干问题上的见解。8.1、8.18~8.21章论及古代圣贤，从中可以看出孔子的政治理想：提倡德治，主张帝位禅让。8.2章强调礼数。8.3~8.7章记曾子言行，可从中窥见曾子也是重视道德、讲究礼仪的人。8.8章讲学习修德的过程。8.9章主张以身教民，反对言教。8.11章提倡谦虚之德。8.12、8.17章分别讲学习的目的与态度。8.13章反映孔子的处世观和富贵观。8.15章是对音乐的评价。

【原文】

8.1　子曰："泰伯①，其可谓至德也已矣。三②以天下让，民无得而称焉③。"

【注释】

①泰伯：周代始祖古公亶（dǎn）父的长子。传说古公亶父有三子泰伯、仲雍、季历，古公亶父知道三子季历的儿子姬昌（即周文王）有圣德，想传位给季历，泰伯知道后便与二弟仲雍一起避居到吴。古公亶父去世时，泰伯不回来奔丧，后来又断发文身，表示终身不返，兄弟俩把君位让给了季历，季历再传给姬昌，即周文王。姬昌的儿子姬发，即武王时，灭了殷商，统一了天下。这一历史事件在孔子看来，是值得津津乐道的，三让天下的泰伯是道德最高尚的人。②三：多次的意思。③民无得而

称焉：百姓找不到合适的词句来赞扬他。

【译文】

孔子说："泰伯可以说是品德最高尚的人了，屡次把王位让给弟弟季历，老百姓都找不到合适的语言来称赞他。"

【原文】

8.2　子曰："恭而无礼则劳①，慎而无礼则葸②，勇而无礼③则乱，直而无礼则绞④。君子笃⑤于亲，则民兴于仁，故旧不遗⑥，则民不偷⑦。"

【注释】

①劳：烦扰不安。②慎而无礼：过分小心。葸（xǐ）：畏缩、胆怯的样子。③勇而无礼：即鲁莽之勇，子路常常如此，故孔子对他有批评（参见7.11章）。④绞：说话尖刻，出口伤人。⑤笃：厚待、真诚。⑥故旧：故交，老朋友。遗，抛弃。⑦偷：情意淡薄，不厚道。

【译文】

孔子说："只是恭敬而不合乎礼仪的规定，就会烦扰不安；只是谨慎而不合乎礼仪的规定，就会畏缩胆怯；只是勇猛而不合乎礼仪的规定，就会犯上作乱；只是直率而不合乎礼仪的规定，就会说话尖刻。在上位的人如果厚待自己的亲属，老百姓当中就会兴起仁德的风气；君子如果不遗弃老朋友，老百姓就不会对人情意淡薄了。"

【原文】

8.3　曾子有疾，召门弟子曰："启①予足！启予手！《诗》云：'战战兢兢，如临深渊，如履薄冰。'②而今而后，吾知免③夫！小子④！"

【注释】

①启：视，曾子让弟子掀开被子看自己的手脚。②"战战兢兢，如临深渊，如履薄冰"：引自《诗经·小雅·小旻》篇。③免：指免于祸害刑戮。曾子借用《诗经》里的

三句，来说明自己一生谨慎小心，避免了伤害，能够对父母尽孝。据《孝经》记载，孔子曾对曾参说过："身体发肤，受之父母，不敢毁伤，孝之始也。"就是说，一个孝子应当极其爱护父母给予自己的身体，包括头发和皮肤都不能有所损伤，这就是孝的开始。曾子在临死前要他的弟子们看看自己的手脚，以表白自己免予祸害刑戮，是一生遵守孝道的。可见，孝在儒家的道德规范当中是多么重要。④小子：对弟子的称呼。

【译文】

曾子有病，把他的弟子召集到身边来，说道："看看我的脚！看看我的手！《诗经》上说：'小心谨慎呀，好像面临深渊一样，好像踩在薄冰上一样。'从今以后，我才知道自己免予伤害了！弟子们！"

【原文】

8.4　曾子有疾，孟敬子①问②之。曾子言曰："鸟之将死，其鸣也哀；人之将死，其言也善。君子所贵乎道者三：动容貌③，斯远暴慢④矣；正颜色⑤，斯近信矣；出辞气⑥，斯远鄙倍⑦矣。笾豆之事⑧，则有司⑨存。"

【注释】

①孟敬子：鲁国大夫仲孙捷。据载曾子与孟敬子在政治立场上是对立的，曾子在临死以前，还在试图改变孟敬子的态度，所以他说："人之将死，其言也善。"这一方面表白他自己对孟敬子没有恶意，同时也告诉孟敬子，作为君子应当重视的三个方面。这些道理现在看起来，还是很有意义的。对于个人的道德修养与和谐的人际关系有重要的借鉴价值。②问：探望、探视。③动容貌：动，作，这里指整肃。使自己的内心感情表现于面容。④暴慢：暴，粗暴无礼、放肆。慢，懈怠不敬。⑤正颜色：正，端正。使自己的脸色庄重严肃。⑥出辞气：出言、说话。指注意说话的言辞和口气。⑦鄙倍：鄙，粗野。"倍"同"背"，背离，不合礼仪。⑧笾（biān）豆之事：笾和豆都是古代祭祀和典礼中的用具。⑨有司：指主管某一方面事务的官吏，这里指主管祭祀、礼仪事务的官吏。

【译文】

曾子生病了，孟敬子去看望他。曾子对他说：“鸟快死了，它的叫声是悲哀的；人快死了，他说的话是善意的。君子所应当重视的道有三个方面：使自己的容貌庄重严肃，这样可以避免粗暴、放肆；使自己的脸色端正，这样就接近于诚信；使自己说话的言辞和语气谨慎小心，这样就可以避免粗野无礼。至于祭祀和礼节仪式，自有主管这些事务的官吏来负责。”

【原文】

8.5 曾子曰：“以能问于不能，以多问于寡；有若无，实若虚，犯而不校①，昔者吾友②尝从事于斯矣。”

【注释】

①校（jiào）：同“较”，计较。②吾友：我的朋友。旧注上一般都认为这里指颜回。

【译文】

曾子说：“自己有才能却向没有才能的人请教，自己博学多闻却向知识少的人请教；有学问却像没学问一样，很充实却好像很空虚一样，被人侵犯却也不计较，从前我的朋友就这样做过了。”

【原文】

8.6 曾子曰：“可以托六尺之孤①，可以寄百里之命②，临大节③而不可夺也。君子人与？君子人也。”

【注释】

①托六尺之孤：孤，死去父亲的小孩叫孤。六尺，指15岁以下，古人以七尺指成年。托孤，受君主临终前的嘱托辅佐幼君。②寄百里之命：寄，寄托、委托。百里，方圆百里之地，指诸侯国。百里之命，指掌握国家政权和命运。③大节：重大事情。

【译文】

曾子说："可以把年幼的君主托付给他，可以把国家的政令托付给他，面临重大事情而不动摇他的志向。这样的人是君子吗？这样的人是君子。"

【原文】

8.7 曾子曰："士不可以不弘毅①，任重而道远。仁以为己任，不亦重乎？死而后已，不亦远乎？"

【注释】

①弘毅：刚强果断。

【译文】

曾子说："士人不可以不刚强果断，因为他责任重大，道路遥远。把实现仁德作为自己的责任，难道还不重大吗？奋斗终生才停止，难道路程还不遥远吗？"

【原文】

8.8 子曰："兴①于诗，立于礼，成于乐。"

【注释】

①兴：起，开始。

【译文】

孔子说："人的修养开始于学《诗》，立身于学礼，完成于学乐。"

【原文】

8.9 子曰："民可使由①之，不可使知之。"

【注释】

①由：跟从。孔子思想上有“爱民”的内容，但这有前提。他爱的是“顺民”，不是“乱民”。本章里他提出的“民可使由之，不可使知之”的观点，就表明了他的“愚民”思想，当然，愚民与爱民并不是互相矛盾的。另有人认为，对此句应作如下解释：“民可，使由之；不可，使知之。”即百姓认可，就让他们照着去做；百姓不认可，就给他们说明道理。持这种观点的人认为这是孔子倡行朴素民主政治的尝试。但大多数学者认为这样断句，不符合古汉语的语法；这样理解，拔高了孔子的思想水平，使古人现代化了，也与《论语》一书所反映的孔子思想不符。

【译文】

孔子说：“对于老百姓，只能使他们跟从我们的意志去行事，不能使他们懂得为什么要这样做。”

【原文】

8.10 子曰：“好勇疾[①]贫，乱也。人而不仁[②]，疾之已甚[③]，乱也。”

【注释】

①好勇：即“勇而无礼”（参见8.2章），喜欢勇力而不知礼教。疾：憎恶、憎恨。②不仁：不符合仁德的人或事。③已甚：已，太。已甚，即太过分。

【译文】

孔子说：“喜好勇敢却憎恨自己太穷困，就会犯上作乱。对于不仁德的人或事憎恨得太过分，也会出乱子。”

【原文】

8.11 子曰：“如有周公之才之美，使[①]骄且吝，其余不足[②]观也已。”

【注释】

①使：假使。②不足：不值得。

【译文】

孔子说："（一个在上位的君主）即使有周公旦那样的美质和才能，如果骄傲自大而又吝啬小气，那其他优点也就不值得看了。"

【原文】

8.12 子曰："三年学，不至于谷[①]，不易得也。"

【注释】

①三年学，不至于谷：谷，古代以谷作为官吏的俸禄（参见14.1章），这里用"谷"字代表做官。不至于谷，即做不了官。孔子办教育的主要目的，是培养治国安邦的人才，古时一般学习三年为一个阶段，此后便可做官。也有学者解释为"学了三年还达不到善的人，是很少的"。读者自己可斟酌理解本章。

【译文】

孔子说："读书三年，还没有做官的念头，（这样的人）是不易找到的。"

【原文】

8.13 子曰："笃信好学，守死善道。危邦不入，乱邦不居。天下有道则见[①]，无道则隐。邦有道，贫且贱焉，耻也。邦无道，富且贵焉，耻也。"[②]

【注释】

①见（xiàn）：同"现"，这里是说出来做官。②本章反映孔子的为官之道、处世和富贵观。"天下有道则见，无道则隐"，"用之则行，舍之则藏"，这是孔子为官处世的一条重要原则。此外，他还提出应当把个人的贫贱荣辱与国家的兴衰存亡联系在一起，这才是为官的基点。

【译文】

孔子说："坚定信念并努力学习，誓死守卫并完善治国与为人的真理。政局不稳的

国家不进入，不在动乱的国家居住。天下政治清明就出来做官；天下政治混乱就隐居不出。国家政治清明而自己贫贱，就是耻辱；国家政治混乱而自己富贵，也是耻辱。”

【原文】

8.14 子曰：“不在其位，不谋其政。”

【译文】

孔子说：“不在那个职位上，就不考虑那职位上的事。”

【原文】

8.15 子曰：“师挚之始①，《关雎》之乱②，洋洋乎盈耳哉！”

【注释】

①师挚之始：师挚是鲁国的太师。“始”是乐曲的开端，即序曲。古代奏乐，开端叫“升歌”，一般由太师演奏，师挚是太师，所以这里说是“师挚之始”。②《关雎》之乱：“始”是乐曲的开端，“乱”是乐曲的结尾一段。“乱”是合奏乐。此时奏《关雎》乐章，所以叫“《关雎》之乱”。

【译文】

孔子说：“从太师挚演奏的序曲开始，到最后演奏《关雎》的结尾，丰富而优美的音乐在我耳边回荡。”

【原文】

8.16 子曰：“狂①而不直，侗②而不愿③，悾悾④而不信，吾不知之矣⑤。”

【注释】

①狂：急躁、狂放。②侗（tóng）：幼稚无知。③愿：质朴、朴实。④悾悾（kōng）：“悾”同“空”，诚恳的样子。⑤吾不知之矣：这是因为，以上几种品质不符合中庸的基本原则，也不符合儒家一贯倡导的“温、良、恭、俭、让”和“仁、义、

礼、智、信”的要求。所以孔子说：我真不知道有人会这样。

【译文】

孔子说："狂放而不直率，无知而不质朴，表面上诚恳而不守信用，我真不知道有这种人。"

【原文】

8.17 子曰："学如不及，犹恐失之。"①

【注释】

①本章是讲学习态度的问题。孔子自己对知识的渴求十分强烈，他也同时这样要求他的弟子。这"学如不及，犹恐失之"，其实就是"学而不厌"一句最好的注脚。

【译文】

孔子说："学习知识就像追赶不上似的，又会担心丢掉应该学习的东西。"

【原文】

8.18 子曰："巍巍①乎，舜禹②之有天下也而不与③焉！"

【注释】

①巍巍：崇高、高大的样子。②舜禹：舜是传说中的圣君明主，禹是夏朝的第一个国君。传说古时代，尧禅位给舜，舜后来又禅位给禹。这是孔子赞颂传说中的"舜禹"，表明对古时禅让制的认同。他借称颂舜禹，来抨击当时社会混乱，政局动荡，弑君、篡位者屡见不鲜等问题。③与：参与。这里有享受的意思。

【译文】

孔子说："多么崇高啊！舜和禹拥有天下，却不独享政权。"

【原文】

8.19 子曰："大哉！尧①之为君也！巍巍乎！唯天为大，唯尧则②之。荡荡③乎！民无能名④焉。巍巍乎！其有成功⑤也。焕⑥乎！其有文章⑦！"

【注释】

①尧：中国古代传说中的圣君。孔子在这里用极美好的语言称赞尧，尤其对他的礼仪制度愈加赞美，表达了他对古代先王的崇敬心情。②则：效法。③荡荡：广阔浩大的样子。④名：形容、称说、称赞。⑤成功：大功绩。⑥焕：光彩。⑦文章：礼乐法度。

【译文】

孔子说："真伟大啊！尧这样的君主。多么崇高啊！只有天最高大，只有尧才能效法天的高大。(他的恩德)广阔浩大啊！百姓们无法用语言来称赞他。多么崇高啊！他的功绩。光彩啊！他所制定的礼乐法度！"

【原文】

8.20 舜有臣五人①而天下治。武王曰："予有乱臣十人②。"孔子曰："才难，不其然乎？唐虞之际③，于斯④为盛，有妇人焉⑤，九人而已。三分天下有其二⑥，以服事殷。周之德，其可谓至德也已矣。"

【注释】

①舜有臣五人：传说五位贤臣是禹、稷、契（xiè）、皋陶（yáo）、伯益等人。②乱臣：治理天下的人才。据《说文》："乱，治也。"此处所说的"乱臣"，应为"治国之臣"。③唐虞之际：传说尧在位的时代叫唐，舜在位的时代叫虞。④斯：指周武王时期。⑤有妇人焉：指武王的乱臣十人中有武王之妻邑姜。⑥三分天下有其二：《逸周书·程典篇》说："文王令九州之侯，奉勤于商。"相传当时天下分九州，文王因为施行仁政，获得天下六州三分之二的归附领地。

【译文】

舜有五位贤臣，就能治理好天下。周武王也说过："我有十个帮助我治理国家的臣子。"孔子说："人才难得，难道不是这样吗？唐尧和虞舜以下，到武王时，人才是最盛的了。十个大臣当中有一个是妇女，实际上只有九个人罢了。周文王做诸侯时已经得到了天下三分之二的土地，仍然侍奉于殷朝，周朝的德，可以说是最高的了。"

【原文】

8.21 子曰："禹，吾无间①然矣。菲②饮食，而致③孝乎鬼神；恶衣服，而致美乎黻冕④；卑⑤宫室，而尽力乎沟洫⑥。禹，吾无间然矣。"

【注释】

①间（jiàn）：非议。②菲：菲薄、微薄。③致：致力、努力。④黻冕（fú miǎn）：祭祀时穿的礼服叫黻；祭祀时戴的帽子叫冕。⑤卑：低矮。⑥沟洫（xù）：沟渠，这里指疏导河流，治理洪水。

【译文】

孔子说："对于禹啊，我没有任何可非议的了。他的饮食很少，而用丰盛的祭品尽力去孝敬鬼神；他平时穿的衣服很简朴，而祭祀时尽量穿得华美；他自己住低矮的房子，而致力于疏导河流，治理洪水。对于禹啊，我确实没有任何可非议的了。"

子罕篇　第九

【本篇引语】

本篇分为三十一章。其中著名的文句有：“出则事公卿，入则事父兄”；“后生可畏，焉知来者之不如今也”；“三军可夺帅，匹夫不可夺志也”；“岁寒然后知松柏之后凋也”；“知者不惑，仁者不忧，勇者不惧”等。

本篇涉及孔子的道德教育思想；孔子弟子对其师的议论；此外，还记述了孔子的某些活动。以论学的内容为多，9.1章讲孔子学问的内容；9.2、9.6~9.7、9.11章反映孔子学问渊博；9.8章介绍孔子进知的方法；9.19章强调持之以恒的态度的重要性；9.22、9.30章讲进学的不同境界。9.3、9.10、9.12章关涉礼制。9.4、9.16章是对孔子的评价。9.5章记述孔子游历经过匡地的情形。9.9、9.13章反映孔子等待盛世出现，积极用世的愿望。9.14章反映孔子对先进文化的自信。9.15章记述孔子晚年致力于整理古代文化。9.17章是孔子慨叹时光易逝，时不我待。9.20~9.21章是孔子评价颜回。9.23章反映成名要趁早的主张。9.24章说明对待谏言的正确态度。9.27章反映孔子教学随时变动的特点。9.18、9.28~9.29、9.31章讲道德修养。

【原文】

9.1　子罕言利[①]，与命与仁[②]。

【注释】

①罕：稀少、很少。“子罕言利”，说明孔子对“利”的轻视。在《论语》书中，我们也多处见到他谈“利”的问题，但基本上主张“先义后利”“重义轻利”，可以说孔子很少谈“利”。②与：赞同、肯定。本章说孔子赞同“命”和“仁”，表明孔子对此是十分重视的。孔子讲“命”，常将“命”与“天”相连，即“天命”，这是孔子思想中的

一个组成部分。孔子还讲“仁”，这是其思想的核心。

【译文】

孔子很少谈到功利，却赞成天命和仁德。

【原文】

9.2 达巷党人①曰：“大哉孔子！博学而无所成名②。”子闻之，谓门弟子曰：“吾何执③？执御乎？执射乎？吾执御矣。”

【注释】

①达巷党人：古代五百家为一党，达是党名。巷，里巷。这是说达巷党这地方的人。②博学而无所成名：一种学者解释是学问渊博，因而不能以某一专长来称道他。另一种学者解释为学问广博，可惜没有一技之长以成名。后一种学者解释认为，孔子表面上伟大，但实际上算不上博学多识，他什么都懂，什么都不精。对此似乎有求全责备之嫌了。③执：专持。

【译文】

达巷党这个地方的人说：“孔子真伟大啊！他学问渊博，因而不能以某一专长来称赞他。”孔子听说了，对他的弟子说：“我要专长于什么呢？专长驾车呢？还是专长射箭呢？我还是专长驾车吧。”

【原文】

9.3 子曰：“麻冕①，礼也；今也纯②，俭③，吾从众。拜下④，礼也；今拜乎上，泰⑤也。虽违众，吾从下。”

【注释】

①麻冕：用麻布制成的礼帽。②纯：丝绸，黑色的丝。③俭：俭省，麻冕费工，用丝则俭省。④拜下：大臣面见君主前，先在堂下跪拜，再到堂上跪拜。⑤泰：这里指骄纵、傲慢。

【译文】

孔子说：“用麻布制成的礼帽，符合于礼的规定。如今大家都用黑丝绸制作，这样比过去节省了，我赞成大家的做法。（臣见国君）首先要在堂下跪拜，这也是符合于礼的。如今都到堂上跪拜，这是太骄纵了。虽然违背大家的做法，我还是先在堂下拜。”

【原文】

9.4 子绝四：毋意①，毋必②，毋固③，毋我④。

【注释】

①意：同“臆”，凭空猜疑。②必：必须如此，不知变通。③固：固执己见。④我：这里指主观武断。

【译文】

孔子杜绝了四种弊病：不主观猜疑，不毫无变通，不固执己见，不主观武断。

【原文】

9.5 子畏于匡①。曰：“文王②既没，文不在兹③乎？天之将丧斯文也，后死者④不得与于斯文也⑤；天之未丧斯文也，匡人其如予何⑥？”

【注释】

①畏于匡：匡，地名，在今河南省长垣县西南。畏，受到威胁。《史记·孔子世家》记载：公元前496年，孔子从卫国到陈国去经过匡地。匡人曾受到鲁国阳虎的掠夺和残杀。孔子的相貌与阳虎相像，匡人误以为孔子就是阳虎，所以将他围困。这是一次误会，但孔子有自己坚定的信念，他强调个人的主观能动作用，认为自己是周文化的继承者和传播者。不过，当孔子屡遭困厄时，他也感到人力的局限性，而把决定作用归之于天，表明他对“天命”的认可。②文王：周文王，姓姬，名昌，西周开国之君周武王的父亲，是孔子认为的古代圣贤之一。③兹：这里，指孔子自己。④后死者：孔子这里指自己。⑤与：同“举”，这里是掌握的意思。文：礼乐制度。⑥如予

何：奈我何，把我怎么样。

【译文】

孔子被匡地的人们所围困时，他说：“周文王死了以后，周代的礼乐制度不都体现在我的身上吗？上天如果想要消灭这种文明，那我就不应该掌握这种文明；上天如果不想消灭这种文明，那么匡人又能把我怎么样呢？”

【原文】

9.6 太宰[①]问于子贡曰：“夫子圣者与？何其多能也？”子贡曰：“固天纵之将圣[②]，又多能也。”子闻之，曰：“太宰知我乎？吾少也贱，故多能鄙事[③]。君子多乎哉？不多也。”

【注释】

①太宰：官名，本指天子的六卿之一，辅助国君治理国家，执掌百官。春秋时各国都设此职位。②纵：舍。将（jiāng）：大。③吾少也贱，故多能鄙事：鄙事，指技艺而言。技艺属于小道，因此称为“鄙事”。作为孔子的弟子，子贡认为自己的老师是天才，是上天赋予他多才多艺的，但孔子这里否认了这一点。他说自己少年低贱，为了谋生，就必须多掌握一些技艺，这表明当时孔子并不承认自己是圣人。

【译文】

太宰问子贡说：“孔夫子是位圣人吧？为什么这样多才多艺呢？”子贡说：“这本是上天让他成为圣人的，而且使他多才多艺。”孔子听到后，说：“太宰怎么会了解我呢？我因为少年时地位低贱，所以学会了许多技艺。君子掌握了这么多的技艺吗？不会多的。”

【原文】

9.7 牢[①]曰：“子云：‘吾不试[②]，故艺’。”

【注释】

①牢：人名。郑玄说此人系孔子的弟子，但在《史记·仲尼弟子列传》中未见此人。②试：用。指用世、做官。

【译文】

子牢说："孔子说过：'我（年轻时）不被任用做官，所以才学会了许多技艺'。"

【原文】

9.8 子曰："吾有知乎哉？无知也。有鄙夫①问于我，空空如也②；我叩③其两端④而竭⑤焉。"

【注释】

①鄙夫：孔子称乡下人、社会下层的人。②空空如也：非常诚恳的样子。③叩：叩问、询问。④两端：两头，指正反、始终、上下方面。⑤竭：穷尽、尽力追究。

【译文】

孔子说："我有知识吗？其实没有知识。有一个粗俗的人问我，非常诚恳的样子。我只是从问题的两极去问，这样对此问题就可以全部搞清楚了。"

【原文】

9.9 子曰："凤鸟①不至，河不出图②，吾已矣夫③！"

【注释】

①凤鸟：古代传说中的一种神瑞之鸟。传说凤鸟在舜和周文王时代都出现过，它的出现象征着"盛世"将要到来。②河不出图：传说在上古伏羲氏时代，黄河中有龙马背负八卦图而出。它的出现也象征着"盛世"吉兆。③吾已矣夫：是说孔子为了恢复礼制而辛苦奔波了一生。到了晚年，他看到周礼的恢复似乎已经成为泡影，于是发出了"吾已矣夫"，即"我一生就这样完了吧"的哀叹。从三句话来看，孔子到

了晚年，他头脑中的宗教迷信思想比以前更为严重。

【译文】

孔子说："凤鸟不来了，黄河中也不出现八卦图了。我这一生也就完了吧！"

【原文】

9.10 子见齐衰[①]者、冕衣裳者[②]与瞽[③]者，见之，虽少必作[④]；过之，必趋[⑤]。

【注释】

①齐衰（zī cuī）：丧服，古时用麻布制成。②冕衣裳（cháng）者：冕，官帽。衣，上衣。裳，下服，这里统指官服。冕衣裳者指贵族。③瞽（gǔ）：盲。④作：站起来，表示敬意。⑤趋：快步走，表示敬意。

【译文】

孔子遇到穿丧服的人，穿戴着礼帽礼服的人和盲人时，见到他们，虽然是少年，也一定要站起来；从他们面前经过时，一定要快步走过。

【原文】

9.11 颜渊喟然叹[①]曰："仰之弥高[②]，钻之弥[③]坚，瞻[④]之在前，忽焉在后。夫子循循然善诱人[⑤]，博我以文，约我以礼，欲罢不能。既竭吾才，如有所立卓尔[⑥]。虽欲从之，末由[⑦]也已。"

【注释】

①喟（kuì）然：长叹的样子。叹：赞叹。②仰之弥高：形容孔子的学说高妙难测，无所不在。③弥：更加。④瞻：越。⑤循循然善诱人：这是孔子对弟子的教育方法，"循循善诱"则成为日后为人师者所遵循的原则之一。⑥所立：孔子有新的创立。卓尔，高大、超群的样子。⑦末由：末，无、没有。由，途径、路径。这里是没有办法的意思。

【译文】

颜渊长叹着称赞道："老师的学说，我抬头仰望，越望越觉得高大；越是钻研，就越觉得不可穷尽。看着它好像在前面，忽然又像在后面。老师善于一步一步地诱导我，用各种典籍来丰富我的知识，又用各种礼节来约束我的言行，使我想停止学习都不可能。我已经用尽了我的才能。好像立在我前面的东西十分高大，虽然我想要追随上去，却没有途径可以做到。"

【原文】

9.12　子疾病，子路使门人为臣①。病间②，曰："久矣哉，由之行诈也！无臣而为有臣③。吾谁欺？欺天乎？且予与其死于臣之手也，无宁④死于二三子之手乎！且予纵不得大葬⑤，予死于道路乎？"

【注释】

①为臣：做治丧的专人。②病间：病情减轻或好转。③无臣而为有臣：按照礼的规定，诸侯、大夫死时才有臣治丧。孔子当时不是大夫，没有家臣，但子路叫门人充当孔子的家臣，准备由此人负责总管安葬孔子之事。孔子反对弟子们按大夫之礼为他办理丧事，是为了恪守周礼的规定。④无宁：宁可。无，助词，没有意义。⑤大葬：指大夫的葬礼。

【译文】

孔子患了重病，子路派了孔子的学生去做孔子治丧的家臣。后来，孔子的病好了一些，他说："仲由干弄虚作假的事，已经很久了。我明明没有治丧的家臣，却偏偏设立治丧的家臣，让我骗谁呢？我骗上天吧？与其死在治丧的家臣手里，我宁可死在你们这些弟子的手里呢！（这样不是更好吗？）而且即使我不能以大夫之礼来安葬，难道我还会死在路边上吗？"

【原文】

9.13　子贡曰："有美玉于斯，韫椟①而藏诸？求善贾②而沽诸？"子曰："沽③之哉！沽之哉！我待贾者[4]也！”

【注释】

①韫椟（yùn dú）：藏物件的匣子。②善贾（gǔ）：识货的商人，买主。③沽：卖出去。④我待贾者：意思是我就是在等待买主。反映了孔子求仕的心理。孔子自称是“待贾者”，他一方面四处游说，以宣传礼治天下为己任，期待着各国统治者能够行他之道于天下；另一方面，他也随时准备把自己推上治国之位，依靠政权的力量去推行礼。

【译文】

子贡问道：“我这里有一块美玉，是把它收藏在匣子里呢？还是找一个识货的商人卖掉呢？”孔子说：“卖掉吧，卖掉吧！我就是在等待买主呢！”

【原文】

9.14 子欲居九夷[1]。或曰：“陋[2]，如之何？”子曰：“君子居之，何陋之有？”

【注释】

①九夷：对东方落后少数民族的通称。在中国古代，中原地区的人把居住在东面的人们称为夷人，认为此地闭塞落后，当地人也愚昧不开化。孔子认为，只要有君子去这些地方住，传播先进文化知识，开化人们的愚蒙，那么这些地方就不会闭塞落后了。表明孔子想用先进文化改变文化落后地区面貌的自信态度。②陋：鄙野，文化闭塞，不开化。

【译文】

孔子想要搬到九夷地方去居住。有人说：“那里非常落后闭塞，不开化，怎么能住呢？”孔子说：“有君子居住的地方，就不闭塞落后了。”

【原文】

9.15 子曰：“吾自卫反鲁[1]，然后乐正[2]，《雅》《颂》[3]各得其所。”

【注释】

①自卫反鲁：公元前484年（鲁哀公十一年）冬，68岁的孔子从卫国返回鲁国，结束了14年游历不定的生活。②乐正：整理音乐。③《雅》《颂》：这是《诗经》中两类不同的诗的名称。《雅》乐是周天子王城附近的音乐，具有民歌的特征。《颂》乐用于宗庙祭祀，乐曲节奏缓慢，乐调庄严肃穆。

【译文】

孔子说："我从卫国返回到鲁国以后，音乐才得到整理，《雅》乐和《颂》乐各自归于适当的位置。"

【原文】

9.16　子曰："出则事公卿，入则事父兄[①]，丧事不敢不勉，不为酒困[②]，何有于我哉。"

【注释】

①出则事公卿，入则事父兄："出则事公卿"，是为国尽忠；"入则事父兄"，是为长辈尽孝。忠与孝是孔子特别强调的两个道德规范。它是对所有人的要求，而孔子本人就是这方面的身体力行者。②困：乱。

【译文】

孔子说："在外做官就要侍奉公卿，回家隐居就孝敬父兄，有丧事不敢不尽力去办，不被酒所惑乱，这些事对我来说有什么困难呢？"

【原文】

9.17　子在川上曰："逝者如斯夫！不舍昼夜。"

【译文】

孔子在河边感叹说："消逝的时光就像这河水一样啊！日夜不停地向前流去。"

【原文】

9.18 子曰："吾未见好德如好色者也。"

【译文】

孔子说："我没有见过追求道德像追求女色一样努力的人。"

【原文】

9.19 子曰："譬如为山，未成一篑[①]，止，吾止也！譬如平地，虽覆一篑，进，吾往也！"

【注释】

①譬如为山，未成一篑：堆土成山，差一筐土没有完成，即"功亏一篑"。引自《尚书》语："为山九仞，功亏一篑。"篑（kuì），盛土的竹筐。这里用譬如为山，说明功亏一篑和持之以恒的深刻道理，他鼓励自己和弟子们无论在学问和道德上，都应该是坚持不懈，自觉自愿。这对于立志有所作为的人来说，是十分重要的，也是对人的道德品质的塑造。

【译文】

孔子说："譬如用土堆山，只差一筐土就完成了，这时停下来，这是自己要停下来的。譬如在平地上堆山，即使只倒下一筐，有志于继续前进，这是自己要前进的。"

【原文】

9.20 子曰："语之而不惰者，其回也与！"

【译文】

孔子说："跟他讲学问而能始终不懈怠的，大概只有颜回一个人吧！"

【原文】

9.21 子谓颜渊曰："惜[①]乎！吾见其进也，未见其止也。"

【注释】

①惜：这里是孔子惋惜颜渊早死。颜渊即颜回，是一个十分勤奋刻苦的人，他在生活方面几乎没有什么要求，而是一心用在学问和道德修养方面，但他却不幸31岁早死了。对于他的死，孔子自然十分悲痛。他经常以颜渊为榜样要求其他弟子。

【译文】

孔子评价颜渊，说："可惜呀！我只见他不断进取，从来没有看见他停止不前。"

【原文】

9.22 子曰："苗而不秀[①]者有矣夫！秀而不实者有矣夫！"

【注释】

①秀：稻、麦等庄稼吐穗扬花叫秀。孔子以庄稼的生长、开花到结果来比喻一个人从求学到做官的过程。

【译文】

孔子说："庄稼出了苗而不能吐穗扬花的情况是有的吧！吐穗扬花而不结果实的情况也是有的吧。"

【原文】

9.23 子曰："后生可畏，焉知来者之不如今也？四十、五十[①]而无闻焉，斯亦不足畏也已。"

【注释】

①四十、五十：这是孔子理想人生中的两个重要年岁，四十岁时应该"不惑"，五十岁时应该"知天命"（参见2.4章），不应该有大过（参见7.17章）。

【译文】

孔子说："年轻人是值得敬畏的，怎么就知道后来的人赶不上今天的人呢？如果到了四五十岁时还默默无闻，那他就没有什么值得敬畏的了。”

【原文】

9.24 子曰：“法语之言[①]，能无从乎？改之为贵。巽与之言[②]，能无说[③]乎？绎[④]之为贵。说而不绎，从而不改，吾末[⑤]如之何也已矣。”

【注释】

①法语之言：法，指严肃。这里指严肃地说出话来。②巽（xùn）与之言：“巽”通“逊”，谦逊恭顺。与，称许、赞许。这里指恭顺赞许的话。③说（yuè）：同“悦”。④绎：原意为“抽丝”，这里指推究、寻求头绪。⑤末：没有。

【译文】

孔子说：“严肃地说出话来，能不听从吗？帮助自己改正错误才可贵。谦逊恭顺的话，能不让人高兴吗？但只有认真推究它是否对自己有帮助才可贵。只知道高兴而不去分析，只是表示听从而不改正错误，这样的人我拿他没有什么办法的。”

【原文】

9.25 子曰：“主忠信，毋友不如己者，过则勿惮改。”[①]

【注释】

①此章重出，见1.8章。

【原文】

9.26 子曰：“三军[①]可夺帅也，匹夫不可夺志也[②]。”

【注释】

①三军：军队的统称。古时12500人为一军，三军包括大国所有的军队。此处言其多。②匹夫不可夺志：匹夫，平民百姓，主要指男子。志，人的志向、志气。“匹夫不可夺志”反映出孔子对于“志”的高度重视，甚至将它与三军之帅相比。作为个

人，应维护自己的尊严，不受威胁利诱，始终保持自己的“志向”。这就是中国人人格观念的形成及确定。

【译文】

孔子说：“人数众多的军队，有可能被夺去它的主帅；但一个男子汉，他的志向是不能强迫改变的。”

【原文】

9.27 子曰：“衣①敝缊袍②，与衣狐貉③者立而不耻者，其由也与！‘不忮不求，何用不臧？④’”子路终身诵之。子曰：“是道也，何足以臧？”

【注释】

①衣（yì）：穿着，当动词用。②敝缊袍：敝，坏。缊（yùn），旧的丝绵絮，这里指破旧的衣服。③狐貉：名贵的皮毛，用狐和貉的皮做的裘皮衣服。④不忮（zhì）不求，何用不臧：这两句见《诗经•邶风•雄雉》篇。忮，嫉恨的意思。臧，善、好。孔子希望子路不要满足于目前已经达到的水平，因为仅是不嫉妒、不贪求是不够的，还要有更高的更远的志向，成就一番大事业。

【译文】

孔子说：“穿着破烂的旧袍子，与穿着名贵狐貉皮袍的人站在一起而不感到可耻的，大概只有仲由吧！（《诗经》上说）‘不嫉妒，不贪求，为什么说不好呢？’”子路听后，于是反复背诵这句诗。孔子又说：“只做到这些，怎么能算是好呢？”

【原文】

9.28 子曰：“岁寒，然后知松柏之后凋也。”①

【注释】

①岁寒，然后知松柏之后凋也：孔子认为，人是要有骨气的。作为有远大志向的君子，他就像松柏那样，不会随波逐流，而且能够经受各种各样的严峻考验。孔

子的话，语言简洁，寓意深刻，值得我们深入思考。

【译文】

孔子说："到了寒冷的季节，才知道松柏是最后落叶凋谢的。"

【原文】

9.29 子曰："知者不惑，仁者不忧，勇者不惧。"①

【注释】

①知者不惑，仁者不忧，勇者不惧：《礼记•中庸》说："知、仁、勇三者，天下之达德也。"在儒家传统道德中，智、仁、勇是重要的三个范畴。孔子希望自己的弟子能具备这三德，成为真正的君子。

【译文】

孔子说："有智慧的人是不会被迷惑的，有仁德的人不会忧愁，有勇气的人不会畏惧。"

【原文】

9.30 子曰："可与共学，未可与适道①；可与适道，未可与立②；可与立，未可与权③。"

【注释】

①适道：适，到……去。这里是志于道、追求道的意思。②立：坚持道而不变。③权：秤锤。这里引申为权衡轻重。

【译文】

孔子说："可以一起学习的人，未必都能一起达到道的要求；可以一起达到道的人，未必能够一起按规定办事；能够一起按规定办事的人，未必能够一起达到随机应变。"

【原文】

9.31 “唐棣之华①，偏其反而②。岂不尔思？室是远而③。”子曰：“未之思④也，夫何远之有？”

【注释】

①唐棣：一种植物，属蔷薇科，落叶灌木，果实像樱桃。华（huā），花。②偏其反（fān）而：形容花摇动的样子。偏，通“翩”。反，通“翻”。③室是远而：只是住的地方太远了。④思：想念，指思“仁”。因为仁德并非遥不可及，只要自己衷心向往、努力实践，一定能达到仁德之境界。

【译文】

（古代有一首诗这样写道）“唐棣的花朵啊，翩翩地摇摆。我岂能不想念你吗？只是由于住的地方太远了。”孔子说：“他还是没有真地想念，如果真地想念，有什么遥远呢？”

乡党篇　第十

【本篇引语】

本篇分为二十七章，记载了孔子践履礼仪的情况，从中可略见古礼概貌。即孔子的容色言动、衣食住行，颂扬孔子是个一举一动都符合礼的正人君子。例如孔子在面见国君时、面见大夫时的态度；他出入于公门和出使别国时的表现，都显示出正直、仁德的品格。

本篇中还记载了孔子日常生活的一些侧面，为人们全面了解孔子、研究孔子，提供了生动的素材。10.1~10.2章介绍在不同场合，不同身份的人面前如何谈吐。10.3章讲接待宾客时的行动言语。10.4章讲出入朝廷时的行为容貌。10.5章讲出使别国时的举止礼节。10.6章讲穿着方面的规定与禁忌。10.6~10.7章讲饮食方面的规定与禁忌。10.9、10.11、10.13~10.14章有关祭祀礼仪。10.10、10.12、10.24、10.26章是居处礼仪。10.15~10.16、10.22~10.23、10.25章是待人之礼。10.18~10.20章是事君主礼。10.27章是辨别时机。

【原文】

10.1 孔子于乡党①，恂恂②如也，似不能言者。其在宗庙、朝廷，便便③言，唯谨尔。

【注释】

①乡党：乡里，本乡本土，家乡。②恂恂（xún）：温和恭顺的样子。③便便：言语流畅的样子，即善于辞令。

【译文】

孔子在家乡，温和而恭敬，好像是不太会说话的样子。但他在宗庙里、朝廷上，言语流畅，只是说得很谨慎罢了。

【原文】

10.2 朝，与下大夫[①]言，侃侃[②]如也；与上大夫言，訚訚[③]如也。君在，踧踖[④]如也，与与[⑤]如也。

【注释】

①下大夫：在周代的分封等级制中，大夫是诸侯之下的一个等级。其中又有不同的等级，卿是最高一级，即下文所说的“上大夫”，其余即下大夫。②侃侃：说话理直气壮，不卑不亢，和乐的样子。③訚訚（yín）：恭敬而正直的样子。④踧踖（cù jí）：恭敬而局促的样子。⑤与与：小心谨慎、威仪适度的样子。

【译文】

孔子在上朝的时候，同下大夫说话，温和而快乐的样子；同上大夫说话，恭敬而正直的样子；国君在朝的时候，举止恭敬，威仪适度。

【原文】

10.3 君召使摈[①]，色勃如也[②]，足躩[③]如也。揖所与立[④]，左右手[⑤]，衣前后[⑥]，襜[⑦]如也。趋进，翼如也[⑧]。宾退，必复命曰：“宾不顾[⑨]矣。”

【注释】

①摈（bìn）：动词，负责招待国君的官员。②色勃如也：脸色立即庄重起来。③足躩（jué）：脚步快的样子。④所与立：左右并立的人。⑤手：拱手行礼。⑥衣前后：指衣服随着作揖时的身体动作而前后摆动。⑦襜（chān）：整齐的样子。⑧翼如也：如鸟儿展翅一样。⑨顾：回头看。

【译文】

国君召孔子去接待宾客，孔子脸色立即庄重矜持，脚步也快起来。他向和他一同站立的人作揖，向左或向右拱手，衣服前后摆动，却整齐不乱。快步前进，姿态像鸟儿展翅一样。宾客退走之后，必定向君主回报说："客人已经不回头了。"

【原文】

10.4 入公门[①]，鞠躬如[②]也，如不容。立不中门[③]，行不履阈[④]。过位[⑤]，色勃如也，足躩如也，其言似不足者[⑥]。摄齐[⑦]升堂，鞠躬如也，屏气似不息者[⑧]。出，降一等[⑨]，逞[⑩]颜色，怡怡[⑪]如也。没阶[⑫]，趋，翼如也。复其位[⑬]，踧踖[⑭]如也。

【注释】

①公门：君门。②鞠躬如：谨慎而恭敬的样子。③立不中门：不在当门的中央站立。古礼的规定，中门只有尊者可以走。④履阈（yù）：脚踩门槛。⑤位：指君子的座位。经过之时，人君不在，座位是空的。⑥其言似不足者：指寡言少语，以示敬慎。⑦摄：提起。齐（zī）：衣裳的下摆。⑧屏（bǐng）气似不息者：指控制呼吸的声音，以示尊敬。⑨降一等：从台阶上走下一级。等，台阶。⑩逞：舒展开，松口气。⑪怡怡：和乐的样子。⑫没阶：走完了台阶。⑬其位：入朝曾经站立的地方。⑭踧踖（cù jí）：这里指恭敬而不安的样子。

【译文】

孔子走进朝廷的大门时，谨慎而恭敬的样子，好像没有他的容身之地。站立时，不站在当门的中央；行走时，也不会踩着门槛。经过国君的座位时，脸色庄重矜持，脚步也加快起来，说话也好像中气不足一样。提起衣服下摆上台阶进中堂时，恭敬谨慎地弯着身子，憋住气好像不呼吸一样。退出来时，走下一级台阶，脸色便舒展开了，怡然自得的样子。走完了台阶，快步前走，姿态像鸟儿展翅一样。回到自己入朝的位置，同样是举止恭敬。

【原文】

10.5 执圭[①]，鞠躬如也，如不胜[②]。上如揖，下如授[③]。勃如战色[④]，足蹜蹜[⑤]如有循[⑥]。享礼[⑦]，有容色。私觌[⑧]，愉愉[⑨]如也。

【注释】

①圭：玉器。上圆下方，举行典礼时君臣都拿着。出使邻国，大夫拿着代表君主的圭。②不胜：不能胜任，表示敬慎。③上如揖，下如授：保持在正确的位置，以示尊敬。④战色：战战兢兢的样子。⑤蹜蹜（sù）：小步走路的样子。⑥如有循：好像沿着一条直线往前走一样。循，沿着。⑦享礼：享，献上。指向对方贡献礼物的仪式。使者受到接见后，接着举行献礼仪式。⑧私：私下。觌（dí）：会见。⑨愉愉：和乐的样子。

【译文】

孔子出使别的诸侯国，手里拿着国君执的圭，恭敬谨慎地弯着身子，像是拿不动的样子。向上举时好像在作揖，朝下拿着时好像是给人递东西的姿势。脸色矜持庄重得十分谨慎，步子很小，好像沿着一条直线往前走。在举行赠送礼物的仪式时，显得和颜悦色。和国君私下会见的时候，就显得轻松愉快了。

【原文】

10.6 君子不以绀緅饰[1]，红紫不以为亵服[2]。当暑，袗絺绤[3]，必表而出之[4]。缁衣[5]，羔裘[6]；素衣，麑[7]裘；黄衣，狐裘。亵裘长，短右袂[8]。必有寝衣[9]，长一身有半。狐貉之厚以居[10]。去丧，无所不佩。非帷裳[11]，必杀之[12]。羔裘玄冠[13]不以吊[14]。吉月[15]，必朝服而朝。

【注释】

①不以绀緅饰：绀（gàn），深青透红，斋戒时服装的颜色。緅（zōu），黑中透红，丧服的颜色。这里是说，不以深青透红或黑中透红的颜色的布给平常穿的衣服镶上边作饰物。②红紫不以为亵服：亵服，平时在家里穿的衣服。古人认为，红紫不是正色，便服不宜用红紫色。③袗絺绤：袗（zhěn），单衣。絺（chī），细葛布。绤（xì），粗葛布。这里是说，穿粗的或细的葛布单衣。④必表而出之：把麻布单衣穿在外面，里面还要衬有内衣。表，穿在外面的衣服。出，出门。⑤缁衣：黑色的外衣。⑥羔裘：羔皮衣。古代的羔裘都是黑羊皮，毛皮向外。⑦麑（ní）：小鹿，白

色。⑧短右袂（mèi）：袖子。右袖短一点，是为了便于做事。⑨寝衣：被子。⑩狐貉之厚以居：狐貉之厚，厚毛的狐貉皮。居，坐。⑪帷裳：上朝和祭祀时穿的礼服，用整幅布制作，多余的布不加以裁剪，折叠缝上。⑫必杀之：一定要裁去多余的布。杀，减省。⑬羔裘玄冠：黑色皮礼帽。⑭不以吊：不用于丧事。⑮吉月：农历每月初一。

【译文】

君子不用深青透红或黑中透红的布镶边，不用红色或紫色的布做平常在家穿的衣服。夏天，穿粗的或细的葛布单衣，出门时，一定要套上一件外衣。黑色的外衣，内配黑色的羔羊皮袍。白色的外衣，内配小鹿皮袍。黄色的外衣，内配狐狸皮袍。平常在家穿的皮袍做得长一些，右侧的袖子短一些。睡觉一定要有被子，要有一身半长。用狐貉的厚毛皮做坐垫。丧服期满，各种各样的装饰品都可佩带。不是礼服，一定要加以剪裁。不穿戴着黑色的羔羊皮袍和黑色的帽子去吊丧。每个月初一，一定要穿着礼服去朝拜君主。

【原文】

10.7 齐①，必有明衣②，布。齐必变食③，居必迁坐④。

【注释】

①齐：同“斋”。②明衣：斋前沐浴后穿的浴衣。③变食：改变平常的饮食。指不饮酒，不吃荤（古时荤指葱、蒜、韭菜等有刺激气味的植物）。④居必迁坐：指居住也要变动，在正寝里安歇，不和妻妾同房。

【译文】

斋戒沐浴的时候，一定要有浴衣，用布做的。斋戒的时候，一定要改变平常的饮食，不饮酒，不吃荤；居住也要变动，在正寝里安歇，不与妻妾同房。

【原文】

10.8 食不厌精①，脍不厌细②。食饐而餲③，鱼馁而肉败④，不食。色恶，不食。

臭[⑤]恶，不食。失饪[⑥]，不食。不时[⑦]，不食，割不正[⑧]，不食。不得其酱[⑨]，不食。肉虽多，不使胜食气[⑩]。惟酒无量，不及乱[⑪]。沽酒市脯[⑫]，不食。不撤[⑬]姜食，不多食。

【注释】

①食：饮食。厌：满足、贪求。②脍（kuài）：鱼、肉细美的。③饐（yì）：陈旧，这里指食物放置时间长了。餲（ài）：变味了。④馁（něi）：鱼腐烂，这里指鱼不新鲜。败：肉腐烂，这里指肉不新鲜。⑤臭（xiù）：通“嗅”，气味。⑥饪：烹制饭菜的火候。⑦不时：不是吃饭的时候。⑧割不正：肉切得不方正。⑨不得其酱：指搭配的酱不正确。⑩气（xì）：同“饩”，即粮食。⑪不及乱：乱，指酒醉。不到酒醉时。⑫沽、市：买。脯（fǔ）：熟肉干。⑬撤：去。

【译文】

饮食不贪求精细的，鱼和肉不贪吃细美的。饮食放久了变味，鱼和肉腐烂了，都不吃。食物的颜色变了，不吃。气味变坏了，不吃。烹制饭菜的火候不对，不吃。不是吃饭的时候，不吃。肉切得不方正，不吃。佐料搭配不适当，不吃。席上的肉虽多，吃肉的量不能超过米面的分量。只有酒没有限制，但不喝醉为限。从市上买来的干肉和酒，不吃。每餐不去掉姜，但也不多吃。

【原文】

10.9 祭于公，不宿肉[①]，祭肉[②]不出三日。出三日，不食之矣。

【注释】

①不宿肉：不使肉过夜。古代大夫参加国君祭祀以后，可以得到国君赐的祭肉。但祭祀活动一般要持续两三天，所以这些肉就已经不新鲜，不能再过夜了。②祭肉：祭祀用的肉。

【译文】

孔子参加国君祭祀典礼时，分到的肉不过夜。祭祀用过的肉不超过三天。超过三天，就不吃了。

【原文】

10.10 食不语，寝不言。

【译文】

吃饭的时候不交谈，睡觉的时候也不说话。

【原文】

10.11 虽疏食菜羹①，瓜祭②，必齐③如也。

【注释】

①菜羹：用菜做成的汤。②瓜祭：古人在吃饭前，把席上各种食品分出少许，放在食具之间祭祖。③齐：同“斋”。

【译文】

即使是吃粗米饭、喝蔬菜汤，吃饭前也要把它们取出一些来祭祖，也一定要像斋戒时那样严肃恭敬。

【原文】

10.12 席①不正，不坐。

【注释】

①席：古代没有椅子和桌子，都坐在铺于地面的席子上。

【译文】

坐席放得不端正，不坐。

【原文】

10.13 乡人饮酒①，杖者②出，斯出矣。

【注释】

①乡人饮酒：指行乡饮酒礼。②杖者：拿拐杖的人，指老年人或长者。

【译文】

参加行乡饮酒的礼仪结束后，拄拐杖的老年人或长者出去后，（孔子）这才出去。

【原文】

10.14 乡人傩①，朝服而立于阼阶②。

【注释】

①傩（nuó）：古代迎神驱鬼的宗教仪式。②阼（zuò）阶：东面的台阶。主人立在大堂东面的台阶，在这里欢迎客人。

【译文】

乡里人举行迎神驱鬼的宗教仪式时，（孔子总是）穿着朝服站在东边的台阶上。

【原文】

10.15 问①人于他邦，再拜而送之②。

【注释】

①问：问候。古代人在问候时往往要致送礼物。②再拜而送之：在送别客人时，两次拜别。

【译文】

孔子派使者到其他诸侯国去问候人，在送别使者的时候要拜两次。

【原文】

10.16 康子馈药，拜而受之。曰："丘未达，不敢尝。"

【译文】

季康子给孔子赠送药品，孔子拜谢之后，接受下来，说："我不了解药性，不敢尝用。"

【原文】

10.17 厩焚。子退朝，曰："伤人乎①？"不问马。

【注释】

①伤人乎：伤着人了吗？有人说，儒家学说是"人学"，这一条可以作佐证材料。他只问人，不问马，表明他重人不重财，十分关心下面的人。事实上，这是中国自古以来人道主义思想的发端。

【译文】

马棚失火烧掉了。孔子退朝回来，说："伤着人了吗？"没有问马的情况怎么样。

【原文】

10.18 君赐食，必正席先尝之；君赐腥①，必熟而荐②之；君赐生③，必畜之。侍食于君，君祭，先饭④。

【注释】

①腥：牛肉。②荐：供奉。③生：活的。④先饭：先吃饭，即为君尝食。在古时候君主吃饭前，要有人先尝一尝，君主才吃。孔子对国君十分尊重，他在与国君吃饭时，都主动尝一下，表明他对礼的遵从。

【译文】

国君赐给饭食，孔子一定摆正坐席郑重地尝一尝。国君赐给生肉，一定煮熟后先给祖宗上供。国君赐给活物，一定要饲养起来。侍奉国君吃饭，在国君举行饭前祭礼的时候，自己一定要先尝一尝。

【原文】

10.19 疾，君视①之，东首②，加朝服③，拖绅④。

【注释】

①视：探视、问病。②东首：头朝东躺着。③加朝服：穿上整齐服饰去拜见君主或使臣。④绅：束在腰间的大带子。

【译文】

孔子病了，国君前来探视，他就头朝东躺着，把上朝的服饰盖在身上，还拖着一条大带子。

【原文】

10.20 君命召，不俟①驾行矣。

【注释】

①俟：等待。

【译文】

国君召见孔子，他不等车马驾好就先步行走了。

【原文】

10.21 入太庙，每事问①。

【注释】

①此章重出。参见3.15章。

【原文】

10.22 朋友①死，无所归，曰："于我殡②。"

【注释】

①朋友：指与孔子志同道合的人。②殡：停放灵柩和埋葬都可以叫殡，这里是泛指丧葬事务。

【译文】

（孔子的）朋友死了，没有亲属负责殓埋。孔子说："由我来办理他的丧事吧。"

【原文】

10.23 朋友之馈，虽车马，非祭肉，不拜①。

【注释】

①非祭肉，不拜：拜谢祭肉。祭肉不仅仅是一块可以食用的东西，而是对祖先尽孝的一个载体，表示对馈赠者祖先的敬重。

【译文】

朋友馈赠的物品，即使是贵重的车马，如果不是祭肉，孔子接受时就不拜了。

【原文】

10.24 寝不尸，居不容①。

【注释】

①容：这里指闲居时与有客人时一样，以显示对客人的尊重。

【译文】

（孔子）睡觉时不像死尸一样直挺挺地躺着，居家时也不像做客或接待客人时那样保持庄重严肃。

【原文】

10.25 见齐衰①者，虽狎②，必变。见冕者与瞽者③，虽亵④，必以貌。凶服⑤者

式[6]之。式负版者[7]。有盛馔[8]，必变色而作[9]。迅雷风烈必变。

【注释】

①齐衰（zī cuī）：指丧服。②狎（xiá）：亲近。③瞽（gǔ）者：盲人，指乐师。④亵（xiè）：常见、熟悉。⑤凶服：丧服。⑥式：同“轼”，古代车辆前部的横木。这里作动词用。乘车遇见地位高的人或其他人时，驭手身子向前微俯，伏在横木上。这在当时是一种礼节，以示尊敬或者同情。⑦负版者：背负国家图籍的人。当时无纸，用木版来书写，故称“版”。⑧馔（zhuàn）：饮食。盛馔，丰盛的饭食。⑨作：站起来。

【译文】

（孔子）看见穿丧服的人，即使是关系很亲密的，也一定要改变面色以示同情。看见穿礼服的和盲人，即使是常在一起的，也一定要有礼貌地对待他。在乘车时，遇见穿丧服的人，便俯伏在车前横木上，以示同情。遇见背负国家图籍的人，也这样做。别人如果用丰盛的筵席款待，一定要改变容色站起来致谢。遇见迅雷、大风，一定要改变容色（以示对上天的敬畏）。

【原文】

10.26 升车，必正立，执绥[1]。车中，不内顾[2]，不疾言[3]，不亲指[4]。

【注释】

①绥：上车时扶手用的索带。②内顾：回头看。③疾言：快速说话。④不亲指：不用自己的手指点。

【译文】

上车时，一定要端正地站好，拉着扶手带上车。在车上不回头，不快速说话，不用自己的手到处指点。

【原文】

10.27 色斯举矣[1]，翔而后集[2]。曰：“山梁雌雉[3]，时哉时哉！[4]”子路共[5]之，三嗅而作[⑥]。

【注释】

①色斯举矣：色，作色、动容。斯，则。举，鸟飞起来。②翔而后集：飞翔一阵，然后落到树上。鸟群停在树上叫“集”。③山梁雌雉（zhì）：聚集在山梁上的母野鸡。④时哉时哉：这是说野鸡也懂得选择时机。对于此篇历来有不同的理解，争议很大。⑤共（gǒng）：同“拱”。⑥三嗅（jù）而作：“嗅”应为“狊”字之误。狊（jù），鸟张开两翅。

【译文】

见人的脸色不善，野鸡就飞翔起来，然后集中地落在树上。孔子说：“这些山梁上的母野鸡，也知道选择时机啊！也知道选择时机啊！”子路向它们拱了拱手，野鸡（受了惊吓）便张开两翅飞走了。

先进篇 第十一

【本篇引语】

本篇分为二十六章。其中著名的文句有："未能事人，焉能事鬼"，"未知生，焉知死"，"过犹不及"等。

这一篇内容包括孔子对弟子们的评价，论及颜渊（回）、闵子骞、冉伯牛、仲弓（冉雍）、宰我（予）、子贡（端木赐）、冉有（求）、季路（子路、仲由）、子游、子夏（商）、南容、子羔（柴）、曾参、子张（师）、公西华（赤）、曾皙（点）等16人，并以此为例说明"过犹不及"的中庸思想，学习各种知识与日后做官的关系。读此篇可以了解孔子弟子的性格、言行、志向、道德水平等，也可以窥知孔子因材施教的教育思想。11.7、11.9~11.10章对颜回给予极高的称赞，但11.8、11.11章又反对厚葬颜回，由此可见在遵守礼制方面孔子对众人的要求是一致的（可参看9.12章）。11.1章反映孔子以才能选官的用人思想。11.12章是孔子对待鬼神、生死问题的态度。11.19章孔子和他的弟子们各述其志向，反映出孔子政治思想上的倾向，提出善人的标准。

【原文】

11.1 子曰："先进于礼乐①，野人②也；后进于礼乐③，君子④也。如用之，则吾从先进。"

【注释】

①先进于礼乐：先修习礼乐。②野人：没有贵族身份，地位低下的人。③后进于礼乐：后修习礼乐。④君子：与"野人"相对，这里指有贵族身份的人。

【译文】

孔子说:“先修习好礼乐的,是那些没有贵族身份,地位低下的人;后学习礼乐的,是有贵族身份的人。如果要选用人才,那我主张选用先修习礼乐的人。”

【原文】

11.2 子曰:“从我于陈、蔡者①,皆不及门②也。”

【注释】

①从:随行。陈、蔡:均为国名。《史记•孔子世家》记载,孔子周游列国曾厄于陈、蔡之间(参见15.2章)。《左传•哀公六年》记载:公元前489年,孔子和他的弟子从陈国到蔡地去,途中他们被陈国的人们所包围,绝粮7天,许多弟子饿得不能行走。当时跟随他的弟子有子路、子贡、颜渊等人。②皆不及门:门,这里指受教的场所。不及门,是说都不在跟前受教。《左传•哀公十一年》记载:公元前484年,孔子回鲁国以后,子路、子贡等先后离开了他,颜回也死了。所以,孔子时常想念他们。“皆不及门”这句话,就反映了孔子的这种心情。

【译文】

孔子说:“曾跟随我从陈国到蔡地去受难的弟子,现在都不在我身边受教了。”

【原文】

11.3 德行①:颜渊、闵子骞、冉伯牛、仲弓;言语②:宰我、子贡;政事③:冉有、季路;文学④:子游、子夏。

【注释】

①德行:指能实行孝悌、忠恕等道德修养。②言语:指善于辞令。③政事:指能从事政治事务。④文学:指通晓诗书礼乐等古代文献,即文化修养。

【译文】

在孔子的学生中,道德修养好的是:颜渊、闵子骞、冉伯牛、仲弓。善于辞令的是：宰我、子贡。擅长政事的是：冉有、季路。通晓文献知识的是：子游、子夏。

【原文】

11.4 子曰："回也非助我者也！于吾言无所不说。"①

【注释】

①回也非助我者也：回，颜回，是孔子的得意门生之一，在孔子面前始终是服服帖帖、毕恭毕敬的，对于孔子的学说深信不疑、全面接受。所以，孔子多次赞扬颜回。这里，孔子说颜回"非助我者"，并不是责备颜回，而是在得意地赞许他。

【译文】

孔子说："颜回啊，不是对我有帮助的人。他对我说的话没有不心悦诚服的。"

【原文】

11.5 子曰："孝哉闵子骞！人不间①于其父母昆②弟之言。"

【注释】

①间：非议、批评、挑剔。②昆：哥哥，兄长。

【译文】

孔子说："闵子骞啊，真是孝顺！人们对于他的父母兄弟称赞他的话，没有什么异议。"

【原文】

11.6 南容三复白圭①，孔子以其兄之子妻之②。

【注释】

①白圭：白圭指《诗经•大雅•抑》的诗句："白圭之玷，尚可磨也；斯言之玷，

不可为也。”可见南容说话谨慎，少有过失。这也是告诫人们要谨慎自己的言语。②孔子以其兄之子妻之：孔子把自己的侄女嫁给了南容。这里表明他很欣赏南容的慎言。

【译文】

南容反复诵读“白玉上的污点还可以磨掉，说错了话，就无法挽回了”的诗句。孔子把侄女（哥哥的女儿）嫁给了他。

【原文】

11.7 季康子问：“弟子孰为好学？”孔子对曰：“有颜回者好学，不幸短命死矣，今也则亡。”

【译文】

季康子问孔子：“你的弟子中谁是好学的？”孔子回答说：“有一个叫颜回的弟子很好学，不幸短命死了。现在再也没有像他那样的弟子了。”

【原文】

11.8 颜渊死，颜路①请子之车以为之椁②。子曰：“才不才，亦各言其子也。鲤③也死，有棺而无椁。吾不徒行以为之椁。以吾从大夫之后④，不可徒行⑤也。”

【注释】

①颜路：颜无繇（yóu），字路，颜渊的父亲，也是孔子的弟子，生于公元前545年。②椁（guǒ）：古人所用棺材，内为棺，外为椁。③鲤：孔子的儿子，字伯鱼，死时50岁，孔子70岁。④从大夫之后：跟随在大夫们的后面，意即当过大夫。孔子在鲁国曾任司寇，是大夫一级的官员。⑤不可徒行：《礼记•王制》记载：有官爵者和老年人不必徒步行走了。大夫拥有车辆是合乎礼的规定。所以颜渊死了，尽管孔子十分悲痛，但他却不愿意卖掉车子。因为他曾经担任过大夫一级的官员，而大夫必须有自己的车子，不能步行，否则就违背了礼的规定。这反映了孔子对礼的严谨态度。

【译文】

颜渊死了，他父亲颜路请求孔子把自己的车子卖掉，给颜渊买个外椁。孔子说：“（虽然颜渊和孔鲤）一个有才一个无才，但都是人子。孔鲤死的时候，也是有棺无椁。我没有卖掉自己的车子步行而给他买椁。因为我当过大夫，是不可以徒步行走的。”

【原文】

11.9 颜渊死，子曰：“噫！天丧予！天丧予！”

【译文】

颜渊死了，孔子说：“唉！老天爷要我的命呀！老天爷要我的命呀！”

【原文】

11.10 颜渊死，子哭之恸[1]。从者曰：“子恸矣。”曰：“有恸乎？非夫[2]人之为恸而谁为？”

【注释】

①恸（tòng）：哀伤过度，过于悲痛。②夫（fú）：指示代词，此处指颜渊。

【译文】

颜渊死了，孔子哭丧时极其悲痛。跟随孔子的人说：“您悲痛过度了！”孔子说：“是悲伤过度了吗？我不为这个人悲伤过度，又为谁呢？”

【原文】

11.11 颜渊死，门人欲厚葬[1]之，子曰：“不可。”门人厚葬之。子曰：“回也视予犹父也，予不得视犹子也[2]。非我也，夫[3]二三子也。”

【注释】

①厚葬：隆重地安葬。②予不得视犹子也：孔子的儿子孔鲤死的时候没有违背

礼制而用厚葬。但他的弟子仍隆重地埋葬了颜渊，孔子说，这不是自己的过错，而是弟子们做的。这仍是表明孔子遵从礼的原则，即使是在厚葬颜渊的问题上，仍是如此（参见11.8章）。③夫（fú）：语助词。

【译文】

颜渊死了，孔子的弟子们想要隆重地安葬他。孔子说："不能这样做。"弟子们仍然隆重地安葬了他。孔子说："颜回把我当父亲一样看待，我却不能把他当亲生儿子一样看待。这不是我要干的，是那些弟子们干的呀。"

【原文】

11.12 季路问事鬼神。子曰："未能事人①，焉能事鬼？"曰："敢②问死。"曰："未知生，焉知死？"③

【注释】

①事人：孔子认为是指侍奉君父。在君父活着的时候，如果不能尽忠尽孝，君父死后也就谈不上孝敬鬼神，他希望人们能够忠君孝父。②敢：谦辞，表示冒昧。③本章表明了孔子在鬼神、生死问题上的基本态度，他不信鬼神，也不把注意力放在来世或死后的情形上，在君父生前要尽忠尽孝，至于对待鬼神就不必多提了。

【译文】

季路问怎样去侍奉鬼神。孔子说："还没能侍奉活人，又怎么能侍奉鬼神呢？"季路说："冒昧问一句死是怎么回事？"孔子说："还没有了解生，怎么能了解死呢？"

【原文】

11.13 闵子侍侧，訚訚①如也；子路，行行如也②；冉有、子贡，侃侃③如也。子乐④。"若由也，不得其死⑤然。"

【注释】

①訚訚（yín）：恭敬正直的样子。②子路，行行如也：行行（hàng），刚强的样

子。子路这个人有勇无谋，尽管他非常刚强。孔子一方面为他的弟子有特长而高兴，但又担心子路，唯恐他不会有好的结果。师之爱生，人之常情。孔子的这种担心，就说明了这一点。③侃侃：说话理直气壮。④子乐：弟子们都各尽其性，所以孔子非常高兴。⑤不得其死：不得善终，死于非命。

【译文】

闵子骞侍立在孔子身旁，恭敬正直的样子；子路是一副刚强的样子；冉有、子贡是一副和乐的样子。孔子非常高兴。但孔子又说："像仲由那样，只怕死于非命。"

【原文】

11.14　鲁人①为长府②。闵子骞曰："仍旧贯③，如之何？何必改作？"子曰："夫人④不言，言必有中。"

【注释】

①鲁人：这里指鲁国的当权者。这就是人和民的区别。②为长府：为，这里是改建或翻修的意思。藏财货、兵器等的仓库叫"府"，长府是鲁国的国库名。③仍旧贯：贯，事例。这里是说沿袭常例。④夫（fú）人：这个人。

【译文】

鲁国翻修国库。闵子骞道："照老样子，怎么样？何必一定要改建呢？"孔子道："这个人平日不大开口，一开口就说中要害了。"

【原文】

11.15　子曰："由之瑟①奚为于丘之门②？"门人不敬子路。子曰："由也升堂矣，未入于室③也。"

【注释】

①瑟（sè）：一种古弦乐器，与古琴相似。这里指子路弹琴瑟的技巧和内容。②奚为于丘之门：奚，为什么。为，操琴。为什么在我这里弹呢？③升堂、入室：堂是正

厅，室是内室，用以比喻学习深浅程度。升堂比喻学习小有收获，入室比喻学习已经探得精髓。这里是就演奏乐器而言的。

【译文】

孔子说：“仲由弹瑟的水平，哪能在我门下弹奏呢？”于是弟子们不尊敬子路。孔子便说：“仲由嘛，他在学习上已经达到登堂的程度了，只是还没有入室罢了。”

【原文】

11.16 子贡问：“师与商①也孰贤？”子曰：“师也过，商也不及。”曰：“然则师愈②与？”子曰：“过犹不及③。”

【注释】

①师与商：师，颛孙师，即子张。商，卜商，即子夏。②愈：胜过、强些。③过犹不及：即中庸思想的具体说明。《中庸》说，过犹不及为中。“执其两端，用其中于民，其斯以为舜乎？”这是说，舜于两端取其中，既非过，也非不及，以中道教化百姓，所以为大圣。这就是对本章孔子“过犹不及”的具体解释。

【译文】

子贡问孔子：“子张和子夏二人谁更好一些呢？”孔子回答说：“子张过头了，子夏则不足。”子贡说：“那么是子张好一些吗？”孔子说：“过头和不足一样不好。”

【原文】

11.17 季氏富于周公①，而求也为之聚敛②而附益③之。子曰：“非吾徒也。小子鸣鼓而攻之可也！”

【注释】

①季氏富于周公：季氏比周朝的公侯还要富有。周公，一说是周公旦，二说是周公旦的次子及其后代世袭周公封地，在周王朝做卿士的人。季氏，公元前562年，鲁国国君将直辖的土地和附属于土地上的奴隶瓜分，季氏分得三分之一，并用封建的

剥削方式取代了奴隶制的剥削方式。《左传·昭公五年》记载：公元前537年，鲁国三家第二次瓜分公室，改三军为四军，季氏分得四分之二。由于季氏推行了新的政治和经济措施，所以很快富了起来。孔子认为是弟子冉求帮助季氏聚敛钱财，搜刮人民，所以孔子很生气。②聚敛：积聚和收集钱财，即搜刮。③益：增加。

【译文】

季氏比周公还要富有，而冉求还帮他搜刮来增加他的钱财。孔子说："他不是和我志同道合的人，学生们可以大张旗鼓地去声讨他了！"

【原文】

11.18 柴①也愚②，参也鲁③，师也辟④，由也喭⑤。

【注释】

①柴：孔子弟子。姓高，名柴，字子羔。比孔子小30岁，公元前521年出生。②愚：旧注以为愚直之愚，指愚而耿直，不是傻的意思。③鲁：迟钝。④辟（pì）：偏颇，不实在。⑤喭（yàn）：鲁莽，粗鲁。

【译文】

高柴愚直，曾参迟钝，颛孙师偏激，仲由鲁莽。

【原文】

11.19 子曰："回也其庶①乎！屡空②。赐不受命，而货殖③焉，亿④则屡中。"

【注释】

①庶：庶几，差不多。这里指颜渊的学问道德接近于完善。②空：贫困、匮乏且没有生计。③货殖：做买卖，聚集财货经营生利。④亿：同"臆"，猜测、揣度。

【译文】

孔子说："颜回的学问和道德差不多完善了，可是他常常贫困且没有生计。端木赐不安本分去做买卖，而货财不断增加，猜测行情往往能猜中。”

【原文】

11.20 子张问善人①之道。子曰：“不践迹②，亦不入于室③。”

【注释】

①善人：指本质善良但没有经过学习的人。②践迹：踩着前人的足迹走。③入于室：比喻学问和修养达到了精深地步。

【译文】

子张问做善人的方法。孔子说：“不踩着前人的足迹走，学问和修养还没有达到精深地步。”

【原文】

11.21 子曰：“论笃是与①，君子者乎？色庄②者乎？”

【注释】

①论笃是与：论，言论。笃，诚恳。与，赞许。意思是对说话笃实的人表示赞许。在5.10章中曾有“听其言而观其行”的说法，表明孔子在观察别人的时候，不仅要看他说话时诚恳的态度，而且要看他的行动，言行一致才是真君子。②色庄：容色庄严。这里指故作姿态，伪装君子，意同“巧言令色，鲜矣仁”（参见1.3章）。

【译文】

孔子说：“对言语笃实的人表示赞许，但还应进一步判断，是真正的君子呢？还是故作姿态的伪君子呢？”

【原文】

11.22 子路问：“闻斯行诸①？”子曰：“有父兄在，如之何其闻斯行之？”冉有问：“闻斯行诸？”子曰：“闻斯行之。”公西华曰：“由也问闻斯行诸，子曰‘有父兄在'；求也问闻斯行诸，子曰'闻斯行之'。赤也惑，敢问。"子曰："求也退[2]，故进之；由也兼人[3]，故退之。"[4]

【注释】

①诸："之乎"二字的合音。②求也退：指冉求的行动不足。③兼人：指子路好勇过人，相当于两个人。④本章反映了孔子教育方法的一个特点，即因材施教。

【译文】

子路问道："听到了以后就去实践它吗？"孔子说："有父兄在世，怎么能听到了以后就去实践呢？"冉有问："听到了以后就去实践它吗？"孔子说："听到了以后就去实践它。"公西华说："仲由问'听到了以后就去实践它吗？'您回答说'有父兄健在'，冉求问'听到了以后就去实践它吗？'您回答'听到了以后就去实践它'。同样的问题答案不一样，我被弄糊涂了，冒昧再问。"孔子说："冉求总是退缩，所以我鼓励他；仲由好勇过人，所以我约束他。"

【原文】

11.23 子畏于匡，颜渊后。子曰："吾以女为死矣。"曰："子在，回何敢死？"

【译文】

孔子被围困在匡地，颜渊最后才逃出来。重逢时孔子说："我以为你死了呢。"颜渊说："夫子还活着，颜渊怎敢轻易死呢？"

【原文】

11.24 季子然[1]问："仲由、冉求可谓大臣与？"子曰："吾以子为异之问，曾[2]由与求之问。所谓大臣者，以道事君，不可则止。今由与求也，可谓具臣[3]矣。"曰："然则从之[4]者与？"子曰："弑父与君，亦不从也。"[5]

【注释】

①季子然：鲁国季氏的同族人。②曾：乃。③具臣：才具之臣，有才干的办事之

臣。④之：代名词，这里指季氏。当时冉求和子路都是季氏的家臣。⑤弑父与君，亦不从也：若是杀父亲、杀君主的事，他们也不会跟着干的。这里说明“以道事君”的原则，即孔子对待君臣关系是以道和礼为准绳的。

【译文】

季子然问：“仲由和冉求可以算是大臣吗？”孔子说：“我以为你是问别人呢，原来是问仲由和冉求啊。所谓大臣，能够用周公之道来侍奉君主，如果这样不行，他宁肯辞职不干。现在仲由和冉求这两个人，可以称得上是有才干的办事之臣了。”季子然又说：“那么他们会一切都跟着季氏干吗？”孔子说：“若是杀父亲、杀君主的事，他们不会跟着干的。”

【原文】

11.25　子路使子羔为费宰。子曰：“贼[①]夫子之子[②]。”子路曰：“有民人焉，有社稷[③]焉。何必读书，然后为学？”子曰：“是故恶夫佞者[④]。”

【注释】

①贼：害。②夫子之子：指子羔。孔子认为他没有经过很好的学习就去从政，这会害了他自己的。③社稷：社，土地神。稷，谷神。这里“社稷”指祭祀土地神和谷神的地方，即社稷坛。古代国都及各地都要设立社稷坛，分别由国君和地方长官主祭，故社稷成为国家政权的象征。④恶（wù）：厌恶。佞（nìng）：有口才，能说会道，多用于贬义。

【译文】

子路让子羔去做费邑的长官。孔子说：“这简直是害人子弟。”子路说：“那个地方有老百姓，有土地神和谷神在那里，难道一定要读书才算学习吗？”孔子说：“因为这我才讨厌那种花言巧语狡辩的人。”

【原文】

11.26　子路、曾皙[①]、冉有、公西华侍坐。子曰：“以吾一日长乎尔，毋吾以也[②]。

居[3]则曰：‘不吾知也！’如或知尔，则何以哉[4]？”子路率尔[5]而对曰：“千乘之国，摄[6]乎大国之间，加之以师旅，因之以饥馑，由也为之，比及[7]三年，可使有勇，且知方也[8]。”夫子哂[9]之。“求，尔何如？”对曰：“方六七十[10]，如[11]五六十，求也为之，比及三年，可使足民。如其礼乐，以俟君子。”“赤，尔何如？”对曰：“非曰能之，愿学焉。宗庙之事[12]，如会同[13]，端章甫[14]，愿为小相[15]焉。”“点，尔何如？”鼓瑟希[16]，铿尔，舍瑟而作[17]，对曰：“异乎三子者之撰。”子曰：“何伤乎？亦各言其志也。”曰：“莫[18]春者，春服既成，冠者[19]五六人，童子六七人，浴乎沂[20]，风乎舞雩[21]，咏而归。”夫子喟然叹曰：“吾与点也！”三子者出，曾皙后。曾皙曰：“夫三子者之言何如？”子曰：“亦各言其志也已矣。”曰：“夫子何哂由也？”曰：“为国以礼。其言不让，是故哂之。”“唯[22]求则非邦也与？”“安[23]见方六七十如五六十而非邦也者？”“唯赤则非邦也与？”“宗庙会同，非诸侯而何？赤也为之[24]小，孰能为之大？”[25]

【注释】

①曾皙：孔子的弟子。名点，字子皙，曾参的父亲。②以吾一日长乎尔，毋吾以也：因为我比你们的年龄稍长一些，而不敢说话。③居：平日、平常。④则何以哉：何以，何用。⑤率尔：轻率、急切。⑥摄：夹处。⑦比（bì）及：等到。⑧方：义。⑨哂（shěn）：微笑。⑩方六七十：计量土地的方法，指六七十里见方。⑪如：或者。⑫宗庙之事：指祭祀之事。⑬会同：诸侯会见。⑭端章甫：端，古代礼服的名称。章甫，古代礼帽的名称。⑮相（xiàng）：司仪。⑯希：“稀”的古体字，指弹瑟的速度放慢，节奏逐渐稀疏。⑰作：站起来。⑱莫：“暮”的古体字。⑲冠者：成年人。古代子弟到20岁时行冠礼，表示已成年。⑳浴乎沂（yí）：沂，水名，发源于山东邹县东北，西经曲阜与洙水汇合，流入泗水。这里指在水边洗头面手足。㉑舞雩（yú）：雩，祭天求雨，雩祭有歌舞，故称舞雩。㉒唯：语首词，没有什么意义。㉓安：疑问代词，怎么。㉔之：其。㉕本章孔子之所以只赞赏曾点的主张，是因为曾点用形象的方法描绘了礼乐之治下的景象，体现了“仁”和“礼”的治国原则，这就谈到了根本点上。虽然是孔子和他的弟子们自述其政治上的抱负，从中可以看出孔子的政治理想。

【译文】

子路、曾皙、冉有、公西华四个人陪坐在孔子身旁。孔子说：“不要因为我年龄比你们大一些就感到拘束。你们平时总说：‘没有人了解我呀！’假如有人了解你们，那么会怎样做呢？”子路轻率地回答：“拥有一千辆兵车的国家，夹在大国中间，外有军事威胁，国内又闹饥荒。如果让我去治理，只要三年，就可以使人们勇敢善战，而且懂得礼仪。”孔子听了，微微一笑。孔子问：“冉求，你怎么样呢？”冉求答道：“国土纵横六七十里或五六十里见方的小国，让我去治理，三年以后，就可以使百姓饱暖。至于这个国家的礼乐教化，就要等君子来施行了。”孔子又问：“公西赤，你怎么样？”公西赤答道：“我不敢说能什么，而是愿意学习。在宗庙祭祀的活动中，或者在同别国的盟会中，我愿意穿着礼服，戴着礼帽，做一个小司仪。”孔子又问：“曾点，你怎么样呢？”曾点正在弹瑟，节奏逐渐放慢，接着“铿”的一声，离开瑟站起来，回答说：“我的志向和他们三位讲的不一样。”孔子说：“那有什么关系呢？也就是各人讲自己的志向而已。”曾皙说：“暮春三月，已经穿上了春天的衣服，我和五六位成年人，六七个少年，去沂河里洗洗澡，在舞雩坛上吹吹风，然后一路唱着歌走回来。”孔子长叹一声说：“我赞成曾皙的志向。”子路、冉有、公西华三个人都出去了，曾皙留在最后。他问孔子说：“他们三人的话怎么样？”孔子说：“也就是各自谈谈自己的志向罢了。”曾皙说：“老师为什么要笑仲由呢？”孔子说：“治理国家要讲礼让，可是他说话一点也不谦让，所以我笑他。”曾皙又问：“那么是不是冉求讲的不是治理国家呢？”孔子说：“哪里见得六七十里或五六十里见方的地方就不是国家呢？”曾皙又问：“难道公西赤讲的不是治理国家吗？”孔子说：“宗庙祭祀和诸侯会盟，这不是诸侯的事又是什么？像公西赤这样的人如果只能做一个小司仪，那谁又能做大相呢？”

颜渊篇　第十二

【本篇引语】

本篇分为二十四章。其中著名的文句有：“克己复礼为仁，一日克己复礼，天下归仁焉”；“非礼勿视，非礼勿听，非礼勿言，非礼勿动”；“己所不欲，勿施于人”；“死生有命，富贵在天”；“四海之内，皆兄弟也”；“君子成人之美，不成人之恶”；“君子以文会友，以友辅仁”等。

本篇中，孔子的几位弟子向他问怎样才是“仁”。这几段，是研究者们经常引用的。孔子还谈到怎样才称得上是君子等问题。12.1~12.3、12.22章论仁：提出约束自身，遵守礼制，言语谨慎，积极行动，博爱大众，选贤使能等要求。12.4~12.5章论君子。12.6章论明察。12.7章强调取信于民的重要。12.8章主张文饰与美质要相得益彰。12.9章提出先富民，民富则君足。12.10、12.21章论及提高道德，明辨疑惑，消除邪恶的途径。12.11章提出要整顿宗法等级制度。12.13章提出没有纷争诉讼的治世理想。12.14章指出治政要勤勉忠诚。12.16章指出君子与小人的区别。12.17~12.19章主张当政者要率先行正道，不贪求，行德政。12.20章区别有声闻与真通达。12.23~12.24章讲交友的办法。

【原文】

12.1　颜渊问仁。子曰：“克己复礼为仁①。一日克己复礼，天下归仁焉②。为仁由己，而由人乎哉？”颜渊曰：“请问其目③。”子曰：“非礼勿视，非礼勿听，非礼勿言，非礼勿动。”颜渊曰：“回虽不敏，请事④斯语矣。”

【注释】

①克己复礼：克己，克制或约束自己。复礼，约束自己符合于礼的规定。“克己复礼为仁”，这是孔子关于什么是“仁”的主要解释，也是孔子思想的核心内容，贯

穿于《论语》一书的始终。②归仁：归，称赞、赞许。仁，即仁道。③目：具体细节。“目”和“纲”相对。④事：做，从事于。

【译文】

颜渊问怎样做才是仁。孔子说：“约束自己符合于礼的规定，这就是仁。一旦这样做了，天下的人就会用仁来称赞他了。实行仁德，完全在于自己，难道还靠别人吗？”颜渊说：“请问修行仁德的具体细节。”孔子说：“不合于礼的事不要看，不合于礼的话不要听，不合于礼的话不要说，不合于礼的事不要做。”颜渊说：“我虽然不聪敏，请让我照您的这些话去做。”

【原文】

12.2 仲弓问仁。子曰：“出门如见大宾，使民如承大祭[①]。己所不欲，勿施于人[②]。在邦无怨，在家无怨[③]。”仲弓曰：“雍虽不敏，请事[④]斯语矣。”

【注释】

①出门如见大宾，使民如承大祭：这句话是说，出门在外要像去接待贵宾一样敬慎，役使百姓如同去进行重大的祭祀一样小心。②己所不欲，勿施于人：意思是说自己不愿意做的事务，不要强加于别人，即宽以待人。这句话成为后世遵奉的信条。③在邦无怨，在家无怨：邦，诸侯统治的国家。家，卿大夫统治的封地。④事：从事，照着去做。

【译文】

仲弓问怎样做才是仁。孔子说：“出门在外要像去接待贵宾一样敬慎，役使百姓如同去进行重大的祭祀一样小心。自己不愿意做的事务，不要强加于别人。在诸侯的朝廷上做官不会招来怨恨，在卿大夫的封地里做官也不会招来怨恨。”仲弓说：“我虽然不聪敏，请让我照您的这些话去做。”

【原文】

12.3 司马牛[①]问仁。子曰：“仁者，其言也讱[②]。”曰：“其言也讱，斯[③]谓之仁已

乎？”子曰：“为之难，言之得无讱乎？”

【注释】

①司马牛：孔子的弟子。姓司马，名耕，字子牛。据说司马牛是宋国大夫桓魋的弟弟。桓魋在宋国“犯上作乱”，遭到宋国当权者的打击，全家被迫出逃。司马牛逃到鲁国，拜孔子为师，并声称桓魋不是他的哥哥。所以下一章里，孔子回答司马牛问什么是君子的问题，是有针对性的，即不忧不惧、问心无愧（参见12.4章）。②讱（rèn）：话难说出口。这里引申为说话迟钝或慎重。“其言也讱”是孔子对于那些希望成为仁人的人所提要求之一。“仁者”，其言行必须慎重，行动必须认真，一言一行都符合周礼。所以，这里的“讱”是为“仁”服务的，为了“仁”，就必须“讱”。③斯：就。

【译文】

司马牛问怎样做才是仁。孔子说：“仁人，他说话很慎重。”司马牛说：“说话慎重，这就叫做仁了吗？”孔子说：“做到很困难，说出来时能不慎重吗？”

【原文】

12.4 司马牛①问君子。子曰：“君子不忧不惧。”曰：“不忧不惧，斯谓之君子已乎？”子曰：“内省不疚②，夫何忧何惧？”

【注释】

①司马牛：据说司马牛是宋国大夫桓魋的弟弟。桓魋在宋国“犯上作乱”，遭到宋国当权者的打击，全家被迫出逃。司马牛逃到鲁国，拜孔子为师，并声称桓魋不是他的哥哥。所以本章孔子回答司马牛问怎样做才是君子的问题，是有针对性的，即不忧不惧、问心无愧。②内省不疚：反省自身不会因为有错而感到悔恨。疚，内疚。

【译文】

司马牛问怎么做才是君子。孔子说：“君子不忧愁，不恐惧。”司马牛又问：“不忧愁，不恐惧，这样就可以叫做君子了吗？”孔子说：“反省自身时问心无愧，那还有什么忧愁和恐惧呢？”

【原文】

12.5 司马牛忧曰：“人皆有兄弟，我独亡。”子夏曰：“商闻之矣：死生有命，富贵在天。君子敬而无失，与人恭而有礼，四海之内，皆兄弟也。君子何患乎无兄弟也？”①

【注释】

①本章子夏劝慰司马牛，说只要自己的言行符合于“礼”，那就会赢得天下人的称赞，就不必发愁自己没有兄弟，“四海之内皆兄弟也”。反映子夏对命运的小突破，即强调事在人为，仁德之人有可能改变自己命运的不利。

【译文】

司马牛忧愁地说：“别人都有兄弟，唯独我没有。”子夏说：“我听说过这样的话：‘死生有命，富贵在天。’君子敬慎而不出差错，待人恭敬而合乎礼的规定，那么天下人就都是自己的兄弟了。君子为什么担忧没有兄弟呢？”

【原文】

12.6 子张问明。子曰：“浸润之谮①，肤受之愬②，不行焉，可谓明也已矣。浸润之谮，肤受之愬，不行焉，可谓远③也已矣。”

【注释】

①浸润之谮：谮（zèn），谗言。这是说像水那样一点一滴地渗进来的谗言，不易觉察。②肤受之愬：愬（sù），诬告、诽谤。这是说像皮肤感觉到疼痛那样的诬告，即直接的诽谤。③远：明之至，明智的最高境界。

【译文】

子张问怎样做才算是明察。孔子说：“像水那样慢慢渗透的谗言，像切肤之痛的诽谤，在你那里都行不通，那你可以算是明察了。像水那样慢慢渗透的谗言和切肤之痛的诽谤，在你那里都行不通，那你可以称得上是有远见卓识了。”

【原文】

12.7　子贡问政。子曰：“足食，足兵，民信之矣。”①子贡曰：“必不得已而去，于斯三者何先？”曰：“去兵。”子贡曰：“必不得已而去，于斯二者何先？”曰：“去食。自古皆有死，民无信不立。”

【注释】

①足食，足兵，民信之矣：孔子认为，治理一个国家，应当具备三个起码条件：食、兵、信。但这三者当中，信是最重要的。这体现了儒学的人学思想。只有兵和食，而百姓对统治者不信任，这样的国家也就不能存在下去了。

【译文】

子贡问怎样治理国家。孔子说：“备足粮食，充实军备，让老百姓信任政府。”子贡说：“如果不得已去掉一项，那么在三项中先去掉哪一项呢？”孔子说：“去掉军备。”子贡说：“如果不得已再去掉一项，那么这两项中去掉哪一项呢？”孔子说：“去掉粮食。没有粮食顶多是饿死，但自古以来人总是要死的，如果老百姓对政府不信任，那么国家就不存在了。”

【原文】

12.8　棘子成①曰：“君子质而已矣，何以文为？”子贡曰：“惜乎！夫子之说君子也。驷不及舌②。文犹质也，质犹文也，虎豹之鞟③犹犬羊之鞟。”

【注释】

①棘子成：卫国大夫。古代大夫都可以被尊称为夫子，所以子贡这样称呼他。②驷（sì）不及舌：指话一说出口，就收不回来了。驷，拉一辆车的四匹马。③鞟（kuò）：去掉毛的皮，即革。这里用花纹的毛色比喻文，用去毛的皮比喻质。

【译文】

棘子成说："君子只要具有美好的品质就行了，要文饰又有什么用呢？"子贡说："真遗憾，夫子您这样谈论君子。一言既出，驷马难追。文饰就像本质一样重要，本质就像文饰一样同等重要。去掉了不同的花色的毛，虎豹的皮就如同犬羊皮一样没有区别。"

【原文】

12.9 哀公问于有若曰："年饥，用不足，如之何？"有若对曰："盍彻乎①？"曰："二②，吾犹不足，如之何其彻也？"对曰："百姓足，君孰与不足？百姓不足，君孰与足？"③

【注释】

①盍（hé）彻乎：盍，何不。彻，西周奴隶主国家的一种田税制度。旧注曰："什一而税谓之彻。"②二：抽取十分之二的税。③本章有若的观点是：削减田税的税率，改行"彻税"即什一税率，使百姓减轻经济负担。只要百姓富足了，国家就不可能贫穷。反映了儒家学派的经济思想，其核心是"富民"思想。

【译文】

鲁哀公问有若说："遭了饥荒，国家用度困难，怎么办？"有若回答说："为什么不实行田税制度，只抽十分之一的田税呢？"哀公说："现在抽十分之二，我还感到不够，怎么能实行十分之一税这种方式呢？"有若说："如果百姓富足了，您怎么会不富足呢？如果百姓不富足，您又怎么会富足呢？"

【原文】

12.10 子张问崇德①辨惑②。子曰："主忠信，徙义③，崇德也。爱之欲其生，恶之欲其死，既欲其生，又欲其死，是惑也。'诚不以富，亦祇以异。'④"

【注释】

①崇德：提高道德修养。②惑：迷惑，不分是非。③徙义：徙，迁移。向义靠

拢。④诚不以富，亦祇以异：这是《诗经·小雅·我行其野》篇的最后两句。此诗是说真的不是因为富足，只是因为不同（孔子引此句，很难解释）。孔子希望人们按照“忠信”“仁义”的原则去办事，否则，感情用事，就会陷于迷惑之中。

【译文】

子张问什么是道德修养和辨惑。孔子说：“以忠诚信用为主，使自己的思想合于道义，这就是提高道德修养了。喜爱一个人时，就希望他活着，厌恶他时又希望他死，既要他活，又要他死，这就是疑惑。正如《诗经》所说的：‘真的不是因为富足，只是因为不同。’”

【原文】

12.11 齐景公①问政于孔子。孔子对曰：“君君、臣臣、父父、子子。”公曰：“善哉！信如君不君，臣不臣，父不父，子不子，虽有粟，吾得而食诸？”

【注释】

①齐景公：齐国国君，名杵臼（chǔ jiù），公元前547年—公元前490年在位。“景”是谥（shì）号。春秋时期社会动荡，等级秩序遭到破坏，弑君父之事屡有发生，孔子认为这是国家动乱的主要原因。所以他告诉齐景公要“君君、臣臣、父父、子子”，恢复这样的等级秩序，国家就可以得到治理。

【译文】

齐景公询问孔子如何治理国家。孔子说：“做君主的要像君主的样，做臣子的要像臣子的样，做父亲的要像父亲的样，做儿子的要像儿子的样。”齐景公说：“讲得好呀！如果君不像君主样，臣不像臣子样，父不像父亲样，子不像儿子样，虽然有粮食，我能吃得着吗？”

【原文】

12.12 子曰：“片言①可以折狱②者，其由也与③？”子路无宿诺④。

【注释】

①片言：诉讼双方中一方的言辞，即片面之辞，古时也叫“单辞”。②折狱：狱，案件。即断案。③其由也与：大概只有仲由吧。④无宿诺：宿，久。没有久未兑现的诺言。

【译文】

孔子说：“只听了单方面的供词就可以判决案件的，大概只有仲由吧。”子路没有久未兑现的诺言。

【原文】

12.13 子曰：“听讼[1]，吾犹人也。必也使无讼[2]乎！”

【注释】

①听讼：讼（sòng），诉讼。这里指听取诉讼审理案件。②使无讼：没有诉讼案件发生。

【译文】

孔子说：“听取诉讼或审理案件，我同别人的本事是一样的。重要的是让人们没有诉讼案件发生！”

【原文】

12.14 子张问政。子曰：“居之无倦，行之以忠。”

【译文】

子张问如何治理国政。孔子说：“居于官位不疲倦懈怠，执行君令要忠诚。”

【原文】

12.15 子曰：“博学于文，约之以礼，亦可以弗畔矣夫！”[1]

【注释】

①本章重出，参见6.27章。

【原文】

12.16 子曰："君子成人之美，不成人之恶。小人反是。"①

【注释】

①本章提出的"成人之美，不成人之恶"是儒家一贯的思想主张，即"己欲立而立人，己欲达而达人""己所不欲，勿施于人"的精神。

【译文】

孔子说："君子成就别人的好事，而不成全别人的坏事。小人则与此相反。"

【原文】

12.17 季康子问政于孔子。孔子对曰："政者，正也。子帅以正，孰敢不正？"①

【注释】

①本章阐述孔子的又一政治思想：对为政者要求十分严格，正人先正己。只要身居官职的人能够正己，那么手下的大臣和平民百姓，就都会归于正道。

【译文】

季康子问孔子如何治理国家。孔子回答说："政就是端正的意思。您本人带头端正自己的行为，那还有谁敢不走正道呢？"

【原文】

12.18 季康子患盗，问于孔子。孔子对曰："苟子之不欲，虽赏之不窃。"

【译文】

季康子苦于盗窃太多，向孔子询问对策。孔子回答说："假如你自己不贪图财利，即使奖励盗窃，他们也不会盗窃。”

【原文】

12.19 季康子问政于孔子曰：“如杀无道①，以就有道②，何如？”孔子对曰：“子为政，焉用杀？③子欲善而民善矣！君子之德，风；小人之德，草；草上之风④，必偃⑤。”

【注释】

①无道：指无道的人。②有道：指有道的人。③子为政，焉用杀：您治理政事，为什么用杀戮呢？孔子反对杀人，主张“德政”。在上位的人只要善理政事，百姓就不会犯上作乱。这里讲的人治，是有仁德者的所为。那些暴虐的统治者滥行无道，必然会引起百姓的反对。④草上之风：指风加之于草。⑤偃：倒下。比喻被折服，被感化。

【译文】

季康子问孔子如何治理政事，说：“如果杀掉无道的人，来成全有道的人，怎么样？”孔子说：“您治理政事，为什么用杀戮呢？您只要想行善，老百姓也会跟着行善。在位者的道德好比风，小人的道德好比草，风吹到草上，草一定随风倒伏。”

【原文】

12.20 子张问：“士何如，斯可谓之达①矣？”子曰：“何哉，尔所谓达者？”子张对曰：“在邦必闻②，在家必闻。”子曰：“是闻也，非达也。夫达也者，质直而好义，察言而观色，虑以下人③。在邦必达，在家必达。夫闻也者，色取仁而行违，居之不疑。在邦必闻，在家必闻。”

【注释】

①达：通达、显达。②闻：有名望。③下人：下，动词。对人谦恭有礼。

【译文】

子张问："士怎样才称得上通达？"孔子说："你说的通达是什么意思？"子张答道："在诸侯国做官一定要有名望，在大夫的封地里也一定要有名声。"孔子说："这只是闻，不是通达。所谓达，是要品质正直，追求正义，考察别人的话语，观察别人的脸色，经常想着谦恭待人。这样的人，在诸侯国和大夫的封地里做官就能通达。至于闻，只是外表上装出有仁德的样子，而行动上却正是违背了仁德，自己还以仁人自居，从不怀疑。但他无论在诸侯国里做官，还是在大夫的封地里做官，也一定会有名声。"

【原文】

12.21　樊迟从游于舞雩之下，曰："敢问崇德、修慝①、辨惑。"子曰："善哉问！先事后得②，非崇德与？攻其恶，无攻人之恶，非修慝与？一朝之忿③，忘其身，以及其亲，非惑与？"

【注释】

①修慝：慝（tè），邪恶的念头。修，改正。这里是指改正邪恶的念头。②先事后得：先致力于事，把利禄放在后面。③忿：愤怒、气愤。

【译文】

樊迟陪着孔子在舞雩台下闲游，说："冒昧请问怎样提高道德修养，消除邪念，辨明迷惑。"孔子说："问得好！先努力去做，然后有所收获，不就是提高道德的方法吗？批判自己的错误，不要批判别人的错误，不就是消除邪念的方法吗？由于一时的气愤，就忘记了自身的安危，以至于牵连自己的父母，这不就是迷惑吗？"

【原文】

12.22　樊迟问仁，子曰："爱人。"问知，子曰："知人。"樊迟未达。子曰："举直错诸枉①，能使枉者直。"樊迟退，见子夏曰："乡②也吾见于夫子而问知，子曰'举直错诸枉，能使枉者直'，何谓也？"子夏曰："富哉言乎！舜有天下，选于众，举皋陶③，不仁者远④矣。汤⑤有天下，选于众，与伊尹⑥，不仁者远矣。"

【注释】

①举直错诸枉：错，同“措”，放置。诸，这是“之于”二字的合音。枉，不正直，邪恶。意为选拔直者，罢黜枉者。关于“智”，孔子认为是要了解人，选拔贤才，罢黜邪才。但在历史上，许多贤能之才不但没有被选拔反而受到压抑，而一些奸佞之徒却平步青云，这说明真正做到“智”并不容易。②乡（xiàng）：同“向”，过去。③皋陶（gāo yáo）：传说中舜时掌握刑法的官。④远：动词，远离、远去。⑤汤：商族首领，名履。伐夏桀灭夏朝，建立商朝。舜、汤是儒家称颂的圣王。⑥伊尹：汤的宰相，曾辅助汤灭夏兴商。汤死后又辅佐二王。皋陶、伊尹是儒家称赞的贤臣。

【译文】

樊迟问什么是仁，孔子说：“爱人。”樊迟问什么是智，孔子说：“了解人。”樊迟不明白是什么意思。孔子说：“选拔正直的人，罢黜邪恶的人，这样就能使邪者归正。”樊迟退出来，见到子夏说：“刚才我见到老师，问他什么是智，他说‘选拔正直的人，罢黜邪恶的人，这样就能使邪者归正。’这是什么意思？”子夏说：“这话说得多么深刻呀！舜得了天下，在众人中选拔人才，把皋陶挑选出来，不仁的人就纷纷离去。汤得了天下，在众人中选拔人才，把伊尹挑选出来，不仁的人就纷纷离去了。”

【原文】

12.23 子贡问友[①]。子曰：“忠告而善道之，不可则止，无自辱焉。”

【注释】

①友：在人伦关系中，对待“朋友”是最松弛的。朋友之间讲求一个“信”字，这是维系双方关系的纽带。但对待朋友的错误，要开诚布公地劝导他，推心置腹地讲明利害关系，但他坚持不听也就作罢。如果别人不听，你一再劝告，就会自取其辱。这是交友的一个基本准则。

【译文】

子贡问交友之道。孔子说：“忠诚地劝告他，恰当地引导他，如果他不听也就罢了，不要自取其辱。”

【原文】

12.24 曾子曰：“君子以文会友，以友辅仁。”

【译文】

曾子说：“君子以文章学问来结交朋友，依靠朋友帮助自己修养仁德。”

子路篇　第十三

【本篇引语】

本篇分为三十章。其中著名的文句有："名不正则言不顺，言不顺则事不成"，"欲速则不达"，"父为子隐，子为父隐"，"居处恭，执事敬，与人忠"，"言必信，行必果"，"君子和而不同，小人同而不和"，"君子泰而不骄，小人骄而不泰"等。

本篇包含的内容比较广泛，其中有关于如何治理国家的政治主张，孔子的教育思想，个人的道德修养与品格完善，以及"和而不同"的思想。以论政的内容为主：13.1~13.2、13.6、13.13章主张治政者应首先正己，以身作则，宽以待人，举用贤才。13.3、13.14章要求恢复既有的名物制度。13.4章提出执政者要讲究礼节，遵循道义，谨守信用。13.7章表达对鲁国、卫国政治的期待。13.9章提出富民而后教民的教化思想。13.10章反映孔子渴望用世的心愿。13.11章反映孔子不事刑罚的治世主张。13.15章要求国君务必行事谨慎，切忌妄为。13.16章提出悦近来远的人民政策。13.17章指出治政不可急功近利。13.5章指出读《诗》之于从政的用途。13.8章评价人物。13.18章反映孔子的正直观以符合孝悌的规定为条件。13.19、13.27章说明仁德的特质。13.20、13.28章对士人提出道德的要求。13.21章肯定勇于进取和洁身自好两种作风。13.22章指出恒心的重要性。13.23、13.25~13.26章指出君子与小人的区别。13.24章反映孔子的好恶标准。13.29~13.30章反映孔子的战争观。

【原文】

13.1　子路问政。子曰："先之劳之①。"请益②。曰："无倦③。"

【注释】

①先之劳之：先，率先。之，指老百姓。意思是自己要先于老百姓行动，然后再

役使老百姓。②益：请求再多讲一点。③无倦：不要懈怠。

【译文】

子路询问怎样管理政事。孔子说："自己要先于老百姓行动，然后再役使老百姓。"子路请求再多讲一点。孔子说："永远不要懈怠。"

【原文】

13.2 仲弓为季氏宰，问政。子曰："先有司①，赦小过，举贤才。"曰："焉知贤才而举之？"曰："举尔所知。尔所不知，人其舍诸②？"

【注释】

①有司：古代负责具体事务的官吏。②诸："之乎"二字的合音。

【译文】

仲弓做了季氏的家臣，向孔子询问怎样管理政事。孔子说："给办事人员做表率，宽免他们小的过错，选拔贤才来任职。"仲弓又问："怎样知道是贤才而把他们选拔出来呢？"孔子说："选拔你所了解的，至于你不了解的贤才，别人难道还会埋没他们吗？"

【原文】

13.3 子路曰："卫君①待子而为政，子将奚②先？"子曰："必也正名③乎！"子路曰："有是哉，子之迂④也！奚其正？"子曰："野哉，由也！君子于其所不知，盖阙⑤如也。名不正则言不顺，言不顺则事不成，事不成则礼乐不兴，礼乐不兴则刑罚不中⑥，刑罚不中，则民无所措手足。故君子名之必可言也，言之必可行也。君子于其言，无所苟⑦而已矣。"

【注释】

①卫君：卫出公，名辄（zhé），卫灵公之孙。其父蒯聩（kuǎi kuì）被卫灵公驱逐出国，卫灵公死后，蒯辄继位。蒯聩要回国争夺君位，遭到蒯辄拒绝。这里，孔子对此事提出了自己的看法。②奚（xī）：何，什么。③正名：即正名分、正名称、正名

义。春秋末年，礼制遭到破坏，名分、名称、名义混乱，与原来的规定不相符，因此孔子希望从恢复旧的礼仪制度做起。“正名”是孔子“礼”的思想的组成部分。正名的具体内容就是“君君、臣臣、父父、子子”，只有“名正”才可以做到“言顺”，接下来的事情就迎刃而解了。④迂：迂腐。⑤阙：同“缺”，存疑的意思。⑥中（zhòng）：得当。⑦苟：苟且，不严肃。

【译文】

子路（对孔子）说：“如果卫国国君要您去治理国家，您打算先从哪些事情做起呢？”孔子说：“首先必须纠正混乱的名称。”子路说：“您的想法太不合时宜而迂腐了。有什么可以纠正的呢？”孔子说：“粗野啊，仲由！君子对于他所不知道的事情，总是采取存疑的态度。混乱的名称不纠正，说起话来就不顺当合理。说话不顺当合理，事情就办不成。事情办不成，礼乐也就不能兴盛。礼乐不能兴盛，刑罚的执行就不能得当。刑罚不能得当，百姓就不知把手脚怎么放才好。所以，君子对于正确的名称，一定要说得出来，能够说出来一定行得通。君子对于自己的言行，没有不严肃的地方才算罢了。”

【原文】

13.4　樊迟请学稼。子曰：“吾不如老农。”请学为圃①。曰：“吾不如老圃。”樊迟出。子曰：“小人哉，樊须也！上好礼，则民莫敢不敬；上好义，则民莫敢不服；上好信，则民莫敢不用情②。夫如是，则四方之民襁③负其子而至矣，焉用稼？”

【注释】

①圃（pǔ）：菜地，引申为种菜。②用情：情，情实。以真心实情来对待。③襁（qiǎng）：背婴孩的宽带。

【译文】

樊迟向孔子请教如何种庄稼。孔子说：“我不如经验丰富的老农。”樊迟又请教如何种菜。孔子说：“我不如经验丰富的老菜农。”樊迟退出以后，孔子说：“樊迟真是干粗活的人。居上位者只要重视礼仪，老百姓就不敢不敬畏；居上位者只要重视正义，老百姓就不敢不服从；居上位的人只要重视信用，老百姓就不敢不用真心实情来对待

你。要是做到这样，四面八方的老百姓就会背着自己的小孩来投靠，哪里用得着亲自去种庄稼呢？”

【原文】

13.5 子曰：“诵《诗》三百，授之以政[①]，不达[②]；使于四方，不能专对[③]。虽多，亦奚以[④]为？”

【注释】

①授之以政：孔子认为《诗》可以兴、观、群、怨、事父、事君（参见17.9章），因此与从政有关。②达：通晓。③专对：独立应付。《诗》中所谓“赋诗言志”。《诗》也是孔子教授弟子的主要内容之一。他教弟子诵《诗》，不单纯是为了诵《诗》，而为了把诗的思想运用到指导政治活动之中。儒家不主张死背硬记，当书呆子，而是要学以致用，应用到社会实践中去。④以：用。

【译文】

孔子说：“诵读《诗》三百余篇，让他去处理政务，却不能通晓；让他当外交使节，却不能独立地应付。即使读得很多，又有什么用呢？”

【原文】

13.6 子曰：“其身正，不令而行；其身不正，虽令不从。”

【译文】

孔子说：“当政者自身端正了，即使不发布命令，老百姓也会去干；当政者自身不端正，即使发布了命令，老百姓也不会服从。”

【原文】

13.7 子曰：“鲁卫之政，兄弟也。”[①]

【注释】

①兄弟：就像兄弟一样亲近。鲁国是周公旦的封地，卫国是康叔的封地，周公旦和康叔是兄弟，都是从周天子那里接受了先进的礼乐文化以治理国家，故而当时两国的政治情况有些相似。所以孔子说，鲁国的国事和卫国的国事，就像兄弟一样。

【译文】

孔子说："鲁和卫两国的政事，就像兄弟一样亲近。"

【原文】

13.8 子谓卫公子荆①："善居室②。始有，曰：'苟合③矣。'少④有，曰：'苟完矣。'富有，曰：'苟美矣。'"

【注释】

①卫公子荆：卫国的公子，字南楚，卫献公的儿子，被认为是有道德的人。②善居室：善于积蓄家业过日子。③苟：诚然，实在是。合：给，足。④少：稍微。

【译文】

孔子谈到卫国的公子荆时说："他善于积蓄家业过日子。刚有一点财产，他说：'差不多也就够了。'稍微多一点时，他说：'实在是太完备了。'富裕之后，他说：'实在是太华美了。'"

【原文】

13.9 子适卫，冉有仆①。子曰："庶矣哉！"冉有曰："既庶②矣，又何加焉？"曰："富之。"曰："既富矣，又何加焉？"③曰："教之。"

【注释】

①仆：驾驭马车。②庶：众多，这里指人口众多。③既富矣，又何加焉：这里孔子提出了"富民"和"教民"的思想，而且是"先富后教"，这是正确的。但这并不是

说，对老百姓只富不教。在孔子的观念中，教化百姓始终是十分重要的问题。

【译文】

孔子到卫国去，冉有为他驾驭马车。孔子说："人口真多呀！"冉有说："人口已经够多了，还要采取什么措施呢？"孔子说："让老百姓富裕起来。"冉有说："富裕起来了，接下来还要采取什么措施？"孔子说："对他们进行教育。"

【原文】

13.10 子曰："苟有用我者，期月[①]而已可也，三年有成。"

【注释】

①期（jī）月：月份周而复始，即一整年。期，一周年，一整月或一昼夜。

【译文】

孔子说："如果有人用我来治理国家，只需一年就能治理得差不多，三年就一定卓有成效。"

【原文】

13.11 子曰："'善人为邦百年，亦可以胜残去杀矣。'诚哉是言也！"

【译文】

孔子说："'善人治理国家一百年，也就可以克服残暴，消除杀戮。'这话说得真对呀！"

【原文】

13.12 子曰："如有王者，必世[①]而后仁。"

【注释】

①世：古时三十年为一世。

【译文】

孔子说："如果有称王天下者出现，也一定要三十年才能使仁政普行。"

【原文】

13.13 子曰："苟正其身矣，于从政乎何有？不能正其身，如正人何？"[①]

【注释】

①本章里孔子讲了"正人先正己"的道理。孔子把"正身"看作是从政为官的重要方面，是有深刻的思想价值的。

【译文】

孔子说："如果端正了自身的行为，管理政事还有什么困难呢？如果不能端正自身的行为，怎能使别人端正呢？"

【原文】

13.14 冉子退朝。子曰："何晏也？"对曰："有政。"子曰："其事也，如有政，虽不吾以，吾其与闻之。"

【译文】

冉求从季氏的内朝回来。孔子说："为什么回来得这么晚呀？"冉求说："有政务。"孔子说："那是事务呀，如果有政务，虽然不用我了，我也该知道的。"

【原文】

13.15 定公问："一言而可以兴邦，有诸？"孔子对曰："言不可以若是。其几也，人之言曰：'为君难，为臣不易。'如知为君之难也，不几乎一言而兴邦乎？"曰："一言而丧邦，有诸？"孔子对曰："言不可以若是。其几也，人之言曰：'予无乐乎为君。唯其言而莫予违也。'如其善而莫之违也，不亦善乎！如不善而莫之违也，不几乎一言而丧邦乎！[①]"

【注释】

①如不善而莫之违也，不几乎一言而丧邦乎：作为在上位的统治者，一个念头、一句话如果不当，就有可能导致亡国丧天下的结局。对于鲁定公的提问，孔子实际上作了肯定性的回答。他劝告定公，应当行仁政、礼治，不应以国君所说的话无人敢于违抗而感到高兴，这是值得注意的。

【译文】

鲁定公问："一句话就可以使国家兴盛，有这样的话吗？"孔子答道："言语不可能像这样起作用。与此相近的情况，人们常说：'做君主难，做臣子不容易。'如果知道了做君主的难处是什么，这不接近于一句话可以使国家兴盛吗？"鲁定公又问："一句话可以使国家灭亡，有这样的话吗？"孔子回答说："言语不可能像这样起作用。与此相近的情况，人们常说：'我做君主并没有什么快乐的，我所快乐的只在于我所说的话没有人敢于违抗。'如果说得对而没有人违抗，不也是很好吗？如果说得不对而没有人违抗，那不就接近于一句话使国家灭亡吗？"

【原文】

13.16 叶公问政。子曰："近者说，远者来。"

【译文】

叶(shè)公问孔子怎样管理政事。孔子说："使境内的人高兴，使远方的人来归附。"

【原文】

13.17 子夏为莒父①宰，问政。子曰："无欲速，无见小利。欲速则不达，见小利则大事不成。②"

【注释】

①莒(jǔ)父：鲁国的一个城邑，在今山东省莒县境内。②欲速则不达，见小利则大事不成："欲速则不达"，贯穿着辩证法思想，即对立着的事物可以互相转化。

所以孔子要求子夏从政不要急功近利，否则就无法达到目的；不要贪求小利，否则就做不成大事。

【译文】

子夏做莒父的长官，问孔子怎样办理政事。孔子说："不要求快，不要贪求小利。求快，反而达不到目的，贪求小利，那么大事就做不成功。"

【原文】

13.18 叶公语孔子曰："吾党①有直躬者②，其父攘羊③，而子证④之。"孔子曰："吾党之直者异于是：父为子隐，子为父隐，直在其中矣。"

【注释】

①党：乡党，古代以五百户为一党。②直躬者：正直的人。③攘羊：偷羊。④证：告发。

【译文】

叶公告诉孔子说："我的家乡有个正直的人，他的父亲偷了人家的羊，他告发了父亲。"孔子说："我家乡的正直的人和你讲的正直人不一样：父亲为儿子隐瞒，儿子为父亲隐瞒，正直就在其中了。"

【原文】

13.19 樊迟问仁。子曰："居处恭，执事敬，与人忠。虽之夷狄，不可弃也。"①

【注释】

①本章孔子对"仁"的解释，是以"恭""敬""忠"三个德目为基本内涵。在家恭敬有礼，就是要符合孝悌的道德要求；办事严肃谨慎，就是要符合"礼"的要求；待人忠厚诚实，显示出仁德的本色。

【译文】

樊迟问怎样才是仁。孔子说："平常生活起居端庄有礼，办事严肃认真，待人诚心诚意。即使到了落后的夷狄之国，也不可背弃这些。"

【原文】

13.20 子贡问曰："何如斯可谓之士①矣？"子曰："行己有耻，使于四方，不辱君命，可谓士矣。"曰："敢问其次。"曰："宗族称孝焉，乡党称弟焉。"曰："敢问其次。"曰："言必信，行必果②，硁硁③然小人哉！抑亦可以为次矣。"曰："今之从政者何如？"子曰："噫！斗筲之人④，何足算⑤也！"

【注释】

①士：士在周代贵族中位于最低层。此后，士成为古代社会知识分子的通称。在孔子观念中的"士"，首先是有知耻之心、不辱君命的人，能够担负一定的国家使命。其次是孝敬父母、顺从兄长的人。再次才是"言必信，行必果"的人。至于现在的当政者，他认为是器量狭小的人，根本算不得士。他所培养的就是具有前两种品德的"士"。②果：果敢。③硁硁（kēng）：拟声词，敲击石头的声音。这里引申为固执的样子。④斗筲之人：筲（shāo），竹器，容量为二升。比喻器量狭小的人。⑤算：数。

【译文】

子贡问道："怎样才可以叫做士？"孔子说："做事时以知耻之心约束自己，出使外国，能够完成君主交付的使命，可以叫做士。"子贡说："冒昧请问次一等的呢？"孔子说："宗族中的人称赞他孝顺父母，乡党们称他尊敬兄长。"子贡又问："冒昧请问再次一等的呢？"孔子说："说到一定信实，做事一定果敢，不懂得权变而固执己见，那是小人啊！但也可以说是再次一等的士了。"子贡说："现在的执政者，您看怎么样？"孔子说："唉！这些器量狭小的人，哪里能数得上呢？"

【原文】

13.21 子曰："不得中行而与之①，必也狂狷②乎！狂者进取，狷者有所不为也。"

【注释】

①中行：行为合乎中庸。与：参与、交往。②狂：勇于进取。狷（juàn）：洁身自好。其实“狂”与“狷”是两种对立的品质。一是冒进、进取，敢作敢为；一是退缩，不敢作为。孔子认为，中行就是不偏于狂，也不偏于狷。人的气质、作风、德行都不偏于任何一个方面，对立的双方应互相牵制，互相补充，这样才符合于中庸的思想。

【译文】

孔子说：“我找不到奉行中庸之道的人和他交往，只能与狂者、狷者相交往了。狂者敢作敢为，狷者对有些事是不肯干的。”

【原文】

13.22 子曰：“南人有言曰：‘人而无恒，不可以作巫医。’①善夫！”“不恒其德，或承之羞。”②子曰：“不占③而已矣。”

【注释】

①无恒：古人认为没有恒心是不吉利的（引自《易经》益卦上九爻辞：“立心勿恒，凶。”），因此不能充当治病的巫医。巫医：用卜筮为人治病的人。②不恒其德，或承之羞：此二句引自《易经》恒卦九三爻辞。本章中孔子讲了两层意思：一是人必须有恒心，这样才能成就事业。二是人必须恒久保持德行，否则就可能遭受耻辱。这是他对自己的要求，也是对弟子们的告诫。③占：占卜。

【译文】

孔子说：“南方人有句话说：‘人如果做事没有恒心，就不能当巫医。’这句话说得真好啊！”（《易经》恒卦说：）“人不能长久地持守自己的德行，免不了要遭受耻辱。”孔子说：“这是说不持守德行的人用不着去占卦了。”

【原文】

13.23 子曰：“君子和而不同①，小人同而不和。”

【注释】

①和而不同：意思是和谐而不等同。和，和谐，即有区别的部分能够实现矛盾的统一。同，等同，即整齐划一、毫无区别。其实，在所有的问题上，往往都能体现出“和而不同”和“同而不和”的区别。“和而不同”显示出孔子思想的深刻哲理和高度智慧。

【译文】

孔子说：“君子讲求和谐而不等同，小人只求等同而不讲求和谐。”

【原文】

13.24 子贡问曰：“乡人皆好之，何如？”子曰：“未可也。”“乡人皆恶之，何如？”子曰：“未可也。不如乡人之善者好之，其不善者恶之。”①

【注释】

①不如乡人之善者好之，其不善者恶之：意思是不如乡人中的好人都喜欢他，乡人中的坏人都厌恶他。这是对于一个人的正确评价。孔子把握住了一个原则，即不以众人的好恶为依据，而应以善恶为标准。听取众人的意见是应当的，也是判断一个人优劣的依据之一，但决不是唯一的依据。

【译文】

子贡问孔子说：“乡人都喜欢他，这个人怎么样？”孔子说：“这还不能肯定。”子贡又问孔子说：“乡人都厌恶他，这个人怎么样？”孔子说：“这也不能肯定。不如是乡人中的好人都喜欢他，乡人中的坏人都厌恶他。”

【原文】

13.25 子曰：“君子易事①而难说②也。说之不以道，不说也；及其使人也，器之③。小人难事而易说也。说之虽不以道，说也；及其使人也，求备焉。”

【注释】

①易事：易于与人相处共事。②难说（yuè）：难于取得他的欢喜。③器之：量才使用他。

【译文】

孔子说："在君子手下容易办事，但很难取得他的欢喜。不按正道去讨他的喜欢，他是不会喜欢的。等到他使用人的时候，总是量才而用。在小人手下很难办事，却容易取得他的欢喜。不按正道去讨他的喜欢，也会得到他的喜欢。但等到他使用别人时，总是求全责备。"

【原文】

13.26 子曰："君子泰[①]而不骄，小人骄而不泰。"

【注释】

①泰：安详坦然。

【译文】

孔子说："君子安详坦然，却不傲慢无礼，小人傲慢无礼，却不安详坦然。"

【原文】

13.27 子曰："刚、毅[①]、木[②]、讷[③]，近仁。"

【注释】

①毅：果敢。②木：质朴。③讷：言语迟钝，即谨言。

【译文】

孔子说："刚强、果敢、朴实、谨言，这四种品质都接近于仁。"

【原文】

13.28 子路问曰："何如斯可谓之士矣？"子曰："切切偲偲①、怡怡②如也，可谓士矣。朋友切切偲偲，兄弟怡怡。"

【注释】

①切切偲偲（sī）：切磋勉励。切切，责勉。偲偲，互相勉励监督。②怡怡（yí）：和顺的样子。

【译文】

子路问孔子道："怎样才可以称得上是士呢？"孔子说："互相勉励监督，和睦相处，就可以算是士了。朋友之间互相勉励监督，兄弟之间和睦相处。"

【原文】

13.29 子曰："善人教民七年，亦可以即戎①矣。"

【注释】

①即戎：参加作战。即，就。戎，兵事。

【译文】

孔子说："善人教育百姓用七年的时间，也就可以让他们当兵打仗了。"

【原文】

13.30 子曰："以不教民①战，是谓弃之。"

【注释】

①不教民：未经教育训练的人民。

【译文】

孔子说："如果用未经教育训练的人民去作战，这就叫抛弃他们。"

宪问篇　第十四

【本篇引语】

本篇分为四十四章。其中著名文句有："见利思义，见危授命"，"君子上达，小人下达"，"古之学者为己，今之学者为人"，"不在其位，不谋其政"，"君子思不出其位"，"君子耻其言而过其行"，"修己以安百姓"，"仁者不忧，知者不惑，勇者不惧"等。

这一篇中所包括的内容有：作为君子必须具备的某些品德；孔子对当时社会上的各种现象所发表的评论；孔子提出"见利思义"的义利观等。其中以评论人物的内容为重点，对象包括孔门弟子，如南宫适、冉求、子贡等；政治人物，如裨谌、世叔、行人子羽、东里子产、子产、子西、管仲、孟公绰、臧武仲、卞庄子、公叔文子、仲叔圉、祝鮀、王孙贾、陈成子、蘧伯玉之使等；还有诸侯国君，如晋文公、齐桓公、卫灵公等。论及诸人的道德水平，政治才能，性格特点，举止行为，成就贡献等方面。14.35~14.36章是孔子的自我评价。14.28、14.38~14.39章则是当时人对孔子的评价。14.2、14.4、14.37、14.42章介绍道德之士应有的作为。14.3章反映孔子的处世观。14.6、14.23章指出君子与小人的区别。14.20、14.27章强调要言行一致。14.41、14.43~14.44章强调要依礼行事。

【原文】

14.1　宪①问耻。子曰："邦有道，谷②；邦无道，谷，耻也。""克、伐③、怨、欲不行焉，可以为仁矣？"子曰："可以为难矣，仁则吾不知也。"

【注释】

①宪：孔子的弟子。姓原，名宪，字思。古时称他人一般称字或称号以示尊敬，只

有自称称名，很有可能是原宪本人记载的。②谷：这里指做官者的俸禄。③克：胜。伐：夸耀自己。

【译文】

原宪问孔子什么是耻辱。孔子说："国家政治清明，可以做官拿俸禄；国家政治混乱，还做官拿俸禄，就是耻辱。"原宪又问："没有好胜、自夸、怨恨、贪欲这四种毛病的人，可以算得上仁了吧？"孔子说："这可以说是难能可贵的，但至于是否算得上仁，那我就不知道了。"

【原文】

14.2 子曰："士而怀居①，不足以为士矣。"

【注释】

①而：如果。怀居：怀，留恋。居，家居。指留恋家庭的安逸生活。

【译文】

孔子说："士如果留恋家庭的安逸生活，就不足以称为士了。"

【原文】

14.3 子曰："邦有道，危①言危行；邦无道，危行言孙②。"

【注释】

①危：正。②孙（xùn）：同"逊"。

【译文】

孔子说："国家政治清明，要正直地说话，正直地做人；国家政治混乱，要正直地做人，但说话要随和谨慎。"

【原文】

14.4 子曰："有德者必有言①，有言者不必有德②。仁者必有勇，勇者不必有仁③。"

【注释】

①言：善言，有价值的言论。②有言者不必有德：就是说道德不够的人有善言，是因为善言与实际行动脱节的原因，知道其道德不够，但言论本身可能是正确的。告诫人们不可因人废言。③勇者不必有仁：单纯的勇敢还达不到仁的境界，勇敢必须符合礼仪才行。

【译文】

孔子说："有道德的人一定有善言，有善言的人不一定有道德。有仁德的人一定勇敢，勇敢的人不一定有仁德。"

【原文】

14.5 南宫适①问于孔子曰："羿②善射，奡③荡舟④，俱不得其死然。禹稷⑤躬稼而有天下。"夫子不答。南宫适出。子曰："君子哉若人！尚德哉若人！"

【注释】

①南宫适：即孔子的弟子。适（kuò），同"括"，即南容。②羿（yì）：传说中夏代有穷国的国君后羿，善于射箭。据《左传•襄公四年》记载，后羿趁夏国式微占据了它的国土，夺了夏太康的王位。但由于沉溺打猎，被其臣寒浞（zhuó）所杀，取而代之。③奡（ào）：传说中寒浞的儿子，后来为夏少康所杀。④荡舟：翻船。荡，翻。传说中奡力大，善于水战。⑤禹稷：禹，夏朝的开国之君，善于治水，注重发展农业。稷，传说是周朝的祖先，又为谷神，教民种植庄稼。

【译文】

南宫适问孔子："后羿善于射箭，奡善于水战，最后都不得好死。大禹和后稷都亲自种植庄稼，却得到了天下。"孔子没有回答。南宫适出去后，孔子说："这个人真是个君子呀！这个人真崇尚道德。"

【原文】

14.6 子曰："君子①而不仁者有矣夫，未有小人②而仁者也。"

【注释】

①君子：在这里指有贵族地位的人。因此可以说"君子而不仁者有矣夫"。②小人：与"君子"相对，没有贵族地位的老百姓。

【译文】

孔子说："身为君子而不具备仁德的人是有的，但没有身为小人却具备仁德的人。"

【原文】

14.7 子曰："爱之，能勿劳乎？忠焉，能勿诲乎？"

【译文】

孔子说："爱他，能不为他操劳吗？忠于他，能不给他教诲吗？"

【原文】

14.8 子曰："为命①，裨谌②草创之，世叔讨论③之，行人④子羽⑤修饰之，东里⑥子产润色之。"

【注释】

①命：令，这里指国家的政令。②裨谌（bì chén）：人名，郑国的贤大夫，善于出谋划策，但在野外做策划就正确，在城里策划就不行（详见《左传·襄公三十一年》）。③世叔：即子太叔，名游吉，郑国的大夫。子产死后，继子产为郑国宰相。讨论：研究后提出意见。④行人：掌管外交事务的官名。⑤子羽：郑国大夫公孙挥的字，经常出使四方，了解诸侯国的情况。⑥东里：地名，郑国大夫子产居住的地方，在今郑州市。

【译文】

孔子说："郑国拟定的外交辞令，都是由裨谌起草的，经过世叔研究后提出意见，再由外交官子羽加以修饰，东里子产最后加以润色。"

【原文】

14.9 或问子产。子曰："惠人也。"问子西①。曰："彼哉！彼哉！②"问管仲。曰："人也。夺伯氏③骈邑三百④，饭疏食，没齿⑤无怨言。"

【注释】

①子西：春秋时有三个子西，这里的子西指郑国的公孙夏，为子产的同宗兄弟，子产继他之后主持郑国国政。②彼哉彼哉：表示轻蔑的习惯用语。③伯氏：齐国的大夫。④骈邑：地名，伯氏的采邑。三百：指户数。⑤没齿：死。齿，年。

【译文】

有人问子产是个怎样的人。孔子说："是个宽厚恩惠于人的人。"又问子西是个怎样的人。孔子说："他呀！他呀！"又问管仲是个怎样的人。孔子说："是个有才干的人。他把伯氏骈邑的三百家夺走，使伯氏终生吃粗茶淡饭，直到老死也没有怨言。"

【原文】

14.10 子曰："贫而无怨难，富而无骄易。"

【译文】

孔子说："贫穷而不怨恨是很难做到的，富裕而不骄傲是容易做到的。"

【原文】

14.11 子曰："孟公绰①为赵、魏老②则优③，不可以为滕、薛④大夫。"

【注释】

①孟公绰：鲁国大夫，属于孟孙氏家族。孔子认为他是一个不贪心的人。②赵、

魏：晋国的卿赵氏和魏氏，是晋国最强的卿。老：这里指古代大夫的家臣。③优：优裕，有余力。④滕、薛：滕，诸侯小国，在今山东滕县。薛，诸侯小国，在今山东滕县东南一带。

【译文】

孔子说："孟公绰做晋国卿赵氏、魏氏的家臣，是才力有余的，但不能胜任滕、薛这样小国的大夫。"

【原文】

14.12 子路问成人①。子曰："若臧武仲②之知，公绰之不欲③，卞庄子④之勇，冉求之艺⑤，文⑥之以礼乐，亦可以为成人矣。"曰："今之成人者何必然？见利思义⑦，见危授命，久要⑧不忘平生之言，亦可以为成人矣。"

【注释】

①成人：完人。孔子认为，具备完善人格的人，应当富有智慧、克制、勇敢、多才多艺和礼乐修饰。②臧武仲：鲁国大夫臧孙纥。孔子认为他是一个有智慧而无礼仪的人。③公绰：孟公绰。不欲：不贪心。④卞庄子：鲁国卞邑大夫，以勇敢著称。齐国想要征伐鲁国，又害怕卞庄子（见《荀子·大略》）。⑤艺：多才多艺。⑥文：文饰。⑦见利思义：意思是说遇到有利可图的事情，要考虑是否符合义，不义则不为。这句话对后世产生了极大影响。⑧久要：长久处于穷困中。

【译文】

子路问怎样做才是一个完美的人。孔子说："像臧武仲那样有智慧，像孟公绰那样不贪心，卞庄子那样勇敢，冉求那样多才多艺，再用礼乐加以修饰，也就可以算是一个完人了。"孔子又说："现在的完人何必一定要这样呢？见到财利想到道义的要求，遇到危险愿意献出生命，长久处于穷困还不忘平生的誓言，这样也可以成为一位完美的人。"

【原文】

14.13 子问公叔文子[①]于公明贾[②]曰："信乎？夫子[③]不言、不笑、不取乎？"公明贾对曰："以[④]告者过也。夫子时然后言，人不厌其言；乐然后笑，人不厌其笑；义然后取，人不厌其取。"子曰："其然，岂其然乎？"

【注释】

①公叔文子：卫国大夫公孙拔，卫献公之孙，为人廉静，谥号"贞惠文子"。②公明贾：姓公明，字贾，卫国人。③夫子：文中指公叔文子。④以：此。

【译文】

孔子向公明贾询问到公叔文子，说："当真吗？这位老先生他不讲话、不笑、不索取？"公明贾回答道："这是传话的那个人的过错。这位老先生到该说时才说，因此别人不厌恶他讲话；快乐时才会笑，因此别人不讨厌他笑；合于道义的财利他才索取，因此别人不讨厌他索取。"孔子说："原来这样，难道真是这样吗？"

【原文】

14.14 子曰："臧武仲以防求为后于鲁[①]，虽曰不要[②]君，吾不信也。"

【注释】

①防：臧武仲的封地。为后：立后。《左传•襄公二十三》记载：臧武仲因得罪孟孙氏，受到攻伐，逃离鲁国，后来回到防邑，向鲁君请求，以立臧氏之后为卿大夫作为条件，自己离开防邑，逃往齐国。孔子认为臧武仲以自己的封地为据点，想要挟君主，犯上作乱，犯下了不忠的大罪。所以他说了上面这段话。此事在《春秋》书中也有记载。②要（yāo）：要挟。

【译文】

孔子说："臧武仲凭借防邑为交换条件，请求鲁君立臧氏后代，虽然有人说他不是要挟君主，我不相信。"

【原文】

14.15 子曰："晋文公①谲②而不正，齐桓公③正而不谲。"

【注释】

①晋文公：姓姬名重耳，晋献公次子，因献公宠骊姬，杀太子申生，重耳被迫逃亡十九年，后在秦穆公的帮助下归国，公元前636—前628年在位。任用贤才，救宋破楚，辅助周襄王并从此挟天子以令诸侯。春秋时期有作为的政治家，著名的霸主之一。晋文公称霸后召见周天子，这对孔子来说是不可接受的，所以他说晋文公诡诈。②谲（jué）：欺诈，言行多变化。③齐桓公：姓姜，名小白，襄公之弟。因襄公无道，桓公被迫逃亡，后襄公被杀弑，桓公归国即位。公元前685—前643年在位。他任用管仲为相，国力强大。春秋时期有作为的政治家，著名的霸主之一。齐桓公打着"尊王"的旗号称霸，孔子认为他的做法符合于礼的规定。

【译文】

孔子说："晋文公欺诈而不正直，齐桓公正直而不欺诈。"

【原文】

14.16 子路曰："桓公杀公子纠①，召忽②死之，管仲不死。"曰："未仁乎？"子曰："桓公九合诸侯③，不以兵车④，管仲之力也。如其仁⑤！如其仁！"

【注释】

①桓公杀公子纠：公子纠，齐桓公的哥哥，襄公之弟。因襄公无道，鲍叔牙预见将发生动乱，助桓公小白逃亡，后公孙无知杀襄公自立，齐国动乱，齐人杀公孙无知，齐国无主。小白比公子纠先回齐国，自立为君，是为齐桓公。于是讨伐鲁国，逼迫鲁庄公杀掉公子纠。②召忽：管仲和召忽都是公子纠的家臣。公子纠被杀后，召忽自杀，管仲经鲍叔牙举荐，归服于齐桓公，并当上了齐国的宰相。③九合诸侯：指齐桓公多次召集诸侯和平会盟。孔子认为管仲帮助齐桓公召集诸侯会盟，不是依靠武力，而是依靠仁德的力量，值得称赞。④不以兵车：即不用武力。⑤如其仁：如，乃。这就是他的仁德。

【译文】

子路说："齐桓公杀了公子纠，召忽自杀以殉，但管仲却没有死。"接着说："管仲不能算是有仁德吧？"孔子说："桓公多次召集各诸侯国的盟会，不动用兵车武力，都是管仲的功劳啊。这就是他的仁德，这就是他的仁德。"

【原文】

14.17 子贡曰："管仲非仁者与？桓公杀公子纠，不能死，又相之。"子曰："管仲相桓公，霸诸侯，一匡天下，民到于今受其赐。微①管仲，吾其被发左衽②矣！岂若匹夫匹妇之为谅③也，自经④于沟渎⑤而莫之知也。"⑥

【注释】

①微：无，没有。②被（pī）发左衽：被，同"披"。衽，衣襟。"被发左衽"是当时的落后民族夷狄之俗。③谅：遵守信用。这里指小节小信。④自经：自杀。⑤渎：小沟渠。⑥本章孔子肯定管仲有仁德，根本原因就在于管仲"尊王攘夷"，反对使用暴力，而且阻止了齐鲁之地被"夷化"的可能，没必要斤斤计较他的节操与信用。

【译文】

子贡问："管仲不能算是有仁德的人了吧？桓公杀了公子纠，他不能为公子纠殉死，反而做了齐桓公的宰相。"孔子说："管仲辅佐桓公，称霸诸侯，使天下得到了匡正，老百姓到了今天还享受到他的恩赐。如果没有管仲，恐怕我们也要和披散着头发，衣襟向左开的落后民族一样了。难道要管仲像普通百姓那样恪守小节，自杀于小沟渠里，而谁也不知道吗？"

【原文】

14.18 公叔文子之臣大夫僎①与文子同升诸公②。子闻之，曰："可以为文矣。"

【注释】

①大夫僎（xùn）：又作大夫选。僎，人名，公叔文子的家臣。②升诸公：公，公室。这是说僎由家臣升为大夫，与公叔文子同位。

【译文】

公叔文子的家臣僎，由于文子的推荐，和文子一同做了卫国公室的大夫。孔子知道了这件事以后，说："公叔文子死后可以给他'文'的谥号了。"

【原文】

14.19 子言卫灵公①之无道也，康子②曰："夫如是，奚而③不丧？"孔子曰："仲叔圉④治宾客，祝鮀治宗庙，王孙贾治军旅。夫如是，奚其丧？"

【注释】

①卫灵公：卫献公之孙，名元，公元前534—前493年在位时，政治昏乱，夫人南子曾经操权。②康子：即季康子。③奚而：奚为，为何。④仲叔圉（yǔ）：即孔文子。他与后面提到的祝鮀（tuó）、王孙贾都是卫国的大夫。

【译文】

孔子讲到卫灵公的昏乱无道，季康子说："既然如此，为什么他没有败亡呢？"孔子说："因为他有仲叔圉主管外交，祝鮀管理宗庙祭祀，王孙贾统率军队。像这样，怎么会败亡呢？"

【原文】

14.20 子曰："其言之不怍①，则为之也难。"

【注释】

①怍（zuò）：惭愧的意思。

【译文】

孔子说："如果一个人说话时大言不惭，那么实践这些话就会很困难。"

【原文】

14.21 陈成子①弑简公②。孔子沐浴而朝，告于哀公曰："陈恒弑其君，请讨之。”公曰：“告夫三子③。”孔子曰：“以吾从大夫之后④，不敢不告也。君曰‘告夫三子’者。”之⑤三子告，不可。孔子曰：“以吾从大夫之后，不敢不告也。”

【注释】

①陈成子：即陈恒，齐国大夫，又叫田成子。他以大斗借出，小斗收进的方法受到百姓拥护。公元前481年，他杀死齐简公，拥立齐平公，自己出任相国。这在孔子看来真是“不可忍”的事情。尽管他已经退官居家了，但他还是郑重其事地把此事告诉了鲁哀公，当然这违背了“不在其位，不谋其政”（参见14.26章）的戒律。他的请求遭到哀公的婉拒，所以孔子心里一定是很抱怨，但又无能为力。②简公：齐简公，姓姜名壬。公元前484—前481年在位。③三子：指鲁国当权者季孙、孟孙、叔孙三家。④从大夫之后：孔子曾任过大夫职，但此时已经去官居家，所以这里应说在大夫的行列随行。⑤之：动词，往。

【译文】

陈成子杀了齐简公。孔子斋戒沐浴后上朝，报告鲁哀公说：“陈恒杀了他的君主，请你出兵讨伐他。”哀公说：“你去报告季孙、孟孙、叔孙三位大夫吧。”孔子退朝后说：“因为我在大夫的行列随行，所以不敢不来报告这样重大的事情，君主却说‘你去告诉季孙、孟孙、叔孙三位大夫吧’！”孔子去向那三位大夫报告，但三位大夫不愿派兵讨伐，孔子又说：“因为我在大夫的行列随行，所以不敢不来报告这样重大的事情啊！”

【原文】

14.22 子路问事君。子曰：“勿欺也，而犯之。”

【译文】

子路问怎样侍奉君主。孔子说：“不能欺骗他，但可以说实话冒犯他。”

【原文】

14.23 子曰：“君子上达，小人下达。”

【译文】

孔子说："君子向上通达仁义，小人向下通达财利。"

【原文】

14.24 子曰："古之学者为己①，今之学者为人②。"

【注释】

①为己：为了端正和充实自己。②为人：为了向别人卖弄。

【译文】

孔子说："古代的人学习是为了修养和充实自己，而现在的人学习是为了向别人显耀。"

【原文】

14.25 蘧伯玉①使人于孔子。孔子与之坐而问焉，曰："夫子何为？"对曰："夫子欲寡其过而未能也。"使者出。子曰："使乎！使乎！"

【注释】

①蘧（qú）伯玉：人名，卫国的大夫，名瑗。孔子到卫国时曾住在他的家里。孔子对他评价很高。

【译文】

蘧伯玉派使者去拜访孔子。孔子与使者同坐，然后问道："你们先生最近在做什么？"使者回答说："我们先生想要减少自己的过错，但未能做到。"使者出来后，孔子说："一位好使者啊，一位好使者啊！"

【原文】

14.26 子曰："不在其位，不谋其政。"①曾子曰："君子思不出其位。"

【注释】

①不在其位，不谋其政：意思是说不居于那个职位，就不要考虑那个职位上的政务。这是一句为官从政的名言。孔子要求弟子们为官者各负其责，各司其职，脚踏实地，做好本职分内的事情，与“正名分”的主张是完全一致的。

【译文】

孔子说：“不居于那个职位，就不要考虑那个职位上的政务。”曾子说：“君子考虑问题，从来不超出自己的职位范围。”

【原文】

14.27 子曰：“君子耻其言而过其行。”①

【注释】

①君子耻其言而过其行：这句话极为精练，含义深刻，也是一句警言。孔子希望人们少说多做，而不要只说不做或多说少做。

【译文】

孔子说：“君子认为说得多而做得少是可耻的。”

【原文】

14.28 子曰：“君子道者①三，我无能焉：仁者不忧，知者不惑，勇者不惧。”子贡曰：“夫子自道也。”

【注释】

①君子道者：君子所行之道。

【译文】

孔子说：“君子所行之道有三个方面，我都未能做到：有仁德的人不忧愁，有智慧的人不迷惑，勇敢的人不畏惧。”子贡说：“这是老师在说自己啊！”

【原文】

14.29 子贡方人①。子曰：“赐也贤乎哉②？夫我则不暇。”

【注释】

①方人：公开评论、指责别人的过错。②赐也贤乎哉：疑问语气，批评子贡不贤。

【译文】

子贡公开指责别人。孔子说：“赐啊，你真的就那么贤良吗？我可没有闲工夫去指责别人。”

【原文】

14.30 子曰：“不患人之不已知，患其不能也。”

【译文】

孔子说：“不担心别人不了解自己，只担心自己没有本事。”

【原文】

14.31 子曰：“不逆①诈，不亿②不信，抑亦先觉者，是贤乎！”

【注释】

①逆：预先揣度。②亿：同“臆”，臆测的意思。

【译文】

孔子说：“不预先怀疑别人是欺诈的，也不凭空猜测别人是不诚实的，却能够及时觉察别人的欺诈和不诚实，这就是贤人。”

【原文】

14.32 微生亩①谓孔子曰：“丘何为是②栖栖③者与？无乃为佞乎？”孔子曰：

“非敢为佞也，疾固④也。”

【注释】

①微生亩：姓微生，名亩，鲁国人。他直呼孔子名可知为长者。②是：如此。③栖栖（xī）：形容忙碌不安定的样子。这里可理解为四处奔波。④疾固：疾，忧患。固，固执。

【译文】

微生亩对孔子说：“孔丘，你为什么这样四处奔波游说呢？你不是炫耀自己的口才吧？”孔子说：“我不敢炫耀自己的口才，只是担心人们顽固不化。”

【原文】

14.33 子曰：“骥①不称其力，称其德②也。”

【注释】

①骥：千里马。古代称善跑的马为骥。②德：指训练有素，驾驭时能配合人意。

【译文】

孔子说：“千里马值得称赞的不是它的气力，而是它的美德。”

【原文】

14.34 或曰：“以德报怨，何如？”子曰：“何以报德？以直报怨，以德报德。”

【译文】

有人说：“用恩德来回报怨恨，怎么样？”孔子说：“用什么来回报恩德呢？应该是用正直来回报怨恨，用恩德来回报恩德。”

【原文】

14.35 子曰：“莫我知也夫！”子贡曰：“何为其莫知子也？”子曰：“不怨天，

不尤①人。下学而上达②，知我者其天乎！”

【注释】

①尤：责怪、归咎。②下学上达：不懈地学习，了解世故；上通于天，了解天命。

【译文】

孔子感叹说：“没有人了解我啊！”子贡说：“怎么能说没有人了解您呢？”孔子说：“我不埋怨上天，也不责备别人，不懈地学习而上通于天命，了解我的只有上天吧！”

【原文】

14.36 公伯寮①愬②子路于季孙。子服景伯③以告，曰：“夫子固有惑志④，于公伯寮，吾力犹能肆诸市朝⑤。”子曰：“道之将行也与，命也；道之将废也与，命也。公伯寮其如命何！”

【注释】

①公伯寮：孔子的弟子。姓公伯，名寮，字子周。曾任季氏的家臣。②愬（sù）：同“诉”，告发、诽谤。③子服景伯：鲁国大夫，姓子服，名伯，“景”是他的谥号。④夫子：季孙。惑志：疑惑的心。⑤肆：陈尸示众。市朝：市集、朝廷。

【译文】

公伯寮向季孙告发子路。子服景伯把这件事告诉给孔子，并且说：“季孙氏已经对子路有疑心，对于公伯寮，我的力量能够把他杀了陈尸于街头。”孔子说：“治道或许能够得到推行，是天命决定的；治道或许不能得到推行，也是天命决定的。公伯寮能把天命怎么样呢？”

【原文】

14.37 子曰：“贤者辟世，其次辟地，其次辟色，其次辟言。”①子曰：“作者七人②矣。”

【注释】

①辟（bì）：同“避”，逃避。这是孔子教授给弟子们的处世之道。人不能总是处于一帆风顺的环境里，身居逆境，怎样做。②七人：即伯夷、叔齐、虞仲、夷逸、朱张、柳下惠、少连。

【译文】

孔子说：“贤人逃避昏乱的世道而隐居，其次逃避到另外一个地方去，再次逃避别人轻蔑的脸色，再次避开别人中伤的话。”孔子又说：“这样做的已经有伯夷、叔齐、虞仲、夷逸、朱张、柳下惠、少连。”

【原文】

14.38　子路宿于石门①。晨门②曰：“奚自？”子路曰：“自孔氏。”曰：“是知其不可而为之③者与。”

【注释】

①石门：地名，鲁国都城的外门。②晨门：主管城门晨开夜关的人。③知其不可而为之：意思是说人要有一点锲而不舍的追求精神，许多事情都是经过艰苦努力和奋斗而得来的，这是做人的大道理。孔子“知其不可而为之”，反映出他孜孜不倦的执着精神。从这位守门人的话中，我们也可以见出当时普通人对孔子的评论。

【译文】

子路在石门过夜，守城门的人问：“从哪里来？”子路说：“从孔子那里来。”守门人说：“是那个明知行不通却还要去做的人吗？”

【原文】

14.39　子击磬①于卫。有荷蒉②而过孔氏之门者，曰：“有心哉！击磬乎！”既而曰：“鄙哉！硁硁③乎！莫己知也，斯己而已矣。深则厉④，浅则揭⑤。”子曰：“果哉！末⑥之难⑦矣。”

【注释】

①磬（qìng）：一种石制打击乐器，形状像曲尺。②荷蒉：荷，肩扛；蒉（kuì），草筐。这里指肩背着草筐。③硁硁（kēng）：击磬的声音。④厉：穿着衣服涉水过河。⑤揭：提起衣襟涉水过河。“深则厉，浅则揭”是《诗经·邶风·匏（páo）有苦叶》的诗句。⑥末：无。⑦难：责问、反驳。

【译文】

在卫国时，一次孔子正在击磬。有一位肩扛草筐从孔子门前走过的人，说：“这个击磬的人有心思啊！”一会儿又说：“真偏狭啊，磬声硁硁的，没有人了解自己，就只为自己的志向算了。（《诗经》说）水深就穿着衣服蹚过去，水浅就撩起衣服蹚过去。”孔子说：“说得真果断，没有办法可以说服他了。”

【原文】

14.40 子张曰：“《书》①云：‘高宗谅阴，三年不言。’②何谓也？”子曰：“何必高宗？古之人皆然。君薨③，百官总己以听于冢宰三年④。”

【注释】

①《书》：指《尚书·无逸》，它记载子女为父母守丧三年的习惯在孔子以前就有。②高宗谅阴，三年不言：这是《尚书·无逸》的句子。高宗，殷商王高宗，即武丁，盘庚弟小乙之子，为殷中兴之王。谅阴，古时天子守丧之居。③薨（hōng）：周代时诸侯死称此。④冢（zhǒng）宰：官名，相当于后世的宰相。三年：古时天子守丧的期限。

【译文】

子张说：“《尚书·无逸》上说：‘殷高宗在谅阴里守丧，三年不谈政事。’这是什么意思？”孔子说：“不仅是殷高宗，古人都是如此。国君死了，朝廷百官都各管自己的职事听命于冢宰，满三年为止。”

【原文】

14.41 子曰："上好礼，则民易使也。"

【译文】

孔子说："居在上位的人喜欢礼仪，那么百姓就容易被役使了。"

【原文】

14.42 子路问君子。子曰："修己以敬①。"曰："如斯而已乎？"曰："修己以安人②。"曰："如斯而已乎？"曰："修己以安百姓③。修己以安百姓，尧舜其犹病诸！"

【注释】

①以：而。敬：严肃谨慎。②安人：使别人得到安抚。③安百姓：使老百姓得到安抚。

【译文】

子路问什么叫君子。孔子说："修养自己，严肃谨慎地做事。"子路说："这样就够了吗？"孔子说："修养自己，使别人得到安抚。"子路说："这样就够了吗？"孔子说："做到修养自己，使老百姓得到安抚。修养自己使老百姓得到安抚，恐怕尧、舜都难于做到呢！"

【原文】

14.43 原壤①夷俟②。子曰："幼而不孙弟③，长而无述④焉，老而不死，是为贼！"以杖叩其胫⑤。

【注释】

①原壤：鲁国人，孔子的旧友。他母亲死了，孔子去帮他料理丧事，他却坐在棺材上大声歌唱逗乐，孔子认为这是大逆不道。②夷俟：夷，双腿分开而坐。俟（sì），

等待。③孙弟（xùn tì）：同“逊悌”，孝悌。④无述：无可称述。⑤胫：小腿。

【译文】

原壤叉开双腿坐着，等待孔子。孔子骂他说：“年幼的时候，你不讲孝悌，长大了又无可称述，老了还不快死，真是祸害！”说完，用手杖敲了敲他的小腿。

【原文】

14.44 阙党童子将命①。或问之曰：“益②者与？”子曰：“吾见其居于位③也，见其与先生并行也④。非求益者也，欲速成⑤者也。”

【注释】

①阙党：即阙里，孔子家住的地方。将命：传达宾主辞命。②益：长进。③居于位：居于席位。《礼记·檀弓》规定，童子不可以居于成人之位。④先生：年长者。并行：并排而行。《礼记·曲礼》规定，童子不可以与年长者并行。孔子特别注重长幼有序，这是儒家的一贯主张。⑤速成：急于求成。

【译文】

阙里的一个童子负责传达宾主辞命。有人问孔子，说：“这是个求上进的孩子吗？”孔子说：“我看见他坐在成年人的位子上，又见他和长辈并肩而行，可知他不是一个追求上进的人，只是一个急于求成的人。”

卫灵公篇　第十五

【本篇引语】

本篇分为四十二章。其中著名文句有:“无为而治”,“志士仁人,无求生以害仁,有杀身以成仁”,“人无远虑,必有近忧”,“躬自厚而薄责于人”,“君子求诸己,小人求诸人”,“己所不欲,勿施于人”,“小不忍则乱大谋”,“人能弘道,非道弘人”,“当仁不让于师”,“有教无类”,“道不同,不相为谋”等。

本篇内容涉及孔子的“君子小人”观的若干方面,孔子的教育思想和政治思想,以及孔子在其他方面的言行。内容以论道德修养的居多:15.3章提出“一以贯之”之道。15.6章主张忠信笃敬。15.9~15.10、15.35章肯定“仁”。15.16~15.17章强调“义”;而专论“君子”之为人的就有十章(15.2、15.18~15.23、15.32、15.34、15.37章):指出安贫乐道、遵守礼义、态度谦逊、言语信实、追求真才实学、美名传扬、克己知人、团结合群、堪当重任等都是君子应当必备的修养和能力,且多数章与“小人”之为人形成对比。此外论及政治的章节也不少:15.1章主张礼治反对军政,15.5章提出治政要从端正自身做起,15.11章涉及历法、用度、礼服、乐制等施政的具体内容,15.7章讲处世方法,15.8章讲交友之道,15.25、15.28章指出要以实际行动来考察人。还有少数章节论及学习与教育:15.31章强调学思结合,15.36章讲重视实践,15.39章提出有教无类的教育理论。

【原文】

15.1　卫灵公问陈于孔子①。孔子对曰:“俎豆②之事,则尝闻之矣;军旅之事,未之学也。”明日遂行。

【注释】

①陈(zhèn):同“阵”,军队作战时,布列的阵势(的策略)。而孔子主张以礼

治国，礼让为国，反对用战争的方式解决国与国之间的争端。卫灵公向孔子询问有关军事方面的问题，孔子对此很不感兴趣。②俎（zǔ）豆：古代盛食物的器皿，被用作祭祀时的礼器。

【译文】

卫灵公向孔子问军队列阵之法。孔子回答说：“祭祀礼仪方面的事情，我还听说过；用兵打仗的事，从来没有学过。”第二天，孔子便离开了卫国。

【原文】

15.2 在陈绝粮，从者病，莫能兴。子路愠①见曰：“君子亦有穷乎？”子曰：“君子固穷②，小人穷斯滥矣。”

【注释】

①愠（yùn）：愤怒、怨恨。②固穷：固守穷困、安守穷困没有办法。

【译文】

孔子一行在陈国断了粮食，随从的人都饿坏了，没有人爬得起来。子路非常怨愤，来见孔子，说道：“君子也有穷得毫无办法的时候吗？”孔子说：“君子没有办法还是坚持着；小人一遇穷困没有办法，就胡作非为了。”

【原文】

15.3 子曰：“赐也！女①以予为多学而识之者与？”对曰：“然，非与？”曰：“非也。予一以贯之②。”

【注释】

①女（rǔ）：同“汝”，你。②一以贯之：用一种核心内容加以贯彻。这是孔子学问渊博的根本所在。孔子在这里告诉子贡和其他弟子，要学与思相结合，认真学习，深切领悟。

【译文】

孔子说："赐啊！你以为我是学习得多了并且把内容都记住的吗？"子贡答道："是啊，难道不是这样吗？"孔子说："不是的。我是用一种核心内容把它们贯彻始终的。"

【原文】

15.4 子曰："由！知德者鲜矣。"

【译文】

孔子说："由啊！懂得道德的人太少了啊。"

【原文】

15.5 子曰："无为而治①者，其舜也与？夫②何为哉？恭己③正南面而已矣。"

【注释】

①无为而治：无所劳烦便可以治理好天下。这是道家所称赞的治国方略，符合道家思想的一贯性。在孔子的观念中，不是无为而治，而是利用贤能之人辅佐，实行礼治。据《大戴礼·主言篇》记载："昔者舜左禹而右皋陶，不下席而天下治。"②夫（fú）：代词，他。③恭己：端正自身。

【译文】

孔子说："能够无所劳烦就实现天下大治的人，大概只有舜吧？他做了些什么呢？只是修养好自己，端正地坐在朝廷的王位上罢了。"

【原文】

15.6 子张问行①。子曰："言忠信，行笃敬，虽蛮貊②之邦，行矣。言不忠信，行不笃敬，虽州里③，行乎哉？立则见其参④于前也，在舆则见其倚于衡⑤也，夫然后行。"子张书诸绅⑥。

【注释】

①行：行得通达的意思。②蛮貊（mò）：古人对边远落后的少数民族的贬称。蛮，指南方。貊，指北方。③州里：五家为邻，五邻为里。五党为州，二千五百家。州里指近处。④参：树立，并立。⑤衡：车辕前面的横木。⑥绅：贵族系在腰间的大带。

【译文】

子张问如何才能行得通达。孔子说："说话要忠信，行事要笃敬，即使到了边远落后的少数民族地区，也可以行得通。说话不忠信，行事不笃敬，就是在本州本里，能行得通吗？站着，就仿佛看到'忠信笃敬'这几个字树立在面前，坐车时就好像看到这几个字刻在车辕前的横木上，能够做到这样，才能行得通达。"子张把这些话写在腰间的大带上。

【原文】

15.7 子曰："直哉史鱼①！邦有道，如矢②；邦无道，如矢。君子哉蘧伯玉！邦有道，则仕；邦无道，则可卷而怀之③。"

【注释】

①史鱼：卫国大夫，名鳅（qiū），字子鱼。他耿直敢言，公正无私。《韩诗外传》卷七记载：史鱼将死之时，嘱咐儿子不要为自己在正堂治丧，因为他多次向卫灵公推荐蘧（qú）伯玉，未被国君采纳。卫灵公得知后，终于重用了蘧伯玉。故史鱼有"生以身谏，死以尸谏"之称。②如矢：矢，箭，形容其直。③卷而怀之：卷，同"捲"，收起来，这里指隐居民间不做官。所以，本章中的史鱼与伯玉是有所不同的。史鱼当国家有道或无道时，都同样正直，而伯玉则只在国家有道时出来做官。所以，孔子说史鱼是"直"，伯玉是"君子"。

【译文】

孔子说："正直啊史鱼！国家政治清明，他的言行像箭一样直；国家政治昏乱，他的言行也像箭一样直。蘧伯玉也真是一位君子啊！国家政治清明就出来做官，国家政治昏乱就隐居民间不做官。”

【原文】

15.8 子曰：“可与言而不与之言，失人；不可与言而与言，失言。知者不失人，亦不失言。”

【译文】

孔子说：“可以同他谈的话，却不同他谈，这就是失掉了朋友；不可以同他谈的话，却同他谈，这就是说错了话。有智慧的人既不失去朋友，又不说错话。”

【原文】

15.9 子曰：“志士仁人，无求生以害仁，有杀身以成仁①。”

【注释】

①杀身以成仁：就是要人们在生死关头宁可舍弃自己的生命，也要保全“仁道”。自古以来，它激励着许多仁人志士为国家和民族的生死存亡而抛头颅、洒热血，谱写了一首首可歌可泣的壮丽诗篇。

【译文】

孔子说：“志士仁人，没有因为求生而损害仁道的，只有牺牲自己的性命来成全仁道的。”

【原文】

15.10 子贡问为仁。子曰：“工欲善其事，必先利其器①。居是邦也，事其大夫之贤者，友其士之仁者。”

【注释】

①工欲善其事，必先利其器：这句话在民间已为人们所熟知——“磨刀不误砍柴工”。在本章中，孔子以此作比喻，说明实行仁德的方式，就是要侍奉贤者，结交仁者，这是需要首先做到的。

【译文】

子贡问怎样修养仁德。孔子说："做工匠的人想把活儿做好，必须首先使他的工具锋利。住在这个国家，就要侍奉大夫中的那些贤者，与士人中的仁者交朋友。"

【原文】

15.11 **颜渊问为邦。子曰："行夏之时①，乘殷之辂②，服周之冕③，乐则《韶》《舞》④。放⑤郑声⑥，远佞人⑦。郑声淫，佞人殆⑧。"**

【注释】

①夏之时：夏代的历法（即农历），便于农业生产。②殷之辂（lù）：辂，天子所乘的大车。殷代的车是木制成的，比较朴实。③周之冕：周代的礼帽。④《韶》《舞》：舜时的音乐，孔子认为是"尽善""尽美"。⑤放：禁绝、排斥、抛弃的意思。⑥郑声：郑国的乐曲，孔子认为是淫声，不合他对音乐评价的标准。⑦远：远离、疏远。佞（nìng）人：花言巧语之人。⑧殆：危险。

【译文】

颜渊问怎样治理国家。孔子说："用夏代的历法，乘殷代的车子，戴周代的礼帽，奏《韶》乐。排斥郑国的乐曲，疏远花言巧语的人。郑国的乐曲浮靡不正派，花言巧语的人太危险。"

【原文】

15.12 **子曰："人无远虑，必有近忧。"**

【译文】

孔子说："人没有长远的考虑，一定会有眼前的忧患。"

【原文】

15.13 **子曰："已矣乎！吾未见好德如好色者也。"**

【译文】

孔子说："完了啊！我从来没有见过追求仁德像追求女色那样的人。"

【原文】

15.14 子曰："臧文仲其窃位[①]者与？知柳下惠[②]之贤而不与立[③]也。"

【注释】

①窃位：身居官位而不称职。②柳下惠：春秋中期鲁国大夫，姓展名获，又名禽，他受封的地名是柳下，"惠"是其妻倡议而给他的私谥，所以人称其为柳下惠。③与立：并立为官。

【译文】

孔子说："臧文仲大概是一个窃居官位的人吧！他明知道柳下惠是个贤人，却不举荐他与自己一起并立做官。"

【原文】

15.15 子曰："躬自厚而薄责于人，则远怨矣。"[①]

【注释】

①躬自厚而薄责于人：即为"责己严，待人宽"，这是保持良好和谐的人际关系所不可缺少的原则。所以，一旦发生了矛盾，人们应该多作自我批评。

【译文】

孔子说："多对自己要求严格而少去责备别人，那就可以避免别人的怨恨了。"

【原文】

15.16 子曰："不曰'如之何[①]、如之何'者，吾末[②]如之何也已矣。"

【注释】

①如之何：怎么办的意思。②末：这里指没有办法。

【译文】

孔子说："遇事从来不说'怎么办、怎么办'的人，我对他也不知怎么办了啊！"

【原文】

15.17 子曰："群居终日，言不及义，好行小慧，难矣哉①！"

【注释】

①难矣哉：孔子认为士人聚集在一起应该切磋学问，互相责善，以助于进德修业，如果"言不及义，好行小慧"，就不可能进德修业，因此说"难矣哉"。

【译文】

孔子说："整天聚在一块，说的都达不到进德修业的标准，喜欢卖弄小聪明，要想进德修业就不可能了。"

【原文】

15.18 子曰："君子义以为质，礼以行之，孙以出之，信以成之。君子哉！"

【译文】

孔子说："君子以道义作为自己的品质，按照礼加以行事，用谦逊的态度来表达，靠忠信来取得成功。这就是君子啊!"

【原文】

15.19 子曰："君子病无能焉，不病人之不己知也。"

【译文】

孔子说："君子只担心自己没有才能，不担心别人不了解自己。"

【原文】

15.20 子曰："君子疾没世①而名不称焉②。"

【注释】

①没世：指死亡。②名不称焉：名声不被后人称道。

【译文】

孔子说："君子痛恨死后他的名声不被后人称道。"

【原文】

15.21 子曰："君子求诸己，小人求诸人。"

【译文】

孔子说："君子苛求自己，小人苛求别人。"

【原文】

15.22 子曰："君子矜①而不争，群而不党。"

【注释】

①君子：孔子认为，君子应当注重义、礼、逊、信的道德准则；他严格要求自己，尽可能做到立言立德立功的"三不朽"，传名于后世；他行为庄重，与人和谐，但不结党营私，不以言论重用人，也不以人废其言，等等。矜（jīn）：持重、谨慎。

【译文】

孔子说："君子庄重谨慎却不与别人争执，团结而不结党营私。"

【原文】

15.23 子曰："君子不以言举人，不以人废言。"

【译文】

孔子说："君子不凭言辞来举荐选拔人才，也不因为一个人不好而不采纳他的有价值的话。"

【原文】

15.24 子贡问曰："有一言①而可以终身行之者乎？"子曰："其恕②乎！己所不欲，勿施于人。"

【注释】

①一言：一个字。②恕：即"忠恕之道"——"己所不欲，勿施于人"。可以说这是孔子发明的，它是处理人们之间关系的一条准则，可以消除别人对自己的怨恨，缓和人际关系，安定当时的社会秩序。这也是儒家伦理的一个特色，对后人影响很大。

【译文】

子贡问孔子道："有没有一个字可以终身奉行的呢？"孔子回答说："那就是恕吧！自己不喜欢的事情，不要强加给别人。"

【原文】

15.25 子曰："吾之于人也，谁毁谁誉？如有所誉者，其有所试矣。斯民也，三代之所以直道而行也。"

【译文】

孔子说："我对于别人，诋毁过谁？赞美过谁？如有所赞美的，一定是曾经考察过他的。这些值得赞美的人，正是夏商周三代推行正道的依靠。"

【原文】

15.26 子曰："吾犹及史之阙文①也，有马者借人乘之②。今亡已夫！"

【注释】

①阙文：史官记史，遇到有疑问的地方便缺而不记，这叫做阙文。②有马者借人乘之：有马的人自己不会训练驾驭，可以靠有能力的人来训练。比喻不必强不知而以为知（如阙文）。

【译文】

孔子说："我还能够看到史书存疑的地方便缺而不记，有马的人自己不会训练驾驭，可以靠有能力的人来训练。今天没有这种情况了吧！"

【原文】

15.27 子曰："巧言乱德。小不忍则乱大谋[①]。"

【注释】

①小不忍则乱大谋：这句话在民间极为流行，甚至成为一些人用以告诫自己的座右铭。意思是说有志向、有理想的人，不会斤斤计较个人得失，更不应在小事上纠缠不清，而应有开阔的胸襟，远大的抱负，只有如此，才能成就大事，从而达到自己的目标。

【译文】

孔子说："花言巧语就会败坏人的德行。小事情不能忍耐，就会扰乱大的谋划。"

【原文】

15.28 子曰："众恶之，必察焉；众好之，必察焉。"

【译文】

孔子说："大家都厌恶他，我必须考察一下；大家都喜欢他，我也一定要考察一下。"

【原文】

15.29 子曰："人能弘道，非道弘人。"

【译文】

孔子说："人能够使道义发扬光大，不是道义使人发扬光大。"

【原文】

15.30 子曰："过而不改，是谓过矣。"①

【注释】

①过而不改，是谓过矣：意思是说有了过错并不可怕，可怕的是坚持错误，不加改正。孔子以此向人们道出了这样一个真理，这是对待错误的唯一的正确态度。

【译文】

孔子说："犯了过错而不改正，这才真叫过错了。"

【原文】

15.31 子曰："吾尝终日不食，终夜不寝，以思，无益，不如学也。"①

【注释】

①本章讲学与思的关系问题。前面提到了"学而不思则罔，思而不学则殆"的认识，这里加以发挥和深入阐述。指出"学"和"思"都不可以偏废，只学不思不行，只思不学也十分危险。只有"思"与"学"相结合才能成为有德行、有学问的人。这是孔子教育思想的重要组成部分。

【译文】

孔子说："我曾经整天不吃饭，彻夜不睡觉，用来思考，结果没有长进，还不如去学习呢。"

【原文】

15.32 子曰："君子谋道不谋食。耕也，馁[①]在其中矣；学也，禄在其中矣[②]。君子忧道不忧贫。"

【注释】

①馁（něi）：饥饿。②学也，禄在其中矣：意同"学而优则仕"（参见9.13章）。禄，做官的俸禄。

【译文】

孔子说："君子只追求道义而不追求衣食。耕田，也常常要饿肚子；学习，从中可以得到俸禄。君子只担心学不到道义，而不担心会贫穷。"

【原文】

15.33 子曰："知及之[①]，仁不能守之，虽得之，必失之；知及之，仁能守之，不庄以莅[②]之，则民不敬。知及之，仁能守之，庄以莅之，动之不以礼，未善也。"

【注释】

①知及之：知，同"智"。这里是说智慧足以得到它。②莅（lì）：治理的意思。

【译文】

孔子说："智慧足以得到它，仁德不能守住它，即使得到了它，也一定会丧失。智慧足以得到它，仁德可以守住它，却不能庄重地治理它，那么百姓就会不尊重你。智慧足以得到它，仁德可以守住它，能庄重地治理它，但不照礼的要求来行动，那也是不完善的。"

【原文】

15.34 子曰："君子不可小知[①]而可大受[②]也，小人不可大受而可小知也。"

【注释】

①小知：做小事情。②大受：承担大任。

【译文】

孔子说："不能让君子做那些小事，但可以让他们承担重大的使命。不能让小人承担重大的使命，但可以让他们做那些小事。"

【原文】

15.35 子曰："民之于仁也，甚于水火。水火，吾见蹈而死者矣，未见蹈仁而死者也。"

【译文】

孔子说："百姓们对于仁德的需要，超过对于水火的需要。我只见过跳到水火中而死的人，却没有见过实行仁德而死的人。"

【原文】

15.36 子曰："当仁，不让于师。"

【译文】

孔子说："当遇到能实践仁德的机会时，就是老师也不必谦让他。"

【原文】

15.37 子曰："君子贞①而不谅②。"

【注释】

①贞：诚信。②谅：小信。

【译文】

孔子说："君子固守诚信，而不拘泥于小信。"

【原文】

15.38 子曰:“事君,敬其事[①]而后其食[②]。”

【注释】

①事:职责。②食:食禄,俸禄。

【译文】

孔子说:“侍奉君主,应该认真对待自己的职责,而把领取俸禄的事放在后面。”

【原文】

15.39 子曰:“有教无类。”[①]

【注释】

①有教无类:类,种族、贵贱等类别。孔子办教育,广招门徒,除了出身贵族的子弟可以受教育外,其他各阶级、阶层都有了受教育的可能性和某种机会。可以说,孔子是中国古代伟大的教育家,开创了中国古代私学的先例,奠定了中国传统教育的基本思想。

【译文】

孔子说:“人人都可以接受教育,没有种族、贵贱的限制。”

【原文】

15.40 子曰:“道不同,不相为谋。”

【译文】

孔子说:“原则主张不同,就不能一起谋事。”

【原文】

15.41 子曰:“辞达而已矣。”

【译文】

孔子说："言辞只要能表情达意就可以了。"

【原文】

15.42 师冕①见，及阶，子曰："阶也。"及席，子曰："席也。"皆坐，子告之曰："某在斯，某在斯。"师冕出。子张问曰："与师言之道与？"子曰："然，固相②师之道也。"

【注释】

①师冕：师，乐师。冕，人名。古代的乐师一般由盲人担当。②相（xiàng）：帮助。

【译文】

乐师冕来见孔子，走到台阶前，孔子说："这儿是台阶。"走到坐席前，孔子说："这是坐席。"等大家都坐定了，孔子告诉他："某某在这里，某某在这里。"师冕走了以后，子张就问孔子："这就是与乐师谈话的方式吗？"孔子说："对，这本来就是帮助乐师的方式。"

季氏篇　第十六

【本篇引语】

本篇分为十四章。其中著名的文句有："不患寡而患不均，不患贫而患不安"，"生而知之"，"君子有三戒：少之时，血气未定，戒之在色；及其壮也，血气方刚，戒之在斗；及其老也，血气既衰，戒之在得"，"君子有三畏：畏天命，畏大人，畏圣人之言"等。

本篇主要谈论的问题包括孔子及其弟子的政治活动，与人相处和结交时注意的原则，君子的三戒、三畏和九思等。多数章节记孔子语录时称"孔子曰"，与此书其他篇章记作"子曰"的体例不合，由此可知本篇内容多非孔子弟子所记。尽管如此，本篇的史料价值仍然很高。16.1章涉及鲁国国君与季氏矛盾不断激化，季氏将要攻打支持鲁君的颛臾的史实。16.2~16.3章概括春秋之世天子权力不断下移，诸侯、大夫、家臣逐步越权专政的历史进程。内容涉及孔子的政治思想，教育思想，天命思想，道德修养思想等。16.12章描述齐景公时国势强盛而道德衰微的情况。16.14章记载当时国君及其夫人在不同场合宜用的称谓。同时也反映了孔子均贫富、和众寡、安内来外的德政主张，尊天子、卑诸侯、削弱大夫、抑制陪臣的政治理想。16.4~16.5、16.7~16.9章讲君子修养之道：结交有益的朋友，培养有益的爱好，警惕不当的行为，心中有所敬畏，言行经过思虑。16.13章反映孔子教学的内容和教学中一视同仁的态度。

【原文】

16.1　季氏将伐颛臾[①]。冉有、季路见于孔子，曰："季氏将有事[②]于颛臾。"孔子曰："求！无乃尔是过与？夫颛臾，昔者先王以为东蒙主[③]，且在邦域之中矣，是社稷之臣也。何以伐为？"冉有曰："夫子欲之，吾二臣者皆不欲也。"孔子曰："求！

周任[4]有言曰：'陈力就列[5]，不能者止。'危而不持，颠而不扶，则将焉用彼相[6]矣？且尔言过矣，虎兕[7]出于柙[8]，龟玉毁于椟[9]中，是谁之过与？"冉有曰："今夫颛臾，固而近于费[10]。今不取，后世必为子孙忧。"孔子曰："求！君子疾夫舍曰欲之而必为之辞[11]。丘也闻有国有家者，不患寡而患不均，不患贫而患不安[12]。盖均无贫，和无寡，安无倾。夫如是，故远人不服，则修文德以来之。既来之，则安之。今由与求也，相夫子，远人不服，而不能来也；邦分崩离析，而不能守也；而谋动干戈于邦内。吾恐季孙之忧，不在颛臾，而在萧墙[13]之内也。"

【注释】

①季氏：指季康子。颛臾（zhuān yú）：鲁国的附属国，在今山东省费县西北。②有事：指有军事行动，用兵作战。③东蒙主：东蒙，蒙山，因在鲁国的东边，故名。主，主持祭祀的人。④周任：人名，周代史官，有良史之称。⑤陈力就列：陈力，贡献力量。就列，担任职务。⑥相：搀扶盲人的人叫相，这里是指子路、冉有在季氏做家宰，故云。⑦兕（sì）：雌性犀牛。⑧柙（xiá）：用以关押野兽的笼子。⑨椟（dú）：匣子。⑩固：指城池坚固。费：季氏的采邑，在今山东省费县西南。⑪辞：借口。⑫贫、寡：就财富而言。⑬萧墙：照壁屏风。鲁国国君哀公与季氏三家有尖锐矛盾。季氏三家担心颛臾帮助国君哀公，所以要先发制人，攻打颛臾。这里指宫廷之内。

【译文】

季氏将要讨伐颛臾。冉有、子路去见孔子说："季氏快要攻打颛臾了。"孔子说："冉求，这不就是你的过错吗？颛臾，从前是周天子让它主持东蒙山的主祭祀，而且是已经在鲁国的疆域之内的国家啊。为什么要讨伐它呢？"冉有说："季孙大夫想去攻打，我们两个人都不同意。"孔子说："冉求！周任有句话说：'尽自己的力量去负担你的职务，实在做不好就辞职。'盲人有了危险不去扶助，跌倒了不去搀扶，那还用辅助的人干什么呢？而且你说的话错了。老虎、犀牛从笼子里跑出来，龟甲、美玉在匣子里毁坏了，这是谁的过错呢？"冉有说："颛臾呀，城墙坚固而且离季氏的采邑费邑很近。现在不把它夺取过来，将来一定会成为子孙的忧患。"孔子说："求！君子痛恨那种嘴上不肯实说'自己想要那样做'而又一定要找借口来为之辩解的人。我听说，对于诸侯和大夫，从不担心财富少，而担心财富不均；不担心人口少，而担心国内不安定。由于财富均了，也就没有所谓贫穷；大家都和睦（或团结），就不会感到人少；国内安定了，国家就没有倾覆的危险。正因为这样，所以如果远方的人还不归服，就用仁、义、礼、乐招徕他们；已经来了，就让他们安心住下去。现在你们两个人辅助季氏，远方的人不归服，而又不能招徕他们；国内民心涣散，你们又不能保全，反而策划在国内发动战争。我只担心季孙的忧患不在颛臾，而是在鲁国宫廷之内啊！”

【原文】

16.2　孔子曰：“天下有道，则礼乐征伐自天子出；天下无道，则礼乐征伐自诸侯出。自诸侯出，盖十世希不失矣；自大夫出，五世希不失矣；陪臣[①]执国命，三世希不失矣。天下有道，则政不在大夫。天下有道，则庶人不议[②]。”

【注释】

①陪臣：大夫的家臣。②庶人：无官爵的平民百姓。不议：不加非议。

【译文】

孔子说：“天下太平，那么制作礼乐和出兵打仗都由天子做主决定；天下昏乱，制作礼乐和出兵打仗都掌握在诸侯手中。由诸侯做主决定，大概传至十代很少有不垮台的；由大夫做主决定，经过五代很少有不垮台的；由大夫的家臣做主决定，经过三代很少有不垮台的。天下政治清明，国家政权就不会落在大夫手中。天下政治清明，老百姓对国家政治就不加非议了。”

【原文】

16.3　孔子曰：“禄之去公室五世[①]矣，政逮[②]于大夫四世[③]矣，故夫三桓[④]之子孙微[⑤]矣。”

【注释】

①五世：指鲁国宣公、成公、襄公、昭公、定公五世。②逮：及。③四世：指季孙氏文子、武子、平子、桓子四世。④三桓：鲁国孟孙、叔孙、季孙都出于鲁桓公，所以叫三桓。三桓掌握了国家政权，这是春秋末期的一种政治变革，对此，孔子表示不满。他认为社

会政治变革就是“天下昏乱”，这还是基于他的“礼治”的思想，希望变为“天下太平”的政治局面。⑤微：衰微。

【译文】

孔子说：“鲁国失去国家政权已经有五代了，政权落在大夫之手已经四代了，所以鲁国孟孙、叔孙、季孙三家的子孙已经衰微了。”

【原文】

16.4 孔子曰：“益者三友，损者三友。友直，友谅①，友多闻，益矣。友便辟②，友善柔③，友便佞④，损矣。”

【注释】

①谅：诚信。②便（pián）辟：逢迎献媚。③善柔：善于拍马屁。④便佞：惯于花言巧语。

【译文】

孔子说：“有益的交友有三种，有害的交友有三种。同正直的人交友，同诚信的人交友，同见闻广博的人交友，这是有益的。同逢迎献媚的人交朋友，同善于拍马屁的人交朋友，同惯于花言巧语的人交朋友，这是有害的。”

【原文】

16.5 孔子曰：“益者三乐，损者三乐。乐节礼乐①，乐道人之善，乐多贤友，益矣。乐骄乐②，乐佚③游，乐晏乐④，损矣。”

【注释】

①节礼乐：孔子主张用礼乐来节制人。②骄乐：骄纵作乐。③佚：同“逸”，安逸。④晏乐：宴饮取乐。

【译文】

孔子说："有益的爱好有三种，有害的爱好有三种。喜欢以礼乐来节制自己，喜欢称道别人的好处，喜欢多交贤德之友，这是有益的。喜欢骄纵作乐，喜欢安逸游乐，喜欢大吃大喝，这都是有害的。"

【原文】

16.6 孔子曰："侍于君子有三愆①：言未及之而言谓之躁，言及之而不言谓之隐，未见颜色而言谓之瞽②。"

【注释】

①愆（qiān）：过失。②瞽（gǔ）：盲人。

【译文】

孔子说："侍奉君子注意避免犯三种过失：还没有问到你的时候就说话，这叫急躁；已经问到你的时候你却不说，这叫隐瞒；不察颜观色而贸然说话，这叫盲目。"

【原文】

16.7 孔子曰："君子有三戒①：少之时，血气未定，戒之在色；及其壮也，血气方刚，戒之在斗；及其老也，血气既衰，戒之在得。"

【注释】

①三戒：指三件事应戒除的。这是孔子对人从少年到老年这一生中需要注意的问题作出的忠告。这对今天的人们还是很有必要的。

【译文】

孔子说："君子有三种事情应引以为戒：年少的时候，血气还不成熟，要警戒沉溺于女色；等到身体成熟了，血气方刚，要警戒与人争强好斗；等到老年，血气已经衰弱了，要警戒贪得无厌。"

【原文】

16.8 孔子曰：“君子有三畏：畏天命，畏大人，畏圣人之言。小人不知天命而不畏也，狎大人，侮圣人之言。”

【译文】

孔子说：“君子有三件敬畏的事情：敬畏天命，敬畏地位高贵的人，敬畏圣人的话。小人不懂得天命不可违抗，因此不敬畏，不尊重地位高贵的人，轻侮圣人的话。”

【原文】

16.9 孔子曰：“生而知之者①，上也；学而知之者，次也；困而学之，又其次也；困而不学，民斯为下矣。”

【注释】

①生而知之者：意思是说生下来就知道义的人。孔子虽说有，但他不承认自己是这种人，也不承认见到过这种人。他说自己是经过学习之后才知道的。他希望人们勤奋好学，不要等遇到困难再去学习，“书到用时方恨少”，讲的就是这个道理。至于遇到困难还不去学习，就不足为训了。

【译文】

孔子说：“生下来就知道义的人，是上等人；经过学习以后才知道义的人，是次一等的人；遇到困惑再去学习的人，是又次一等的人；遇到困惑还不学习的人，这样的人就是下等人了。”

【原文】

16.10 孔子曰：“君子有九思：视思明，听思聪，色思温，貌思恭，言思忠，事思敬，疑思问，忿思难，见得思义。”

【译文】

孔子说：“君子有九种要思考的事：看的时候要明察秋毫；听的时候要听清楚；

自己的脸色要温和；态度要谦恭；说话的时候要忠诚；办事要敬慎严肃；遇到疑问要询问；生气时要避免祸患；得到利益时要考虑是否合乎道义的准则。”

【原文】

16.11　孔子曰：“见善如不及[①]，见不善如探汤[②]。吾见其人矣，吾闻其语矣。隐居以求其志，行义以达其道。吾闻其语矣，未见其人也。”

【注释】

①如不及：好像要赶不上似的。形容急切追求。②探：试。汤：热水。

【译文】

孔子说：“看到善良的行为，就担心赶不上似地急切追求；看到不善良的行动，就好像用手试热水一样赶快避开。我见到过这样的人，也听到过这样的话。以隐居避世来保全自己的志向，依照义而实现自己的主张。我听到过这种话，却没有见到过这样的人。”

【原文】

16.12　齐景公有马千驷，死之日，民无德而称焉。伯夷、叔齐饿死于首阳之下，民到于今称之。其斯之谓与？

【译文】

齐景公纵有四千匹马，死的时候，百姓们觉得他没有什么德行可以称颂。伯夷、叔齐饿死在首阳山下，百姓们到如今还在称颂他们。大概说的就是这个德行吧。

【原文】

16.13　陈亢[①]问于伯鱼曰：“子亦有异闻[②]乎？”对曰：“未也。尝独立，鲤趋[③]而过庭。曰：‘学《诗》乎？’对曰：‘未也。’‘不学《诗》，无以言。’[④]鲤退而学《诗》。他日又独立，鲤趋而过庭。曰：‘学礼乎？’对曰：‘未也。’‘不学礼，无以立。’鲤退而学礼。闻斯二者。”陈亢退而喜曰：“问一得三。闻《诗》，闻礼，又闻君子之远⑤其子也。”

【注释】

①陈亢：即陈子禽。②异闻：不同的听闻。这里指陈亢怀疑孔子对儿子孔鲤（字伯鱼）有偏私，对孔鲤教授的不同于对其他弟子所讲的内容。③趋：快走。这是礼的规定。④不学《诗》，无以言：参见13.5章注释③。⑤远：不亲近溺爱，指严格要求。

【译文】

陈亢问伯鱼："你在老师那里听到过什么与众不同的教诲吗？"伯鱼回答说："没有呀。有一次他独自站在堂中，我恭敬地快步走过，他说：'学《诗》了吗？'我回答说：'没有。'他说：'不学《诗》，就不懂得怎么说话。'我回去就学《诗》。另有一天，他又独自站在堂上，我恭敬地快步走过，他说：'学礼了吗？'我回答说：'没有。'他说：'不学礼就无法立身。'我回去就学礼仪。我就听到过这两点。"陈亢退下后很高兴地说："我问一件事，得知三件事，得知《诗》很重要，得知礼仪很重要，还得知君子严格要求自己的儿子。"

【原文】

16.14　邦君之妻，君称①之曰夫人，夫人自称曰小童；邦人称之曰君夫人；称诸异邦曰寡小君；异邦人称之，亦曰君夫人。

【注释】

①称：指这套称号。它是周礼的内容之一。这是为了维护等级名分制度，以达到"名正言顺"的目的。

【译文】

国君的妻子，国君称她为夫人，夫人自称为小童；本国人称她为君夫人；当着他国人则称她为寡小君；他国人称呼她，也称君夫人。

阳货篇　第十七

【本篇引语】

本篇分为二十六章。其中著名的文句有："性相近也，习相远也"，"唯上知与下愚不移"，"君子有勇而无义为乱，小人有勇而无义为盗"，"唯女子与小人为难养也"等。

这一篇中，内容比较庞杂。主要还是介绍了孔子的道德教育思想，孔子对仁的进一步解释，还有关于为父母守丧三年的问题，也谈到君子与小人的区别等等。兼有"子曰"和"孔子曰"的章节，而以称"子曰"的居多。有涉及家臣操权、叛乱的章节：17.1章讲鲁国的阳货越权，欲请孔子相助，为孔子所推辞。17.5章讲鲁国的公山弗扰背叛季氏，17.7章讲晋国的佛肸背叛范氏。从这三章可以了解当时社会屡见以下犯上状况之一斑。又有论及礼乐的章节：17.4章显示礼乐教化在治政中的作用，17.8章说明"礼"对于仁、智、信、直、勇、刚等品质的规范之功，17.11章强调重视礼乐的精神内涵。其他则有17.6章讲解符合"仁"德的具体行为。17.9~17.10章反映《诗》教的作用。17.12~17.14、17.17~17.18、17.21~17.22、17.24章批评几种不合道德礼数的行为。17.16章指出古今之人的差别。17.19章强调重视身教。17.23章崇尚"义"。

【原文】

17.1　阳货①欲见孔子，孔子不见，归孔子豚②。孔子时其亡③也，而往拜之，遇诸涂④。谓孔子曰："来！予与尔言。"曰："怀其宝而迷其邦⑤，可谓仁乎？"曰："不可。""好从事而亟⑥失时，可谓知乎？"曰："不可。""日月逝矣，岁不我与⑦。"孔子曰："诺。吾将仕⑧矣。"

【注释】

①阳货：又叫阳虎，季氏的家臣。②归（kuì）孔子豚（tún）：归，通“馈”，赠送。豚，小猪。赠给孔子一只熟小猪。③时（sì）其亡：等阳货外出的时候。时，通“伺”，窥伺。④遇诸涂：涂，同“途”，道路。在路上遇到了他。⑤怀：藏。宝：指本领。迷其邦：迷，混乱。听任国家混乱。⑥亟（qì）：屡次。⑦与：在一起，等待的意思。⑧吾将仕：这是孔子敷衍的话，并非真要出仕。

【译文】

阳货想见孔子，孔子不见，他便赠送给孔子一只小猪。孔子趁阳货不在家时，往阳货家拜谢礼，却在半路上遇见了。阳货对孔子说：“来，我有话要跟你说。”阳货说：“把自己的本领藏起来而听任国家混乱，这可以叫做仁吗？”孔子说：“不可以。”“喜欢参与政事而又屡次错过机会，这可以说是智吗？”孔子说：“称不上智。”“时间一天天过去了，年岁是不等我们的啊。”孔子敷衍地说：“好吧，我将要去做官了。”

【原文】

17.2 子曰：“性相近也，习相远也。”

【译文】

孔子说：“人的性情是相近的，由于习染不同，相互间才有了差别。”

【原文】

17.3 子曰：“惟上知与下愚不移。”

【译文】

孔子说：“只有高贵而有智慧的人与卑贱而又愚蠢的人是改变不了的。”

【原文】

17.4 子之武城①，闻弦歌②之声。夫子莞尔③而笑曰：“割鸡焉用牛刀？”④子游对曰："昔者偃也闻诸夫子曰：'君子学道则爱人，小人学道则易使[⑤]也。'"子曰："二三子！偃之言是也。前言戏[⑥]之耳。"

【注释】

①武城：鲁国小城，当时子游是武城宰。②弦歌：弦，指琴瑟。以琴瑟伴奏歌唱。③莞尔：微笑的样子。④割鸡焉用牛刀：比喻大材小用。此处针对武城有代表礼乐教化的弦歌之声。⑤使：使唤。⑥戏：开玩笑。

【译文】

孔子到了武城，听见琴瑟伴奏歌唱的声音。孔子微微一笑，说："杀鸡何必用牛刀呢？"做武城宰的子游回答说："以前我听先生说过，'君子学习了礼乐就懂得爱人，小人学习了礼乐就容易使唤。'"孔子说："弟子们，言偃的话是对的。我刚才说的话，只是跟他开个玩笑而已。"

【原文】

17.5　公山弗扰[①]以费畔，召，子欲往。子路不说，曰："末之也已[②]，何必公山氏之之也[③]？"子曰："夫召我者而岂徒[④]哉？如有用我者，吾其为东周乎[⑤]！"

【注释】

①公山弗扰：人名，又称公山不狃（niǔ），字子洩，季氏的家臣。背叛季氏，被时任司寇的孔子派人打败。②末之也已：末，无。之，到、往。末之，无处去。已，罢了。③之之也：第一个"之"字是宾语提前的标志，助词。后一个"之"字是动词，往的意思。④徒：徒然。⑤吾其为东周乎：为东周，建造一个东方的周王朝，在东方复兴周礼。

【译文】

公山不狃在费邑反叛季氏，来召孔子，孔子准备前去。子路不高兴地说："没有地方去就算了，为什么一定要去公山不狃那里呢？"孔子说："他来召我，难道只是一句空话吗？如果有人用我，我将在东方复兴周礼的世道。"

【原文】

17.6 子张问仁于孔子。孔子曰：“能行五者于天下，为仁矣。”“请问之。”曰：“恭、宽、信、敏、惠。恭则不侮，宽则得众，信则人任焉，敏则有功，惠则足以使人。”

【译文】

子张向孔子询问什么是仁。孔子说：“能在天下实行五种品德，就可以是仁人了。”子张说：“请问是哪五种品德。”孔子说：“庄重、宽厚、诚实、勤敏、慈惠。庄重就不致遭受侮辱，宽厚就会得到众人的拥护，诚信就会有人为你效劳，勤敏就会取得成功，慈惠就能够使唤人。”

【原文】

17.7 佛肸[1]召，子欲往。子路曰：“昔者由也闻诸夫子曰：‘亲于其身为不善者，君子不入也。’佛肸以中牟[2]畔，子之往也，如之何？”子曰：“然，有是言也。不曰坚乎，磨而不磷[3]；不曰白乎，涅[4]而不缁[5]。吾岂匏瓜[6]也哉？焉能系[7]而不食？”

【注释】

①佛肸（bì xī）：晋国大夫范氏家臣，中牟城地方官。②中牟：地名，在晋国，约在今河北邢台与邯郸之间。③磷：薄损。④涅：一种矿物质，可用作颜料染衣服。⑤缁（zī）：黑色。⑥匏（páo）瓜：葫芦中的一种，味苦不能吃。可做水瓢。⑦系（jì）：结，扣。

【译文】

佛肸召孔子前往，孔子打算去。子路说：“从前我听先生说过：‘亲自做坏事的人那里，君子是不去的。’如今佛肸占据中牟反叛，你却要去，这如何解释呢？”孔子说：“是的，我说过这样的话。不是有坚硬的东西磨也磨不薄吗？不是有洁白的东西染也染不黑吗？我难道是个苦味的葫芦吗？怎么只能挂在那里不能食用呢？”

【原文】

17.8　子曰："由也，女闻六言六蔽[①]矣乎？"对曰："未也。""居，吾语女。好仁不好学，其蔽也愚[②]；好知不好学，其蔽也荡[③]；好信不好学，其蔽也贼[④]；好直不好学，其蔽也绞[⑤]；好勇不好学，其蔽也乱；好刚不好学，其蔽也狂。"

【注释】

①女：同"汝"，你。蔽：通"弊"，弊病。②愚：愚蠢。③荡：放荡。好高骛远而没有根基。④贼：害。⑤绞：说话尖刻。

【译文】

孔子说："由呀，你听说过六种品德和六种弊病了吗？"子路回答说："没有。"孔子说："坐下，我告诉你。爱好仁德而不喜欢学习，它的弊病是愚蠢；爱好智慧而不喜欢学习，它的弊病是放荡没有根本；爱好诚信而不喜欢学习，它的弊病是败坏事情；爱好直率却不喜欢学习，它的弊病是尖刻伤人；爱好勇敢却不喜欢学习，它的弊病是导致混乱；爱好刚强却不喜欢学习，它的弊病是狂妄自大。"

【原文】

17.9　子曰："小子何莫学夫《诗》。《诗》，可以兴[①]，可以观[②]，可以群[③]，可以怨[④]。迩[⑤]之事父，远之事君；多识于鸟兽草木之名。"

【注释】

①兴：抒情，托物兴起的意思。多读《诗》就会习得。②观：观察了解社会。③群：与人交往、交际。④怨：讽谏上级，怨而不怒。⑤迩（ěr）：近。

【译文】

孔子说："弟子们为什么不学习《诗》呢？学《诗》可以激发志气，可以观察风俗人情和政治的盛衰与得失，可以使人懂得交往、交际，可以使人懂得讽谏评论不平的事情。近可以用来侍奉父母，远可以侍奉君主；还可以多知道许多鸟兽草木的名称。"

【原文】

17.10 子谓伯鱼曰："女为《周南》《召南》[①]矣乎？人而不为《周南》《召南》，其犹正墙面而立[②]也与？"

【注释】

①女（rǔ）：同"汝"，你。《周南》《召南》：《诗经·国风》中的第一、二两部分篇名。周南和召南都是地名。这是当地的民歌。儒家认为《周南》《召南》的二十五篇诗歌反映了文王、周公社会政治的基础，是《诗经·国风》中最为纯正的部分。②正墙面而立：面向墙壁站立着，一步不能前进。比喻没有知识就没有前途。

【译文】

孔子对伯鱼（孔鲤）说："你学习《周南》《召南》了吗？一个人如果不学习《周南》《召南》，大概就像面对墙壁站着而无法前进吧？"

【原文】

17.11 子曰："礼云礼云，玉帛云乎哉？乐云乐云，钟鼓云乎哉？"[①]

【注释】

①本章说明孔子重视礼乐的实质精神，而不是器物与形制。

【译文】

孔子说："礼呀礼呀，说的只是玉帛之类的礼器吗？乐呀乐呀，说的只是钟鼓之类的乐器吗？"

【原文】

17.12 子曰："色厉而内荏[①]，譬诸小人，其犹穿窬[②]之盗也与？"

【注释】

①色厉内荏（rěn）：厉，威严。荏，虚弱。外表严厉而内心虚弱。②窬（yú）：从墙

上越过。

【译文】

孔子说："外表严厉而内心虚弱，如果用小人作比喻，就像是打洞、翻墙行窃的小偷吧？"

【原文】

17.13 子曰："乡原[①]，德之贼也。"

【注释】

①乡原（yuàn）：就是指那些外貌忠诚谨慎的伪君子，这些人欺世盗名，是非不分。孔子反对"乡原"，就是主张以仁、礼为原则，只有仁、礼可以使人成为真正的君子。"原"与"愿"同。

【译文】

孔子说："没有是非原则的好好先生，就是破坏道德的人。"

【原文】

17.14 子曰："道听而涂说，德之弃也。"[①]

【注释】

①"道听而涂说"：即道听途说，是一种背离道德准则的行为，而这种行为自古以来就存在。若以此作为生活的乐趣，实乃卑鄙小人。

【译文】

孔子说："在路上听到传言就到处去传播，这是抛弃了道德。"

【原文】

17.15 子曰："鄙夫可与事君也与哉？其未得之也，患不得之。既得之，患失之。苟患失之，无所不至矣。”

【译文】

孔子说：“可以和一个粗鄙的人一起侍奉君主吗？当他还没有获得官位时，总是担心得不到。已经得到了，又担心失去它。如果他担心失掉官职，那他就什么事（指不择手段）都干得出来了。”

【原文】

17.16　子曰：“古者民有三疾①，今也或是之亡也。古之狂也肆②，今之狂也荡③；古之矜也廉④，今之矜也忿戾⑤；古之愚也直，今之愚也诈而已矣。”

【注释】

①疾：毛病。②狂：狂妄自大。肆：放肆，不拘礼节。③荡：放荡，不守礼。④廉：这里形容人的品行方正有威严。⑤戾（lì）：乖戾。

【译文】

孔子说：“古代人有三种毛病，现在或许连这三种毛病也变了。古代的狂者不过是太放肆，而如今的狂妄者却是放荡不羁；古代矜持的人还能方正威严，如今那些矜持的人却是愤怒乖戾；古代愚笨的人不过是直率一些，现在的愚笨者却是欺诈啊！”

【原文】

17.17　子曰：“巧言令色，鲜矣仁。”①

【注释】

①本章重出，已见于1.3章。

【原文】

17.18　子曰：“恶紫之夺朱也，恶郑声之乱雅乐也，恶利口之覆邦家者。”

【译文】

孔子说："我厌恶用紫色取代红色正位，厌恶用郑国的音声扰乱雅乐，厌恶用伶牙俐齿颠覆国家这样的事情。"

【原文】

17.19 子曰："予欲无言[①]。"子贡曰："子如不言，则小子何述焉？"子曰："天何言哉？四时行焉，百物生焉，天何言哉？"

【注释】

①无言：表明孔子的教育思想是重视身教，因此说"欲无言"。

【译文】

孔子说："我想不说话了。"子贡说："您如果不说话，那么我们这些弟子还传述什么呢？"孔子说："上天说了什么话呢？四季照常运行，百物照样生长。上天说了什么话呢？"

【原文】

17.20 孺悲[①]欲见孔子，孔子辞以疾。将命者[②]出户，取瑟而歌，使之闻之。

【注释】

①孺悲：鲁国人，鲁哀公曾派他向孔子学习丧礼。②将命者：传口信的人。

【译文】

孺悲想见孔子，孔子以有病为由推辞不见。传口信的人刚出门，孔子便取来瑟边弹边唱，故意让孺悲听到。

【原文】

17.21 宰我问："三年之丧[①]，期已久矣。君子三年不为礼，礼必坏；三年不为乐，乐必崩。旧谷既没，新谷既升，钻燧改火，期可已矣[②]。"子曰："食夫稻[③]，衣夫锦，于女安乎？”曰：“安。”“女安，则为之。夫君子之居丧，食旨④不甘，闻乐不乐⑤，居处不安，故不为也。今女安，则为之！”宰我出。子曰：“予之不仁也！子生三年，然后免于父母之怀。夫三年之丧，天下之通丧也。予也有三年之爱于其父母乎？”

【注释】

①三年之丧：孔子的解释是孩子生下来以后，要经过三年才能离开父母的怀抱，所以父母去世了，也应该为父母守三年丧。其实在孔子之前，华夏族就已经有为父母守丧三年的习惯，经过儒家在这个问题上的道德制度化，一直沿袭到今天。这是以“孝”的道德为思想基础的。②钻燧改火：古人钻木取火，四季所用木头不同，每年轮一遍，叫改火。期（jī）：一年。③食夫稻：古代北方少种稻米，故大米很珍贵。这里是说吃好的。④旨：甜美，指好的食物。⑤闻乐（yuè）不乐（lè）：听音乐都不感到快乐。

【译文】

宰我问：“为父母服丧三年，时间太长了。君子三年不讲究礼仪，礼仪必然败坏；三年不演奏音乐，音乐就会荒废。旧谷吃完，新谷登场，钻燧取火的木头轮过了一遍，丧期有一年的时间就可以了。”孔子说：“（一年）你吃甜美大米，穿起了锦缎衣，你心安吗？”宰我说：“我心安。”孔子说：“你心安，你就那样去做吧！君子守丧期间，吃美味不觉得香甜，听音乐不觉得快乐，住在家里不觉得舒服，所以不那样做。如今你既觉得心安，你就那样去做吧！”宰我出去后，孔子说：“宰予真是不仁啊！小孩生下来，到三岁时才能离开父母的怀抱。服丧三年，这是天下通行的丧礼。难道他的父母对宰予没有三年的爱抚吗？”

【原文】

17.22 子曰：“饱食终日，无所用心，难矣哉！不有博弈者乎？为之，犹贤乎已。”

【译文】

孔子说：“整天吃饱了饭，什么脑筋也不动，想要进德太难了！不是还有玩博戏和下棋吗？天天玩博戏和下棋也比闲着好啊。”

【原文】

17.23 子路曰："君子尚勇乎？"子曰："君子义以为上。君子有勇而无义为乱，小人有勇而无义为盗。"

【译文】

子路说："君子崇尚勇敢吗？"孔子答道："君子以道义作为最高尚的品德，君子有勇无道义就会犯上作乱，小人有勇无道义就会去偷盗。"

【原文】

17.24 子贡曰："君子亦有恶①乎？"子曰："有恶。恶称人之恶者，恶居下流②而讪③上者，恶勇而无礼者，恶果敢而窒④者。"曰："赐也亦有恶乎？""恶徼⑤以为知⑥者，恶不孙⑦以为勇者，恶讦⑧以为直者。"

【注释】

①全章除人之"恶"（读è，坏处）外，其余"恶"都读wù，厌恶。②下流：下等的、在下的。③讪（shàn）：诽谤、诋毁。④窒：阻塞、顽固不化。⑤徼（jiǎo）：窃取、抄袭。⑥知：同"智"。⑦孙（xùn）：同"逊"。⑧讦（jié）：揭发别人的隐私或过错。

【译文】

子贡说："君子也有厌恶的事吗？"孔子说："有厌恶的事。厌恶宣扬别人坏处的人，厌恶身居下位而诽谤在上位的人，厌恶勇敢而不懂礼仪的人，厌恶固执而又顽固不化的人。"孔子又说："赐，你也有厌恶的事吗？"子贡说："厌恶抄袭别人而作为自己的知识的人，厌恶不谦虚却自以为勇敢的人，厌恶揭发别人的隐私而自以为直率的人。"

【原文】

17.25 子曰："唯女子与小人为难养也①，近之则不孙，远之则怨。"

【注释】

①唯女子与小人为难养也：意思是说只有女子和小人是难以教养的。这句话表

明孔子轻视妇女的思想。这是儒家一贯的思想主张，后来则演变为“男尊女卑”“夫为妻纲”的男权主义。

【译文】

孔子说：“只有女子和小人是难以教养的，亲近他们，他们就会不知道恭顺；疏远他们，他们就会抱怨。”

【原文】

17.26 子曰：“年四十而见恶焉，其终也已。”

【译文】

孔子说：“一个人活到了四十岁的时候还被人所厌恶，他这一生也就终结了。”

微子篇　第十八

【本篇引语】

本篇分为十一章。其中著名的文句有："四体不勤，五谷不分"，"往者不可谏，来者犹可追"等。

这一篇中有如下内容：孔子的政治思想主张，孔子弟子与老农谈孔子，孔子关于塑造独立人格的思想等。内容以反映孔子的处世态度为主，而且大多是通过与隐士思想行为的对比来表现的。18.1章称赞微子、箕子、比干在纣王乱世不同的抗争行为。18.2章肯定柳下惠正道直行，不肯曲同流俗。18.3~18.4章记述孔子游历诸侯国不能用世的实情。18.5章通过楚狂接舆避乱世而隐的做法反衬孔子四处游说以求进用的用世观。18.6章以长沮、桀溺躲避乱世的消极主张来衬托孔子以天下为己任的积极态度。18.7章借子路之口批评荷蓧丈人避开乱世的行为扰乱了最重要的伦理关系，放弃了推行大义的责任。18.8章强调孔子遇事唯义是从，态度灵活的特点。18.9章反映礼乐制度遭到破坏，乐师各自离去的情况；与此相反，孔子本人一直在寻找机会用世，为恢复礼制而努力。18.10～18.11章记述周代的有德之人。

【原文】

18.1　微子①去之，箕子②为之奴，比干③谏而死。孔子曰："殷有三仁焉。"

【注释】

①微子：商纣王的同母兄长，名启，微是封国名，子是爵名。微子生时其母是帝乙之妾，生纣时已经立母为后，故帝死后，纣嗣立王。微子见纣王无道，劝他不听，遂离开纣王出走。②箕子：箕（jī），商纣王的叔父。他去劝纣王，见纣王不听，便披

发装疯，被降为奴隶。③比干：商纣王的叔父，屡次强谏，激怒纣王而被杀。

【译文】

商纣王无道，微子离开了纣王，箕子做了他的奴隶，比干被杀死了。孔子说："这是商朝的三位仁人啊！"

【原文】

18.2 柳下惠为士师[1]，三黜[2]。人曰："子未可以去乎？"曰："直道而事人，焉往而不三黜？枉道而事人，何必去父母之邦？"

【注释】

①士师：典狱官，掌管刑狱。②黜：罢免不用。

【译文】

柳下惠当典狱官，三次被罢免。有人说："你不可以离开鲁国吗？"柳下惠说："按正道侍奉君主，到哪里不会被多次罢官呢？如果按邪道侍奉君主，为什么一定要离开父母之国呢？"

【原文】

18.3 齐景公待孔子曰："若季氏，则吾不能；以季、孟之间待之。"曰："吾老矣，不能用也。"孔子行。

【译文】

齐景公准备用礼节对待孔子，说："像鲁君对待季氏那样，我做不到，我用介于季氏、孟氏之间的待遇对待他。"孔子说："我老了，不能做什么了。"于是孔子离开了齐国。

【原文】

18.4 齐人归女乐[1]，季桓子[2]受之，三日不朝。孔子行。

【注释】

①归（kuì）：同“馈”，赠送。女乐：歌伎舞女。②季桓子：鲁国宰相季孙氏。鲁定公五年（公元前505年）至哀公三年（公元前492年）为执政上卿。

【译文】

齐国人赠送了一批歌伎舞女给鲁国，季桓子接受了，三天不上朝理政。孔子于是离开了鲁国。

【原文】

18.5 楚狂接舆[①]歌而过孔子曰：“凤兮！凤兮！何德之衰？往者不可谏，来者犹可追。已而！已而！今之从政者殆而！”孔子下，欲与之言。趋而辟之，不得与之言。

【注释】

①楚狂接舆：楚国的狂人，实为假装疯狂而隐的贤者。接舆，非真实名字。

【译文】

楚国的狂人接舆唱着歌从孔子的车旁走过，他唱道：“凤凰啊，凤凰啊，你的德运怎么这么衰弱呢？过去的错事已经无可挽回，未来的前途还来得及谋划。算了吧！算了吧！如今的执政者岌岌可危!”孔子下车，想同他谈谈，他却赶快避开，孔子没能和他交谈。

【原文】

18.6 长沮、桀溺[①]耦而耕[②]。孔子过之，使子路问津[③]焉。长沮曰：“夫执舆[④]者为谁？”子路曰：“为孔丘。”曰：“是鲁孔丘与？”曰：“是也。”曰：“是知津矣。”问于桀溺。桀溺曰：“子为谁？”曰：“为仲由。”曰：“是鲁孔丘之徒与？”对曰：“然。”曰：“滔滔者天下皆是也，而谁以易之[⑤]？且而与其从辟[⑥]人之士也，岂若从辟世之士哉？”耰而不辍[⑦]。子路行以告。夫子怃然[⑧]曰：“鸟兽不可与同群，吾非斯人之徒与而谁与？天下有道，丘不与易也。”

【注释】

①长沮（jù）、桀（jié）溺：两位隐士，因在水边耕作，而称“沮”、“溺”。真实姓名和身世不详。②耦而耕：两个人合力耕作。③问津：津，渡口。询问渡口。④执舆：即执辔。⑤之：与。⑥辟：同“避”，躲开。⑦耰（yōu）：用土覆盖种子。辍（chuò）：停止。⑧怃然：怅然，失意的样子。

【译文】

长沮、桀溺在一起并排耕种，孔子路过，让子路去询问渡口在哪里。长沮问子路：“那个执辔的是谁？”子路说：“是孔丘。”长沮说：“是鲁国的孔丘吗？”子路说：“是的。”长沮说：“那他是知道渡口位置的。”子路再去问桀溺。桀溺说：“你是谁？”子路说：“我是仲由。”桀溺说：“你是鲁国孔丘的门徒吗？”子路说：“是的。”桀溺说：“天下到处都是动乱不安的样子，你们同谁去改变它呢？而且你与其跟着躲避恶人的志士，为什么不跟着我们这些躲避社会的隐士呢？”说完，仍旧不停地做田里的农活。子路回来后把情况报告给孔子。孔子很失望地说：“人是不能与飞禽走兽合群的，如果不同世人打交道还与谁打交道呢？如果天下太平，我就不会与你们一道来从事改革了。”

【原文】

18.7 子路从而后，遇丈人，以杖荷蓧[①]。子路问曰：“子见夫子乎？”丈人曰：“四体不勤，五谷不分[②]，孰为夫子？”植其杖而芸。子路拱而立。止子路宿，杀鸡为黍[③]而食[④]之，见其二子焉。明日，子路行以告。子曰：“隐者也。”使子路反见之，至则行矣。子路曰：“不仕无义。长幼之节，不可废也；君臣之义，如之何其废之？欲洁其身，而乱大伦。君子之仕也，行其义也。道之不行，已知之矣。”

【注释】

①蓧（diào）：古代耘田所用的竹器。②四体不勤，五谷不分：我忙于播种五谷，没有闲暇，怎知你夫子是谁？③黍（shǔ）：黏小米。④食（sì）：拿东西给人吃。

【译文】

子路跟随孔子出行，落在了后面，遇到一个老人，用拐杖挑着除草的工具。子路问道：“你看到我的老师了吗？”老人说：“你这个人，四肢不劳动，分不清五谷，谁知道什么人是你的老师？”说完，便扶着拐杖去除草。子路拱着手恭敬地站在一旁。老人留子路到他家住宿，杀了鸡，做了小米饭给他吃，又叫两个儿子出来与子路见面。第二天，子路赶上孔子，把自己的经历告诉了孔子。孔子说：“这是一位隐士啊。”叫子路回去再看看他。子路到了那里，老人已经走了。子路说：“不做官是不合乎道义的。长幼间的关系是不可以废弃的；君臣间的关系怎么能废弃呢？想要避开乱世洁身自保，却破坏了根本的君臣伦理关系。君子做官，只是为了实行君臣的道义。至于道义的行不通，早就知道了。”

【原文】

18.8 逸[①]民：伯夷、叔齐、虞仲、夷逸、朱张、柳下惠、少连。[②]子曰：“不降其志，不辱其身，伯夷、叔齐与！”谓：“柳下惠、少连，降志辱身矣，言中伦，行中虑，其斯而已矣。”谓：“虞仲、夷逸，隐居放[③]言，身中清，废中权。我则异于是，无可无不可。”

【注释】

①逸：同“佚”，散失、遗弃。②虞仲、夷逸、朱张、少连：此四人身世无从考，从文中意思看，当是没落贵族。③放：放置，不再谈论世事。

【译文】

被遗落在民间的贤人有：伯夷、叔齐、虞仲、夷逸、朱张、柳下惠、少连。孔子说：“不降低自己的意志，不辱没自己的身份，这是伯夷、叔齐吧。”又说：“柳下惠、少连，是被迫降低自己的意志，辱没自己的身份；但说话合乎伦理，行为合乎人心；他们不过如此罢了。”又说：“虞仲、夷逸，过着隐居的生活，说话很随便，保持洁身自爱，离开官位也是他们的权术。我却同这些人不同，可以这样做，也可以那样做。”

【原文】

18.9 大师挚[①]适齐，亚饭[②]干适楚，三饭缭适蔡，四饭缺适秦。鼓方叔[③]入于河，播鼗[④]武入于汉，少师[⑤]阳、击磬襄[⑥]入于海。

【注释】

①大（tài）师挚：“大”同“太”。太师是鲁国乐官之长，挚是人名。②亚饭、三饭、四饭：都是乐官名。古代天子、诸侯用饭时都奏乐相伴。天子一日四餐，鲁国用周天子礼乐，故称“亚饭、三饭、四饭”。干、缭、缺是人名。③鼓方叔：击鼓的乐师名方叔。④鼗（táo）：长柄小鼓。⑤少师：乐官名，副乐师。⑥击磬襄：击磬的乐师，名襄。

【译文】

太师挚到齐国去了，名叫干的亚饭到楚国去了，名叫缭的三饭到蔡国去了，名叫缺的四饭到秦国去了，名叫方叔打鼓的到了黄河边，名叫武摇小鼓的到了汉水边，名叫阳的少师及名叫襄击磬的到了海边。

【原文】

18.10 周公谓鲁公[1]曰：“君子不施[2]其亲，不使大臣怨乎不以[3]。故旧无大故，则不弃也。无求备于一人。”

【注释】

①鲁公：指周公的儿子伯禽，封于鲁。②施（chí）：同“弛”，放松，引申为疏远。③以：用。

【译文】

周公对鲁公说：“君子不疏远他的亲族，不让大臣们埋怨没有被任用。旧友老臣没有重大的过错，就不要抛弃他们，对别人不要求他十全十美。”

【原文】

18.11 周有八士[1]：伯达、伯适、仲突、仲忽、叔夜、叔夏、季随、季騧[2]。

【注释】

①八士：本章中所说八士按排行加单名组成的，事迹已不可考。

②季騧（guā）：周代知名之士之一。

【译文】

周代有八个知名之士：伯达、伯适、仲突、仲忽、叔夜、叔夏、季随、季騧。

子张篇 第十九

【本篇引语】

本篇分为二十五章。其中著名的文句有："见危致命，见得思义"，"仕而优则学，学而优则仕"，"君子之过，犹日月之食"，"其生也荣，其死也哀"等。

本篇包括的主要内容有：孔子学而不厌、不耻下问的精神，孔子对殷纣王的批评，孔子关于学与仕的关系，君子与小人在有过失时的不同表现，以及孔子与其弟子和他人之间的对话。所记全是孔子弟子的语录，包括子张3章、子夏10章、子游3章、曾子4章、子贡6章（有重合）。论及君子之行、道德信义、交友原则、知识技能、好学精神、好问勤思、大德不逾、学仕关系、居丧适度、孝道规定、哀悯百姓、恶居下流、知过改错、学无常师等内容，多数主张与孔子本人的很接近，从中可以看出弟子们对孔子学说的信奉和传承。也有评价人物的内容：19.12章论及子夏门人，19.15~19.16章评价子张，19.23~19.25章评价孔子，反映了弟子对孔子圣人形象的维护。

【原文】

19.1 子张曰："士见危致①命，见得思②义，祭思敬，丧思哀，其可已矣。"③

【注释】

①致：给予、献出。②得：有所得，得到利益。思：想到。③见危致命，见得思义：意思是说在需要自己献出生命的时候，他可以毫不犹豫，勇于献身，这是君子之所为。同样，在有利可得的时候，君子往往想到这样做是否符合义的规定。这是孔子思想的精华点。

【译文】

子张说："士遇见危险时敢于献出自己的生命，看见有利可得时就想到是否符合道义，祭祀时要想到严肃恭敬，居丧的时候要想到悲伤，这样就可以了。”

【原文】

19.2 子张曰：“执德不弘①，信道不笃②，焉能③为有？焉能为亡？”

【注释】

①弘：大。在这里引申为发扬光大。②笃：坚定不移。③焉能：怎么能，哪里能。

【译文】

子张说：“执守道德而不能发扬光大，信仰道义而不能坚定不移，这样的人怎么能说有道德，又怎么能说他没有道德呢？”

【原文】

19.3 子夏之门人问交①于子张。子张曰：“子夏云何？”对曰：“子夏曰：‘可者与之，其不可者拒之。’”子张曰：“异乎吾所闻：君子尊贤而容众②，嘉善而矜③不能。我之大贤与，于人何所不容？我之不贤与，人将拒我，如之何其拒人也？”

【注释】

①交：与人交往。②容众：容纳广大的普通人。③嘉善：赞美好人。矜：怜惜。

【译文】

子夏的弟子向子张询问怎样与人交往。子张说：“子夏是怎么说的？”答道：“子夏说：‘人品好的就和他交朋友，人品差的就拒绝他。’”子张说：“我所听到的和这些不一样：君子既尊重贤人，又能容纳广大的普通人；能够赞美好人，又能怜惜能力不够的人。如果我是十分贤良的人，那我对别人有什么容纳不下的呢？我如果不贤良，那别人就会拒绝我，我又怎么可能拒绝别人呢？”

【原文】

19.4 子夏曰：“虽小道①，必有可观者焉；致远恐泥②，是以君子不为也。”

【注释】

①小道：指各种具体的方法、知识和技能，即农工商医卜之类的各种技能。②泥（nì）：阻滞、不通、妨碍。

【译文】

子夏说："虽然都是些小技艺，也一定有可取的地方；但用它来达到远大目标，或许就行不通了，所以君子才不从事它。"

【原文】

19.5 子夏曰："日知其所亡①，月无忘其所能，可谓好学也已矣。"②

【注释】

①亡（wú）：指不知道的东西。②本章是孔子教育思想的一个组成部分。孔子并不笼统反对博学强记，因为人类知识中的很多内容都需要认真记忆，不断巩固，并且在原有知识的基础上再接受新的知识。这一点，对我们今天的教育也有某种借鉴作用。

【译文】

子夏说："每天都能学到自己所不会的知识，每月都不忘记已经学会的知识，这就可以说是好学了。"

【原文】

19.6 子夏曰："博学而笃志①，切问②而近思，仁在其中矣。"

【注释】

①笃志：志，意为"识"。此为坚定意志。②切问：恳切地提问。

【译文】

子夏说："博览群书或广泛学习而且能坚定自己的意志，诚恳地提问而且又深刻地思考，仁就在其中了。”

【原文】

19.7 子夏曰：“百工居肆[①]以成其事，君子学以致其道。”

【注释】

①百工居肆：百工，各行各业的工匠。肆，古代社会制作物品的作坊。

【译文】

子夏说：“各行各业的工匠在作坊里劳动来完成他们自己的工作，君子通过学习来掌握大道。”

【原文】

19.8 子夏曰：“小人之过也必文。”

【译文】

子夏说：“小人犯了过错，一定会加以掩饰。”

【原文】

19.9 子夏曰：“君子有三变：望之俨然[①]，即[②]之也温，听其言也厉[③]。”

【注释】

①俨然：形容矜持庄重。②即：靠近。③厉：严肃。

【译文】

子夏说：“君子有三变：远看他的样子矜持庄重，接近他，又温和可亲，听他说话，语气严肃。”

【原文】

19.10 子夏曰："君子信而后劳其民；未信，则以为厉己也；信而后谏，未信，则以为谤己也。"

【译文】

子夏说："君子必须取得信任，然后才去役使百姓，如果没有建立信用，百姓就会以为是在受虐待。君子要先取得信任，然后才去规劝别人；如果没有建立信用，听者就会以为你在诽谤他。"

【原文】

19.11 子夏曰："大德①不逾闲②，小德出入可也。"

【注释】

①大德、小德：指德行中的大节、小节。儒家向来认为，作为有君子人格的人，他应当顾全大局，而不在细微末节上斤斤计较。②闲：木栅栏，这里指界限。

【译文】

子夏说："大节上不能超越界限，小节上有些出入是可以的。"

【原文】

19.12 子游曰："子夏之门人小子，当洒扫、应对、进退，则可矣。抑末①也，本之则无，如之何？"子夏闻之，曰："噫！言游过矣！君子之道，孰先传焉？孰后倦②焉？譬诸草木，区以别矣。君子之道，焉可诬③也？有始有卒者，其惟圣人乎！"

【注释】

①抑：不过。末：指礼仪的末节。②倦：竭力，即诲人不倦。③诬：欺骗。

【译文】

子游说："子夏的弟子们，做些打扫、应答、迎送客人的事情是可以的。但这些不过是礼仪的末节小事，根本的东西却没有学到，这怎么办呢？"子夏听了，说："唉！子游说错了。君子之道先传授哪一条，后传授哪一条，这就像草和木一样，都是有区别的。君子之道，怎么可以随意歪曲呢？能按次序有始有终地教授弟子们，恐怕只有圣人吧！"

【原文】

19.13 子夏曰："仕而优则学，学而优则仕。"①

【注释】

①仕而优则学，学而优则仕：意思是说做官之余，还有精力和时间，那他就可以去学习礼乐等治国安邦的知识；学习之余，还有精力和时间，他就可以去做官从政。优，有余力。这段话集中概括了孔子的教育方针和办学目的，也探讨了"学"与"仕"之间的关系。

【译文】

子夏说："如果做官还有余力的人就去学习，如果学习有余力的人，就可以去做官。"

【原文】

19.14 子游曰："丧致①乎哀而止②。"

【注释】

①致：极致、竭尽。②止：为限度或达到目的。

【译文】

子游说："丧事尽到了悲哀之情，也就可以了。"

【原文】

19.15 子游曰："吾友张也，为难能也，然而未仁。"

【译文】

子游说："我的朋友子张啊，他可以说是难得的了，然而还没有达到仁。"

【原文】

19.16 曾子曰："堂堂①乎张也，难与并为仁②矣。"

【注释】

①堂堂：形容仪表庄严大方。②为仁：修养仁德。

【译文】

曾子说："子张仪表庄严大方，难以和他一起修养仁德。"

【原文】

19.17 曾子曰："吾闻诸夫子：人未有自致者也，必也亲丧乎！"

【译文】

曾子说："我听老师说过：人不可能有充分地抒发感情的时候，如果有，一定是在父母去世的时候。"

【原文】

19.18 曾子曰："吾闻诸夫子：孟庄子①之孝也，其他可能也，其不改父之臣与父之政②，是难能也。"

【注释】

①孟庄子：鲁国大夫仲孙速。②不改父之臣与父之政：据《左传》记载，孟庄子沿用了他父亲确立的军赋办法，不改"父之政"即指军赋办法。父之臣，父亲任用的人，即旧臣。

【译文】

曾子说："我听老师说过：孟庄子的孝，其他方面别人也可以做得到，而父亲死后，他没有更换父亲的旧臣及政治措施，别人是很难做到的。"

【原文】

19.19 孟氏使阳肤为士师[①]，问于曾子。曾子曰："上失其道，民散[②]久矣。如得其情，则哀矜[③]而勿喜[④]。"

【注释】

①阳肤：曾子的弟子。士师：典狱官。②民散：指民心离散，想要背叛。③矜：怜悯。④喜：沾沾自喜或自鸣得意。

【译文】

孟孙氏任命阳肤做典狱官，阳肤向曾子请教。曾子说："在上位的人离开了正道，百姓早就离心离德了。你如果能弄清他们犯罪的情况，就应当哀痛怜悯他们，而不要自鸣得意。"

【原文】

19.20 子贡曰：纣[①]之不善，不如是之甚也。是以君子恶居下流[②]，天下之恶皆归焉。"

【注释】

①纣：商代最后一个君主，名辛，"纣"是他的谥号，历来被认为是一个暴君。②下流：下游。即地形低洼各处来水汇集的地方。这里指众恶所归之处。

【译文】

子贡说："纣王的不好，不像传说的那样严重。所以君子憎恨身居低下的地方，因为一旦这样，天下一切坏名声都会归到他身上。"

【原文】

19.21 子贡曰：“君子之过也，如日月之食焉：过也，人皆见之；更也，人皆仰之。”

【译文】

子贡说：“君子的过错好比日蚀、月蚀那样：犯了过错，人们都看得见；改正了过错，人们都敬仰他。”

【原文】

19.22 卫公孙朝①问于子贡曰：“仲尼②焉学？”子贡曰：“文武之道③，未坠于地④，在人。贤者识其大者，不贤者识其小者，莫不有文武之道焉。夫子焉不学？而亦何常师之有⑤？”

【注释】

①卫公孙朝：卫国的大夫公孙朝。②仲尼：孔子的字。③文武之道：周文王、武王的治道。④坠于地：指失传。⑤亦何常师之有：意思是说何必要有专门的老师传播？本来孔子就肩负着上承尧舜禹汤文武周公之道，并把它发扬光大的责任，这不需要什么人讲授给孔子。表明了孔子“不耻下问”“学无常师”的学习过程。

【译文】

卫国的公孙朝询问子贡说：“仲尼的学问是从哪里学来的？”子贡说：“周文王、武王的治道，并没有失传，还留在民间。贤能的人可以了解它的根本，不贤的人只了解它的末节，到处都有文武之道存在。我们老师在哪里不能学，又何必要有专门的老师传授呢？”

【原文】

19.23 叔孙武叔语①大夫于朝曰：“子贡贤于仲尼。”子服景伯②以告子贡。子贡曰：“譬之宫墙③，赐之墙也及肩，窥见室家之好。夫子之墙数仞④，不得其门而入，不见宗庙之美，百官⑤之富。得其门者或寡矣。夫子之云，不亦宜⑥乎！”⑦

【注释】

①叔孙武叔：鲁国大夫，名州仇，三桓之一。语（yù）：告诉。②子服景伯：鲁国大夫。③宫墙：围墙，宫也是墙。④仞（rèn）：古时七尺为仞，一说八尺为仞，一说五尺六寸为仞。⑤官：这里指房舍。⑥宜：合情合理。⑦本章用子贡的一席话，大概描述了孔子的学问广博精深，不是一般人能够了解的。因此一般的人对孔子得不出正确的认识也是情理之中的事。

【译文】

叔孙武叔在朝廷上对大夫们说："子贡比仲尼更贤。"子服景伯把这一番话告诉了子贡。子贡说："拿围墙来作比喻，我家的围墙只有齐肩高，可以从外观察房舍的美。老师家的围墙却有几仞高，如果找不到门进去，你就看不见里面宗庙的富丽堂皇，房屋的绚丽多彩。但能够找到门进去的人并不多。叔孙武叔那么讲，不也是很自然吗？"

【原文】

19.24　叔孙武叔毁仲尼。子贡曰："无以①为也！仲尼不可毁也。他人之贤者，丘陵也，犹可逾也；仲尼，日月也，无得而逾焉。人虽欲自绝，其何伤于日月乎？多②见其不知量③也。"

【注释】

①以：此，这样。②多：用作副词，只是的意思。③不知量：不知高低、深浅、轻重等。

【译文】

叔孙武叔诽谤仲尼。子贡说："不要做这样的事！仲尼是不可能被毁谤的。别人的贤德好比丘陵，还可以逾越，仲尼的贤德好比太阳和月亮，是无法超越的。有人虽然要自绝于日月，那对日月又有什么损害呢？只是表明他们不自量力而已。"

【原文】

19.25　陈子禽谓子贡曰："子为恭也，仲尼岂贤于子乎？"子贡曰："君子一言

以为知，一言以为不知，言不可不慎也。夫子之不可及也，犹天之不可阶而升也。夫子之得邦家者，所谓立之斯立，道之斯行，绥之斯来，动之斯和。其生也荣，其死也哀，如之何其可及也？”①

【注释】

①本章是子贡回答别人贬低孔子而抬高子贡的问话。子贡对孔子十分敬重，认为他高不可及，所以他不能容忍别人对孔子的毁谤。

【译文】

陈子禽对子贡说：“你对孔子是刻意谦恭吧，仲尼怎么能比你更贤良呢？”子贡说：“君子的一句话就可以表现他的睿智，一句话也可以表现他的无知，所以说话不可以不慎重啊。夫子的高不可及，正像天一样高，是不能够顺着梯子爬上去的。夫子如果得到诸侯之国、大夫之家的任用，他就会做到：教百姓立足于礼仪，百姓就会立足于礼仪；要引导百姓，百姓就会跟着走；安抚百姓，百姓就会来归顺；动员百姓，百姓就会齐心协力。夫子活着时就十分荣耀，夫子死了后又会让百姓哀恸。别人怎么能赶得上他呢？”

尧曰篇　第二十

【本篇引语】

本篇分为三章，但段落都比较长。本篇中著名的文句有："君子惠而不费，劳而不怨，欲而不贪，泰而不骄，威而不猛"，"宽则得众，信则民任"，"兴灭国，继绝世，举逸民"等。

本篇包括的主要内容有：尧禅让帝位给舜，舜禅让帝位给禹，即所谓三代的善政和孔子关于治理国家事务的基本要求。20.1章是尧禅让帝位时的命舜之辞，商汤讨伐夏桀时的告天之辞，周武王分封诸侯之辞等。编纂《论语》的人将这些内容记于此，大约是为了说明孔子"祖述尧舜，宪章文武"之意。此章文字不甚连贯，当有脱落。20.2章为孔子答子张问从政。《汉书·艺文志》著录古文《论语》二十一篇，古注称："出孔子壁中，两《子张》"，"分《尧曰》篇后子张问'何如可以从政'已下为篇，名曰《从政》。"就是指古文传本的《论语》此章以下独立成篇。20.3章所记内容与前多有重复，由此可知此篇是补缀而成的。

【原文】

20.1　尧曰①："咨②！尔舜！天之历数在尔躬。允执③其中。四海困穷，天禄永终。"舜亦以命禹。曰："予小子履④，敢用玄牡⑤，敢昭告于皇皇后帝：有罪不敢赦。帝臣不蔽，简⑥在帝心。朕⑦躬有罪，无以万方；万方有罪，罪在朕躬。"周有大赉⑧，善人是富。"虽有周亲⑨，不如仁人。百姓有过，在予一人。"谨权量⑩，审法度⑪，修废官⑫，四方之政行焉。兴灭国，继绝世，举逸民，天下之民归心焉。所重：民、食、丧、祭。宽则得众，信则民任焉⑬。敏则有功，公则说⑭。

【注释】

①尧曰：下面引号内的话是尧在禅让帝位时对舜说的话。以下记述了从尧帝以

来历代先圣先王的遗训，可以说是对《论语》全书中有关治国安邦平天下的思想加以总结，对后代产生了很大的影响力。②咨：即“啧”，感叹词，表示赞美。③允：真诚。执：坚持。④予小子：上古帝王的自称。履：商汤的名字。⑤玄牡：玄，黑色谓玄。牡，公牛。即黑色的公牛。⑥简：阅，这里引申为知道。⑦朕：我。从秦始皇起，专用作帝王自称。⑧赉（lài）：赏赐。⑨周亲：至亲。⑩权量：权，秤锤，指量轻重的标准。量，斗斛，指量容积的标准。⑪法度：长度，与上文的“权”“量”相对。⑫废官：废缺的职位。⑬信则民任焉：古本没有此句，可能是衍文。⑭说：同“悦”，使人高兴。

【译文】

尧让位给舜时说：“哦！舜呀！天命已经落在你的身上了。诚实地保持那正道吧！假如天下百姓都陷入困苦和贫穷，上天赐给你的禄位也就会永远终结。”舜让位给禹时也这样告诫他。（商汤）说：“我的后辈小子履，谨用黑色的公牛来祭祀，向伟大的天帝祷告：我这个有罪的人我不敢擅自赦免，天帝的臣子有罪过也不敢掩蔽，都由天帝的心来分辨、选择。我本人若有罪不要牵连天下万方，天下万方若有罪，都归我一个人承担。”周朝大封诸侯，使善人都富贵起来。（周武王）说：“我虽然有至亲，不如有仁德之人。百姓有过错，都在我一人身上。”认真检查度量衡器，周密地制定法度，治理废缺的职位，全国的政令就会通行了。恢复被灭亡了的国家，接续已经断绝的家族，提拔隐逸的贤人，天下百姓就会真心归服了。要重视四件事：人民、粮食、丧礼、祭祀。宽厚就能得到众人的拥护，诚信就能得到别人的任用，勤敏就能取得功绩，公平就会使百姓高兴。

【原文】

20.2 子张问孔子曰：“何如斯可以从政矣？”子曰：“尊五美，屏①四恶，斯可以从政矣。”子张曰：“何谓五美？”子曰：“君子惠而不费，劳而不怨，欲而不贪，泰而不骄，威而不猛。”子张曰：“何谓惠而不费？”子曰：“因②民之所利而利之，斯不亦惠而不费乎？择可劳而劳之，又谁怨？欲仁而得仁，又焉贪？君子无众寡，无小大，无敢慢，斯不亦泰而不骄乎？君子正其衣冠，尊其瞻视，俨然人望而畏之，斯不亦威而不猛乎？”子张曰：“何谓四恶？”子曰：“不教而杀谓之虐；不戒视成谓之暴；慢令致期③谓之贼；犹之与人也，出纳④之吝谓之有司⑤。”⑥

【注释】

①屏（bǐng）：除去。②因：根据、依靠。③慢令：命令松懈。致期：期限紧迫。④出纳：只有“出”的意思。⑤有司：管事者代称。这里是小气的意思。⑥本章是子张向孔子请教为官从政的要领。这里，孔子讲了“五美四恶”，这是他政治主张的基本点，其中包含有丰富的“民本”思想，比如：“因民之所利而利之”“择可劳而劳之”，反对“不教而杀”“不戒视成”的暴虐之政。可以看出，孔子对德治、礼治社会有自己独到的主张，即使在今天也仍不失其重要的借鉴价值。

【译文】

子张询问孔子说：“怎样才可以治理政事呢？”孔子说：“尊重五种美德，排除四种恶习，这样就可以治理政事了。”子张问：“五种美德是什么？”孔子说：“君子要给百姓以恩惠而自己却无所耗费；役使百姓而不使他们怨恨；追求仁德而不贪图财利；庄重而不傲慢；威严却不凶猛。”子张说：“怎样叫给人恩惠而自己却不耗费呢？”孔子说：“让百姓们去做对他们有利的事，这不就是对百姓有利而自己却不耗费吗？选择可以让百姓劳作的时间和事情让百姓去做，这又有谁会怨恨呢？自己要追求仁德便得到了仁，又还有什么可贪的呢？君子无论人多人少，势力大小，从不怠慢他们，这不就是庄重而不傲慢吗？君子衣冠整齐，目不斜视，使人见了就产生敬畏之心，这不也是威严而不凶猛吗？”子张问：“什么叫四种恶政呢？”孔子说：“不经教化便加以杀戮叫做虐；不加告诫，只要求成绩，叫做暴；政令松懈，限期紧迫，叫做贼；同是给人财物，出手吝啬，叫做小气。”

【原文】

20.3 子曰：“不知命，无以为君子也。不知礼，无以立也。不知言，无以知人也。”①

【注释】

①本章孔子再次向君子提出三点要求，即“知命”“知礼”“知言”，这是君子立身处世需要特别注意的问题。《论语》一书最后一章谈君子人格的内容，表明此书

之侧重点，就在于塑造具有理想人格的君子，培养治国安邦平天下的志士仁人。

【译文】

孔子说：“不懂得天命，就不能成为君子；不懂得礼仪，就不能立身处世；不善于分辨别人的言语，就不能真正了解人。”

附录一 《论语》的哲学价值

《论语》是孔子言行的汇编，由孔门弟子及再传弟子整理而成，采用的主要是语录体和问答体。全书共12700余字，共二十篇，每篇取篇首二字或三字为名。其篇次如下：《学而》《为政》《八佾》《里仁》《公冶长》《雍也》《述而》《泰伯》《子罕》《乡党》《先进》《颜渊》《子路》《宪问》《卫灵公》《季氏》《阳货》《微子》《子张》《尧曰》。

《论语》的思想内容十分丰富，主要概括如下：

（一）“仁”的思想。“仁”是孔子哲学的核心观念。《论语》论“仁”的地方很多，其意蕴可以从不同的角度加以阐释，但要旨是表示人的德性。

首先，“仁”以“爱人”为根本内容。“樊迟问仁。子曰：‘爱人。’”“爱人”为同情他人的一种道德情感，这是仁德的情感基础。“爱人”首先表现为爱亲，即孝悌之情，孔子视之为仁德的根本：“孝弟也者，其为仁之本与”（1.2章）。

其次，孔子强调由己及彼、由亲及疏，把爱心推出去，行忠恕之道。能行忠恕，便是“仁”，“夫仁者，己欲立而立人，己欲达而达人”（6.29章），及“己所不欲，勿施于人”（15.24章）。

再次，仁以人的情感为基础，但人的情感是多层次的，若任情而使之流荡，则可能陷入邪慝，故孔子又以礼释仁，把符合礼之规范的情感视作仁：“颜渊问仁。子曰：‘克己复礼为仁。一日克己复礼，天下归仁焉’”（12.1章）。

（二）“礼”的思想。“礼”是表示政治、人伦关系的客观性范畴，既是对政治原则的规定，又是对道德个体行为的规定。从前者看，孔子崇尚“周礼”，“周监于三代，郁郁乎文哉，吾从周”。“周礼”完美无缺，故孔子一生的理想在复兴周礼。“礼”的基本功能是调适人际关系，使社会整体实现和谐：“礼之用，和为贵，先王之道斯为美”。据此，孔子主张“齐之以礼”“为国以礼”，把礼作为治国平天下的根本原则。从后者看，孔子要求人的行为循礼，符合礼的规范，“立于

礼”，“不知礼，无以立”（第20.3章）。礼作为人的行为准则不能流于形式，“礼云礼云，玉帛云乎哉”。“礼”必须以人的真实情感为根基，故孔子又以仁充实礼：“人而不仁，如礼何？”《论语》提及“礼”的地方也不少，所以专家、学者都认为“礼”是孔子的核心思想。

（三）“君子”的思想。“君子”是孔子推崇的道德人格，它是“仁”与“礼”的统一：“质胜文则野，文胜质则史。文质彬彬，然后君子”（6.18章）。质是真性情，涉及于“仁”；文是对人后天的加工，指“礼”的一面。“仁”为内，“礼”为外，内外结合起来，便是君子。孔子更为重视“仁”，把具有仁德的人称为“仁人”，或直呼“君子”，“君子去仁，恶乎成名？君子无终食之间违仁，造次必于是，颠沛必于是”（4.5章）。君子实现仁德，不是外在力量的强制，而是内在德性的自觉要求，“仁远乎哉，我欲仁，斯仁至矣”。仁人不仅具有德于内，而且还要推及于外，“博施于民，而能济众”。能够如此，即是圣人。“圣人”是仁人人格发展之极致，是最高的理想人格。

（四）精神境界的思想。仁不仅是完美的人格，而且是理想境界。孔子评判其弟子说：“回也，其心三月不违仁。其余则日月至焉而已矣。”仁境极高，颜渊只能保持三个月的仁境，其余的人只能偶尔达到此境。孔子自述自己提升心境的过程说：“吾十有五而志于学，三十而立，四十而不惑，五十而知天命，六十而耳顺，七十而从心所欲不逾矩”（2.4章）。“从心所欲不逾矩”是对仁德的完全觉解，亦是对宇宙人生真理的完全觉解。人达此境，即可获得自由，有永恒的快乐。孔子多言“乐”，此乐即指心境之乐。

（五）义利之辨的思想。义利关系是《论语》中的一个十分重要的问题。孔子尚义，主张“以义为上”。义与利比较，义高于、重于利的价值。因此，孔子提倡“见利思义”“见得思义”，并且把重义还是重利看作是区别道德高低的标准：“君子喻于义，小人喻于利”（4.16章）。孔子不否认利的合理性，但强调在义利发生冲突的时候，要把义放在首位，“富与贵，是人之所欲也，不以其道得之，不处也”（4.5章）。甚至主张舍弃自己的生命去维护道义的价值：“志士仁人，无求生以害仁，有杀身以成仁”（15.9章）。仁是义之所在，应当无条件地维护之。在这个问题上，集中地体现着儒学的道德责任感和使命感。

（六）天人关系的思想。在《论语》中，“天”主要含两层意蕴：一为自然之天，“天何言哉！四时行焉，百物生焉”（17.19章）；二有神学之天的意味，“获罪于天，无所祷也”，“予所否者，天厌之！天厌之！”在此层，孔子实际是把天看作是人事的超越性根据，由此，他笃信“命”或“天命”，认为“死生有命，富贵在天”，并提出“三畏”之说：“君子有三畏，畏天命，畏大人，畏圣人之言”（16.8章）。他对鬼神持怀疑的立场，但表现出重人事、重现实的精神，“未能事人，焉能事鬼”？“未知生，焉知死”？把“敬鬼神而远之”看作是最明智的态度。

（七）教育方面的思想。孔子是教育家，有关教育的论述比较多，并历来为人所重。孔子虽然承认有“生而知之者”，但重视“学而知之”，并认为自己“非生而知之者，好古，敏以求之者也”（7.20章）。因此，他很强调“学”：“学则不固”，“学而时习之”，“吾尝终日不食，终夜不寝，以思，无益，不如学也”（15.31章）。主张学习要虚心：“不耻下问”，“三人行，必有我师焉。择其善者而从之，其不善者而改之”（7.22章）。他创办私学，向一切人开放，主张“有教无类”，“自行束修以上，吾未尝无诲焉”。对于教与学的态度是：“学而不厌，诲人不倦。”注重学与思的结合：“学而不思则罔，思而不学则殆”（2.15章）。提倡启发式的教学方法：“不愤不启，不悱不发。举一隅不以三隅反，则不复也”（7.8章）。此外，还要求对知识采取老老实实的态度：“知之为知之，不知为不知，是知也”（2.17章），“多闻阙疑，慎言其余”（2.18章）。

《论语》是研究孔子思想及孔门思想的重要著作，在儒学史乃至整个中国哲学史上具有十分重要的地位。《论语》所阐述的思想，渗透到哲学、文化、文学、教育、伦理、历史、政治等领域，并沉积到民族的心底，因而是传统文化的一个重要源头。

附录二 《论语》中的经典语录

☆〖爱之，能勿劳乎？〗（宪问篇第14.7）

☆〖邦有道，谷；邦无道，谷，耻也。〗（宪问篇第14.1）

☆〖邦有道，贫且贱焉，耻也；邦无道，富且贵焉，耻也。〗（泰伯篇第8.13）

☆〖邦有道，如矢；邦无道，如矢。〗（卫灵公篇第15.7）

☆〖邦有道，危言危行；邦无道，危行言孙。〗（宪问篇第14.3）

☆〖邦有道，则知；邦无道，则愚。其知可及也，其愚不可及也。〗（公冶长篇第5.21）

☆〖饱食终日，无所用心，难矣哉！〗（阳货篇第17.22）

☆〖博学而笃志，切问而近思，仁在其中矣。〗（子张篇第19.6）

☆〖不得中行而与之，必也狂狷乎！〗（子路篇第13.21）

☆〖不愤不启，不悱不发。〗（述而篇第7.8）

☆〖不患人之不己知，患不知人也。〗（学而篇第1.16）

☆〖不患人之不己知，患其不能也。〗（宪问篇第14.30）

☆〖不患无位，患所以立；不患莫己知，求为可知也。〗（里仁篇第4.14）

☆〖不能正其身，如正人何？〗（子路篇第13.13）

☆〖不仁者，不可以久处约，不可以长处乐。〗（里仁篇第4.2）

☆〖不学礼，无以立。〗（季氏篇第16.13）

☆〖不义而富且贵，于我如浮云。〗（述而篇第7.16）

☆〖不在其位，不谋其政。〗（泰伯篇第8.14）

☆〖不知礼，无以立也。〗（尧曰篇第20.3）

☆〖朝闻道，夕死可矣。〗（里仁篇第4.8）

☆〖大德不逾闲，小德出入可也。〗（子张篇第19.11）

☆〖当仁，不让于师。〗（卫灵公篇第15.36）
☆〖道不同，不相为谋。〗（卫灵公篇第15.40）
☆〖道听而涂说，德之弃也。〗（阳货篇第17.14）
☆〖道之以政，齐之以刑，民免而无耻；道之以德，齐之以礼，有耻且格。〗（为政篇第2.3）
☆〖德不孤，必有邻。〗（里仁篇第4.25）
☆〖弟子入则孝，出则弟，谨而信，泛爱众而亲仁。行有余力，则以学文。〗（学而篇第1.6）
☆〖多闻，择其善者而从之。〗（述而篇第7.28）
☆〖多闻阙疑，慎言其余，则寡尤。〗（为政篇第2.18）
☆〖发愤忘食，乐以忘忧，不知老之将至。〗（述而篇第7.19）
☆〖饭疏食、饮水，曲肱而枕之，乐亦在其中矣。〗（述而篇第7.16）
☆〖非敢后也，马不进也。〗（雍也篇第6.15）
☆〖夫子之道，忠恕而已矣。〗（里仁篇第4.15）
☆〖父母在，不远游，游必有方。〗（里仁篇第4.19）
☆〖父母之年，不可不知也；一则以喜，一则以惧。〗（里仁篇第4.21）
☆〖富与贵，是人之所欲也，不以其道得之，不处也；贫与贱，是人之所恶也，不以其道得之，不去也。〗（里仁篇第4.5）
☆〖工欲善其事，必先利其器。〗（卫灵公篇第15.10）
☆〖攻乎异端，斯害也已。〗（为政篇第2.16）
☆〖恭，宽，信，敏，惠。〗（阳货篇第17.6）
☆〖恭近于礼，远耻辱也。〗（学而篇第1.12）
☆〖躬自厚而薄责于人，则远怨矣。〗（卫灵公篇第15.15）
☆〖古者言之不出，耻躬之不逮也。〗（里仁篇第4.22）
☆〖古之学者为己，今之学者为人。〗（宪问篇第14.24）
☆〖过而不改，是谓过矣。〗（卫灵公篇第15.30）
☆〖后生可畏，焉知来者之不如今也？〗（子罕篇第9.23）
☆〖己所不欲，勿施于人。〗（卫灵公篇第15.24）
☆〖己欲立而立人，己欲达而达人。〗（雍也篇第6.29）

☆〖骥不称其力，称其德也。〗（宪问篇第14.33）

☆〖见利思义，见危授命，久要不忘平生之言。〗（宪问篇第14.12）

☆〖见善如不及，见不善如探汤。〗（季氏篇第16.11）

☆〖见危知命，见得思义。〗（子张篇第19.1）

☆〖见贤思齐焉，见不贤而内自省也。〗（里仁篇第4.17）

☆〖见义不为，无勇也。〗（为政篇第2.24）

☆〖今之孝者，是谓能养。至于犬马，皆能有养。不敬，何以别乎？〗（为政篇第2.7）

☆〖近者说，远者来。〗（子路篇第13.16）

☆〖敬鬼神而远之，可谓知矣。〗（雍也篇第6.22）

☆〖敬其事而后其食。〗（卫灵公篇第15.38）

☆〖敬事而信，节用而爱人，使民以时。〗（学而篇第1.5）

☆〖居处恭，执事敬，与人忠。〗（子路篇第13.19）

☆〖居之无倦，行之以忠。〗（颜渊篇第12.14）

☆〖举直错诸枉，能使枉者直。〗（颜渊篇第12.22）

☆〖举直错诸枉，则民服；举枉错诸直，则民不服。〗（为政篇第2.11）

☆〖君君、臣臣、父父、子子。〗（颜渊篇第12.11）

☆〖君使臣以礼，臣事君以忠。〗（八佾篇第3.19）

☆〖君子不可小知而可大受也，小人不可大受而可小知也。〗（卫灵公篇第15.34）

☆〖君子不以言举人，不以人废言。〗（卫灵公篇第15.23）

☆〖君子不忧不惧。〗（颜渊篇第12.4）

☆〖君子成人之美，不成人之恶。〗（颜渊篇第12.16）

☆〖君子耻其言而过其行。〗（宪问篇第14.27）

☆〖君子固穷，小人穷斯滥矣。〗（卫灵公篇第15.2）

☆〖君子和而不同，小人同而不和。〗（子路篇第13.23）

☆〖君子怀德，小人怀土；君子怀刑，小人怀惠。〗（里仁篇第4.11）

☆〖君子疾没世而名不称焉。〗（卫灵公篇第15.20）

☆〖君子谋道不谋食。〗（卫灵公篇第15.32）

☆〖君子求诸己，小人求诸人。〗（卫灵公篇第15.21）
☆〖君子上达，小人下达。〗（宪问篇第14.23）
☆〖君子食无求饱，居无求安，敏于事而慎于言，就有道而正焉，可谓好学也已。〗（学而篇第1.13）
☆〖君子泰而不骄，小人骄而不泰。〗（子路篇第13.26）
☆〖君子坦荡荡，小人长戚戚。〗（述而篇第7.37）
☆〖君子无所争。〗（八佾篇第3.7）
☆〖君子务本，本立而道生。〗（学而篇第1.2）
☆〖君子信而后劳其民，未信，则以为厉己也；信而后谏，未信，则以为谤己也。〗（子张篇第19.10）
☆〖君子一言以为知，一言以为不知，言不可不慎也。〗（子张篇第19.25）
☆〖君子以文会友，以友辅仁。〗（颜渊篇第12.24）
☆〖君子易事而难说也。说之不以道，不说也；及其使人也，器之。小人难事而易说也。说之虽不以道，说也；及其使人也，求备焉。〗（子路篇第13.25）
☆〖君子有九思：视思明，听思聪，色思温，貌思恭，言思忠，事思敬，疑思问，忿思难，见得思义。〗（季氏篇第16.10）
☆〖君子有三戒：少之时，血气未定，戒之在色；及其壮也，血气方刚，戒之在斗；及其老也，血气既衰，戒之在得。〗（季氏篇第16.7）
☆〖君子欲讷于言而敏于行。〗（里仁篇第4.24）
☆〖君子喻于义，小人喻于利。〗（里仁篇第4.16）
☆〖君子贞而不谅。〗（卫灵公篇第15.37）
☆〖君子之德，风；小人之德，草。草上之风，必偃。〗（颜渊篇第12.19）
☆〖君子之过也，如日月之食焉：过也，人皆见之；更也，人皆仰之。〗（子张篇第19.21）
☆〖君子周而不比，小人比而不周。〗（为政篇第2.14）
☆〖君子周急不继富。〗（雍也篇第6.4）
☆〖君子尊贤而容众，嘉善而矜不能。〗（子张篇第19.3）
☆〖可与共学，未可与适道。〗（子罕篇第9.30）

☆〖可与言而不与言，失人；不可与言而与之言，失言。知者不失人，亦不失言。〗（卫灵公篇第15.8）

☆〖克己复礼为仁。一日克己复礼，天下归仁焉。〗（颜渊篇第12.1）

☆〖礼之用，和为贵。〗（学而篇第1.11）

☆〖里仁为美。择不处仁，焉得知？〗（里仁篇第4.1）

☆〖敏而好学，不耻下问。〗（公冶长篇第5.15）

☆〖名不正则言不顺，言不顺则事不成。〗（子路篇第13.3）

☆〖年四十而见恶焉，其终也已。〗（阳货篇第17.26）

☆〖鸟之将死，其鸣也哀；人之将死，其言也善。〗（泰伯篇第8.4）

☆〖朋友切切偲偲，兄弟怡怡。〗（子路篇第13.28）

☆〖譬如为山，未成一篑，止，吾止也！譬如平地，虽覆一篑，进，吾往也！〗（子罕篇第9.19）

☆〖贫而无谄，富而无骄。〗（学而篇第1.14）

☆〖贫而无怨难，富而无骄易。〗（宪问篇第14.10）

☆〖其身正，不令而行；其身不正，虽令不从。〗（子路篇第13.6）

☆〖巧言令色，鲜矣仁！〗（阳货篇第17.17）

☆〖丘也幸，苟有过，人必知之。〗（述而篇第7.31）

☆〖群居终日，言不及义，好行小慧，难矣哉！〗（卫灵公篇第15.17）

☆〖人而不仁，如礼何？〗（八佾篇第3.3）

☆〖人而无信，不知其可也。〗（为政篇第2.22）

☆〖人无远虑，必有近忧。〗（卫灵公篇第15.12）

☆〖仁远乎哉？我欲仁，斯仁至矣。〗（述而篇第7.30）

☆〖仁者不忧，知者不惑，勇者不惧。〗（宪问篇第14.28）

☆〖如有周公之才之美，使骄且吝，其余不足观也已。〗（泰伯篇第8.11）

☆〖入太庙，每事问。〗（乡党篇第10.21）

☆〖三军可夺帅也，匹夫不可夺志也。〗（子罕篇第9.26）

☆〖三人行，必有我师焉，择其善者而从之，其不善者而改之。〗（述而篇第7.22）

☆〖三思而后行。〗（公冶长篇第5.20）

☆〖奢则不孙，俭则固。与其不孙也，宁固。〗（述而篇第7.36）
☆〖慎终追远，民德归厚矣。〗（学而篇第1.9）
☆〖生，事之以礼；死，葬之以礼。〗（为政篇第2.5）
☆〖生而知之者，上也；学而知之者，次也；困而学之，又其次也；困而不学，民斯为下矣。〗（季氏篇第16.9）
☆〖食不厌精，脍不厌细。〗（乡党篇第10.8）
☆〖士不可以不弘毅，任重而道远。〗（泰伯篇第8.7）
☆〖士而怀居，不足以为士矣。〗（宪问篇第14.2）
☆〖士志于道，而耻恶衣恶食者，未足与议也。〗（里仁篇第4.9）
☆〖仕而优则学，学而优则仕。〗（子张篇第19.13）
☆〖事父母几谏。见志不从，又敬不违，劳而不怨。〗（里仁篇第4.18）
☆〖视其所以，观其所由，察其所安。〗（为政篇第2.10）
☆〖述而不作，信而好古。〗（述而篇第7.1）
☆〖四海之内，皆兄弟也。〗（颜渊篇第12.5）
☆〖四体不勤，五谷不分。〗（微子篇第18.7）
☆〖虽有周亲，不如仁人。〗（尧曰篇第20.1）
☆〖岁寒，然后知松柏之后凋也。〗（子罕篇第9.28）
☆〖天生德于予，桓魋其如予何！〗（述而篇第7.23）
☆〖天下有道，则庶人不议。〗（季氏篇第16.2）
☆〖听其言而观其行。〗（公冶长篇第5.10）
☆〖巍巍乎！舜、禹之有天下也，而不与焉。〗（泰伯篇第8.18）
☆〖为国以礼。〗（先进篇第11.26）
☆〖为政以德，譬如北辰，居其所而众星共之。〗（为政篇第2.1）
☆〖唯仁者能好人，能恶人。〗（里仁篇第4.3）
☆〖惟上知与下愚不移。〗（阳货篇第17.3）
☆〖温故而知新，可以为师矣。〗（为政篇第2.11）
☆〖温、良、恭、俭、让。〗（学而篇第1.10）
☆〖闻斯行诸？〗（先进篇第11.22）
☆〖无为而治。〗（卫灵公篇第15.5）

☆〖无欲速，无见小利；欲速则不达，见小利则大事不成。〗(子路篇第 13.17)

☆〖吾十有五而志于学，三十而立，四十而不惑，五十而知天命，六十而耳顺，七十而从心所欲，不逾矩。〗(为政篇第2.4)

☆〖先难而后获，可谓仁矣。〗(雍也篇第6.22)

☆〖先事后得，非崇德与？攻其恶，无攻人之恶，非修慝与？〗(颜渊篇第12.21)

☆〖先行其言而后从之。〗(为政篇第2.13)

☆〖贤贤易色。〗(学而篇第1.7)

☆〖乡原，德之贼也！〗(阳货篇第17.13)

☆〖小不忍则乱大谋。〗(卫灵公篇第15.27)

☆〖小人之过也，必文。〗(子张篇第19.8)

☆〖性相近也，习相远也。〗(阳货篇第17.2)

☆〖朽木不可雕也；粪土之墙不可杇也。〗(公冶长篇第5.10)

☆〖学而不思则罔，思而不学则殆。〗(为政篇第2.15)

☆〖学而不厌，诲人不倦。〗(述而篇第7.2)

☆〖学而时习之，不亦说乎？〗(学而篇第1.1)

☆〖学如不及，犹恐失之。〗(泰伯篇第8.17)

☆〖言必信，行必果。〗(子路篇第13.20)

☆〖一言而兴邦。〗(子路篇第13.15)

☆〖以能问于不能，以多问于寡。〗(泰伯篇第8.5)

☆〖以约失之者，鲜矣！〗(里仁篇第4.23)

☆〖益者三乐，损者三乐。〗(季氏篇第16.5)

☆〖有德者必有言，有言者不必有德。〗(宪问篇第14.4)

☆〖有教无类。〗(卫灵公篇第15.39)

☆〖有朋自远方来，不亦乐乎？〗(学而篇第1.1)

☆〖与其媚于奥，宁媚于灶。〗(八佾篇第3.13)

☆〖禹、稷躬稼，而有天下。〗(宪问篇第14.5)

☆〖政者，正也。子帅以正，孰敢不正？〗(颜渊篇第12.17)

☆〖知其不可而为之。〗(宪问篇第14.38)

☆〖知者乐，仁者寿。〗（雍也篇第6.23）

☆〖知之为知之，不知为不知，是知也。〗（为政篇第2.17）

☆〖知之者不如好之者，好之者不如乐之者。〗（雍也篇第6.20）

☆〖志士仁人，无求生以害仁，有杀身以成仁。〗（卫灵公篇第15.9）

☆〖质胜文则野，文胜质则史。文质彬彬，然后君子。〗（雍也篇第6.18）

☆〖中人以上，可以语上也；中人以下，不可以语上也。〗（雍也篇第6.21）

☆〖众恶之，必察焉；众好之，必察焉。〗（卫灵公篇第15.28）

☆〖纣之不善，不如是之甚也。是以君子恶居下流，天下之恶皆归焉。〗（子张篇第19.20）

☆〖主忠信，无友不如己者。〗（学而篇第1.8）

☆〖子在川上曰："逝者如斯夫！不舍昼夜。"〗（子罕篇第9.17）

☆〖自古皆有死，民无信不立。〗（颜渊篇第12.7）

☆〖自行束修以上，吾未尝无诲焉！〗（述而篇第7.7）

附录三　孔子年谱

1岁　公元前551年（鲁襄公二十二年），孔子生于鲁国陬邑昌平乡（今山东曲阜城东南）。因父母曾为生子而祷于尼丘山，故名丘，字仲尼，省称尼山。关于孔子出生年月有两种记载，相差一年，今从《史记·孔子世家》说，生日为夏历八月二十七，今人推算为西历9月28日。

3岁　公元前549年（鲁襄公二十四年），其父叔梁纥卒，葬于防山，今曲阜东25里处有墓地名梁公林。孔母颜徵（征）在携子移居鲁国都城内居住，生活艰难。

5岁　公元前547年（鲁襄公二十六年），孔子弟子秦商生，商字不慈，鲁国人。

6岁　公元前546年（鲁襄公二十七年），弟子曾点生，点字皙，曾参之父。

7岁　公元前545年（鲁襄公二十八年），弟子颜繇生，繇又名无繇，字季路，颜渊之父。

8岁　公元前544年（鲁襄公二十九年），弟子冉耕生。耕字伯牛，鲁国人。吴国公子季札赴鲁观周礼。

10岁　公元前542年（鲁襄公三十一年）弟子仲由生。由字子路，卞人。是年鲁襄公死，其子继位，是为昭公。

12岁　公元前540年（鲁昭公二年），弟子漆雕开生。开字子若，蔡人。晋韩宣子出使鲁国，观书于太史氏，见《易象》与《鲁春秋》，发出“周礼尽在鲁矣”的感叹。

14岁　公元前538年（鲁昭公四年），郑国子产制定丘赋制度。

15岁　公元前537年（鲁昭公五年），孔子曰：“吾十有五而志于学”（《论语·为政》）。鲁国四分公室，改三军为四军，季孙领二军，孟孙、叔孙各领一军。

16岁　公元前536年（鲁昭公六年），郑铸刑鼎。弟子闵损生。损字子骞，鲁国人。

17岁　公元前535年（鲁昭公七年），孔母颜徵（征）在卒。是年，季氏宴请士一级贵族，孔子去赴宴，被季氏家臣阳虎拒之门外。

19岁　公元前533年（鲁昭公九年），孔子娶宋人亓官氏之女为妻。

20岁　公元前532年（鲁昭公十年），亓官氏生子。据传此时正好赶上鲁昭公赐鲤鱼于孔子，故给其子起名为鲤，字伯鱼。是年孔子开始为季孙氏委吏，管理仓库。

21岁　公元前531年（鲁昭公十一年），孔子改作乘田，管理畜牧。孔子说："吾少也贱，故多能鄙事"（《论语·子罕》），此"鄙事"当包括"委吏""乘田"。

24岁　公元前528年（鲁昭公十四年），季孙氏家臣南蒯以费叛，费人将他赶走，逃奔齐国。

27岁　公元前525年（鲁昭公十七年），郯子朝鲁，孔子向郯子询问郯国古代少昊官制。孔子开办私人学校，当在此前后。

29岁　公元前523年（鲁昭公十九年），孔子学琴于师襄。

30岁　公元前522年（鲁昭公二十年），自十五岁有志于学至此时已逾15年，孔子经过努力在社会上已站住脚，故云"三十而立"（《论语·为政》）。是年齐景公与晏婴来鲁国访问。齐景公会见孔子，与孔子讨论秦穆公何以称霸的问题。弟子颜回、冉雍、冉求、商瞿、梁鳣生。回字渊，雍字仲弓，求字子有，瞿字子木，皆鲁国人；鳣字叔鱼，齐国人。

31岁　公元前521年（鲁昭公二十一年），弟子巫马施、高柴、宓不齐生。施字子期，陈国人；柴字子高，齐国人；不齐字子贱，鲁国人。

32岁　公元前520年（鲁昭公二十二年），弟子端木赐生，赐字子贡，卫国人。

34岁　公元前518年（鲁昭公二十四年），孟懿子和南宫敬叔学礼于孔子，这是孔子收徒的最早记载。相传孔子与南宫敬叔适周问礼于老聃，问乐于苌弘。

35岁　公元前517年（鲁昭公二十五年），鲁国发生内乱，即斗鸡之变。《史记·孔子世家》云："昭公率师击（季）平子，平子与孟孙氏、叔孙氏三家共攻昭公，昭公师败，奔齐。"孔子去齐国，途经泰山，发出"苛政猛于虎"的感叹。

36岁　公元前516年（鲁昭公二十六年），齐景公问政于孔子，孔子对曰："君君、臣臣、父父、子子。"孔子得到齐景公的赏识，景公欲以尼溪之田封孔子，被晏子阻止。孔子在齐闻《韶》乐，如醉如痴，三月不知肉味。

37岁　公元前515年（鲁昭公二十七年），齐大夫欲害孔子，孔子由齐返鲁。吴公子季札聘齐，其子死，葬于瀛、博之间。孔子往，观其葬礼。弟子樊须、原宪生。须字子迟，鲁国人；宪字子思，宋国人。

38岁 公元前514年（鲁昭公二十八年），晋魏献子（名舒）执政，举贤才不论亲疏。孔子认为这是义举，云："近不失亲，远不失举，可谓义矣。"

39岁 公元前513年（鲁昭公二十九年），冬天晋铸刑鼎。据《左传》记载，孔子曰："晋其亡乎，失其度矣。"

40岁 公元前512年（鲁昭公三十年），经过几十年的磨炼，对人生各种问题有了比较清楚的认识，故自称"四十而不惑"。弟子澹台灭明生。灭明字子羽，鲁国人。

41岁 公元前511年（鲁昭公三十一年），弟子陈亢生。亢字子禽，陈国人。

42岁 公元前510年（鲁昭公三十二年），昭公卒，其弟定公立。

43岁 公元前509年（鲁定公元年），弟子公西赤生。赤字子华，鲁国人。

45岁 公元前507年（鲁定公三年），弟子卜商生。商字子夏，卫国人。

46岁 公元前506年（鲁定公四年），孔子率弟子观鲁桓公庙的欹器。弟子言偃生。偃字子游，吴国人。

47岁 公元前505年（鲁定公五年），六月，季孙氏家臣阳虎囚季桓子而专鲁政，欲见孔子，孔子不见，阳虎送孔子豚，孔子趁其不在家时拜谢，结果途中相遇，阳虎劝孔子出仕，孔子答应了却未出仕。弟子曾参、颜幸生。参字子舆，鲁国人。幸字子柳，鲁国人。

48岁 公元前504年（鲁定公六年），季氏家臣阳虎擅权日重，孔子称之为"陪臣执国命"（《论语·季氏》）。《史记·孔子世家》云："陪臣执国政……故孔子不仕，退而修《诗》《书》《礼》《乐》，弟子弥众，至自远方，莫不受业焉。"弟子日益增多。阳虎欲见孔子，孔子不想见阳虎，后二人在路上相遇。阳虎劝孔子出仕，孔子没有明确表态。此事当在鲁定公五年或鲁定公六年。

49岁 公元前503年（鲁定公七年），弟子颛孙师生。师字子张，陈国人。

50岁 公元前502年（鲁定公八年），自谓五十而知天命（《论语·为政》）。公山不狃以费叛季氏，使人召孔子，孔子欲往，被子路阻拦。

51岁 公元前501年（鲁定公九年），孔子为中都宰，治理中都一年，卓有政绩，四方则之。鲁伐阳虎，阳虎先后逃奔齐国、宋国，最后投奔晋国赵简子，孔子说："赵氏其世有乱乎"（《左传》）！弟子冉鲁、曹卹、伯虔、颜高、叔仲会生。鲁字子鲁，鲁国人。卹字子循，蔡国人。虔字子析，鲁国人。高字子骄，鲁国人。会字子期，鲁国人。

52岁　公元前500年(鲁定公十年),孔子由中都宰升小司寇,后升大司寇,摄相事。夏天随定公与齐侯相会于夹谷。孔子事先对齐国邀鲁君会于夹谷有所警惕和准备,故不仅使齐国劫持定公的阴谋未能得逞,而且逼迫齐国答应归还侵占鲁国的郓、汶阳、龟阴等土地。

53岁　公元前499年(鲁定公十一年),孔子为鲁司寇,鲁国大治。

54岁　公元前498年(鲁定公十二年),孔子为鲁司寇。为削弱三桓,采取堕三都的措施。叔孙氏与季孙氏为削弱家臣的势力,支持孔子的这一主张,但此一行动受孟孙氏家臣公敛处父的抵制,孟孙氏暗中支持公敛处父。堕三都的行动半途而废。弟子公孙龙生。龙字子石,楚国人。

55岁　公元前497年(鲁定公十三年),春,齐国为离间孔子与鲁国君臣的关系,送80名美女到鲁国。季桓子接受了女乐,君臣迷恋歌舞,多日不理朝政。孔子与季氏出现不和。孔子离开鲁国到了卫国。十月,孔子受谗言之害,离开卫国前往陈国。路经匡地,被围困。后经蒲地,遇公叔氏叛卫,孔子与弟子又被围困。后又返回卫都,住蘧伯玉家。

56岁　公元前496年(鲁定公十四年),孔子在卫国被卫灵公夫人南子召见。子路对孔子见南子极有意见,批评了孔子。郑国子产去世,孔子听到消息后,十分难过,称赞子产是“古之遗爱”。

57岁　公元前495年(鲁定公十五年),孔子去卫居鲁。夏五月鲁定公卒,鲁哀公立。

58岁　公元前494年(鲁哀公元年),孔子在卫。

59岁　公元前493年(鲁哀公二年),卫灵公问阵于孔子,孔子婉言拒绝。孔子离卫欲去晋国,行至黄河听说晋国赵简子杀了两个贤人,返回卫国。不久离卫入曹,途经宋国,宋司马桓魋伐树警告,孔子微服逃至郑国,由郑赴陈。

60岁　公元前492年(鲁哀公三年),孔子自称“六十而耳顺”。孔子过郑到陈国,在郑国都城与弟子失散,独自在东门等候弟子来寻找,被人嘲笑,称之为“累累若丧家之犬”,孔子欣然笑曰:“然哉,然哉!”在陈。秋,季桓子后悔未尝用孔子使鲁国丧失强盛的机会,遗言其子季康子请回孔子,但因公之鱼的阻拦,只召回了冉求。

61岁　公元前491年(鲁哀公四年),孔子离陈往蔡。

62岁　公元前490年（鲁哀公五年），孔子自蔡到叶。叶公问政于孔子，并与孔子讨论有关正直的道德问题。在去叶返蔡的途中，孔子遇隐者。

63岁　公元前489年（鲁哀公六年），孔子与弟子在陈、蔡之间被困绝粮，许多弟子因困饿而病，后被楚人救。由楚返卫，途中又遇隐者。

64岁　公元前488年（鲁哀公七年），孔子在卫。主张在卫国为政先要正名。

65岁　公元前487年（鲁哀公八年），孔子在卫。是年吴伐鲁，战败。孔子的弟子有若参战有功。

66岁　公元前486年（鲁哀公九年），孔子在卫。

67岁　公元前485年（鲁哀公十年），孔子在卫。孔子夫人亓官氏卒。

68岁　公元前484年（鲁哀公十一年），齐师伐鲁，孔子弟子冉有率鲁师与齐战，获胜。季康子问冉有指挥才能从何而来，冉有答曰“学之于孔子”。季康子派人以币迎孔子归鲁。孔子周游列国14年，至此结束。季康子欲行“田赋”，咨询孔子，孔子反对。鲁哀公问政，孔子答以“政在选臣”。鲁国不用孔子，孔子一边教育弟子，一边整理古代文献。

69岁　公元前483年（鲁哀公十二年），孔子仍有心从政，然不被用。孔子继续从事教育及整理文献工作。孔子的儿子孔鲤卒。

70岁　公元前482年（鲁哀公十三年），孔子自谓“七十而从心所欲，不逾矩”。

71岁　公元前481年（鲁哀公十四年），春，西狩获麟，孔子停止修《春秋》。六月，齐国陈恒弑齐简公，孔子求见鲁哀公及三桓，请求鲁国出兵讨伐陈恒，未果。颜回卒，孔子十分悲伤。

72岁　公元前480年（鲁哀公十五年），孔子闻卫国政变，预感到子路有生命危险，子路果然被害，孔子十分难过。

73岁　公元前479年（鲁哀公十六年），四月，孔子患病，不愈而卒。葬于鲁城北。鲁哀公诔之。不少弟子为之守墓三年，子贡为之守墓六年。弟子及鲁人从墓而家者上百家，得名孔里。孔子的故居改为庙堂，孔子受到人们的奉祀。

孟　子

富贵不能淫，贫贱不能移，威武不能屈，此之谓大丈夫。

——《孟子·滕文公下》

天将降大任于是人也，必先苦其心志，劳其筋骨，饿其体肤，空乏其身，行拂乱其所为，所以动心忍性，曾益其所不能。

——《孟子·告子下》

引　言

《孟子》是记录孟轲言行的一部力作，也是儒家重要经典之一。《史记·孟荀列传》："（孟轲）所如者不合，退而与万章之徒序《诗》《书》，述仲尼之意，作《孟子》七篇。"谓《孟子》七篇由孟轲自作，赵岐《〈孟子〉题辞》曰："此书孟子之所作也，故总谓之《孟子》。"又曰："于是退而论集，所与高第弟子公孙丑、万章之徒，难疑答问，又自撰其法度之言，著书七篇。"此亦主孟子自撰。清阎若璩《孟子生卒年月考》亦以孟子自作，且曰："《论语》成于门人之手，故记圣人容貌甚悉。七篇成于己手，故但记言语或出处耳。"

孟子，战国时期伟大的思想家，儒家的主要代表之一。名轲，邹（今山东省邹城市）人。约生于周安王十二年，约卒于周显王四十六年。相传孟子远祖是鲁国贵族孟孙氏，后来因家道衰微，从鲁国迁居到邹国。孟子三岁时丧父，家庭贫困，孟母将其抚养成人。孟母教子甚严，其"迁地教子""三断机杼"等教子故事，成为千古美谈，《三字经》里有"昔孟母，择邻处"之说。

孟子受业于子思（孔子之孙）。学成以后，以士的身份游说诸侯，企图推行自己的政治主张，到过梁（魏）国、齐国、宋国、滕国、鲁国。当时几个大国都致力于富国强兵，争取通过暴力手段实现统一。因孟子的仁政学说被认为是"迂远而阔于事情"，而没有得到推行的机会。最后退居讲学，和他的学生一起"序《诗》《书》，述仲尼之意，作《孟子》七篇"。

在《孟子》一书中，孟子根据战国时期的经验，总结各国治乱兴亡的规律，提出了一个富有民主性精华的著名政治命题："民为贵，社稷次之，君为轻。"认为如何对待人民这一问题，对于国家的治乱兴亡，具有极端的重要性。

孟子认为，人民的物质生活有了保障，统治者再兴办学校，用孝悌的道理进行教化，引导他们向善，这就可以造成一种“亲亲”“长长”的良好道德风尚，即“人人亲其亲、长其长，而天下平”。

孟子认为统治者实行仁政，可以得到天下臣民的衷心拥护，这样便可以无敌于天下。仁政的具体内容很广泛，包括经济、政治、教育以及统一天下的途径等，其中贯穿着一条民本思想的线索。这种思想是从春秋时期重民轻神的思想发展而来的。

孟子把伦理和政治紧密结合起来，强调道德修养是搞好政治的根本。他说：“天下之本在国，国之本在家，家之本在身。”后来《大学》提出的“修齐治平”就是根据孟子的这种思想发展而来的。

孟子把道德规范概括为四种，即仁、义、礼、智。同时把人伦关系概括为五种，即“父子有亲，君臣有义，夫妇有别，长幼有序，朋友有信”。孟子认为，仁、义、礼、智四者之中，仁、义最为重要。仁、义的基础是孝、悌，而孝、悌是处理父子和兄弟血缘关系的基本的道德规范。他认为如果每个社会成员都用仁义来处理人与人的关系，封建秩序的稳定和天下的统一就有了可靠保证。

孟子认为，仁义礼智的道德是天赋的，是人心所固有的，是人的“良知、良能”，是人区别于禽兽的本质特征。他说，“仁义礼智根于心”，“仁义礼智非由外铄我也，我固有之也”，其理由是人人都有“善端”，即恻隐之心、羞恶之心、辞让之心、是非之心，称为“四端”；有的人能够扩充它，加强道德修养，有的人却自暴自弃，为环境所陷溺，这就造成了人品高下的不同。因此，孟子十分重视道德修养的自觉性。

孟子对于士阶层的要求是严格的，认为无论环境多么恶劣，也要奋发向上，把恶劣的环境当作磨炼自己的手段。应该做到“富贵不能淫，贫贱不能移，威武不能屈”，成为一个真正的大丈夫。如果遇到严峻的考验，应该“舍生而取义”，宁可牺牲生命也不可放弃道德原则。

孟子哲学思想的最高范畴是天。孟子继承了孔子的天命思想，剔除了其中残留的人格神的含义，把天想象成为具有道德属性的精神实体。他说：“诚者，天之道也。”孟子把“诚”这个道德概念规定为天的本质属性，认为天是人性固有的道德观念的本原。孟子的思想体系，包括他的政治思想和伦理思想，都是以天这个范畴为基石的。

关于天人关系，孟子认为天与人二者是相通的。从天的方面来说，天是万事万物的主宰，人事的一切都是由天决定的。从人的方面来说，不仅人的善性来自天赋，而且人心的思维功能也是天所赐予的。人心具备天的本质属性，只要尽量发挥、扩展自己的本心，就可以认识天。

在北宋神宗熙宁四年（1071），《孟子》一书首次被列为科举考试科目之一，之后《孟子》一书升格为儒家经典。南宋朱熹将《孟子》与《论语》《大学》《中庸》合为“四书”。直到清末，“四书”一直是科举必考内容。元朝至顺元年（1330），孟子被加封为“亚圣公”，以后就称为“亚圣”，地位仅次于孔子。其思想与孔子思想合称为“孔孟之道”。

《孟子》一书在语言特色上，一般认为与《论语》基本相同，属语录体，而多由对话所组成，明白晓畅、通俗易懂，但比《论语》更有文采和富于气势。《孟子》一书翔实地记载了孟子的思想、言论和事迹，保存了丰富的史料，是研究孟子思想和先秦文学、历史、经济和哲学的重要著作。全书说理精辟，文字流畅，语言形象，不仅是一部儒家的经典著作，也是一部优秀的古代散文集。

本书选录了《孟子》一书中的著名篇章注译。

第一篇　梁惠王上

【本篇引语】

《梁惠王》是《孟子》第一篇的篇名。《孟子》和《论语》一样，原先本无篇名，后人一般取每篇第一章中的前两三字为篇名。《孟子》共七篇，东汉赵岐为《孟子》作注时，将每篇皆分上、下，后人从之。

本篇主要阐述了孟子的“仁政”主张。孟子继承和发展了孔子的德治思想，即从“仁”发展为仁政学说，并使其成为其政治思想的核心。孟子的“仁政”主张，主要有“省刑罚，薄税敛”，“制民之产”，“与民同乐”，提倡礼仪等。其中有不少名言，如：“未有仁而遗其亲者也”，“仁者无敌”，“保民而王，莫之能御也”，“老吾老，以及人之老；幼吾幼，以及人之幼”等。

孟子认为，“行仁政而王，莫之能御也”（《孟子·公孙丑上》）。就是说，以“仁政”统一天下，是谁也阻止不了的。这为当时和后世的统治者奠定了执政的唯一正确的基础。

【原文】

孟子见梁惠王①。王曰：“叟②！不远千里而来，亦将有以利吾国乎？”孟子对曰：“王何必曰利？亦③有仁义而已矣。王曰：‘何以利吾国？’大夫曰：‘何以利吾家？’士庶人④曰：‘何以利吾身？’上下交征⑤利而国危矣。万乘之国，弑⑥其君者，必千乘之家；千乘之国，弑其君者，必百乘之家⑦。万取千焉，千取百焉，不为不多矣。苟⑧为后义而先利，不夺不餍⑨。未有仁而遗⑩其亲者也，未有义而后其君者也。王亦曰仁义而已矣，何必曰利？”

【注释】

①梁惠王：就是魏惠王（前400—前319），惠是他的谥号。公元前370年继他

父亲魏武侯即位，即位后九年由旧都安邑（今山西夏县北）迁都大梁（今河南开封西北），所以又叫梁惠王。②叟：老人。③亦：这里是“只”的意思。④士庶人：士和庶人。庶人即老百姓。⑤交征：互相争夺。征，取。⑥弑：下杀上，卑杀尊，臣杀君叫弑。⑦万乘、千乘、百乘：古代用四匹马拉的一辆兵车叫一乘，诸侯国的大小以兵车的多少来衡量。据刘向《战国策·序》说，战国末期的万乘之国有韩、赵、魏（梁）、燕、齐、楚、秦七国，千乘之国有宋、卫、中山以及东周、西周。至于千乘、百乘之家的“家”，则是指拥有封邑的公卿大夫。公卿封邑大，有兵车千乘；大夫封邑小，有兵车百乘。⑧苟：如果。⑨餍（yàn）：满足。⑩遗：遗弃，抛弃。

【译文】

孟子拜见梁惠王。梁惠王说：“老先生，你不远千里而来，一定是有对我的国家有利的高见吧？”孟子回答说：“大王！何必说利呢？只要说仁义就行了。大王说：‘怎样使我的国家有利？’大夫说：‘怎样使我的家庭有利？’一般士人和老百姓说：‘怎样使我自己有利？’结果是上上下下互相争夺利益，国家就危险了啊！在一个拥有一万辆兵车的国家里，杀害国君的人，一定是拥有一千辆兵车的大夫；在一个拥有一千辆兵车的国家里，杀害国君的人，一定是拥有一百辆兵车的大夫。这些大夫在一万辆兵车的国家中就拥有一千辆，在一千辆兵车的国家中就拥有一百辆，他们的拥有不算不多。如果把义放在后而把利摆在前，他们不夺得国君的地位是永远不会满足的。反过来说，从来没有讲仁的人却抛弃父母的，从来也没有讲义的人却不顾君王的。所以，大王只说仁义就行了，何必说利呢？”

【原文】

孟子见梁惠王。王立于沼上，顾鸿雁麋鹿，曰：“贤者亦乐此乎？”孟子对曰：“贤者而后乐此，不贤者虽有此，不乐也。《诗》云[①]：‘经始灵台[②]，经之营之。庶民攻[③]之，不日[④]成之。经始勿亟[⑤]，庶民子来[⑥]。王在灵囿[⑦]，麀鹿攸伏[⑧]。麀鹿濯濯[⑨]，白鸟鹤鹤[⑩]。王在灵沼[⑪]，於牣[⑫]鱼跃。’文王以民力为台为沼，而民欢乐之，谓其台曰‘灵台’，谓其沼曰‘灵沼’，乐其有麋鹿鱼鳖。古之人与民偕乐，故能乐也。《汤誓》[⑬]曰：‘时日害丧[⑭]？予及女[⑮]偕亡！’民欲与之偕亡，虽有台池鸟兽，岂能独乐哉？”

【注释】

①《诗》云：下面所引的是《诗经·大雅·灵台》，全诗共四章，文中引的是前两章。②经始：开始规划营造。灵台：台名，故址在今陕西西安西北。③攻：建造。④不日：不几天。⑤亟：急。⑥庶民子来：老百姓像儿子似的来修建灵台。⑦囿：古代帝王畜养禽兽的园林。⑧麀（yōu）鹿：母鹿。攸（suǒ）：同“所”。⑨濯（zhuó）濯：肥胖而光滑的样子。⑩鹤鹤：羽毛洁白的样子。⑪灵沼：池名。⑫於（wū）：赞叹词。牣（rèn）：满。⑬《汤誓》：《尚书》中的一篇，记载商汤王讨伐夏桀时的誓师词。⑭时日害（hé）丧：这太阳什么时候毁灭呢？时，这；日，太阳；害，同“曷”，何、何时；丧，毁灭。⑮予及女：我和你。女，同“汝”，你。

【译文】

孟子拜见梁惠王。梁惠王站在池塘边上，一面顾盼着鸿雁、麋鹿等飞禽走兽，一面说：“贤人也以此为乐吗？”孟子回答说：“正因为是贤人才能够以此为乐，不贤的人就算有这些东西，也不能够快乐的。《诗经》说：‘开始规划造灵台，仔细营造巧安排。天下百姓都来干，几天建成速度快。建台本来不着急，百姓起劲自动来。国王游览灵园中，母鹿伏在深草丛。母鹿肥大毛色润，白鸟洁净羽毛丰。国王游览到灵沼，满池鱼儿欢跳跃。’周文王虽然用了老百姓的劳力来修建高台深池，可是老百姓非常高兴，把那个台叫做‘灵台’，把那个池叫做‘灵沼’，以那里面有麋鹿鱼鳖等珍禽异兽为快乐。古代的君王与民同乐，所以能真正快乐。相反，《汤誓》说：‘你这太阳啊，什么时候毁灭呢？我宁肯与你一起毁灭！’老百姓恨不得与你同归于尽，即使你有高台深池、珍禽异兽，难道能独自享受快乐吗？”

【原文】

梁惠王曰：“寡人愿安[①]承教。”孟子对曰：“杀人以梃[②]与刃，有以异乎？”曰：“无以异也。”“以刃与政，有以异乎？”曰：“无以异也。”曰：“庖[③]有肥肉，厩[④]有肥马，民有饥色，野有饿莩。此率兽而食人也！兽相食，且人恶[⑤]之；为民父母，行政，不免于率兽而食人，恶[⑥]在其为民父母也？仲尼曰：‘始作俑者[⑦]，其无后乎！’为其象[⑧]人而用之也。如之何其使斯民饥而死也？”

【注释】

①安：乐意。②梃（tǐng）：木棒。③庖（páo）：厨房。④厩（jiù）：马栏。⑤且人恶（wù）之：按现在的词序，应是“人且恶之”。且，尚且。⑥恶（wū）：疑问副词，何，怎么。⑦俑（yǒng）：古代陪葬用的土偶、木偶。在用土偶、木偶陪葬之前，经历了一个用草人陪葬的阶段。草人只是略略像人形，而土偶、木偶却做得非常像活人。所以孔子深恶痛绝最初采用土偶、木偶陪葬的人。“始作俑者”就是指这最初采用土偶、木偶陪葬的人。后来这句话成为成语，指首开恶例的人。⑧象：同“像”。

【译文】

梁惠王说：“我很乐意听您的指教。”孟子回答说：“用木棒打死人和用刀子杀死人有什么不同吗？”梁惠王说：“没有什么不同。”孟子又问：“用刀子杀死人和用政治害死人有什么不同吗？”梁惠王回答：“没有什么不同。”孟子于是说：“厨房里有肥嫩的肉，马房里有健壮的马，可是老百姓面带饥色，野外躺着饿死的人。这等于是在上位的人率领着野兽吃人啊！野兽自相残杀，人尚且厌恶它；作为老百姓的父母官，施行政治，却不免于率领野兽来吃人，那又怎么能够做老百姓的父母官呢？孔子说：‘最初采用土偶、木偶陪葬的人，该是会断子绝孙吧！’这不过是因为土偶、木偶太像活人而用来陪葬罢了。又怎么可以使老百姓活活地饿死呢？”

【原文】

梁惠王曰：“晋国[①]，天下莫强[②]焉，叟之所知也。及寡人之身，东败于齐，长子死焉[③]；西丧地于秦七百里[④]；南辱于楚[⑤]。寡人耻之，愿比死者一洒之[⑥]，如之何则可？”

孟子对曰：“地方百里[⑦]而可以王。王如施仁政于民，省刑罚，薄税敛，深耕易耨[⑧]；壮者以暇日修其孝悌忠信，入以事其父兄，出以事其长上，可使制梃以挞秦楚之坚甲利兵矣。

“彼夺其民时，使不得耕耨以养其父母。父母冻饿，兄弟妻子离散，彼陷溺其民，王往而征之，夫谁与王敌？故曰：‘仁者无敌。’王请勿疑！”

【注释】

①晋国：韩、赵、魏三家分晋，被周天子和各国承认为诸侯国，称三家为三晋，所以梁（魏）惠王自称魏国也为晋国。②莫强：没有比它更强的。③东败于齐，长子死焉：公元前341年，魏与齐战于马陵，兵败，主将庞涓被杀，太子申被俘。④西丧地于秦七百里：马陵之战后，魏国国势渐衰，秦屡败魏国，迫使魏国献出河西之地和上郡的十五个县，约七百里地。⑤南辱于楚：公元前324年，魏又被楚将昭阳击败于襄陵，魏国失去八邑。⑥比：替，为。一：全，都。洒（xǐ）：洗刷。全句的意思是希望为全体死难者报仇雪恨。⑦地方百里：方圆百里的土地。⑧易耨（nòu）：及时除草。易，疾、速、快；耨，除草。

【译文】

惠王说："魏国曾一度在天下称强，这是老先生您知道的。可是到了我这时候，东边被齐国打败，连我的大儿子都死掉了；西边丧失了七百里土地给秦国；南边又受楚国的侮辱。我为这些事感到非常羞耻，希望替所有的死难者报仇雪恨，我要怎样做才行呢？"

孟子回答说："只要有方圆一百里的土地就可以使天下归服。大王如果对老百姓施行仁政，减免刑罚，少收赋税，深耕细作，及时除草；让身强力壮的人抽出时间修养孝顺、尊敬、忠诚、守信的品德，在家侍奉父母兄长，出门尊敬长辈上级。这样就是让他们制作木棒也可以打击那些拥有坚实盔甲、锐利刀枪的秦楚军队了。

"因为那些秦国、楚国的执政者剥夺了他们老百姓的生产时间，使他们不能够深耕细作来赡养父母。父母受冻挨饿，兄弟妻子东离西散。他们使老百姓陷入深渊之中，大王去征伐他们，有谁来和您抵抗呢？所以说：'施行仁政的人是无敌于天下的。'大王请不要疑虑！"

【原文】

孟子见梁襄王[1]。出，语[2]人曰："望之不似人君，就之而不见所畏焉。卒然[3]问曰：'天下恶乎定？'吾对曰：'定于一。''孰能一之？'对曰：'不嗜杀人者能一之。''孰能与[4]之？'对曰：'天下莫不与也。王知夫苗乎？七八月[5]之间旱，则苗槁矣。天油然作云，沛然下雨，则苗浡然[6]兴之矣。其如是，孰能御之？今夫天下之人牧[7]，未有不嗜杀人者也。如有不嗜杀人者，则天下之民皆引领而望之矣。诚如是也，民归之，由⑧水之就下，沛然谁能御之？’”

【注释】

①梁襄王：梁惠王的儿子，名嗣，公元前318年至公元前296年在位。②语（yù）：动词，告诉。③卒（cù）然：突然。卒，同“猝”。④与：从，跟。⑤七八月：这里指周代的历法，相当于夏历的五六月，正是禾苗需要雨水的时候。⑥浡（bó）然：兴起的样子。浡然兴之即蓬勃地兴起。⑦人牧：治理人民的人，指国君。“牧”由牧牛、牧羊的意义引申过来。⑧由：同“犹”，好像，如同。

【译文】

孟子谒见梁襄王，出来以后，告诉人说：“远看不像个国君，到了他跟前也看不出威严的样子。突然问我：‘天下要怎样才能安定？’我回答说：‘要统一才会安定。’他又问：‘谁能统一天下呢？’我又答：‘不喜欢杀人的国君能统一天下，他又问：‘有谁愿意跟随不喜欢杀人的国君呢？’我又答：‘天下的人没有不愿意跟随他的。大王知道禾苗的情况吗？当七八月间天旱的时候，禾苗就干枯了。一旦天上乌云密布，哗啦哗啦下起大雨来，禾苗便会蓬勃生长起来。这样的情况，谁能够阻挡得住呢？如今各国的国君，没有一个不喜欢杀人的。如果有一个不喜欢杀人的国君，那么，天下的老百姓都会伸长脖子期待着他来解救了。真像这样，老百姓归服他，就像雨水向下奔流一样，哗啦哗啦谁能阻挡得住呢？’”

【原文】

齐宣王①问曰：“齐桓、晋文②之事可得闻乎？”孟子对曰：“仲尼之徒无道桓、文之事者，是以后世无传焉。臣未之闻也。无以③，则王乎？”曰：“德何如，则可以王矣？”曰：“保民而王，莫之能御也。”曰：“若寡人者，可以保民乎哉？”曰：“可。”曰：“何由知吾可也？”曰：“臣闻之胡龁④曰：‘王坐于堂上，有牵牛而过堂下者，王见之，曰：‘牛何之⑤？’对曰：‘将以衅钟⑥。’王曰：‘舍之！吾不忍其觳觫⑦，若无罪而就死地。’对曰：‘然则废衅钟与？’曰：‘何可废也？以羊易之！’不识有诸？”曰：“有之。”曰：“是心足以王矣。百姓皆以王为爱⑧也，臣固知王之不忍也。”王曰：“然。诚有百姓者。齐国虽褊⑨小，吾何爱一牛？即不忍其觳觫，若无罪而就死地，故以羊易之也。”曰：“王无异[10]于百姓之以王为爱也。以小易大，彼恶知之？王若隐[11]其无罪而就死地，则牛羊何择焉？”王笑曰：“是诚何心哉？我非爱其财而易之以羊也，宜乎百姓之谓我爱也。”曰：“无伤[12]也，是乃仁术也，见牛未见羊也。君子之于禽兽也，见其生，不忍见其死；闻其声，不忍食其肉。是以君子远庖厨[13]也。”

【注释】

①齐宣王：姓田，名辟疆。齐威王的儿子，齐湣王的父亲，约公元前319年至前301年在位。②齐桓、晋文：指齐桓公、晋文公。齐桓公，春秋时齐国国君，姓姜，名小白。公元前685年至前643年在位，是春秋时第一个霸主。晋文公，春秋时晋国国君，姓姬，名重耳，公元前636年至前628年在位，也是“春秋五霸”之一。③无以：不得已。以，同“已”。④胡龁（hé）：人名，齐宣王身边的近臣。⑤之：动词，去，往。⑥衅钟：新钟铸成，杀牲取血涂抹钟的孔隙，用来祭祀。按照古代礼仪，凡是国家某件新器物或宗庙开始使用时，都要杀牲取血加以祭祀。⑦觳觫（hú sù）：因恐惧而战栗的样子。⑧爱：吝啬。⑨褊（biǎn）：狭小。⑩异：动词，奇怪，疑怪，责怪。⑪隐：疼爱，可怜。⑫无伤：没有关系，不要紧。⑬庖厨：厨房。

【译文】

齐宣王问道：“齐桓公、晋文公在春秋时代称霸的事情，您可以讲给我听听吗？”

孟子回答说：“孔子的学生没有谈论齐桓公、晋文公称霸之事的，所以没有传到后代来，我也没有听说过。大王如果一定要我说，那我就说说用道德来统一天下的王道吧？”

宣王问：“道德怎么样就可以统一天下了呢？”

孟子说：“一切为了让老百姓安居乐业，这样去统一天下，就没有谁能够阻挡了。”

宣王说：“像我这样的人能够让老百姓安居乐业吗？”

孟子说：“能。”

宣王说：“凭什么知道我能呢？”

孟子说：“我曾经听胡龁告诉过我一件事，说是大王您有一天坐在大殿上，有人牵着牛从殿下走过，您看到了，便问：‘把牛牵到哪里去？’牵牛的人回答：‘准备杀了取血祭钟。’您便说：‘放了它吧！我不忍心看到它那害怕得发抖的样子，就像毫无罪过却被判处死刑一样。’牵牛的人问：‘那就不祭钟了吗？’您说：‘怎么可以不祭钟呢？用羊来代替牛吧！’——不知道有没有这件事？”

宣王说：“是有这件事。”

孟子说：“凭大王您有这样的仁心就可以统一天下了。老百姓听说这件事后都认为您是吝啬，我却知道您不是吝啬，而是因为不忍心。”

宣王说：“是，确实有的老百姓这样认为。不过，我们齐国虽然不大，但我怎么会吝啬到舍不得一头牛的程度呢？我实在是不忍心看到它害怕得发抖的样子，就像毫无罪过却被判处死刑一样，所以用羊来代替它。”

孟子说：“大王也不要责怪老百姓认为您吝啬。他们只看到您用小的羊去代替大的牛，哪里知道其中的深意呢？何况，大王如果可怜它毫无罪过却被宰杀，那牛和羊又有什么区别呢？”

宣王笑着说：“是啊，这一点连我自己也不知道到底是一种什么心理了。我的确不是吝啬钱财才用羊去代替牛的，不过，老百姓这样认为，的确也有他们的道理啊。”

孟子说：“没有关系。大王这种不忍心正是仁慈的表现，只因为您当时亲眼见到了牛而没有见到羊。君子对于飞禽走兽，见到它们活着，便不忍心见到它们死去；听到它们哀叫，便不忍心吃它们的肉。所以，君子总是远离厨房。”

【原文】

王说①曰：“《诗》云②：‘他人有心，予忖度③之。’夫子之谓也。夫我乃行之，反而求之，不得吾心。夫子言之，于我心有戚戚④焉。此心之所以合于王者，何也？”

曰：“有复于王者曰：‘吾力足以举百钧⑤，而不足以举一羽；明足以察秋毫之末⑥，而不见舆薪⑦。’则王许⑧之乎？”

曰：“否。”

“今恩足以及禽兽，而功不至于百姓者，独何与？然则一羽之不举，为不用力焉；舆薪之不见，为不用明焉；百姓之不见保，为不用恩焉。故王之不王，不为也，非不能也。”

曰：“不为者与不能者之形⑨何以异？”

曰：“挟太山以超北海⑩，语人曰‘我不能’，是诚不能也。为长者折枝，语人曰‘我不能’，是不为也，非不能也。故王之不王，非挟太山以超北海之类也；王之不王，是折枝之类也。老吾老，以及人之老；幼吾幼，以及人之幼⑪。天下可运于

掌[12]。《诗》云[13]：‘刑于寡妻[14]，至于兄弟，以御[15]于家邦。’言举斯心加诸彼而已。故推恩足以保四海，不推恩无以保妻子。古之人所以大过人者，无他焉，善推其所为而已矣。今恩足以及禽兽，而功不至于百姓者，独何与？

“权[16]，然后知轻重；度，然后知长短。物皆然，心为甚。王请度之！抑[17]王兴甲兵，危士臣，构怨[18]于诸侯，然后快于心与？”

王曰：“否。吾何快于是？将以求吾所大欲也。”

【注释】

①说：同“悦”。②《诗》云：引自《诗经·小雅·巧言》。③忖度：猜测，揣想。④戚戚：心有所动的感觉。⑤钧：古代重量单位，三十斤为一钧。⑥秋毫之末：指细微难见的东西。⑦舆：车子。薪：木柴。⑧许：赞许，同意。⑨形：情况，状况。⑩太山：泰山。北海：渤海。⑪老吾老，幼吾幼：第一个“老”和“幼”都作动词用。老：尊敬；幼：爱护。⑫运于掌：在手心里运转，比喻治理天下很容易。⑬《诗》云：以下三句引自《诗经·大雅·思齐》。⑭刑：同“型”，指树立榜样，做示范。寡妻：国君的正妻。⑮御：治理。⑯权：本指秤锤，这里用作动词，指称物。⑰抑：选择连词，相当于现代汉语的“还是”。⑱构怨：结怨，构成仇恨。

【译文】

齐宣王很高兴地说：“《诗经》说：‘别人有什么心思，我能揣测出。’这就是说的先生您吧。我自己这样做了，反过来想想为什么要这样做，却说不出所以然来。倒是您老人家这么一说，我的心便豁然开朗了。但您说我的这种心态与用道德统一天下的王道相合又怎么理解呢？”

孟子说：“假如有人来向大王报告说：‘我的力量能够举得起三千斤，却拿不起一根羽毛；视力能够看得清秋天鸟兽毫毛的末梢，却看不见摆在眼前的一车柴草。’大王您会相信他的话吗？”

宣王说：“当然不会相信。”

孟子便接着说：“如今大王您的恩惠能够施及动物，却偏偏不能够施及老百姓，是为什么呢？一根羽毛拿不起，是不愿意用力气拿的缘故；一车柴草看不见，是不愿意用眼睛看的缘故；老百姓不能安居乐业，是君王不愿意施恩惠的缘故。所以大王您没有能够用道德来统一天下，是不愿意做，而不是做不到。”

宣王说：“不愿意做和做不到有什么区别呢？”

孟子说：“要一个人把泰山夹在胳膊下跳过北海，这人告诉人说：‘我做不到。’这是真的做不到。要一个人为老年人折一根树枝，这人告诉人说：‘我做不到。’这是不愿意做，而不是做不到。大王您没有做到用道德来统一天下，不是属于把泰山夹在胳膊下跳过北海的一类，而是属于为老年人折树枝的一类。尊敬自己的老人，并由此推广到尊敬别人的老人；爱护自己的孩子，并由此推广到爱护别人的孩子。做到了这一点，整个天下便会像在自己的手掌心里运转一样容易治理了。《诗经》说：‘先给妻子做榜样，再推广到兄弟，再推广到家族和国家。’说的就是要把自己的心推广到别人身上去。所以，推广恩德足以安定天下，不推广恩德连自己的妻子儿女都保不了。古代的圣贤之所以能远远超过一般人，没有别的什么，不过是善于推广他们的好行为罢了。如今大王您的恩惠能够施及动物，却不能够施及老百姓，这是为什么呢？

“称一称才知道轻重，量一量才知道长短，什么东西都是如此，人心更是这样。大王您请考虑考虑吧！难道真要发动全国军队，使将士冒着生命危险，去和别的国家结下仇怨，这样您的心里才痛快吗？”

宣王说：“不，我为什么这样做心里才痛快呢？我只不过想实现我心里的最大愿望啊。”

【原文】

曰：“王之所大欲可得闻与？”王笑而不言。

曰：“为肥甘不足于口与？轻暖不足于体与？抑为采色[①]不足视于目与？声音不足听于耳与？便嬖[②]不足使令于前与？王之诸臣皆足以供之，而王岂为是哉？”

曰：“否。吾不为是也。”

曰：“然则王之所大欲可知已。欲辟[③]土地，朝[④]秦楚，莅[⑤]中国而抚四夷也。以若所为，求若所欲[⑥]，犹缘木而求鱼也。”

王曰：“若是其甚与？”

曰：“殆[⑦]有甚焉。缘木求鱼，虽不得鱼，无后灾。以若所为，求若所欲，尽心力而为之，后必有灾。”

曰：“可得闻与？”

曰：“邹[8]人与楚[9]人战，则王以为孰胜？”

曰：“楚人胜。”

曰：“然则小固不可以敌大，寡固不可以敌众，弱固不可以敌强。海内之地方千里者九，齐集有其一。以一服八，何以异于邹敌楚哉？盖[10]亦反其本矣。

“今王发政施仁，使天下仕者皆欲立于王之朝，耕者皆欲耕于王之野，商贾皆欲藏于王之市，行旅皆欲出于王之涂[11]，天下之欲疾其君者皆欲赴愬[12]于王。其若是，孰能御之？”

【注释】

①采色：即彩色。②便（pián）嬖（bì）：君王左右被宠爱的人。③辟：开辟。④朝：使动用法，使……来朝。⑤莅（lì）：临。⑥若：人称代词，你。⑦殆：副词，表示不肯定，有“大概”“几乎”“可能”等多种含义。⑧邹：国名，就是当时的邾国，国土很少，首都在今山东邹县东南的邾城。⑨楚：即楚国，春秋和战国时期都是大国。⑩盖：发语词，无实义。⑪涂：同“途”。⑫愬（sù）：通“诉”，控告。

【译文】

孟子说：“大王的最大愿望是什么呢？可以讲给我听听吗？”

齐宣王笑了笑，却不说话。

孟子便说：“是为了肥美的食物不够吃吗？是为了轻暖的衣服不够穿吗？还是为了艳丽的色彩不够看呢？是为了美妙的音乐不够听吗？还是为了身边伺候的人不够使唤呢？这些，您手下的大臣都能够尽量给您提供，难道您还真是为了这些吗？”

宣王说：“不，我不是为了这些。”

孟子说：“那么，您的最大愿望便可以知道了。您是想要扩张国土，使秦、楚这些大国都来朝贡您，自己君临中国，安抚四方落后的民族。不过，以您现在的做法来实现您现在的愿望，就好像爬到树上去捉鱼一样。”

宣王说：“有这样严重吗？”

孟子说：“恐怕比这还要严重哩。爬上树去捉鱼，虽然捉不到鱼，却也没有什么后患。以您现在的做法来实现您现在的愿望，费劲心力去干，一定会有灾祸在后头。”

宣王说：“可以把道理说给我听听吗？”

孟子说："假定邹国和楚国打仗，大王认为哪一国会打胜呢？"

宣王说："当然是楚国胜。"

孟子说："显然，小国的确不可以与大国为敌，人口很少的国家的确不可以与人口众多的国家为敌，弱国的确不可以与强国为敌。中国的土地，方圆千里的共有九块，齐国不过占有其中一块罢了。想用这一块去征服其他八块，这跟邹国和楚国打仗有什么区别呢？大王为什么不回过来好好想一想，从根本上着手呢？

"现在大王如果能施行仁政，使天下做官的人都想到您的朝廷上来做官，天下的农民都想到您的国家来种地，天下做生意的人都想到您的国家来做生意，天下旅行的人都想到您的国家来旅行，天下痛恨本国国君的人都想到您这儿来控诉。果真做到了这些，还有谁能够与您为敌呢？"

【原文】

王曰："吾惛①，不能进于是矣。愿夫子辅吾志，明以教我，我虽不敏，请尝试之。"

曰："无恒产②而有恒心者，惟士为能。若③民，则无恒产，因无恒心。苟无恒心，放辟邪侈④无不为已。及陷于罪，然后从而刑之，是罔民⑤也。焉有仁人在位罔民而可为也？是故明君制⑥民之产，必使仰足以事父母，俯足以畜妻子；乐岁终身饱，凶年免于死亡。然后驱而之善，故民之从之也轻⑦。

"今也制民之产，仰不足以事父母，俯不足以畜妻子；乐岁终身苦，凶年不免于死亡。此惟救死而恐不赡⑧，奚暇⑨治礼义哉？

"王欲行之，则盍反其本矣。五亩之宅，树之以桑，五十者可以衣帛矣。鸡豚狗彘之畜，无失其时，七十者可以食肉矣。百亩之田，勿夺其时，八口之家可以无饥矣。谨庠序之教，申之以孝悌之义，颁白者不负戴于道路矣。老者衣帛食肉，黎民不饥不寒，然而不王者，未之有也。"

【注释】

①惛：同"昏"，昏乱，糊涂。②恒产：可以赖以维持生活的固定财产。如土地、田园、林木、牧畜等。③若：转折连词，至于。④放：放荡。辟：同"僻"，与"邪"的意思相近，均指歪门邪道；侈：放纵挥霍。放辟邪侈指放纵邪欲，违法乱纪。⑤罔：同"网"，有"陷害"的意思。⑥制：订立制度、政策。⑦轻：轻松，容易。⑧赡：足

够，充足。⑨奚暇：怎么顾得上。奚，疑问词，怎么、哪有。暇，余暇，空闲。

【译文】

齐宣王说："我头脑昏乱，对您的说法不能作进一步的领会。希望先生开导我的心志，更明确地教我。我虽然不聪明，也不妨试它一试。"

孟子说："没有固定的产业收入却有不变的道德情操，只有读书人才能做到。至于一般老百姓，如果没有固定的产业收入，也就没有不变的道德情操。一旦没有固定的道德观念，那就会胡作非为，什么事都做得出来。等到他们犯了罪，然后才去加以处罚，这等于是陷害他们。哪里有仁慈的人在位执政却去陷害百姓的呢？所以，贤明的国君制定产业政策，一定要让他们上足以赡养父母，下足以抚养妻子儿女；好年成丰衣足食，坏年成也不致饿死。然后督促他们走善良的道路，老百姓也就很容易听从了。

"现在各国的国君制定老百姓的产业政策，上不足以赡养父母，下不足以抚养妻子儿女；好年成尚且艰难困苦，坏年成更是性命难保。到了这个地步，老百姓连保命都恐怕来不及哩，哪里还有什么工夫来修养礼义呢？

"大王如果想施行仁政，为什么不从根本上着手呢？在五亩大的宅园中种上桑树，五十岁以上的老人都可以穿上丝绵衣服了。鸡、狗、猪等家禽家畜好好养起来，七十岁以上的老人都可以有肉吃了。百亩的耕地，不要去妨碍他们的生产，八口人的家庭都可以吃得饱饱的了。认真地兴办学校，用孝顺父母、尊敬兄长的道理反复教导学生，头发斑白的人也就不会在路上负重行走了。老年人有丝绵衣服穿，有肉吃，一般老百姓吃得饱，穿得暖，这样还不能使天下归服，是从来没有过的。"

第二篇　梁惠王下

【本篇引语】

本篇主要涉及四个重要问题："与民同乐"的问题；战争的正义性问题；任用人才的问题；怎样看待"弑君"的问题。其中有不少名言，如："以大事小者，乐天者也；以小事大者，畏天者也。乐天者保天下，畏天者保其国"，"乐民之乐者，民亦乐其乐；忧民之忧者，民亦忧其忧"，"王顾左右而言他"，"出乎尔者，反乎尔者也"等。

【原文】

齐宣王问曰："交邻国有道乎？"

孟子对曰："有。惟仁者为能以大事小，是故汤事葛①，文王事昆夷②；惟智者为能以小事大，故大王事獯鬻③，勾践事吴④。以大事小者，乐天者也；以小事大者，畏天者也。乐天者保天下，畏天者保其国。诗云：'畏天之威，于时保之⑤。'"

王曰："大哉言矣！寡人有疾，寡人好勇。"

对曰："王请无好小勇。夫抚剑疾视曰'彼恶敢当我哉'，此匹夫之勇，敌一人者也。王请大之！《诗》云⑥：'王赫斯⑦怒，爰⑧整其旅，以遏徂莒⑨，以笃周祜⑩，以对于天下。'此文王之勇也。文王一怒而安天下之民。

"《书》曰⑪：'天降下民，作之君，作之师。惟曰其助上帝，宠之四方。有罪无罪，惟我在，天下曷敢有越厥⑫志？'一人衡行⑬于天下，武王耻之。此武王之勇也。而武王亦一怒而安天下之民。今王亦一怒而安天下之民，民惟恐王之不好勇也。"

【注释】

①汤事葛：汤，商汤，商朝的创建人。葛，葛伯，葛国的国君。葛国是商紧邻的小国，故城在今河南宁陵北十五里处。②文王事昆夷：文王，周文王。昆夷，也写作

"混夷"，周朝初年的西戎国名。③大（dài）王事獯（xūn）鬻（yù）：大王，周文王的祖父，即古公亶父。獯鬻又称猃狁，当时北方的少数民族。④勾践：春秋时越国国君（公元前497年至前465年在位）。吴：指春秋时吴国国君夫差。⑤畏天之威，于时保之：引自《诗经·周颂·我将》。⑥《诗云》：以下诗句引自《诗经·大雅·皇矣》。⑦赫斯：发怒的样子。⑧爰：句首助词，无义。⑨遏：止。徂（cú）：往，到。莒（jǔ）：古国名，在今山东莒县，公元前431年被楚国消灭。⑩笃（dǔ）：厚。祜：福。⑪《书》曰：书，《尚书》，以下引文见伪《古文尚书·周书·泰誓》。⑫厥：用法同"其"。⑬衡行：即"横行"。

【译文】

齐宣王问道："和邻国交往有什么讲究吗？"

孟子回答说："有。只有有仁德的人才能够以大国的身份侍奉小国，所以商汤侍奉葛伯，周文王侍奉昆夷。只有有智慧的人才能够以小国的身份侍奉大国，所以周太王侍奉獯鬻，越王勾践侍奉吴王夫差。以大国身份侍奉小国的，是以天命为乐的人；以小国身份侍奉大国的，是敬畏天命的人。以天命为乐的人安定天下，敬畏天命的人安定自己的国家。《诗经》说：'畏惧上天的威灵，因此才能够安定。'"

宣王说："先生的话可真高深呀！不过，我有个毛病，就是逞强好勇。"

孟子说："那就请大王不要好小勇。有的人动辄按剑瞪眼说'他怎么敢抵挡我呢'，这其实只是匹夫之勇，只能与一个人较量。大王请不要喜好这样的匹夫之勇！《诗经》说：'文王义愤激昂，发令调兵遣将，把侵略莒国的敌军阻挡，增添了周国的吉祥，不辜负天下百姓的期望。'这是周文王的勇。周文王一怒便使天下百姓都得到安定。

"《尚书》说：'上天降生了老百姓，又替他们降生了君王，降生了师表，这些君王和师表的唯一责任，就是帮助上帝来爱护老百姓。所以，天下四方的有罪者和无罪者，都由我来负责，普天之下，何人敢超越上天的意志呢？'所以，只要有一人在天下横行霸道，周武王便感到羞耻，这是周武王的勇。周武王也是一怒便使天下百姓都得到安定。如今大王如果也做到一怒便使天下百姓都得到安定，那么老百姓就会唯恐大王不喜好勇了啊。"

【原文】

齐宣王见孟子于雪宫①。王曰："贤者亦有此乐乎？"

孟子对曰："有。人不得，则非②其上矣。不得而非其上者，非③也；为民上而不与民同乐者，亦非也。乐民之乐者，民亦乐其乐；忧民之忧者，民亦忧其忧。乐以天下，忧以天下，然而不王者，未之有也。昔者齐景公④问于晏子⑤曰：'吾欲观于转附、朝儛⑥，遵海而南，放于琅邪⑦。吾何修而可以比于先王观也？'晏子对曰：'善哉问也！天子适诸侯曰巡狩，巡狩者巡所守也；诸侯朝于天子曰述职，述职者述所职也。无非事者。春省耕而补不足，秋省敛而助不给。夏谚曰：'吾王不游，吾何以休？吾王不豫⑧，吾何以助？一游一豫，为诸侯度。'今也不然：师行而粮食，饥者弗食，劳者弗息。睊睊胥谗⑨，民乃作慝⑩。方命⑪虐民，饮食若流。流连荒亡，为诸侯忧。从流下而忘反谓之流，从流上而忘反谓之连，从兽无厌谓之荒，乐酒无厌谓之亡。先王无流连之乐，荒亡之行。惟君所行也。景公说，大戒⑫于国，出舍于郊。于是始兴发补不足。召大师⑬曰：'为我作君臣相说之乐！'盖《徵招》《角招》⑭是也。其诗曰：'畜君何尤⑮？'畜君者，好君也。"

【注释】

①雪宫：齐宣王的离宫（古代帝王在正宫以外临时居住的宫室，相当于当今的别墅之类）。②非：动词，认为……非，即非难、埋怨。③非：不对，错误。④齐景公：春秋时代齐国国君，公元前547年至前490年在位。⑤晏子：春秋时齐国贤相，名婴，《晏子春秋》一书记载了他的事迹和学说。⑥转附、朝儛：均为山名。⑦琅邪：山名，在今山东诸城东南。⑧豫：义同"游"。⑨睊（juàn）睊：因愤恨侧目而视的样子。胥：皆，都。谗：毁谤，说坏话。⑩慝（tè）：恶。⑪方命：违反命令。方，反、违反。⑫大戒：充分的准备。⑬大（tài）师：即"太师"，古代的乐官。⑭《徵招（zhǐ sháo）》《角（jué）招》：徵、角是古代五音（宫、商、角、徵、羽）中的两个。招，同"韶"，乐曲名。⑮畜：爱好，喜爱。尤：错误，过失。

【译文】

齐宣王在别墅雪宫里接见孟子。宣王说："贤人也有在这样的别墅里居住游玩的快乐吗？"

孟子回答说："有。人们要是得不到这种快乐，就会埋怨他们的国君。得不到这种快乐就埋怨国君是不对的；可是作为老百姓的领导人而不与民同乐，也是不对的。国君以老百姓的快乐为快乐，老百姓也会以国君的快乐为快乐；国君以老百姓的忧愁为忧愁，老百姓也会以国君的忧愁为忧愁。以天下人的快乐为快乐，以天下人的忧愁为忧愁，这样还不能够使天下归服，是没有过的。

"从前齐景公问晏子说：'我想到转附、朝儛两座山去观光游览，然后沿着海岸向南行，一直到琅邪。我该怎样做才能够和古代圣贤君王的巡游相比呢？'晏子回答说：'问得好呀！天子到诸侯国家去叫做巡狩。巡狩就是巡视各诸侯所守疆土的意思。诸侯去朝见天子叫述职。述职就是报告在他职责内的工作的意思。没有不和工作有关系的。春天里巡视耕种情况，对粮食不够吃的给予补助；秋天里巡视收获情况，对歉收的给予补助。夏朝的谚语说：'我王不出来游历，我怎么能得到休息？我王不出来巡视，我怎么能得到赏赐？一游历一巡视，足以作为诸侯的法度。'现在可不是这样了，国君一出游就兴师动众，索取粮食。饥饿的人得不到粮食补助，劳苦的人得不到休息。大家侧目而视，怨声载道，违法乱纪的事情也就做出来了。这种出游违背天意，虐待百姓，大吃大喝如同流水一样浪费。真是流连荒亡，连诸侯们都为此而忧虑。什么叫流连荒亡呢？从上游向下游的游玩乐而忘返叫做流；从下游向上游的游玩乐而忘返叫做连；打猎不知厌倦叫做荒；嗜酒不加节制叫做亡。古代圣贤君王既无流连的享乐，也无荒亡的行为。至于大王您的行为，只有您自己选择了。

"齐景公听了晏子的话非常高兴，先在都城内作了充分的准备，然后驻扎在郊外，打开仓库赈济贫困的人。又召集乐官说：'给我创作一些君臣同乐的乐曲！'这就是《徵招》《角招》。其中的歌词说：'畜君有什么不对呢？'畜君，就是热爱国君的意思。"

【原文】

齐宣王问曰："人皆谓我毁明堂[1]。毁诸？已乎[2]？"

孟子对曰："夫明堂者，王者之堂也。王欲行王政，则勿毁之矣。"王曰："王政可得闻与？"

对曰："昔者文王之治岐[3]也，耕者九一[4]，仕者世禄，关市讥而不征[5]，泽梁[6]无禁，罪人不孥[7]。老而无妻曰鳏，老而无夫曰寡，老而无子曰独，幼而无父曰孤。此四者，天下之穷民而无告者。文王发政施仁，必先斯四者。《诗》云：'哿矣富人，哀此茕独[8]。’”王曰：“善哉言乎！”

曰：“王如善之，则何为不行？”王曰：“寡人有疾，寡人好货。”

对曰：“昔者公刘[9]好货。《诗》云[10]：‘乃积乃仓，乃裹糇粮[11]，于橐于囊[12]。思戢用光[13]。弓矢斯张，干戈戚扬[14]，爰方启行[15]。’故居者有积仓，行者有裹粮也，然后可以爰方启行。王如好货，与百姓同之，于王何有？”王曰：“寡人有疾，寡人好色。”

对曰：“昔者大王好色，爱厥[16]妃。《诗》云[17]：‘古公亶甫[18]，来朝走马，率西水浒[19]，至于岐下。爰及姜女[20]，聿来胥宇[21]。’当是时也，内无怨女，外无旷夫[22]。王如好色，与百姓同之，于王何有？”

【注释】

①明堂：为天子接见诸侯而设的建筑。这里是指泰山明堂，是周天子东巡时设，至汉代还有遗址。②已：止，不。③岐：地名，在今陕西省岐山县一带。④耕者九一：指井田制。把耕地划成井字形，每井九百亩，周围八家各一百亩，属私田，中间一百亩属公田，由八家共同耕种，收入归公家，所以叫九一税制。⑤关：道路上的关卡，近于现代“海关”的概念。市：集市。讥：稽查。征：征税。⑥泽梁：在流水中拦鱼的设备。⑦孥（nú）：本指妻子儿女，这里用作动词，不孥即指不牵连妻子儿女。⑧哿（gě）矣富人，哀此茕（qióng）独：引自《诗经·小雅·正月》。哿，可以。茕，孤单。⑨公刘：人名，后稷的后代，周朝的创业始祖。⑩《诗》云：引自《诗经·大雅·公刘》。⑪糇（hóu）粮：干粮。⑫橐（tuó）囊：都是盛物的东西，囊大橐小。⑬思：语气词，无义。戢：同“辑”，和睦。用：因而。光：发扬光大。⑭干戈戚扬：四种兵器。⑮爰方启行：爰，于是；方，开始；启行，出发。⑯厥：代词，他的，那个。⑰《诗》云：引自《诗经·大雅·绵》。⑱古公亶甫：即周文王的祖父周太王。⑲率：循着。浒：水边。⑳爰：语首词，无义。姜女：太王的妃子。也称太姜。㉑聿（yù）：语首词，无义。胥：动词，省视，视察。宇：屋宇。㉒怨女：未出嫁的老处女。旷夫：未娶妻的单身汉。古代女子居内，男子居外，所以以内外代指。

【译文】

齐宣王问道：“别人都建议我拆毁明堂，究竟是拆毁好呢？还是不拆毁好呢？”

孟子回答说：“明堂是施行王政的殿堂。大王如果想施行王政，就请不要拆毁

它吧。”

宣王说：“可以把王政说给我听听吗？”

孟子回答说：“从前周文王治理岐山的时候，对农民的税率是九分抽一；对于做官的人是给予世代承袭的俸禄；在关卡和市场上只稽查，不征税；任何人到湖泊捕鱼都不禁止；对罪犯的处罚不牵连妻子儿女。失去妻子的老年人叫做鳏夫；失去丈夫的老年人叫做寡妇；没有儿女的老年人叫做独老；失去父亲的儿童叫做孤儿。这四种人是天下穷苦无靠的人。文王实行仁政，一定最先考虑到他们。《诗经》说：‘有钱人是可以过得去了，可怜那些无依无靠的人吧。’”

宣王说：“说得好呀！”

孟子说：“大王如果认为说得好，为什么不这样做呢？”

宣王说：“我有个毛病，我喜爱钱财。”

孟子说：“从前公刘也喜爱钱财。《诗经》说：‘收割粮食装满仓，备好充足的干粮，装进小袋和大囊。紧密团结争荣光，张弓带箭齐武装。盾戈斧钺拿手上，开始动身向前方。’因此留在家里的人有谷，行军的人有干粮，这才能够率领军队前进。大王如果喜爱钱财，能想到老百姓也喜爱钱财，这对施行王政有什么影响呢？”

宣王说：“我还有个毛病，我喜爱女色。”

孟子回答说：“从前周太王也喜爱女色，非常爱他的妃子。《诗经》说：‘周太王一大早驱驰快马，沿着西边的河岸，一直走到岐山下。带着妻子姜氏女，勘察地址建新居。’那时，没有找不到丈夫的老处女，也没有找不到妻子的老光棍。大王如果喜爱女色，能想到老百姓也喜爱女色，这对施行王政有什么影响呢？”

【原文】

孟子谓齐宣王曰：“王之臣有托其妻子于其友，而之楚游者。比其反也①，则②冻馁其妻子，则如之何？”王曰：“弃之。”曰：“士师③不能治士，则如之何？”王曰：“已之。”曰：“四境之内不治，则如之何？”王顾左右而言他。

【注释】

①比：及，至，等到。反：同“返”。②则：这里的用法是表示事情的结果。③士师：司法官。

【译文】

孟子对齐宣王说："如果大王您有一个臣子把妻子儿女托付给他的朋友照顾，自己出游楚国去了。等他回来的时候，他的妻子儿女却在挨饿受冻。对待这样的朋友，应该怎么办呢？"齐宣王说："和他绝交！"孟子说："如果您的司法官不能管理他的下属，那应该怎么办呢？"齐宣王说："撤他的职！"孟子又说："如果一个国家治理得很糟糕，那又该怎么办呢？"齐宣王左右张望，把话题扯到一边去了。

【原文】

孟子见齐宣王曰："所谓故国①者，非谓有乔木②之谓也，有世臣③之谓也。王无亲臣矣，昔者所进④，今日不知其亡⑤也。"

王曰："吾何以识其不才而舍之？"

曰："国君进贤，如不得已，将使卑逾尊，疏逾戚，可不慎与？左右皆曰贤，未可也；诸大夫皆曰贤，未可也；国人皆曰贤，然后察之，见贤焉，然后用之。左右皆曰不可，勿听；诸大夫皆曰不可，勿听；国人皆曰不可，然后察之，见不可焉，然后去之。左右皆曰可杀，勿听；诸大夫皆曰可杀，勿听；国人皆曰可杀，然后察之，见可杀焉，然后杀之。故曰，国人杀之也。如此，然后可以为民父母。"

【注释】

①故国：指历史悠久的国家。②乔木：高大的树木。③世臣：世代建立功勋的大臣。④进：进用。⑤亡：去位，去职。

【译文】

孟子拜见齐宣王，说："我们平时所说历史悠久的国家，并不是指那个国家有高大的树木，而是指有世代建立功勋的大臣。可大王您现在却没有亲信的大臣了，过去所任用的一些人，现在也不知到哪里去了。"

齐宣王说："我应该怎样去识别那些真正缺乏才能的人而不用他呢？"

孟子回答说："国君选择贤才，在不得已的时候，甚至会把原本地位低的提拔到地位高的人之上，把原本关系疏远的提拔到关系亲近的人之上，这能够不谨慎吗？因此，

左右亲信都说某人好，不可轻信；众位大夫都说某人好，还是不可轻信；全国的人都说某人好，然后去考察他，发现他是真正的贤才，再任用他。左右亲信都说某人不好，不可轻信；众位大夫都说某人不好，还是不可轻信；全国的人都说某人不好，然后去考察他，发现他真不好，再罢免他。左右亲信都说某人该杀，不可轻信；众位大夫都说某人该杀，还是不可轻信；全国的人都说某人该杀，然后去考察他，发现他真该杀，再杀掉他。所以说，是全国人杀的他。这样做，才可以做老百姓的父母官。”

【原文】

齐人伐燕[①]，胜之。宣王问曰：“或谓寡人勿取，或谓寡人取之。以万乘之国伐万乘之国，五旬而举之[②]，人力不至于此。不取，必有天殃[③]。取之，何如？”

孟子对曰：“取之而燕民悦，则取之。古之人有行之者，武王是也[④]。取之而燕民不悦，则勿取。古之人有行之者，文王是也[⑤]。以万乘之国伐万乘之国，箪食壶浆[⑥]以迎王师，岂有他哉？避水火也。如水益深，如火益热，亦运[⑦]而已矣。”

【注释】

①齐人伐燕：公元前315年（齐宣王五年），燕王哙将燕国让给他的相国子之，国人不服气，将军市被和太子平进攻子之，子之反攻，杀死了市被和太子平，国内一片混乱。齐宣王趁机进攻燕国，很快就取得了胜利。②五旬而举之：据《战国策·燕策》记载，当齐国的军队攻打燕国时，燕国“士卒不战，城门不闭”，因此齐国军队五十天就攻进了燕国的首都，杀死了燕王哙和子之。③不取，必有天殃：因齐宣王认为他攻打燕国太顺利，“人力不至于此”，是天意。所以，如果不占领它就是违背天意，必有灾殃。它是当时人流行的观念。④武王是也：指武王灭纣。⑤文王是也：指文王已三分天下有其二，但仍然服事殷商而没有造反。⑥箪：盛饭的竹筐。食：饭。浆：米酒。⑦运：转。

【译文】

齐国人攻打燕国，大获全胜。齐宣王问道：“有人劝我不要占领燕国，有人又劝我占领它。我觉得，以一个拥有万辆兵车的大国去攻打一个同样拥有万辆兵车的大国，只用了五十天就打下来了，光凭人力是做不到的呀。如果我们不占领它，一定会遭到天灾吧。占领它，怎么样？”

孟子回答说：“占领它而使燕国的老百姓高兴，那就占领它。古人有这样做的，周武王便是。占领它而使燕国的老百姓不高兴，那就不要占领它。古人有这样做的，周文王便是。以齐国这样一个拥有万辆兵车的大国去攻打燕国这样一个同样拥有万辆兵车的大国，燕国的老百姓却用饭筐装着饭，用酒壶盛着酒浆来欢迎大王您的军队，难道有别的什么原因吗？不过是想摆脱他们那水深火热的日子罢了。如果您让他们的水更深，火更热，那他们也就会转而去求其他的出路了。”

【原文】

齐人伐燕，取之。诸侯将谋救燕。宣王曰：“诸侯多谋伐寡人者，何以待之？”孟子对曰：“臣闻七十里为政于天下者，汤是也。未闻以千里畏人者也。《书》曰：‘汤一征，自葛始①。’天下信之，东面而征，西夷怨；南面而征，北狄怨。曰：‘奚为后我？’民望之，若大旱之望云霓②也。归市者③不止，耕者不变。诛其君而吊④其民。若时雨降，民大悦。《书》曰：‘徯我后⑤，后来其苏⑥！’今燕虐其民，王往而征之，民以为将拯己于水火之中也，箪食壶浆以迎王师。若杀其父兄，系累⑦其子弟，毁其宗庙，迁其重器⑧，如之何其可也。天下固畏齐之强也，今又倍地而不行仁政，是动天下之兵也。王速出令，反其旄倪⑨，止其重器，谋于燕众，置君而后去之，则犹可及止也。”

【注释】

①汤一征，自葛始：《尚书》逸文。②云霓：霓，虹霓。虹霓在清晨出现于西方是下雨的征兆。③归市者：指做生意的人。④吊：这里是安抚、慰问的意思。⑤徯（xī）：等待。后：王，君主。⑥后来其苏：君王来了就会有起色。苏，恢复、苏醒、复活。⑦系累：束缚，捆绑。⑧重器：指贵重的祭器。⑨旄倪（máo ní）：旄，通“耄”，八十、九十岁的人叫做耄，这里通指老年人。倪，指小孩子。

【译文】

齐国人攻打燕国，占领了它。一些诸侯国在谋划着要救助燕国。齐宣王说：“不少诸侯在谋划着要来攻打我，该怎么办呢？”孟子回答说：“我听说过，有凭借着方圆七十里的

国土就统一天下的，商汤就是。却没有听说过拥有方圆千里的国土而害怕别国的。《尚书》说：‘商汤征伐，从葛国开始。’天下人都相信了。所以，当他向东方进军时，西边国家的老百姓便抱怨；当他向南方进军时，北边国家的老百姓便抱怨。都说：‘为什么把我们放到后面呢？’老百姓盼望他，就像久旱盼乌云和虹霓一样。这是因为汤的征伐一点也不惊扰百姓。做生意的照常做生意，种地的照常种地。只是诛杀那些暴虐的国君以抚慰那些受害的老百姓。就像天上下了及时雨一样，老百姓非常高兴。《尚书》说：‘等待我们的王，他来了，我们也就复活了！’如今，燕国的国君虐待老百姓，大王您的军队去征伐他，燕国的老百姓以为您是要把他们从水深火热中拯救出来，所以用饭筐装着饭，用酒壶盛着酒浆来欢迎您的军队。可您却杀死他们的父兄，抓走他们的子弟，毁坏他们的宗庙，抢走他们的宝器，这怎么能够使他们容忍呢？天下各国本来就害怕齐国强大，现在齐国的土地又扩大了一倍，而且还不施行仁政，这就必然会激起天下各国兴兵。大王您赶快发出命令，放回燕国老老小小的俘虏，停止搬运燕国的宝器，再和燕国的各界人士商议，为他们选立一位国君，然后从燕国撤回齐国的军队。这样做，还可以来得及制止各国兴兵。”

【原文】

邹与鲁哄[①]。穆公[②]问曰：“吾有司死者三十三人，而民莫之死[③]也。诛之，则不可胜诛；不诛，则疾[④]视其长上之死而不救。如之何则可也？”

孟子对曰：“凶年饥岁，君之民老弱转[⑤]乎沟壑，壮者散而之四方者，几[⑥]千人矣；而君之仓廪实，府库充，有司莫以告，是上慢而残下也。曾子[⑦]曰：‘戒之戒之！出乎尔者，反乎尔者也。’夫民今而后得反之也。君无尤[⑧]焉！君行仁政，斯民亲其上，死其长矣。”

【注释】

①邹与鲁哄（hòng）：邹国与鲁国交战。哄，争吵、冲突、交战。②穆公：即邹穆公。孟子是邹国人，所以穆公问他。③莫之死：即莫死之的倒装，“之”指有司。意思是没有人为他们而死。④疾：憎恨。⑤转：弃尸的意思。⑥几（jī）：接近，差不多。⑦曾子：即孔子的学生曾参。⑧尤：动词，责备、归罪。

【译文】

邹国与鲁国交战。邹穆公对孟子说：“我的官吏死了三十三个，百姓却没有一个为他们而牺牲的。杀他们吧，杀不了那么多；不杀他们吧，又实在恨他们眼睁睁地看着长官被杀而不去营救。到底怎么办才好呢？”

孟子回答说：“灾荒年岁，您的老百姓，年老体弱的弃尸于山沟，年轻力壮的四处逃荒，差不多有上千人吧；而您的粮仓里堆满粮食，货库里装满财宝，官吏们却从来不向您报告老百姓的情况，这是他们不关心老百姓并且还残害老百姓的表现。曾子说：‘小心啊，小心啊！你怎样对待别人，别人也会怎样对待你。’现在就是老百姓报复他们的时候了。您不要归罪于老百姓吧！只要您施行仁政，老百姓自然就会亲近他们的领导人，肯为他们的长官而牺牲了。”

【原文】

滕文公①问曰：“滕，小国也，间②于齐、楚。事齐乎？事楚乎？”

孟子对曰：“是谋非吾所能及也。无已，则有一焉：凿斯池③也，筑斯城也，与民守之，效④死而民弗去。则是可为也。”

【注释】

①滕文公：滕国国君。滕国，古国名，西周分封的诸侯国，姬姓，开国国君是周文王的儿子错叔绣。在今山东滕县西南。公元前414年被越国灭，不久复国，又被宋国消灭。②间：处。③池：城池，也就是护城河。④效：献，致。

【译文】

滕文公问道：“滕国是一个小国，处在齐国和楚国两个大国之间。是归服齐国好呢，还是归服楚国好呢？”

孟子回答说：“到底归服哪个国家好我也说不清。如果您一定要我谈谈看法，那倒是有另一个办法：把护城河挖深，把城墙筑坚固，与老百姓一起坚守它，宁可献出生命，老百姓也不退去。做到了这样，那就可以有所作为了。”

第三篇 公孙丑上

【本篇引语】

本篇的重点是孟子提出了“浩然之气”说与孟子的“心性善论”。在孟子看来，要想成为圣人就必须“保养本心”，善养“浩然之气”。孟子说这种“浩然之气”是“至大至刚”，能够“塞于天地之间”，听起来似乎充满故弄玄虚的神秘色彩，实则仍以保养本性和加强仁义道德修养为旨归：“其为气也，配义与道矣”（《公孙丑上》）。纷繁世间，酒色才气，人生总是充满了欲望和诱惑，要想学做圣人就必须摆脱这些外在干扰。抵御外在物欲干扰，保养良好天性，既需要好的环境，更需要个人持之以恒的努力。因此，孟子更强调个人的立志和坚持，强调君子必须“穷不失义，达不离道”。

“心性善论”是孟子思想的理论基础。他认为，“人皆有不忍人之心”，“无恻隐之心，非人也；无羞恶之心，非人也；无辞让之心，非人也；无是非之心，非人也”。而这些基本的人性其实就是人类社会道德的基础，正因为每个人都具备善良天性和良好品德，如果人们不断发展自己的“四端”（恻隐、羞恶、辞让及是非），也就是善性和道德，那么“人皆可为尧舜”。

钱穆先生指出，孟子的性善论包含两层意义：一是启迪人们向上的自信；二是鞭促人们向上的努力（《孟子要略》）。而孟子提倡学做圣人不仅有益于挽救社会风气，更为重要也更积极的意义则在于肯定众生人格平等。每个人经过努力都能够成为圣人的命题，从终极目标上激励人们后天的努力和奋斗，同时表明国君、大臣和庶民在人格上并没有高下之分。在等级分明的古代社会，这一思想无疑是大胆而带有进步意义的。

本篇中有不少名言，如：“虽有智慧，不如乘势”，“我善养吾浩然之气”，“以德行仁者王”，“仁则荣，不仁则辱”，“贤者在位，能者在职”，“祸福无不自己求之者”“不怨胜己者，反求诸己而已矣”等。

【原文】

公孙丑[1]问曰："夫子当路[2]于齐，管仲、晏子之功，可复许[3]乎？"

孟子曰："子诚齐人也，知管仲、晏子而已矣。或问乎曾西[4]曰：'吾子[5]与子路孰贤？'曾西蹵[6]然曰：'吾先子[7]之所畏也。'曰：'然则吾子与管仲孰贤？'曾西艴然[8]不悦，曰：'尔何曾[9]比予于管仲！管仲得君如彼其专也，行乎国政如彼其久也，功烈如彼其卑也，尔何曾比予于是？'"曰："管仲，曾西之所不为也，而子为[10]我愿之乎？"

曰："管仲以其君霸，晏子以其君显。管仲、晏子犹不足为与？"

曰："以齐王，由[11]反手也。"

曰："若是，则弟子之惑滋甚。且以文王之德，百年而后崩[12]，犹未洽于天下；武王、周公[13]继之，然后大行。今言王若易然，则文王不足法与？"

曰："文王何可当也！由汤至于武丁，贤圣之君六七作[14]，天下归殷久矣，久则难变也。武丁朝诸侯，有天下犹运之掌也。纣之去武丁未久也，其故家遗俗，流风善政，犹有存者；又有微子、微仲、王子比干、箕子、胶鬲，皆贤人也。相与[15]辅相[16]之，故久而后失之也。尺地，莫非其有也；一民，莫非其臣也；然而文王犹方百里起，是以难也。齐人有言曰：'虽有智慧，不如乘势；虽有镃基[17]，不如待时。'今时则易然也：夏后、殷、周之盛，地未有过千里者也，而齐有其地矣；鸡鸣狗吠相闻，而达乎四境，而齐有其民矣。地不改辟矣，民不改聚矣，行仁政而王，莫之能御也。且王者之不作，未有疏于此时者也；民之憔悴于虐政，未有甚于此时者也。饥者易为食，渴者易为饮。孔子曰：'德之流行，速于置邮[18]而传命。'当今之时，万乘之国行仁政，民之悦之，犹解倒悬也。故事半古之人，功必倍之，惟此时为然。"

【注释】

①公孙丑：孟子的学生，齐国人。②当路：当权，当政。③许：兴盛，复兴。④曾西：名曾申，字子西，鲁国人，孔子学生曾参的儿子。⑤吾子：对友人的称呼，相当于"吾兄""老兄"之类。⑥蹵（cù）然：不安的样子。⑦先子：指已逝世的长辈。这里指曾西的父亲曾参。⑧艴（fú）然：恼怒的样子。⑨曾：副词，竟然、居然。⑩为：同"谓"，认为。⑪由：同"犹"，好像。⑫百年而后崩：相传周文王活了九十七岁。百年是泛指寿命很长。⑬周公：名姬旦，周文王的儿子，武王的弟弟，辅助武王伐纣，统一天

下，又辅助成王定乱，安定天下，成为鲁国的始祖。⑭作：在这里为量词，相当于现代口语“起”。⑮相与：双音副词，“共同”的意思。⑯辅相：双音动词，辅助。⑰镃基：农具，相当于今天的锄头之类。⑱置邮：置和邮都是名词，相当于后代的驿站。

【译文】

公孙丑问道：“先生如果在齐国当权，管仲、晏子的功业可以再度兴起来吗？”

孟子说：“你可真是个齐国人啊，只知道管仲、晏子。曾经有人问曾西：‘您和子路相比，哪个更有才能？’曾西不安地说：‘子路可是我父亲所敬畏的人啊，我怎么能和他相比呢？’那人又问：‘那么您和管仲相比，哪个更有才能呢？’曾西马上不高兴起来，说：‘你怎么竟拿管仲来和我相比呢？管仲受到齐桓公那样信任不疑，行使国家政权那样长久，而功绩却是那样少，你怎么竟拿他来和我相比呢？’”孟子接着说：“管仲是曾西都不愿跟他相比的人，你以为我愿意跟他相比吗？”

公孙丑说：“管仲辅佐桓公称霸天下，晏子辅佐景公名扬诸侯。难道管仲、晏子还不值得相比吗？”

孟子说：“以齐国的实力用王道来统一天下，易如反掌。”

公孙丑说：“您这样一说，弟子我就更加疑惑不解了。以周文王那样的仁德，活了将近一百岁，还没有能够统一天下。直到周武王、周公继承他的事业，然后才统一天下。现在您说用王道统一天下易如反掌，那么，连周文王都不值得学习了吗？”

孟子说：“我们怎么可以比得上周文王呢？由商汤到武丁，贤明的君主有六七个，天下人归服殷朝已经很久了，久就难以变动。武丁使诸侯们来朝，统治天下就像在自己的手掌心里运转一样容易。纣王离武丁并不久远，武丁的勋臣世家、良好习俗、传统风尚、慈善政治都还有遗存，又有微子、微仲、王子比干、箕子、胶鬲等一批贤臣共同辅佐，所以能统治很久以后才失去政权。当时没有一尺土地不属于纣王所有，没有一个百姓不属于纣王统治，在那种情况下，文王还只能从方圆百里的小地方兴起，所以是非常困难的。齐国人有句话说：‘虽然有智慧，不如趁形势；虽然有锄头，不如等农时。’现在的时势就很利于用王道统一天下：夏、商、周三代兴盛的时候，没有哪一国的国土有超过方圆千里的，而现在的齐国却超过了；鸡鸣狗叫的声音处处都听得见，一直到四方边境，这说明齐国人口众多。国土不需要新开辟，老百姓不需要新团聚，如果施行仁政来统一天下，没有谁能够阻挡。何况统一天下的贤君没有出现，从来没有隔过这么久的；

老百姓受暴政的压榨，从来没有这么厉害过的。饥饿的人不择食物，口渴的人不择饮料。孔子说：‘道德的流行，比驿站传递政令还要迅速。’现在这个时候，拥有一万辆兵车的大国施行仁政，老百姓的高兴，就像被吊着的人得到解救一样。所以，做古人一半的事，就可以成就古人双倍的功绩。只有这个时候才做得到吧。”

【原文】

“敢问夫子恶乎长？”①

曰：“我知言，我善养吾浩然②之气。”

“敢问何谓浩然之气？”

曰：“难言也。其为气也，至大至刚，以直养而无害，则塞于天地之间。其为气也，配义与道；无是，馁也。是集义所生者，非义袭而取之也。行有不慊③于心，则馁矣。我故曰，告子④未尝知义，以其外之也。必有事焉，而勿正⑤，心勿忘，勿助长也。无若宋人然：宋人有闵⑥其苗之不长而揠⑦之者，芒芒然⑧归，谓其人⑨曰‘今日病⑩矣！予助苗长矣！’其子趋而往视之，苗则槁矣。天下之不助苗长者寡矣。以为无益而舍之者，不耘⑪苗者也；助之长者，揠苗者也。非徒无益，而又害之。”

“何谓知言？”

曰：“诐辞⑫知其所蔽，淫辞⑬知其所陷，邪辞知其所离，遁辞⑭知其所穷。生于其心，害于其政；发于其政，害于其事。圣人复起，必从吾言矣。”

【注释】

①这一段系节选公孙丑与孟子的对话。问这句话的是公孙丑。②浩然：盛大而流动的样子。③慊（qiàn）：快，痛快。④告子：名不详，可能曾受教于墨子。⑤正：止。“而勿正”即“而勿止”。⑥闵：担心，忧愁。⑦揠（yà）：拔。⑧芒芒然：疲倦的样子。⑨其人：指他家里的人。⑩病：疲倦，劳累。⑪耘：除草。⑫诐（bǐ）辞：偏颇的言辞。⑬淫辞：夸张、过分的言辞。⑭遁辞：躲闪的言辞。

【译文】

公孙丑说：“请问老师您长于哪一方面呢？”

孟子说：“我善于分析别人的言语，我善于培养自己的浩然之气。”

公孙丑说："请问什么叫浩然之气呢？"

孟子说："这很难用一两句话说清楚。这种气，极端浩大，极端有力量，用正直去培养它而不加以伤害，就会充满天地之间。不过，这种气必须与仁义道德相配，否则就会缺乏力量。而且，必须要有经常性的仁义道德蓄养才能生成，而不是靠偶尔的正义行为就能获取的。一旦你的行为问心有愧，这种气就会缺乏力量了。所以我说，告子不懂得义，因为他把义看成心外的东西。我们一定要不断地培养义，心中不要忘记，但也不要一厢情愿地去帮助它生长。不要像宋人一样：宋国有个人嫌他种的禾苗老是长不高，于是到地里去用手把它们一株一株地拔高，累得气喘吁吁地回家，对他家里人说：'今天可真把我累坏啦！不过，我总算让禾苗一下子就长高了！'他的儿子跑到地里去一看，禾苗已全部干死了。天下人不犯这种拔苗助长错误的是很少的。认为养护庄稼没有用处而不去管它们的，是只种庄稼不除草的懒汉；一厢情愿地去帮助庄稼生长的，就是这种拔苗助长的人——不仅没有益处，反而害死了庄稼。"

公孙丑问："怎样才算善于分析别人的言语呢？"

孟子回答说："偏颇的言语知道它片面在哪里；夸张的言语知道它过分在哪里；怪僻的言语知道它离奇在哪里；躲闪的言语知道它理穷在哪里。从心里产生，必然会对政治造成危害，用于政治，必然会对国家大事造成危害。如果圣人再世，也一定会同意我的话。"

【原文】

孟子曰："以力假①仁者霸，霸必有大国。以德行仁者王，王不待②大——汤以七十里，文王以百里。以力服人者，非心服也，力不赡③也；以德服人者，中心悦而诚服也，如七十子之服孔子也。《诗》云④：'自西自东，自南自北，无思不服⑤。'此之谓也。"

【注释】

①假：借，凭借。②待：等待，引申为依靠。③赡：充足。④《诗》云：引自《诗经·大雅·文王有声》。⑤思：助词，无义。

【译文】

孟子说："用武力而假借仁义的人可以称霸，所以称霸必须是大国。用道德而实行仁义的人可以使天下归服，使天下归服的不一定是大国——商汤王只有方圆七十里，周文王只有方圆一百里。用武力征服别人的，别人并不是真心服从他，只不过是力量不够罢了；用道德使人归服的，是心悦诚服，就像七十个弟子归服孔子那样。《诗经》说：'从西从东，从南从北，无不心悦诚服。'正是说的这种情况。"

【原文】

孟子曰："仁则荣，不仁则辱；今恶辱而居不仁，是犹恶湿而居下也。如恶之，莫如贵德而尊士，贤者在位，能者在职；国家闲暇①，及是时，明其政刑。虽大国，必畏之矣。《诗》云②：'迨③天之未阴雨，彻彼桑土④，绸缪牖户⑤。今此下民⑥，或敢侮予？'孔子曰：'为此诗者，其知道乎！能治其国家，谁敢侮之？'今国家闲暇，及是时，般乐怠敖⑦，是自求祸也。祸福无不自己求之者。《诗》云⑧：'永言配命⑨，自求多福。'《太甲》⑩曰：'天作孽，犹可违⑪；自作孽，不可活⑫。'此之谓也。"

【注释】

①闲暇：指国家安定，无内忧外患。②《诗》云：引自《诗经·豳风·鸱鸮》。③迨（dài）：趁着。④彻：剥取。桑土（dù）：桑树根。土，同"杜"，东齐方言说"根"为"杜"。⑤绸缪（móu）：缠结。牖（yǒu）：窗子。户：门。⑥下民：民，义同"人"。这里的诗句是以鸱鸮（一种形似黄雀而身体较小的鸟）的口吻，其巢在上，所以称人为"下民"。⑦般：乐。怠：怠惰。敖（áo）：同"遨"，指出游。⑧《诗》云：引自《诗经·大雅·文王》。⑨永：长久。言：语助词，无义。配：合。命：天命。⑩《太甲》：《尚书》中的一篇。⑪违：避。⑫活："逭"（huàn）的借字，"逃"的意思。

【译文】

孟子说："仁就光荣，不仁就耻辱；现在的人厌恶耻辱却又居于不仁的境地，这就好像厌恶潮湿却又居于低洼的地方一样。假如真的厌恶耻辱，那最好是以仁德为贵，尊敬读书人，使有贤德的人处于一定的官位，有才能的人担任一定的职务。并且趁国家无内忧外患的时候修明政治法律制度。这样做了，即使是大国也会畏惧你。《诗

经》说：‘趁着天晴没阴雨，剥些桑树根上皮，补好窗子和门户。现在你们下面的人，有谁还敢欺侮我？’孔子说：‘写这首诗的人很懂得道理呀！能够治理好自己的国家，谁还敢欺侮他呢？’如今国家没有内忧外患，却趁着这个时候享乐腐化，这是自己寻求祸害。祸害和幸福都没有不是自己找来的。《诗经》说：‘长久地与天命相配合，自己寻求更多的幸福。’《尚书·太甲》说：‘上天降下的灾害还可以逃避，自己造成的罪孽可就无处可逃。’说的就是这个意思。”

【原文】

孟子曰：“尊贤使能，俊杰在位，则天下之士皆悦，而愿立于其朝矣；市廛而不征①，法而不廛②，则天下之商皆悦，而愿藏于其市矣；关讥而不征③，则天下之旅皆悦，而愿出于其路矣；耕者助而不税④，则天下之农皆悦，而愿耕于其野矣；廛⑤无夫里之布⑥，则天下之民皆悦，而愿为之氓⑦矣。信能行此五者，则邻国之民仰之若父母矣。率其子弟，攻其父母，自有生民以来未有能济者也。如此，则无敌于天下。无敌于天下者，天吏⑧也。然而不王者，未之有也。”

【注释】

①廛（chán）：市中储藏或堆积货物的货栈。征：征税。②法而不廛：指官方依据法规收购长期积压于货栈的货物，以保证商人的利益。③讥而不征：只稽查不征税。讥，查问。④助而不税：指“耕者九一”的井田制只帮助种公田而不再收税。⑤廛：这里指民居，与“廛而不征”的“廛”所指不同。⑥夫里之布：古代的一种税收名称，即“夫布”“里布”，大致相当于后世的土地税、劳役税。⑦氓（méng）：指从别处移居来的移民。⑧天吏：顺从上天旨意的执政者。这里的“吏”不是指小官。

【译文】

孟子说：“尊重贤才，使用能人，杰出的人物都有职位，那么天下的士人都乐于在这样的朝廷担任一官半职了；在市场上提供储货的地方却不征税，把滞销的货物依法收购不使积压，那么天下的商人都乐于在这样的市场做生意了；海关只稽查而不征税，那么天下的旅客都乐于在这样的路上旅行了；种庄稼只按井田制助耕公田而不再征税，那么天下的农民都乐于在这样的土地上耕种了；居民区没有额外的土地税和劳役税，那么天下的百姓都乐于成为这里的居民了。真正能够做到这五点，就连邻国的百姓都会把他当父母一样仰慕。如果有谁想率领这些百姓来攻打他，就好比率领儿女去攻打父母，自有人类以来就没有成功过的。像这样，他就会天下无敌了。天下无敌的可叫做‘天吏’。做到了这个程度还不能够令天下归服的，是从来没有过的。”

【原文】

孟子曰：“人皆有不忍人之心①。先王有不忍人之心，斯有不忍人之政矣。以不忍人之心，行不忍人之政，治天下可运之掌上。所以谓人皆有不忍人之心者，今人乍②见孺子将入于井，皆有怵惕恻隐③之心——非所以内交④于孺子之父母也，非所以要誉⑤于乡党朋友也，非恶其声而然也。由是观之，无恻隐之心，非人也；无羞恶之心，非人也；无辞让之心，非人也；无是非之心，非人也。恻隐之心，仁之端⑥也；羞恶之心，义之端也；辞让之心，礼之端也；是非之心，智之端也。人之有是四端也，犹其有四体也。有是四端而自谓不能者，自贼者也；谓其君不能者，贼其君者也。凡有四端于我⑦者，知皆扩而充之矣，若火之始然⑧，泉之始达。苟能充之，足以保⑨四海；苟不充之，不足以事父母。”

【注释】

①不忍人之心：怜悯心，同情心。②乍：突然，忽然。③怵惕：惊惧。恻隐：哀痛，同情。④内（nà）交：即结交。内，同“纳”。⑤要（yāo）誉：博取名誉。要，同“邀”，求。⑥端：开端，起源，源头。⑦我：义同“己”。⑧然：同“燃”。⑨保：定，安定。

【译文】

孟子说：“每个人都有怜悯体恤别人的心情。先王由于有怜悯体恤别人的心情，所以才有怜悯体恤百姓的政治。用怜悯体恤别人的心情，施行怜悯体恤百姓的政治，治理天下就可以像在手掌心里面运转东西一样容易了。之所以说每个人都有怜悯体恤别人的心情，是因为，如果现在有人突然看见一个小孩要掉进井里面去了，必然会产生惊惧同情的心理——这不是因为要想去和这孩子的父母拉关系，不是因为要想在乡邻朋友中博取声誉，也不是因为厌恶这孩子的哭叫声才产生这种惊惧同情心理的。由此看来，没有同情心，简直不是人；没有羞耻心，简直不是人；没有谦让心，简直不是人；没有是非心，简直不是人。同情心是仁的发端；羞耻心是义的发端；谦让心是礼的发端；是非心是智的发端。人有这四种发端，就像有四肢一样。有了这四种发端却自认为不行的，是自暴自弃的人；认为他的君主不行的，是暴弃君主的人。凡是有这四种发端的人，知道都要扩大充实它们，就像火刚刚开始燃烧，泉水刚刚开始流淌。如果能够扩充它们，便足以安定天下；如果不能够扩充它们，就连赡养父母都成问题。”

【原文】

孟子曰：“矢人①岂不仁于函人②哉？矢人唯恐不伤人，函人唯恐伤人。巫匠亦然③。故术④不可不慎也。孔子曰：‘里仁为美，择不处仁，焉得智？’夫仁，天之尊爵也，人之安宅也。莫之御而不仁⑤，是不智也。不仁、不智，无礼、无义，人役也。人役而耻为役，由⑥弓人而耻为弓，矢人而耻为矢也。如耻之，莫如为仁。仁者如射：射者正己而后发；发而不中，不怨胜己者，反求诸己而已矣。”

【注释】

①矢人：造箭的人。②函人：造销甲的人。③巫：巫医，医生。匠：匠人，这里特指做棺材的木匠。④术：这里指选择谋生之术，也就是选择职业。⑤御：阻挡。⑥由：同“犹”，好像。

【译文】

孟子说：“造箭的人难道不如造销甲的人仁慈吗？造箭的人唯恐自己造的箭不能够伤害人，造销甲的人却唯恐箭伤害了人。医生和棺材匠之间也是这样。所以，一个人选择谋生的职业不可以不谨慎。孔子说：‘居住在有仁厚风气的地方才好。选择住处而不选在有仁厚风气的地方，怎么能说是明智呢？’仁，是上天尊贵的爵位，人间最安逸的住宅。没有人阻挡却不选择仁，是不明智的。不仁不智，无礼无义的人，只配被别人驱使。被别人驱使而引以为耻，就像造弓的人却又以造弓为耻，造箭的人却又以造箭为耻一样。如果真正引以为耻，那就不如好好行仁。有仁德的人就像射手：射手先端正自己的姿势然后才放箭；如果没有射中，不怪比自己射得好的人，而是反过来找自己的原因。”

【原文】

孟子曰：“子路，人告之以有过，则喜。禹闻善言，则拜。大舜有[①]大焉，善与人同[②]，舍己从人，乐取于人以为善。自耕稼、陶、渔以至为帝，无非取于人者。取诸人以为善，是与[③]人为善者也。故君子莫大乎与人为善。”

【注释】

①有（yòu）：同“又”。②善与人同：与人共同做善事。③与：偕同。

【译文】

孟子说：“子路，别人指出他的过错，他就很高兴。大禹听到有教益的话，就给人家敬礼。伟大的舜帝又更为了不得：总是与别人共同做善事。舍弃自己的缺点，学习人家的优点，非常快乐地吸取别人的长处来行善。从他种地、做陶器、捕鱼一直到做帝王，没有哪个时候他不向别人学习。吸取别人的优点来行善，也就是与别人一起来行善。君子最重要的就是要与别人一起来行善。”

第四篇　公孙丑下

【本篇引语】

本篇除第一章单纯介绍孟子言论外，本章及其余各章兼记孟子的事迹、行为和言论，以立身处世的态度为主。孟子提出影响战争胜负的根本是“人和”。他劝说统治者要施行仁政，关注民生，改善百姓的生存条件，关键时就会体现“人和”的作用。其次，阐述为臣如何才能对君主恭敬的方法以及推崇儒家的丧葬观念等。用有趣的故事，阐明立身处世的态度，有积极的警示作用。本篇有不少名言，如：“天时不如地利，地利不如人和”，“得道者多助，失道者寡助”，“贤才可拜不可召”，“当受则受，当辞则辞”，“无官无责，进退有余”，“君子不以天下俭其亲”，“焉有君子而可以货取乎”，“君子不怨天，不尤人”等。

【原文】

孟子曰：“天时不如地利，地利不如人和①。三里之城，七里之郭②，环而攻之而不胜。夫环而攻之，必有得天时者矣；然而不胜者，是天时不如地利也。城非不高也，池③非不深也，兵革④非不坚利也，米粟非不多也；委⑤而去之，是地利不如人和也。故曰：域民⑥不以封疆之界，固国不以山溪⑦之险，威天下不以兵革之利。得道者多助，失道者寡助。寡助之至，亲戚畔⑧之；多助之至，天下顺之。以天下之所顺，攻亲戚之所畔，故君子有⑨不战，战必胜矣。”

【注释】

①天时、地利、人和：《荀子·王霸篇》说：“农夫朴力而寡能，则上不失天时，下不失地利，中得人和而百事不废。”荀子所指的“天时”指农时，“地利”指土壤肥沃，“人和”是指人的分工。而孟子在这里所说的“天时”则指带兵作战的时机、气候

等；“地利”是指山川险要，城池坚固等；“人和”则指人心所向，内部团结等。②三里之城，七里之郭：内城叫“城”，外城叫“郭”。内外城比例一般是三里之城，七里之郭。③池：即护城河。④兵：武器，指戈矛刀箭等攻击性武器。革：皮革，指甲胄。古代甲胄是用皮革做的，也有用铜铁做的。⑤委：弃。⑥域民：限制人民。域，限制。⑦山溪：山川。⑧畔：同“叛”。⑨有：或，要么。

【译文】

孟子说：“有利的时机和气候不如有利的地势，有利的地势不如人的齐心协力。一个三里内城墙、七里外城墙的小城，从四面围攻都不能够攻破。既然四面围攻，总有遇到好时机或好天气的时候，但还是攻不破，这说明有利的时机和气候不如有利的地势。另一种情况是，城墙不是不高，护城河不是不深，兵器和甲胄不是不锐利和不坚固，粮草也不是不充足，但还是弃城而逃了，这就说明有利的地势不如人的齐心协力。所以说：老百姓不是靠封锁边境线就可以限制住的，国家不是靠山川险阻就可以保住的，扬威天下也不是靠锐利的兵器就可以做到的。拥有道义的人得到的帮助就多，失去道义的人得到的帮助就少。帮助的人少到极点时，连亲戚也会叛离；帮助的人多到极点时，全天下的人都会顺从。以全天下人都顺从的力量去攻打连亲戚都会叛离的人，必然是不战则已，战则必胜的了。”

【原文】

孟子将朝王①，王使人来曰：“寡人如②就见者也，有寒疾，不可以风。朝，将视朝③，不识④可使寡人得见乎？”

对曰：“不幸而有疾，不能造⑤朝。”

明日，出吊于东郭氏⑥。公孙丑曰：“昔者辞以病，今日吊，或者不可乎？”

曰：“昔者疾，今日愈，如之何不吊？”

王使人问疾，医来。

孟仲子⑦对曰：“昔者有王命，有采薪之忧⑧，不能造朝。今病小愈，趋造于朝，我不识能至否乎。”

使数人要⑨于路，曰：“请必无归，而造于朝！”

不得已而之景丑氏⑩宿焉。

景子曰："内则父子，外则君臣，人之大伦也。父子主恩，君臣主敬。丑见王之敬子也，未见所以敬王也。"

曰："恶！是何言也！齐人无以仁义与王言者，岂以仁义为不美也？其心曰：'是何足与言仁义也'云尔，则不敬莫大乎是。我非尧舜之道，不敢以陈于王前，故齐人莫如我敬王也。"

景子曰："否，非此之谓也。礼曰：'父召无诺⑪，君命召不俟驾⑫。'固将朝也，闻王命而遂不果，宜⑬与夫礼若不相似然。"

曰："岂谓是与？曾子曰：'晋楚之富，不可及也；彼以其富，我以吾仁；彼以其爵，我以吾义，吾何慊⑭乎哉？'夫岂不义而曾子言之？是或一道也。天下有达尊三：爵一，齿一，德一。朝廷莫如爵，乡党莫如齿，辅世长民莫如德。恶得有其一以慢其二哉？故将大有为之君，必有所不召之臣；欲有谋焉，则就之。其尊德乐道，不如是不足与有为也。故汤之于伊尹，学焉而后臣之，故不劳而王；桓公之于管仲，学焉而后臣之，故不劳而霸。今天下地丑⑮德齐，莫能相尚，无他，好臣其所教，而不好臣其所受教。汤之于伊尹，桓公之于管仲，则不敢召。管仲且犹不可召，而况不为管仲者乎？"

【注释】

①王：指齐王。②如：宜，当，应当。③朝，将视朝：第一个"朝"读zhāo，即清晨的意思；第二个"朝"读cháo，意即朝廷。视朝即在朝廷处理政务。④不识：不知。⑤造：到，上。⑥东郭氏：齐国的大夫。⑦孟仲子：孟子的堂兄弟，跟随孟子学习。⑧采薪之忧：本意是说有病不能去打柴，引申为自称生病的代词。薪，柴草。⑨要：拦截。⑩景丑氏：齐国的大夫。⑪父召无诺：《礼记·曲礼》："父召无诺，先生召无诺，唯而起。""唯"和"诺"都是表示应答，急时用"唯"，缓时用"诺"。父召无诺的意思是说，听到父亲叫，不等说"诺"就要起身。⑫不俟驾：不等到车马备好就起身。⑬宜：义同"殆"，大概，恐怕。⑭慊（qiàn）：憾，少。⑮丑（chǒu）：类似，相近，同。

【译文】

孟子准备去朝见齐王，恰巧齐王派了个人来转达说："我本应该来看您，但是感冒了，吹不得风。明早我将上朝处理政务，不知您能否到朝廷上，让我见到您？”

孟子回答说：“不幸得很，我也有病，不能上朝廷去。”

第二天，孟子要到东郭大夫家里去吊丧。

公孙丑说：“昨天您托辞生病谢绝了齐王的召见，今天却又去东郭大夫家里吊丧，这或许不太好吧？”

孟子说：“昨天生病，今天好了，为什么不可以去吊丧呢？”齐王打发人来问候孟子的病，并且带来了医生。

孟仲子应付说：“昨天大王命令来时，他正生着病，不能上朝廷去。今天病刚好了一点，已经上朝廷去了，但我不知道他能否到达。”

孟仲子又立即派人到路上去拦孟子，转告孟子说：“请您无论如何不要回家，而赶快上朝廷去！”

孟子不得已而到景丑的家里去住宿。

景丑说：“在家庭里有父子，在家庭外有君臣，这是人与人之间最重要的伦理关系。父子之间以慈恩为主，君臣之间以恭敬为主。我只看见齐王尊敬您，却没看见您尊敬齐王。”

孟子说：“哎！这是什么话！在齐国人中，没有一个与齐王谈论仁义的，难道是他们觉得仁义不好吗？不是。他们心里想的是：‘这样的王哪里配和他谈论仁义呢？’这才是他们对齐王最大的不恭敬。至于我，不是尧舜之道就不敢拿来向齐王陈述。所以，齐国人没有谁比我更对齐王恭敬了。”

景丑说：“不，我不是说的这个方面。礼经上说过，父亲召唤，不等到应‘诺’‘唯’就起身；君王召唤，不等到车马备好就起身。可您呢，本来就准备朝见齐王，听到齐王的召见却反而不去了，这似乎和礼经上所说的不大相合吧。”

孟子说：“原来你说的是这个呀！曾子说过：‘晋国和楚国的财富，没有人赶得上。不过，他有他的财富，我有我的仁；他有他的爵位，我有我的义。我有什么不如他的呢？’曾子说这些话难道没有道理吗？应该是有道理的吧。天下有三样最尊贵的东西：一样是爵位，一样是年龄，一样是德行。在朝廷上最尊贵的是爵位；在乡里最尊贵的是年龄；至于辅助君王治理百姓，最尊贵的是德行。他怎么能够凭爵位就来怠慢我的年龄和德行呢？所以，大有作为的君主一定有他不能召唤的大臣，如果他有什么事情需要出谋划策，就亲自去拜访他们。这就叫尊重德行喜爱仁道，不这样，就不能够大有作为。因此，商汤对于伊尹，先向伊尹学习，然后才以他为臣，于是不费大力气就统一了天下；

桓公对于管仲，也是先向他学习，然后才以他为臣，于是不费大力气就称霸于诸侯。现在，天下各国的土地都差不多，君主的德行也都不相上下，相互之间谁也不能高出一筹，没有别的原因，就是因为君王们只喜欢用听他们的话的人为臣，而不喜欢用能够教导他们的人为臣。商汤对于伊尹，桓公对于管仲就不敢召唤。管仲尚且不可以被召唤，更何况连管仲都不屑于做的人呢？”

【原文】

陈臻①问曰：“前日于齐，王馈兼金②一百③而不受；于宋，馈七十镒而受；于薛④，馈五十镒而受。前日之不受是，则今日之受非也；今日之受是，则前日之不受非也。夫子必居一于此矣。”

孟子曰：“皆是也。当在宋也，予将有远行，行者必以赆⑤，辞曰：‘馈赆。’予何为不受？当在薛也，予有戒心⑥，辞曰：‘闻戒，故为兵馈之。’予何为不受？若于齐，则未有处也⑦。无处而馈之，是货之也。焉有君子而可以货⑧取乎？”

【注释】

①陈臻：孟子的学生。②兼金：好金。因其价格双倍于普通金，所以称为“兼金”。③一百：即一百镒（yì）。镒为古代重量单位，一镒为二十两。④薛：春秋时有薛国，但在孟子的时代已被齐国所灭，所以这里的薛是指齐国靖郭君田婴的封地，在今山东滕县东南。⑤赆（jìn）：给远行的人送路费或礼物。⑥戒心：戒备意外发生。根据赵岐的注释，当时有恶人要害孟子，所以孟子有所戒备。⑦未有处：没有出处，引申为没有理由。⑧货：动词，收买、贿赂。

【译文】

陈臻问道：“以前在齐国的时候，齐王送给您好金一百镒，您不接受；到宋国的时候，宋王送给您七十镒，您却接受了；在薛地，薛君送给您五十镒，您也接受了。如果以前的不接受是正确的，那后来的接受便是错误的；如果后来的接受是正确的，那以前的不接受便是错误的。老师您总有一次做错了吧。”

孟子说：“都是正确的。当在宋国的时候，我准备远行，对远行的人理应送些盘缠。所以宋王说：‘送上一些盘缠。’我怎么能不接受呢？当在薛地的时候，我听说路上有危险，需要戒备。薛君说：‘听说您需要戒备，所以送上一点买兵器的钱。’我怎么能不接受呢？至于在齐国，则没有任何理由。没有理由却要送给我一些钱，这等于是用钱来收买我。哪里有君子可以拿钱收买的呢？”

【原文】

孟子之平陆①，谓其大夫②曰：“子之持戟之士，一日而三失伍，则去之否乎？”

曰：“不待三。”

“然则子之失伍也亦多矣。凶年饥岁，子之民，老羸转于沟壑，壮者散而之四方者，几千人矣。”

曰：“此非距心之所得为也。”

曰：“今有受人之牛羊而为之牧之者，则必为之求牧与刍矣。求牧与刍而不得，则反诸其人乎？抑亦立而视其死与？”

曰：“此则距心之罪也。”

他日，见于王曰：“王之为都者，臣知五人焉。知其罪者，惟孔距心。”为王诵之。

王曰：“此则寡人之罪也。”

【注释】

①平陆：齐国边境的邑，在今山东汶上县北。②大夫：这里指地方上的行政长官。

【译文】

孟子到了平陆，对那里的长官（孔距心）说：“如果你的卫士一天三次擅离职守，开除不开除他呢？”

孔距心说：“不必等三次。”

（孟子说）“那么您失职的地方也够多的了。荒年饥岁，您的百姓，年老体弱抛尸露骨在山沟的，年轻力壮逃荒到四方的，将近一千人了。”

孔距心说：“这个问题不是我能够解决的。”

孟子说：“假如现在有个人，接受了别人的牛羊而替他放牧，那么必定要为牛羊寻找牧场和草料了。如果找不到牧场和草料，那么是把牛羊还给那个人呢，还是就站在那儿眼看着牛羊饿死呢？”

孔距心说："这是我的罪过。"

往后的某一天，孟子朝见齐王说："大王的地方长官我认识五个，能认识自己罪过的，只有孔距心。"（孟子）给齐王复述了一遍他与孔距心的谈话。

齐王说："这是我的罪过啊。"

【原文】

孟子谓蚳蛙①曰："子之辞灵丘②而请士师③，似也，为其可以言也。今既数月矣，未可以言与？"

蚳蛙谏于王而不用，致为臣而去。齐人曰："所以为蚳蛙则善矣；所以自为，则吾不知也。"

公都子④以告。曰："吾闻之也：有官守者，不得其职则去；有言责者，不得其言则去。我无官守，我无言责也，则吾进退，岂不绰绰然有余裕哉？"

【注释】

①蚳（chí）蛙：齐国大夫。②灵丘：齐国边境邑名。③士师：官名，管禁令、狱讼、刑罚等，是法官的通称。④公都子：孟子的学生。

【译文】

孟子对蚳蛙说："您辞去灵丘县长而请求做法官，这似乎有道理，因为可以向齐王进言。可是现在你已经做了好几个月的法官了，还不能向齐王进言吗？"蚳蛙向齐王进谏，齐王不听，蚳蛙因此辞职而去。齐国人说："孟子为蚳蛙的考虑倒是有道理，但是他怎样替自己考虑呢？我们就不知道了。"公都子把齐国人的议论告诉了孟子。孟子说："我听说过：有官位的人，如果无法尽其职责就应该辞官不干；有进言责任的人，如果言不听、计不从，就应该辞职不干。至于我，既无官位，又无进言的责任，那我的进退去留，岂不是非常宽松而有自由的回旋余地吗？"

【原文】

孟子为卿于齐，出吊于滕，王使盖①大夫王驩②为辅行。王驩朝暮见，反齐滕之路，未尝与之言行事也。公孙丑曰："齐卿之位，不为小矣；齐滕之路，不为近矣。反之而未尝与言行事，何也？”

曰：“夫既或治之，予何言哉？”

【注释】

①盖（gě）：齐国邑名，在今山东沂水县西北。②王驩（huān）：盖邑的地方长官，齐王的宠臣。

【译文】

孟子在齐国担任卿，奉命到滕国去吊丧，齐王派盖地的大夫王驩作为副使与孟子同行。王驩（同孟子）朝夕相见，但在从齐国到滕国的来回路上，孟子不曾同他谈起出使的事情。

公孙丑说：“齐国卿的职位不算小了；齐国与滕国之间，路不算近了。往返途中不曾同他谈起出使的事情，为什么呢？”

孟子说：“那个人既然独自包办了，我还说什么呢？”

【原文】

孟子自齐葬于鲁①，反于齐，止于嬴②。

充虞③请曰：“前日不知虞之不肖，使虞敦匠事④。严⑤，虞不敢请。今愿窃有请也：木若以⑥美然。”

曰：“古者棺椁无度⑦，中古⑧棺七寸，椁称之。自天子达于庶人，非直为观美也，然后尽于人心。不得⑨，不可以为悦；无财，不可以为悦。得之为⑩有财，古之人皆用之，吾何为独不然？且比⑪化者⑫无使土亲肤，于人心独无恔⑬乎？吾闻之：君子不以天下俭其亲。”

【注释】

①自齐葬于鲁：孟子在齐国时，随行的母亲去世，孟子从齐国把母亲运到鲁国安葬。②嬴：地名，故城在今山东莱芜西北。③充虞：孟子的学生。④敦：治，管。匠事：木匠制作棺材的事。⑤严：急，忙。⑥以：太。⑦棺椁（guǒ）无度：古代棺材分内外两层，内层叫棺，外层的套棺叫椁。棺椁无度是说棺与椁都没有尺寸规定。⑧中

古：指周公治礼以后的时代。⑨不得：指礼制规定所不允许。⑩为：这里是"与"的意思。⑪比：为了。⑫化者：死者。⑬恔（xiào）：快，快慰，满足。

【译文】

孟子从齐国到鲁国安葬母亲后返回齐国，住在嬴县。

学生充虞请教说："前些日子承蒙老师您不嫌弃我，让我管理做棺椁的事。当时大家都很忙碌，我不敢来请教。现在我想把心里的疑问提出来请教老师：棺木似乎太好了一点吧！"

孟子回答说："上古对于棺椁用木的尺寸没有规定；中古时规定棺木厚七寸，椁木以与棺木的厚度相称为准。从天子到老百姓，讲究棺木的质量并非仅仅是为了美观，而是因为要这样才能尽到孝心。为礼制所限不能用上等木料做棺椁，不能够称心；没有钱不能用上等木料做棺椁，也不能够称心。既为礼制所允许，又有财力，古人都会这么做，我又怎么不可以呢？况且，这样做不过是为了不让泥土沾上死者的尸体，难道孝子之心就不可以有这样一点满足吗？我听说过：君子不因为天下大事而俭省应该用在父母身上的钱财。"

【原文】

沈同[①]以其私问曰："燕可伐与？"

孟子曰："可。子哙不得与人燕，子之不得受燕于子哙[②]。有仕[③]于此，而子悦之，不告于王而私与之吾子之禄爵，夫士也，亦无王命而私受之于子，则可乎？何以异于是？"

齐人伐燕。或问曰："劝齐伐燕，有诸？"

曰："未也。沈同问'燕可伐与'，吾应之曰'可'。彼然而伐之也。彼如曰：'孰可以伐之？'则将应之曰：'为天吏，则可以伐之。'今有杀人者，或问之曰：'人可杀与？'则将应之曰：'可。'彼如曰：'孰可以杀之？'则将应之曰：'为士师，则可以杀之。'今以燕伐燕，何为劝之哉？"

【注释】

①沈同：齐国大臣。②其事参见《梁惠王下》。③仕：同"士"。

【译文】

沈同以个人名义问道："燕国可以讨伐吗？"

孟子说："可以。子哙不得把燕国让给别人，子之不得从子哙那里接受燕国。比方说，这里有个士人，您喜欢他，就不禀告君王而私自把自己的俸禄、爵位让给他，那个士人也不经君王同意，私自从您那里接受俸禄和爵位，这样行吗？（子哙）让君位的事，同这有什么两样？"

齐国攻打燕国。有人问道："（您）鼓励齐国攻打燕国，有这回事吗？"

孟子说："没有。沈同问'燕国可以征伐吗？'我答复他说可以，他们认为这个说法对，便去征伐燕国。他如果问：'谁能去征伐燕国？'那我将答复他说：'奉了上天使命的人才可以去征伐。'就好比这里有个杀人犯，如果有人问我：'这个人可以杀吗？'我就回答说：'可以。'他如果再问：'谁可以去杀这个杀人犯？'那我就会回答他：'做法官的才可以杀他。'现在，让一个跟燕国一样无道的国家去征伐燕国，我为什么要鼓励它呢？"

【原文】

燕人畔。王曰："吾甚惭于孟子[①]。"

陈贾[②]曰："王无患焉。王自以为与周公孰仁且智？"

王曰："恶！是何言也！"

曰："周公使管叔监殷，管叔以殷畔[③]。知而使之，是不仁也；不知而使之，是不智也。仁智，周公未之尽也，而况于王乎？贾请见而解之。"

见孟子，问曰："周公何人也？"

曰："古圣人也。"

曰："使管叔监殷，管叔以殷畔也，有诸？"

曰："然。"

曰："周公知其将畔而使之与？"

曰："不知也。"

"然则圣人且有过与？"

曰："周公，弟也；管叔，兄也。周公之过，不亦宜乎？且古之君子，过则改之；今之君子，过则顺之。古之君子，其过也，如日月之食，民皆见之；及其更也，民

皆仰之。今之君子，岂徒顺之，又从为之辞。”

【注释】

①齐国占领燕国时，孟子曾向齐宣王提出，为燕立一君主而后撤离。齐王不听。两年内，燕人不服；赵国等诸侯国也反对齐吞并燕，怕齐国因此而变得更强大，于是立燕昭王，燕人拥护，迫使齐军败退撤回。②陈贾：齐国大夫。③周武王灭商后，封纣王之子武庚于其旧都，派其弟管叔、蔡叔、霍叔去监视殷的遗民。武王死后，成王幼，周公执政，管叔等和武庚反叛，后周公平定了叛乱。

【译文】

燕国人反抗（齐国的占领）。齐王说：“对孟子我感到很惭愧。”

陈贾说：“大王不必犯愁。大王如果在仁和智方面同周公相比较，自己觉得谁强一些？”

齐王说：“咳！这是什么话！”

陈贾说：“周公派管叔去监察殷人，管叔却带着殷人叛乱。（如果周公）知道他会反叛还派他去，这是不仁；如果不知道他会反叛而派他去，这是不智。仁和智，周公还未能完全具备，何况大王您呢？请允许我见到孟子时向他作些解释。”

陈贾见到孟子，问道：“周公是怎样一个人？”

孟子说：“古代的圣人。”

陈贾说：“他派管叔监察殷人，管叔却带着殷人叛乱，有这回事吗？”

孟子说：“是这样。”

陈贾说：“周公是知道他会反叛而派他去的吗？”

孟子说：“（周公）不知道。”

“既然这样，那么（岂不是）圣人也会有过错吗？”

孟子说：“周公是弟弟，管叔是哥哥，（谁能料到哥哥会背叛呢？）周公的过错，不也是情有可原的吗？况且，古代的君子，犯了过错就改正；现在的君子，犯了过错却照样犯下去。古代的君子，他的过错就像日食月食一样，人民都能看到；等他改正后，人民都仰望着他。现在的君子，岂只是坚持错误，竟还为错误作辩解。”

【原文】

孟子致为臣而归[①]。王就见孟子，曰："前日愿见而不可得；得侍同朝，甚喜；今又弃寡人而归，不识可以继此而得见乎？"

对曰："不敢请耳，固所愿也。"

他日，王谓时子[②]曰："我欲中国[③]而授孟子室，养弟子以万钟[④]，使诸大夫国人皆有所矜式[⑤]。子盍为我言之？"

时子因陈子[⑥]而以告孟子，陈子以时子之言告孟子。

孟子曰："然，夫时子恶知其不可也？如使予欲富，辞十万而受万，是为欲富乎？季孙[⑦]曰：'异哉子叔疑[⑧]！使己为政，不用，则亦已矣，又使其子弟为卿。人亦孰不欲富贵？而独于富贵之中有私龙断[⑨]焉。'古之为市也，以其所有易其所无者，有司者治之耳。有贱丈夫[⑩]焉，必求龙断而登之，以左右望，而罔市利。人皆以为贱，故从而征之。征商自此贱丈夫始矣。"

【注释】

①致为臣而归：指孟子辞去齐宣王的客卿而归故乡。致，在古代有"致仕""致禄""致政"等多种说法，其中的"致"都是"归还"的意思。②时子：齐王的臣子。③中国：在国都中，指临淄城。"中"在这里是介词，"国"即国都。④万钟：钟，古代量器。齐国量器有豆、区、釜、钟四种。每豆四升，每区四斗，每釜四区，每钟十釜。万钟为六万四千石。⑤矜式：敬重，效法。⑥陈子：即孟子的学生陈臻。⑦季孙：赵岐注为孟子的弟子，朱熹则认为"不知何时人"。⑧子叔疑：人名，与季孙一样不可考。⑨龙（lǒng）断：即"垄断"。原意是名词，指高而不相连属的土墩子，后逐渐引申为把持、独占。⑩丈夫：对成年男子的通称。

【译文】

孟子辞去齐国的官职准备回乡。齐王专门去看孟子，说："从前希望见到您而不可能；后来终于得以在一起共事，我感到很高兴；现在您又将抛弃我而回去了，不知我们以后还能不能够相见？"

孟子回答说："我不敢请求罢了，这本来就是我的愿望。"

过了几天，齐王对臣下时子说："我想在都城中拨一所房子给孟子，再用万钟粮食

供养他的学生，使我们的官吏和人民都有所效法。您何不替我和孟子谈谈呢？”

时子便托陈子把这话转告给孟子。陈子也就把时子的话告诉了孟子。

孟子说：“嗯，那时子哪里知道这事做不得呢？如果我是贪图财富的人，辞去十万钟俸禄的官不做却去接受一万钟的赏赐，这是想更富吗？季孙曾经说过：‘子叔疑真奇怪！自己要做官，别人不重用，也就算了嘛，却又让自己的子弟去做卿大夫。谁不想做官发财呢？可他却想在这做官发财中搞垄断。’这正如古代的市场交易，本来不过是以有换无，有关的部门进行管理。但却有那么一个卑鄙的汉子，一定要找一个独立的高地登上去，左边望望，右边望望，恨不得把全市场的赚头都由他一人捞去。别人都觉得这人卑鄙，因此向他征税。征收商业税也就从这个卑鄙的汉子开始了。”

【原文】

孟子去齐，宿于昼①。有欲为王留行者，坐而言。不应，隐几而卧。

客不悦曰：“弟子齐②宿而后敢言，夫子卧而不听，请勿复敢见矣。”

曰：“坐！我明语子。昔者鲁缪公无人乎子思之侧，则不能安子思③；泄柳、申详④无人乎缪公之侧，则不能安其身。子为长者虑，而不及子思；子绝长者乎？长者绝子乎？”

【注释】

①昼：齐国邑名，在今山东临淄附近。②齐（zhāi）：同“斋”，斋戒。古人在有重大事情前，沐浴更衣，不饮酒，不吃荤，以示诚敬，称斋戒。③鲁缪公是鲁国国君，名显，前409年—前377年在位。子思，名孔伋，孔子之孙。鲁缪公尊敬子思，常派人在子思身边伺候致意，使子思安心。④泄柳、申详：同为鲁缪公时贤人。泄柳亦称子柳；申详，孔子弟子子张之子。他们二人认为，如果没有贤者在左右维护君主，自身就感到不安。

【译文】

孟子离开齐国，在昼邑宿夜。有个想为齐王挽留孟子的人，恭敬地坐着跟孟子说话。孟子不答理他，靠着小桌子打盹。

客人不高兴地说：“我先斋戒了一天，然后才敢来同您说话，您却睡觉不听我说，今后再不敢来见您了。”（说完，起身要走。）

孟子说：“坐下，我明白地告诉你。从前鲁缪公时，要是没有人在子思身边（伺候致意），就不能使子思安心留下；要是没有贤人在鲁缪公身边，就不能使泄柳、申详（在鲁国）安身。你替我这个长辈着想，却想不到（鲁缪公怎样地对待）子思；（光劝我留下而不去劝齐王改变态度）这是你跟我这个长辈搞僵了呢，还是我这个长辈跟你搞僵了呢？”

【原文】

孟子去齐。尹士①语人曰：“不识王之不可以为汤武，则是不明也；识其不可，然且至，则是干②泽也。千里而见王，不遇故去，三宿而后出昼，是何濡滞也？士则兹不悦。”高子③以告。

曰：“夫尹士恶知予哉？千里而见王，是予所欲也；不遇故去，岂予所欲哉？予不得已也。予三宿而后出昼，于予心犹以为速，王庶几改之，王如改诸，则必反予。夫出昼，而王不予追也，予然后浩然有归志。予虽然，岂舍王哉？王由足用为善。王如用予，则岂徒齐民安，天下之民举安。王庶几改之！予日望之！予岂若是小丈夫然哉？谏于其君而不受，则怒，悻悻然见于其面，去则穷日之力而后宿哉？”

尹士闻之，曰：“士诚小人也。”

【注释】

①尹士：齐国人。②干：求。③高子：齐国人，孟子弟子。

【译文】

孟子离开齐国。尹士对人说：“不知道齐王不能成为商汤、周武王那样的君主，那就是不明智；知道齐王不可能，然而还是到齐国来，那就是为着期求好处。不远千里地来见齐王，不相投合而离开，在昼邑住了三夜才走，为什么这样滞留迟缓呢？我对（孟子）这一点很不高兴。”高子把这番话告诉了孟子。

孟子说：“那尹士哪会懂得我（的想法）呢？千里迢迢来见齐王，这是我自己愿意的；不相投合而离开，难道也是我愿意的吗？我是不得已罢了。我住了三夜才离开昼邑，在我心里还觉得太快了，（心想）齐王或许会改变态度的，齐王如果改变了态度，一定会召我回去。（等到）离开了昼邑，齐王没有（派人）追我回去，我这才毅然下定决心回老家去。我虽然这么做了，难道肯舍弃齐王吗？齐王还是完全可以行善政的。齐王如果任用我，那岂只是齐国的百姓得到安宁，天下的百姓都能得到安宁。齐王或许会改变态度的！我天天期望着他能改变！我难道像那种气度狭小的人吗？向君主进谏不被接受，就怒气冲冲，脸上显露出不满的表情，离开时就非得拼尽一天的气力赶路，然后才歇宿吗？”

尹士听了这话，说：“我真是个小人啊。”

【原文】

孟子去齐，充虞路问曰：“夫子若有不豫[①]色然。前日虞闻诸夫子曰：‘君子不怨天，不尤人[②]。’”

曰：“彼一时，此一时也。五百年必有王者兴，其间必有名世者[③]。由周而来，七百有余岁矣。以其数，则过矣；以其时考之，则可矣。夫天未欲平治天下也，如欲平治天下，当今之世，舍我其谁也？吾何为不豫哉？”

【注释】

①豫：快乐，愉快。②不怨天，不尤人：这是引孔子的话，见《论语·宪问》。尤，责怪、抱怨。③名世者：有名望而辅佐君王的人。

【译文】

孟子离开齐国，充虞在路上问道：“老师似乎有不快乐的样子。可是以前我曾听老师您讲过：‘君子不抱怨上天，不责怪别人。’”

孟子说：“那是一个时候，现在又是一个时候。从历史上来看，每五百年就会有一位圣贤君主兴起，其中必定还有名望很高的辅佐者。从周武王以来，到现在已经七百多年了。从年数来看，已经超过了五百年；从时势来考察，也正应该是时候了。大概老天不想使天下太平了吧，如果想使天下太平，在当今这个世界上，除了我还有谁呢？我为什么不快乐呢？”

【原文】

孟子去齐，居休[①]。公孙丑问曰："仕而不受禄，古之道乎？"

曰："非也。于崇[②]，吾得见王，退而有去志，不欲变，故不受也。继而有师命，不可以请。久于齐，非我志也。"

【注释】

①休：地名，在今山东滕县北，距孟子家约百里。②崇：地名，不可考。

【译文】

孟子离开齐国，停留在休地。公孙丑问道："做了官却不接受俸禄，这是古代的规矩吗？"

孟子回答道："不是的。在崇地，我见到了齐王，回来后就有了离开齐国的想法，我不想改变（这个想法），所以不接受（俸禄）。接着齐国有战事，不便申请离开。长时间待在齐国，不是我的意愿。"

第五篇　滕文公上

【本篇引语】

本篇前面三章记录孟子与滕文公之间的谈话和事迹，后两章分别记录孟子对农家和墨家两个学派的观点。其中对农家的观点论述社会分工问题，且有农家的资料价值，较为重要。其中有不少名言，如："孟子道性善，言必称尧舜"，"上有好者，下必有甚焉者矣"，"劳心者治人，劳力者治于人"等。

全篇原文一共只有5篇，本书选3篇。

【原文】

滕文公为世子[①]，将之楚，过宋而见孟子。孟子道性善，言必称尧舜。

世子自楚反，复见孟子。孟子曰："世子疑吾言乎？夫道一而已矣。成眮[②]谓齐景公曰：'彼，丈夫也；我，丈夫也；吾何畏彼哉？'颜渊曰：'舜，何人也？予，何人也？有为者亦若是。'公明仪[③]曰：'文王，我师也；周公岂欺我哉？'今滕，绝长补短，将五十里也，犹可以为善国。《书》曰：'若药不瞑眩[④]，厥疾不瘳[⑤]。'"

【注释】

①世子：即太子。"世"和"太"古音相同，古书常通用。②成眮（jiān）：齐国的勇士。③公明仪：人名，复姓公明，名仪，鲁国贤人，曾子学生。④瞑眩：眼睛昏花看不清楚。⑤瘳（chōu）：病愈。

【译文】

滕文公还是太子的时候，要到楚国去，经过宋国时拜访了孟子。孟子给他讲善良是人的本性的道理，话题不离尧舜。

太子从楚国回来，又来拜访孟子。孟子说："太子不相信我的话吗？道理都是一致的啊。成瞯对齐景公说：'他是一个男子汉，我也是一个男子汉，我为什么怕他呢？'颜渊说：'舜是什么人，我是什么人，有作为的人也会像他那样。'公明仪说：'文王是我的老师；周公难道会欺骗我吗？'现在的滕国，假如把疆土截长补短也有将近方圆五十里吧，还可以治理成一个好国家。《尚书》说：'如果药不能使人头昏眼花，那病是不会痊愈的。'"

【原文】

滕定公[①]薨[②]，世子谓然友[③]曰："昔者孟子尝与我言于宋，于心终不忘，今也不幸至于大故[④]，吾欲使子问于孟子，然后行事。"

然友之邹[⑤]问于孟子。

孟子曰："不亦善乎！亲丧，固所自尽[⑥]也。曾子曰："生，事之以礼；死，葬之以礼，祭之以礼，可谓孝矣[⑦]。'诸侯之礼，吾未之学也；虽然，吾尝闻之矣。三年之丧[⑧]，齐疏之服[⑨]，饘粥之食[⑩]，自天子达于庶人，三代共之。"

然友反命，定为三年之丧。父兄百官皆不欲，曰："吾宗国[⑪]鲁先君莫之行，吾先君亦莫之行也，至于子之身而反之，不可，且《志》[⑫]曰：'丧祭从先祖。'曰：'吾有所受之也。'"

谓然友曰："吾他日未尝学问，好驰马试剑。今也父兄百官不我足也，恐其不能尽于大事，子为我问孟子！"然友复之邹问孟子。

孟子曰："然，不可以他求者也。孔子曰：'君薨，听于冢宰[⑬]，歠[⑭]粥，面深墨，即位而哭，百官有司莫敢不哀，先之也。'上有好者，下必有甚焉者矣。君子之德，风也；小人之德，草也。草尚之风，必偃[⑮]。是在世子。"

然友反命。

世子曰："然，是诚在我。"

五月居庐[⑯]，未有命戒。百官族人可谓曰知。及至葬，四方来观之，颜色之戚，哭泣之哀，吊者大悦。

【注释】

①滕定公：滕文公的父亲。②薨（hōng）：死。古代称侯王死叫"薨"，唐代以

后用于指二品以上官员死。③然友：人名，太子的老师。④大故：重大的事故，指大丧、凶灾之类。⑤之：至，到。邹与滕相距只有四十余里，所以可以问后行事。⑥自尽：尽自己最大的心力。⑦曾子曰：这几句话在《论语·为政》中是孔子对樊迟说的。⑧三年之丧：指子女为父母、臣下为君主守孝三年。⑨齐疏之服：用粗布做的缝边的丧服。齐，指衣服缝边。古代丧服叫做衰，不缝衣边的叫“斩衰”，缝衣边的叫“齐衰”。⑩饘（zhān）：稠粥。粥：稀粥。这里是偏义复词，指稀粥。⑪宗国：鲁、滕诸国的始封祖都是周文王的儿子，而周公封鲁，于行辈较长，所以其余姬姓诸国都以鲁为宗国。⑫《志》：记国家世系等的一种书。⑬冢宰：官名。在君王居丧期间代理朝政。⑭歠（chuò）：饮。⑮君子之德……必偃：这几句出自《论语·颜渊》篇孔子的话。尚，与“上”同；偃，倒下。⑯五月居庐：居住在丧庐中五个月。

【译文】

滕定公死了，太子对老师然友说：“上次在宋国的时候孟子和我谈了许多，我记在心里久久不忘。今天不幸父亲去世，我想请您先去请教孟子，然后才办丧事。”

然友便到邹国去向孟子请教。

孟子说：“好得很啊！父母的丧事本来就应该尽心竭力。曾子说：‘父母活着的时候，依照礼节侍奉他们；父母去世，依照礼节安葬他们，依照礼节祭祀他们，就可以叫做孝了。’诸侯的礼节，我不曾专门学过，却也听说过。三年的丧期，穿着粗布做的孝服，喝稀粥。从天子一直到老百姓，夏、商、周三代都是这样的。”

然友回国报告了太子，太子便决定实行三年的丧礼。滕国的父老官吏都不愿意。他们说：“我们的宗国鲁国的历代君主没有这样实行过，我们自己的历代祖先也没有这样实行过，到了您这一代便改变祖先的做法，这是不应该的。而且《志》上说过：‘丧礼祭祖一律依照祖先的规矩。’还说：‘道理就在于我们有所继承。’”

太子对然友说：“我过去不曾做过什么学问，只喜欢跑马舞剑。现在父老官吏们都对我实行三年丧礼不满，恐怕我处理不好这件大事，请您再去替我问问孟子吧！”然友再次到邹国请教孟子。

孟子说：“要坚持这样做，不可以改变。孔子说过：‘君王死了，太子把一切政务都交给冢宰代理，自己每天喝稀粥。脸色深黑，就临孝子之位便哭泣，大小官吏没有谁敢不悲哀，这是因为太子亲自带头的缘故。’在上位的人有什么喜好，下面的人一定就会喜好得更厉害。领导人的德行是风，老百姓的德行是草。草受风吹，必然随风倒。所以，这件事完全取决于太子。”

然友回国报告了太子。

太子说：“是啊，这件事确实取决于我。”

于是太子在丧庐中住了五个月，没有颁布过任何命令和禁令。大小官吏和同族的人都很赞成，认为太子知礼。等到下葬的那一天，四面八方的人都来观看，太子面容的悲伤，哭泣的哀痛，使前来吊丧的人都非常满意。

【原文】

有为神农之言①者许行②，自楚之滕，踵③门而告文公曰：“远方之人闻君行仁政，愿受一廛而为氓④。”文公与之处。

其徒数十人，皆衣褐，捆屦、织席以为食⑤。

陈良之徒陈相与其弟辛⑥，负耒耜而自宋之滕，曰：“闻君行圣人之政，是亦圣人也，愿为圣人氓。”陈相见许行而大悦，尽弃其学而学焉。

陈相见孟子，道许行之言曰：“滕君则诚贤君也；虽然，未闻道也。贤者与民并耕而食，饔飧⑦而治。今也滕有仓禀府库，则是厉⑧民而以自养也，恶得贤？”

孟子曰：“许子必种粟而后食乎？”

曰：“然。”

“许子必织布而后衣乎？”

曰：“否，许子衣褐。”

“许子冠乎？”

曰：“冠。”

曰：“奚冠？”

曰：“冠素。”

曰：“自织之与？”

曰：“否，以粟易之。”

曰：“许子奚为不自织？”

曰：“害于耕。”

曰：“许子以釜甑爨，以铁耕乎⑨？”曰：“然。”“自为之与？”

曰："否，以粟易之。"

"以粟易械器者，不为厉陶冶；陶冶亦以其械器易粟者，岂为厉农夫哉？且许子何不为陶冶，舍[10]皆取诸其宫中[11]而用之？何为纷纷然与百工交易？何许子之不惮烦？"

曰："百工之事固不可耕且为也。"

"然则治天下独可耕且为与？有大人[12]之事，有小民之事。且一人之身，而百工之所为备，如必自为而后用之，是率天下而路[13]也。故曰，或[14]劳心，或劳力。劳心者治人，劳力者治于人；治于人者食人，治人者食于人。天下之通义也。

"当尧之时，天下犹未平，洪水横流，泛滥于天下，草木畅茂，禽兽繁殖，五谷不登，禽兽逼人，兽蹄鸟迹之道交于中国。尧独忧之，举舜而敷[15]治焉。舜使益掌火，益烈山泽而焚之，禽兽逃匿。禹疏九河，瀹济漯[16]而注诸海，决汝汉，排淮泗而注之江，然后中国可得而食也。当是时也，禹八年于外，三过其门而不入，虽欲耕，得乎？

"后稷[17]教民稼穑，树艺[18]五谷；五谷熟而民人育。人之有道也，饱食、暖衣、逸居而无教，则近于禽兽。圣人有忧之，使契[19]为司徒，教以人伦——父子有亲，君臣有义，夫妇有别，长幼有序，朋友有信。放勋[20]曰：'劳之来之[21]，匡之直之，辅之翼之，使自得之，又从而振德之。'圣人之忧民如此，而暇耕乎？

"尧以不得舜为己忧，舜以不得禹、皋陶[22]为己忧。夫以百亩之不易[23]为己忧者，农夫也。分人以财谓之惠，教人以善谓之忠，为天下得人者谓之仁。是故以天下与人易，为天下得人难。孔子曰：'大哉尧之为君！惟天为大，惟尧则之，荡荡乎民无能名焉！君哉舜也！巍巍乎有天下而不与焉！'尧舜之治天下，岂无所用其心哉？亦不用于耕耳。

"吾闻用夏变夷者，未闻变于夷者也。陈良，楚产也，悦周公、仲尼之道，北学于中国。北方之学者，未能或之先也。彼所谓豪杰之士也。子之兄弟事之数十年，师死而遂倍[24]之！昔者孔子没，三年之外，门人治任[25]将归，入揖于子贡，相向而哭，皆失声，然后归。子贡反，筑室于场，独居三年，然后归。他日，子夏、子张、子游以有若似圣人，欲以所事孔子事之，强曾子。曾子曰：'不可；江汉以濯之，秋阳以暴[26]之，皜皜[27]乎不可尚已。'今也南蛮鴃[28]舌之人，非先王之道，子倍子之师而学之，亦异于曾子矣。吾闻出于幽谷迁于乔木者，未闻下乔木而入于幽谷者。《鲁颂》曰：'戎狄是膺，荆舒是惩[29]。'周公方且膺之，子是之学，亦为不善变矣。"

"从许子之道，则市贾不贰[30]，国中无伪，虽使五尺之童[31]适市，莫之或欺。布帛长短同，则贾相若；麻缕丝絮轻重同，则贾相若；五谷多寡同，则贾相若；屦大小同，则贾相若。"

曰："夫物之不齐，物之情也；或相倍蓰[32]，或相什百，或相千万。子比而同之，是乱天下也。巨屦小屦[33]同贾，人岂为之哉？从许子之道，相率而为伪者也，恶能治国家？"

【注释】

①神农之言：神农氏的学说。神农是上古传说中的人物，常与伏羲氏、燧人氏一道被称为"三皇"。神农氏主要的功绩是教人从事农业生产，所以叫"神农"。春秋战国时期诸子百家多托古圣贤之名而标榜自己的学说。农家就假托为"神农之言"。②许行：农家代表人物之一，生平不详。③踵（zhǒng）：至，到。④廛（chán）：住房。氓（méng）：移民。⑤衣褐，捆屦（jù）、织席以为食：穿粗麻衣，靠编草鞋、织草席谋生。衣，动词，穿；褐（hè），粗麻短衣；屦，草鞋。⑥陈良：楚国的儒士。陈相、陈辛：都是陈良的学生。⑦饔飧（yōng sūn）：饔，早餐；飧，晚餐。⑧厉：病。⑨釜：金属制的锅。甑（zèng）：用瓦做的蒸饭器；爨（cuàn）：烧火做饭。铁：指用铁做的农具。⑩舍：相当于方言"啥"，即什么东西、一切东西的意思。⑪宫中：家中。古代住宅无论贵贱都可以叫"宫"，秦汉以后才专指帝王所居为宫。⑫大人：这里指有地位的人，与下文"小民"相对。⑬路：指奔波、劳累。⑭或：有的人。⑮敷：遍。⑯瀹（yuè）济漯（tà）：瀹，疏导；济漯，济水和漯水。⑰后稷：相传为周的始祖，名弃，尧帝时为农师。⑱树艺：种植。⑲契：人名，相传是殷的祖先，姓子，尧帝时任司徒。⑳放勋：尧的称号，放是大，勋是功劳，原本是史官的赞誉之辞，后来成为尧的称号。㉑劳之来之：劳、来都读去声，劝勉、慰劳。㉒皋（gāo）陶（yáo）：人名，相传为虞舜时的司法官。㉓易：治。㉔倍：同"背"，背叛。㉕治任：准备行李。治，整治。任，负担。㉖秋阳以暴（pù）：秋阳，周历七八月相当于夏历五六月，所以这里所说的秋阳实际相当于今天的夏阳。暴，同"曝"，晒。㉗皜皜（hào）：光明洁白的样子。㉘鴃（jué）：伯劳鸟。㉙戎狄是膺，荆舒是惩：引自《诗经·鲁颂·閟宫》。膺，击退；惩，抵御；戎狄是北方的异族；荆舒是南方的异族。㉚市贾（jià）不贰：贾，通"价"；不贰，没有两样。㉛五尺之童：古代尺寸短，五尺约相当于现在三尺多一点。㉜倍蓰（xǐ）：倍，一倍；蓰，五倍。

后文的什、百、千、万都是指倍数。㉝巨屦小屦：粗糙的草鞋与精致的草鞋。

【译文】

有一个奉行神农氏学说，名叫许行的人，从楚国到滕国进见滕文公说："我这个从远方来的人听说您施行仁政，希望得到一所住处，成为您的百姓。"滕文公给了他住处。

许行的门徒有几十个人，都穿着粗麻衣服，靠打草鞋织席子谋生。

陈良的门徒陈相和他弟弟陈辛背着农具从宋国来到滕国，也进见滕文公说："听说您施行圣人的政治，那么，您也是圣人了，我们都愿意做圣人的百姓。"

陈相见到许行后非常高兴，完全抛弃了自己以前所学的而改学许行的学说。

陈相有一天去拜访孟子，转述许行的话说："滕君的确是个贤明的君主，不过，他还没有掌握真正的治国之道。贤人治国应该和老百姓一道耕种而食，一道亲自做饭。现在滕国却有储藏粮食的仓库，存放财物的仓库，这是损害老百姓来奉养自己，怎么能够叫做贤明呢？"

孟子说："许先生一定要自己种庄稼才吃饭吗？"

陈相回答说："对。"

"许先生一定要自己织布然后才穿衣吗？"

回答说："不，许先生只穿粗麻衣服。"

"许先生戴帽子吗？"

回答说："戴。"

孟子问："戴什么帽子呢？"

回答说："戴白帽子。"

孟子问："他自己织的吗？"

回答说："不是，是用粮食换来的。"

孟子问："许先生为什么不自己织呢？"

回答说："因为怕误了农活。"

孟子问："许先生用锅和甑子做饭，用铁器耕种吗？"

回答说："是的。"

"他自己做的吗？"回答说："不是，是用粮食换的。"

孟子于是说："农夫用粮食换取锅、瓶和农具，不能说是损害了瓦匠铁匠。那么，瓦匠和铁匠用锅、瓶和农具换取粮食，难道就能够说是损害了农夫吗？而且，许先生为什么不自己烧窑冶铁做成锅、甑和各种农具，什么东西都放在家里随时取用呢？为什么要一件一件地去和各种工匠交换呢？为什么许先生这样不怕麻烦呢？”

陈相回答说：“各种工匠的事情当然不是可以一边耕种一边同时干得了的。”

“那么治理国家就偏偏可以一边耕种一边治理了吗？官吏有官吏的事，百姓有百姓的事。况且，每一个人所需要的生活资料都要靠各种工匠的产品才能齐备，如果一定都要自己亲手做成才能使用，那就是率领天下的人疲于奔命。所以说，有的人从事脑力劳动，有的人从事体力劳动；脑力劳动者统治人，体力劳动者被人统治；被统治者养活别人，统治者靠别人养活：这是通行天下的原则。

“在尧那个时代，天下还未太平，洪水成灾，四处泛滥；草木无限制生长，禽兽大量繁殖，谷物没有收成，飞禽走兽危害人类，到处都是它们的踪迹。尧为此而非常担忧，选拔舜出来全面治理。舜派益掌管用火烧，益便用烈火焚烧山野沼泽的草木，飞禽走兽于是四散而逃。大禹疏通九条河道，治理济水、漯水，引流入海；挖掘汝水、汉水，疏通淮水、泗水，引流进入长江。这样中国才可以进行农业耕种。当时，禹八年在外，三次经过自己的家门都不进去，即便他想亲自种地，行吗？

“后稷教老百姓耕种收获，栽培五谷，五谷成熟了才能够养育百姓。人之所以为人，吃饱了，穿暖了，住得安逸了，如果没有教养，那就和禽兽差不多。圣人又为此而担忧，派契做司徒，用人与人之间应有的伦常关系和道理来教育百姓——父子之间有骨肉之亲，君臣之间有礼义之道，夫妻之间有内外之别，老少之间有尊卑之序，朋友之间有诚信之德。尧说道：‘慰劳他们，安抚他们，开导他们，纠正他们，辅助他们，保护他们，使他们满足，再进一步提高他们的品德。’圣人为老百姓考虑得如此之多，难道还有时间来亲自耕种吗？

“尧把得不到舜这样的人作为自己的忧虑，舜把得不到禹和皋陶这样的人作为自己的忧虑。那些把耕种不好田地作为自己的忧虑的，是农夫。把钱财分给别人叫做惠，把好的道理教给别人叫做忠，为天下发现人才叫做仁。所以把天下让给人容易，为天下发现人才却很难。孔子说：‘尧做天子真是伟大！只有天最伟大，只有尧能够效法天，他的圣德无边无际，老百姓找不到恰当的词语来赞美他！舜也是了不得的天子！虽然有了这样广阔的天下，自己却并不占有它！’尧和舜治理天下，难道不用心思吗？只不过不用在耕田种地上罢了。

“我只听说过用中原的一切来改变边远落后地区的，没有听说过用边远落后地区

的一切来改变中原的。陈良本来是楚国的人，喜爱周公、孔子的学说，由南而北来到中原学习。北方的学者还没有人能够超过他，他可以称得上是豪杰之士了。你们兄弟跟随他学习几十年，他一死，你们就背叛了他！以前孔子死的时候，门徒们都为他守孝三年，三年以后，大家才收拾行李准备回家。临走的时候，都去向子贡行礼告别，相对而哭，泣不成声，然后才离开。子贡又回到孔子的墓地重新筑屋，独自守墓三年，然后才离开。后来，子夏、子张、子游认为有若有点像孔子，便想用尊敬孔子的礼来尊敬他，他们希望曾子也同意。曾子说：'不可以。就像曾经用江汉的水清洗过，又在夏天的太阳下曝晒过，洁白无瑕，我们的老师是没有谁还能够相比的。'如今这个怪腔怪调的南方蛮子，说话诽谤先王的圣贤之道，你们却背叛自己的老师而向他学习，这和曾子的态度恰恰相反。我只听说过从幽暗的山沟飞出来迁往高大的树木的，从没听说过从高大的树木飞下来迁往幽暗的山沟的。《鲁颂》说：'攻击北方的戎狄，惩罚南方的荆舒。'周公尚且要攻击楚国这样的南方蛮子，你们却去向他学习，这简直是越变越坏了啊。"

陈相说："如果听从许先生的学说，市场价格就会统一，人人没有欺诈，就是打发一个小孩子去市场，也不会被欺骗。布匹丝绸的长短一样，价格也就一样；麻线丝绵的轻重一样，价格也就一样；五谷的多少一样，价格也就一样；鞋子的大小一样，价格也就一样。"

孟子说："各种东西的质量和价格不一样，这是很自然的，有的相差一倍五倍，有的相差十倍百倍，有的甚至相差千倍万倍。您想让它们完全一样，只是搞乱天下罢了。一双粗糙的鞋子与一双精致的鞋子价格完全一样，人们难道会同意吗？听从许先生的学说，是率领大家走向虚伪，怎么能够治理好国家呢？"

第六篇　滕文公下

【本篇引语】

本篇以论人格修养，即立身处世的“出处”“气节”和“仁政”为主，很富有哲理性，当然也仍然离不开政治。提出了动机与效果的问题，廉洁的问题，偷鸡贼的逻辑的问题。其中有不少名言，如：“枉己者，未有能直人者也”，“得志，与民由之；不得志，独行其道”，“富贵不能淫，贫贱不能移，威武不能屈，此之谓大丈夫”，“胁肩谄笑，病于夏畦”，“不由其道，钻穴之徒”等。

【原文】

陈代①曰：“不见诸侯，宜若小然；今一见之，大则以王，小则以霸。且《志》曰：‘枉尺而直寻②。’宜若可为也。”孟子曰：“昔齐景公田③，招虞人以旌④，不至，将杀之。志士不忘⑤在沟壑，勇士不忘丧其元⑥。孔子奚取焉？取非其招不往也。如不待其招而往，何哉？且夫枉尺而直寻者，以利言也。如以利，则枉寻直尺而利，亦可为与？昔者赵简子⑦使王良⑧与嬖奚⑨乘，终日而不获一禽。嬖奚反命⑩曰：‘天下之贱工也。’或以告王良。良曰：‘请复之。’强而后可，一朝而获十禽。嬖奚反命曰：‘天下之良工也。’简子曰：‘我使掌与女乘。’谓王良。良不可，曰：‘吾为之范我驰驱⑪，终日不获一；为之诡遇⑫，一朝而获十。诗云：不失其驰，舍矢如破⑬。我不贯⑭小人乘，请辞。’御者且羞与射者比⑮；比而得禽兽，虽若丘陵，弗为也。如枉道而从彼，何也？且子过矣：枉己者，未有能直人者也。”

【注释】

①陈代：孟子的学生。②枉：屈。寻：八尺为一寻。③田：打猎。④招虞人以旌：虞人，守猎场的小官。古代君王有所召唤，一定要有相应的标志，旌旗是召唤大夫

的，弓是召唤士的，若是召唤虞人，只能用皮冠，所以这个虞人不理睬齐景公用旌旗的召唤。《左传·昭公二十年》曾经载过这件事，孔子并对这个虞人有所称赞，所以下文孟子说到“孔子奚取焉”。⑤不忘：本来是常常想到的意思，虽然常常想到自己“在沟壑”和“丧其元”的结局，但并不因此而贪生怕死。所以，这里的“不忘”也可以直接理解为“不怕”。⑥元：首，脑袋。⑦赵简子：名鞅，晋国大夫。⑧王良：春秋末年著名的善于驾车的人。⑨嬖（bì）奚：一个名叫奚的受宠的小臣。⑩反命：复命。反，同“返”。⑪范我驰驱：使我的驱驰规范。“范”在这里作动词，使……规范。⑫诡遇：不按规范驾车。⑬不失其驰，舍矢如破：引自《诗经·小雅·车攻》。意为按规范驾车，箭放出就能射中目标。⑭贯：同“惯”，习惯。⑮比：合作。

【译文】

陈代说：“不去拜见诸侯，似乎只是拘泥于小节吧。如今一去拜见诸侯，大则可以实施仁政，使天下归服；小则可以称霸诸侯。况且《志》书上说：‘弯曲着一尺长，伸展开来八尺长。’似乎是可以这样以屈求伸的吧。”孟子说：“从前齐景公打猎，用旌旗召唤猎场的管理员，那管理员因为他召唤的方式不对而不予理睬。齐景公想杀了他，他却一点也不怕，因而受到孔子的称赞。所以，有志之士不怕弃尸山沟，勇敢的人不怕丢掉脑袋。孔子认为那猎场管理员哪一点可取呢？就是取他因召唤不当就不去的精神。如果我不等到诸侯的召唤就自己上门去，是为了什么呢？况且，所谓弯曲着一尺长，伸展开来八尺长的说法，是从利益的角度来考虑问题的。如果从利益的角度来考虑问题，就是弯曲着八尺长，伸展开一尺，那也是有利益的啊，难道也可以干吗？从前赵简子命令王良为他所宠爱的名叫奚的小臣驾车去打猎，整整一天没有打着一只猎物。奚回去后向赵简子报告说：‘王良真是天下最不会驾车的人了！’有人把这话告诉了王良。王良便对奚说：‘请让我再为您驾一次车。’奚勉强同意了，结果一个清晨就打了十只猎物。奚回去后又向赵简子报告说：‘王良真是天下最会驾车的人啊！’赵简子说：‘我让他专门为你驾车吧。’当赵简子征求王良的意见时，王良却不肯干了。他说：‘我按规范为他驾车，他一整天都打不到一只猎物；我不按规范为他驾车，他却一个清晨就打了十只猎物。《诗经》说：按照规范驾车去，箭一放出就中的。我不习惯为他这样的小人驾车，请您让我辞去这个差事。’驾车的人尚且羞于与不好的射手合作，即便合作可以打到堆集如山的猎物也不干。如果我现在扭曲自己去追随那些诸侯，那又是为了什么呢？况且，你的看法是错误的：扭曲自己，是不可能让别人正直的。”

【原文】

景春[1]曰：“公孙衍[2]、张仪[3]岂不诚大丈夫哉？一怒而诸侯惧，安居而天下熄。”

孟子曰：“是焉得为大丈夫乎？子未学礼乎？丈夫之冠[4]也，父命之；女子之嫁也，母命之。往送之门，戒之曰：‘往之女家，必敬必戒，无违夫子！’以顺为正者，妾妇之道也。居天下之广居，立天下之正位，行天下之大道。得志，与民由之；不得志，独行其道。富贵不能淫，贫贱不能移，威武不能屈，此之谓大丈夫。”

【注释】

①景春：战国时纵横家。②公孙衍：魏国人，号犀首，当时著名的说客。③张仪：战国时纵横家的代表人物，主张连横，为秦扩张势力。④冠：古时男子年二十行加冠礼，表示成年。

【译文】

景春说：“公孙衍、张仪难道不是真正的大丈夫吗？他们一发怒，诸侯就害怕，他们安居家中，天下就太平无事。”

孟子说：“这哪能算是大丈夫呢？你没有学过礼吗？男子行加冠礼时，父亲训导他；女子出嫁时，母亲训导她。送她到门口，告诫她说：‘到了你家，一定要恭敬，一定要谨慎，不要违背丈夫！’把顺从当作正理，是妇道人家遵循的道理。（公孙衍、张仪在诸侯面前竟也像妇人一样！）居住在天下最宽广的住宅‘仁’里，站立在天下最正确的位置‘礼’上，行走在天下最宽广的道路‘义’上；能实现理想时，就同人民一起走这条正道；不能实现理想时，就独自行走在这条正道上。富贵不能迷乱他的思想，贫贱不能改变他的操守，威武不能压服他的意志，这才叫做大丈夫。”

【原文】

周霄[1]问曰：“古之君子仕乎？”

孟子曰：“仕。传曰：‘孔子三月无君，则皇皇如也；出疆必载质。’公明仪[2]曰：‘古之人三月无君，则吊。”

“三月无君则吊，不以急乎？”

曰：“士之失位也，犹诸侯之失国家也。《礼》曰：‘诸侯耕助[3]，以供粢盛；夫人[4]蚕缫，以为衣服。牺牲不成，粢盛不洁，衣服不备，不敢以祭。惟士无田，则亦不祭。’牲杀、器皿、衣服不备，不敢以祭，则不敢以宴，亦不足吊乎？”

“出疆必载质，何也？”

曰：“士之仕也，犹农夫之耕也；农夫岂为出疆舍其耒耜哉？”

曰：“晋国亦仕国也，未尝闻仕如此其急。仕如此其急也，君子之难仕，何也？”

曰：“丈夫生而愿为之有室，女子生而愿为之有家。父母之心，人皆有之。不待父母之命、媒妁之言，钻穴隙相窥，逾墙相从，则父母国人皆贱之。古之人未尝不欲仕也，又恶不由其道。不由其道而往者，与钻穴隙之类也。”

【注释】

①周霄：战国时魏人。②公明仪：鲁国贤人。③耕助：即“耕藉”。藉，藉田，帝王亲耕之田。古代每到开春，都有耕藉之礼，以示重视农业。其礼先由天子亲耕，然后三公、九卿、诸侯、大夫等依次躬耕。④夫人：诸侯的妻子。

【译文】

周霄问道：“古代的君子做官吗？”

孟子说：“做官。古代的记载说：‘孔子三个月没有被君主任用，就惶惶不安；离开这个国家时，必定要带上谒见另一个国家君主的见面礼。’公明仪说过：‘古代的人如果三个月不被君主任用，那就要去安慰他。’”

（周霄说）“三个月不被君主任用就要去安慰，不是求官太迫切了吗？”

孟子说：“士失掉了官位，就像诸侯失掉了国家。《礼》上说：‘诸侯亲自耕种，用来供给祭品；夫人养蚕缫丝，用来供给祭服。（用作祭祀的）牛羊不肥壮，谷米不洁净，礼服不齐备，就不敢用来祭祀。士（失掉了官位就）没有田地俸禄，也就不能祭祀。’（祭祀用的）牲畜、祭器、祭服都不齐备，不敢用来祭祀，也就不敢宴请，（就像遇到丧事的人一样）还不该去安慰他吗？”（周霄问道）“离开一国时，定要带上谒见别的国君的礼物，为什么呢？”

孟子说：“士做官，就像农夫种田；农夫难道会因为离开一个国家就丢弃他的农具吗？”

周霄说：“我们魏国也是个有官可做的国家，却不曾听说想做官这样急迫的。想做官是这样急迫，君子却又不轻易去做官，为什么呢？”

孟子说：“男孩一出生，就愿给他找妻室，女孩一出生，就愿给她找婆家；父母的这种心情，人人都是有的。（但是，如果）不等父母的同意，媒人的说合，就钻洞扒缝互相偷看，翻过墙头约会，那么父母和社会上的人都会认为这种人下贱。古代的君子不是不想做官，但又厌恶不从正道求官。不从正道求官，是同钻洞扒缝之类行径一样的。”

【原文】

彭更①问曰：“后车数十乘，从者数百人，以传食②于诸侯，不以泰③乎？”

孟子曰：“非其道，则一箪食不可受于人；如其道，则舜受尧之天下，不以为泰，子以为泰乎？”

曰：“否。士无事而食，不可也。”

曰：“子不通功易事④，以羡⑤补不足，则农有余粟，女有余布。子如通之，则梓匠轮舆⑥皆得食于子。于此有人焉，入则孝，出则悌，守先王之道，以待⑦后之学者，而不得食于子。子何尊梓匠轮舆而轻为仁义者哉？”

曰：“梓匠轮舆，其志将以求食也；君子之为道也，其志亦将以求食与？”

曰：“子何以其志为哉？其有功于子，可食而食之矣。且子食志乎？食功乎？”

曰：“食志。”

曰：“有人于此，毁瓦画墁⑧，其志将以求食也，则子食之乎？”

曰：“否。”

曰：“然则子非食志也，食功也。”

【注释】

①彭更：人名，孟子的学生。②传食：指住在诸侯的驿舍（宾馆）里接受饮食。传，驿舍，相当于今天的宾馆。③泰：同“太”，过分。④通功易事：交流成果，交换物资。⑤羡：余，多余。⑥梓匠轮舆：梓人、匠人指木工；轮人、舆人指制造车轮和车箱的工人。⑦待（chí）：同“持”，扶持。⑧墁（màn）：本义为粉刷墙壁的工具，这里指新粉刷过的墙壁。

【译文】

彭更问道："跟在身后的车几十辆，跟随的人几百个，从这个诸侯国吃到那个诸侯国，不是太过分了吗？"

孟子说："如果不正当，就是一篮子饭也不能够接受；如果正当，就是像舜那样接受了尧的天下也不过分。你觉得过分吗？"

彭更说："不，我不是这个意思。我是觉得，读书人不劳动而白吃饭，是不对的。"

孟子说："你如果不互通有无，交换各行各业的产品，用多余的来补充不足的，就会使农民有多余的粮食没人吃，妇女有多余的布没人用。你如果互通有无，那么木匠车工都可以从你那里得到吃的。比如说这里有一个人，在家孝顺父母，出门尊敬长辈，奉行先王的圣贤学说，来培养后代的学者，却不能从你那里得到吃的。你怎么可以尊重木匠车工却轻视奉行仁义道德的人呢？"

彭更说："木匠车工，他们干活的动机就是为了求饭吃。读书人研究学问，其动机也是为了求饭吃吗？"

孟子说："你为什么以他们的动机来看问题呢？只要他们对你有功绩，应该给他们吃的，那就给他们吃的罢了。况且，你是论动机给他们吃的呢？还是论功绩给他们吃的呢？"

彭更说："论动机。"

孟子说："比如这里有一个人，把屋瓦打碎，在新刷好的墙壁上乱画，但他这样做的动机是为了弄到吃的，你给他吃的吗？"

彭更说："不。"

孟子说："那么，你不是论动机，而是论功绩的了。"

【原文】

万章[1]问曰："宋，小国也，今将行王政，齐、楚恶而伐之[2]，则如之何？"

孟子曰："汤居亳[3]，与葛为邻。葛伯放而不祀。汤使人问之曰：'何为不祀？'曰：'无以供牺牲也。'汤使遗之牛羊。葛伯食之，又不以祀。汤又使人问之曰：'何为不祀？'曰：'无以供粢盛也。'汤使亳众往为之耕，老弱馈食。葛伯率其民，要其有酒食黍稻者夺之，不授者杀之。有童子以黍肉饷，杀而夺之。《书》曰：'葛伯仇饷。'此之谓也。为其杀是童子而征之，四海之内皆曰：'非富天下也，为匹夫匹妇复仇也。'‘汤始征，自葛载。'十一征而无敌于天下。东面而征，西夷怨；南面而征，北狄怨。曰：‘奚为后我？'民之望之，若大旱之望雨也。归市者弗止，芸者不变，诛其君，吊其民，如时雨降，民大悦。《书》曰：‘徯我后，后来其无罚。'‘有攸不惟臣，东征，绥厥士女。匪厥玄黄，绍我周王见休，惟臣附于大邑周。'其君子实玄黄于匪以迎其君子，其小人箪食壶浆以迎其小人。救民于水火之中，取其残而已矣。《太誓》曰：‘我武惟扬，侵于[4]之疆，则取于残，杀伐用张，于汤有光。'不行王政云尔，苟行王政，四海之内皆举首而望之，欲以为君。齐、楚虽大，何畏焉？"

【注释】

①万章：孟子弟子。②"宋，小国也，今将行王政，齐、楚恶而伐之"句：指宋王偃早期想实行仁政以图强兴国的事，后宋发生内乱，诸大国觊觎，宋为齐所灭。③亳（bó）：邑名，在今河南商丘县境内。④于：陈梦家《尚书通论》认为"于即是邘"，古国名。下"取于残"之"于"同。

【译文】

万章问道："宋国是个小国，现在打算施行仁政，如果齐楚两国憎恨它，出兵攻打，那该怎么办？"

孟子说："从前汤居住在亳地，同葛国是邻国。葛伯放纵无道，不祭祀先祖。汤派人问他：'为什么不祭祀？'（葛伯）说：'没有供祭祀用的牲畜。'汤就派人送给他牛羊。葛伯把牛羊吃了，并不用来祭祀。汤又派人问他：'为什么不祭祀？'（葛伯）说：'没有供祭祀用的谷物。'汤就叫亳地的群众去替他耕种，年老体弱的送饭。葛伯带领自己的人拦截带有酒肉饭菜的人进行抢夺，不肯给的就杀掉。有个孩子拿着饭和肉去送给耕种的人，（葛伯）杀了孩子，抢走了饭和肉。《尚书》上说：'葛伯仇视送饭的人。'就是说的这件事。因为葛伯杀了这个孩子，汤才去征讨他，普天下的人都说：'不是要把天下变为自己的财富，是为了给平民百姓报仇。''汤王征讨，从葛国开始。'征讨十一次，天下无敌。向东征讨，西面的民族就埋怨；向南征讨，北面的民族就埋怨。（他们埋怨）说：'为什么把我们这里放在后面？'人民盼望他来，就像大旱之年盼望下雨一样。（汤所到之处）赶集的人络绎不绝，种田的人照常干活，杀掉那里的暴君，安抚那里的人民，就像及时雨从天而降，人民万分喜悦。《尚书》上又说：'等待我们君王，

君王来了我们不再受折磨。'（又说）'攸国不称臣，（周武王）向东征讨它，安抚那里的人们。（人们）用竹筐装着黑色、黄色的绢帛迎接周王，愿意侍奉周王而受他恩泽，称臣归附大周国。'那里的官吏用筐装满黑色、黄色的绢帛迎接周王的官吏，那里的百姓抬着饭筐提着酒壶迎接周王的百姓。（就因为周王）把那里的人民从水深火热中拯救出来，除掉他们的暴君罢了。《太誓》上说：'我军威武要发扬，攻到于国疆土上，诛除暴君去凶残，杀伐之功震四方，伟绩辉煌胜成汤。'不行仁政便罢了，如果行仁政，普天下的人都将仰起头来盼望他，要拥护他做自己的君主；齐、楚两国尽管强大，有什么可怕的呢？"

【原文】

孟子谓戴不胜①曰："子欲子之王之②善与？我明告子。有楚大夫于此，欲其子之齐语也，则使齐人傅诸？使楚人傅诸？"

曰："使齐人傅之。"

曰："一齐人傅之，众楚人咻③之，虽日挞而求其齐也，不可得矣；引而置之庄岳④之间数年，虽日挞而求其楚，亦不可得矣。子谓薛居州，善士也，使之居于王所。在于王所者，长幼卑尊皆薛居州也，王谁与为不善？在王所者，长幼卑尊皆非薛居州也，王谁与为善？一薛居州，独如宋王何？"

【注释】

①戴不胜：人名，宋国大臣。②之：动词，向、往、到。③咻（xiū）：喧哗干扰。④庄岳：齐国的街里名。庄，街名；岳，里名。

【译文】

孟子对戴不胜说："你希望你的君王向善吗？我明白告诉你吧。比如说有一位楚国的大夫，希望他的儿子学会说齐国话，是找齐国的人来教他好呢？还是找楚国的人来教他好？"

戴不胜说："找齐国人来教他好。"

孟子说："如果一个齐国人来教他，却有许多楚国人在他周围用楚国话来干扰他，即使你每天鞭打他，要求他说齐国话，那也是不可能的。反之，如果把他带到齐国去，住在齐国的某个街市，比方说名叫庄岳的地方，在那里生活几年，那么即使你每天鞭打他，要求他说楚国话，那也是不可能的了。你说薛居州是个好人，要他住在王宫中。如果在王宫中的人，无论年龄大小还是地位高低都是像薛居州那样的好人，那君王和谁去做坏事呢？相反，如果在王宫中的人，无论年龄大小还是地位高低都不是像薛居州那样的好人，那君王又和谁去做好事呢？单单一个薛居州能把宋王怎么样呢？”

【原文】

公孙丑问曰：“不见诸侯，何义？”

孟子曰：“古者不为臣不见。段干木[1]逾垣而辟[2]之，泄柳闭门而不内[3]，是皆已甚；迫，斯可以见矣。阳货欲见孔子[4]而恶无礼，大夫有赐于士，不得受于其家，则往拜其门。阳货瞰[5]孔子之亡也，而馈孔子蒸豚；孔子亦瞰其亡也，而往拜之。当是时，阳货先，岂得不见？曾子曰：‘胁肩谄笑，病于夏畦[6]。’子路曰：‘未同而言，观其色赧赧然，非由之所知也。’由是观之，则君子之所养，可知已矣。”

【注释】

①段干木：姓段干，名木，晋国人，清高而不屑为官。魏文侯去拜访他，他却翻墙逃走不见。②辟（bì）：同“避”。③泄柳：人名，鲁穆公时人。内（nà）：同“纳”。④阳货欲见孔子：事见《论语·阳货》（17.1）。“见”在这里作使动用法，是阳货想让孔子来拜见他的意思。⑤瞰：窥视。⑥胁肩谄笑，病于夏畦：胁肩，耸起肩头，故作恭敬的样子。胁肩谄笑，形容逢迎谄媚的丑态。畦，本指菜地间划分的行列，这里作动词用，指在菜地里劳动。

【译文】

公孙丑问道：“不主动去拜见诸侯是什么道理？”

孟子说：“在古代，一个人如果不是诸侯的臣属便不去拜见。段干木跳墙躲避魏文侯，泄柳闭门不接待鲁穆公，这些都做得过分了。迫不得已时，见还是应该见的。从前阳货想要孔子去拜见他，又厌恶别人说他不懂礼仪。大夫如果对士人有所赏赐，士人没有在家亲自接受的话，就得上大夫家去拜谢。于是，阳货便趁孔子不在家的时候，给孔子送去一只蒸乳猪。孔子也打听到阳货不在家时，前去拜谢。当时，要是阳货真心诚

意地先去看孔子，孔子难道不去拜见他吗？曾子说：‘耸起两个肩头，做出一副讨好人的笑脸，这真比顶着夏天的毒日头在菜地里干活还要令人难受啊！’子路说：‘分明不愿意和那人谈话，却要勉强去谈，脸上还做出羞惭的样子，这种人不是我所能够理解的。’从这里看来，君子是怎样修养自己的，就可以知道了。”

【原文】

戴盈之[①]曰：“什一，去关市之征，今兹[②]未能，请轻之，以待来年，然后已，何如？”

孟子曰：“今有人日攘[③]其邻之鸡者，或告之曰：‘是非君子之道！’曰：‘请损之，月攘一鸡，以待来年，然后已。’如知其非义，斯速已矣，何待来年？”

【注释】

①戴盈之：人名，宋国大夫。②兹：年。③攘：偷。

【译文】

戴盈之说：“税率十分抽一，免除关卡和市场的征税，今年内还办不到，请让我们先减轻一些，等到明年再彻底实行，怎么样？”

孟子说：“现在有一个人每天偷邻居家的一只鸡，有人告诫他说：‘这不是正派人的行为！’他便说：‘请让我先减少一些，每月偷一只，等到明年再彻底洗手不干。’——如果知道这种行为不合于道义，就应该赶快停止，为什么要等到明年呢？”

【原文】

公都子[①]曰：“外人皆称夫子好辩，敢问何也？”

孟子曰：“予岂好辩哉？予不得已也！天下之生久矣，一治一乱。当尧之时，水逆行，泛滥于中国，蛇龙居之，民无所定；下者为巢，上者为营窟。《书》曰：‘洚水警余。’洚水者，洪水也。使禹治之。禹掘地而注之海；驱蛇龙而放之菹；水由地中行，江、淮、河、汉是也。险阻既远，鸟兽之害人者消，然后人得平土而居之。

“尧舜既没，圣人之道衰，暴君代作。坏宫室以为污池，民无所安息；弃田以为园囿，使民不得衣食。邪说暴行又作，园囿、污池、沛泽多而禽兽至。及纣之身，天下又大乱。周公相武王，诛纣伐奄[②]，三年讨其君，驱飞廉[③]于海隅而戮之。灭国者

五十。驱虎豹犀象而远之，天下大悦。《书》曰：‘丕显哉，文王谟！丕承哉，武王烈！佑启我后人，咸以正无缺。’

“世衰道微，邪说暴行有作，臣弑其君者有之，子弑其父者有之。孔子惧，作《春秋》[4]。《春秋》，天子之事也。是故孔子曰：‘知我者其惟《春秋》乎！罪我者其惟《春秋》乎！’

“圣王不作，诸侯放恣，处士横议，杨朱[5]、墨翟之言盈天下。天下之言不归杨，则归墨。杨氏为我，是无君也；墨氏兼爱，是无父也。无父无君，是禽兽也。公明仪曰：‘庖有肥肉，厩有肥马，民有饥色，野有饿莩，此率禽兽而食人也！’杨墨之道不息，孔子之道不著，是邪说诬民，充塞仁义也。仁义充塞，则率兽食人，人将相食。吾为此惧，闲先圣之道，距杨墨，放淫辞，邪说者不得作。作于其心，害于其事；作于其事，害于其政。圣人复起，不易吾言矣。

“昔者禹抑洪水而天下平，周公兼夷狄，驱猛兽而百姓宁，孔子成《春秋》而乱臣贼子惧。《诗》云：‘戎狄是膺，荆舒是惩，则莫我敢承。’无父无君，是周公所膺也。我亦欲正人心，息邪说，距诐行，放淫辞，以承三圣者，岂好辩哉？予不得已也。能言距杨墨者，圣人之徒也。”

【注释】

①公都子：孟子弟子。②奄：国名，原附属商，其地在今山东省曲阜市附近。周公伐奄是周成王时的事。③飞廉：商纣王的宠臣。此处所记驱杀飞廉事，与《史记·秦本纪》所记不同。④《春秋》：春秋时期鲁国史官按年记载历史的书，孔子晚年曾对它进行删定。⑤杨朱：战国初期思想家，魏国人，字子居，又称杨子、阳子或阳生。他主张“为我”“全性葆真”，不拔一毛以利天下，与墨翟的“兼爱”主张相反。

【译文】

公都子说：“外面的人都说老师您喜欢辩论，请问这是为什么呢？”

孟子说：“我难道是喜欢辩论吗？我是不得已而辩论啊！天下有人类很久了，总是一时安定，一时动乱。在尧的时候，水势倒流，在中国泛滥，蛇龙到处盘踞，人们无处居住；地势低的地方，就在树上搭窝栖身，地势高的地方，就打相连的洞穴。《尚书》上说：‘洚水警戒我们。’洚水，就是洪水。尧派禹治水。禹开挖河道，让洪水流注进大

海；驱逐蛇龙，把它们赶进荒草丛生的沼泽；水都顺着地中间的河道流泄，这就是长江、淮河、黄河和汉水。险阻排除了，危害人类的鸟兽消灭了，然后人们才能够在平地上居住。

“尧舜去世后，圣人之道衰微了，暴君相继出现。毁坏民房开挖成深池，使人民无处安身；废弃农田改作园林，使人民断了衣食来源。荒谬的学说、暴虐的行为纷纷出现，园林、深池、沼泽多了，禽兽又聚集来了。到了商纣时，天下又大乱了。周公辅佐武王杀掉纣王，讨伐奄国，三年后除掉了奄君，把飞廉驱逐到海边杀掉。消灭的国家达五十个。把老虎、豹子、犀牛、大象驱赶到很远的地方，普天之下人心大快。《尚书》上说：‘多么辉煌啊，文王的谋略！后继有人啊，武王的功业！扶助、启迪我们后人，都正确完美没有欠缺。’

“太平盛世和圣人之道又一次衰微了，荒谬的学说、暴虐的行为又纷纷出现了，有臣子杀君主的，有儿子杀父亲的。孔子感到忧惧，编写了《春秋》。《春秋》（纠正君臣父子的名分，褒贬诸侯大夫的善恶）是天子的职权。所以孔子说：‘了解我的，恐怕就在于这部《春秋》吧！怪罪我的，恐怕也就在于这部《春秋》吧！’

“（如今）圣王不出现，诸侯放纵恣肆，隐居不仕的人横发议论，杨朱、墨翟的言论充塞天下。天下的言论，不是归向杨朱一派，就是归向墨翟一派。杨朱宣扬一切为自己，这是心目中没有君王；墨翟宣扬对人一样地爱，这是心目中没有父母。心目中无父无君，这就成了禽兽。公明仪说过：‘厨房里有肥肉，马棚里有肥马，而百姓面黄肌瘦，野外有饿死的尸体，这好比率领着野兽来吃人啊！’杨朱、墨翟的学说不灭亡，孔子的学说不光大，这会使邪说蒙骗人民，堵塞仁义。仁义被堵塞了，就导致率领野兽吃人，人与人将互相残食。我为此忧惧，决心捍卫古代圣人的思想，批驳杨朱、墨翟的学说，排斥荒诞的言论，使邪说不能产生。邪说从心里产生，就会危害事业；在事业上起了作用，就会危害政治。如果再有圣人出现，也不会改变我这话的。

“从前大禹制伏了洪水而使天下太平，周公兼并了夷狄，赶跑了猛兽而使百姓安宁，孔子编写了《春秋》而使犯上作乱的人畏惧。《诗经》上说：‘打击戎狄，严惩荆舒，就没有谁敢抗拒我。’目无父母、君主的人，正是周公所要讨伐的。我也想端正人心，扑灭邪说，批判放纵、偏激的行为，排斥荒诞的言论，以此来继承（禹、周公、孔子）三位圣人的事业，这难道是喜欢辩论吗？我是不得已啊。能够用言论批驳杨朱、墨翟的，才是圣人的信徒啊。”

【原文】

匡章[①]曰："陈仲子[②]岂不诚廉士哉？居於陵[③]，三日不食，耳无闻，目无见也。井上有李，螬[④]食实者过半矣，匍匐往，将[⑤]食之，三咽，然后耳有闻，目有见。"

孟子曰："于齐国之士，吾必以仲子为巨擘[⑥]焉。虽然，仲子恶能廉？充仲子之操，则蚓而后可者也。夫蚓，上食槁壤，下饮黄泉。仲子所居之室，伯夷之所筑与？抑亦盗跖[⑦]之所筑与？所食之粟，伯夷之所树与？抑亦盗跖之所树与？是未可知也。"

曰："是何伤哉？彼身织屦，妻辟纑[⑧]，以易之也。"

曰："仲子，齐之世家也，兄戴，盖[⑨]禄万钟。以兄之禄为不义之禄而不食也，以兄之室为不义之室而不居也，辟兄离母，处于於陵。他日归，则有馈其兄生鹅者，己频顣[⑩]：'恶用是鶂鶂[⑪]者为哉？'他日，其母杀是鹅也，与之食之。其兄自外至，曰：'是鶂鶂之肉也！'出而哇[⑫]之。以母则不食，以妻则食之；以兄之室则弗居，以於陵则居之。是尚为能充其类也乎？若仲子者，蚓而后充其操者也。"

【注释】

①匡章：齐国名将，其言行见于《战国策·齐策》《燕策》和《吕氏春秋·不屈》《爱类》。②陈仲子：齐国人，又称田仲、陈仲、於（wū）陵仲子等。③於（wū）陵：地名，在今山东长山县南，距临淄约二百里。④螬（cáo）：即蛴螬，俗称"地蚕""大蚕"，是金龟子的幼虫。⑤将：拿，取。⑥巨擘（bò）：大拇指，引申为在某一方面杰出的人或事物。⑦盗跖：据说是春秋时有名的大盗，柳下惠的兄弟。⑧辟纑（lú）：绩麻、练麻。绩麻为辟，练麻为纑。⑨盖：地名，是陈戴的封邑。⑩频顣：即颦蹙（pín cù），不愉快的样子。⑪鶂鶂（yì yì）：形容鹅叫的声音。⑫哇：吐。

【译文】

匡章说："陈仲子难道不是一个真正廉洁的人吗？住在於陵这个地方，三天没有吃东西，耳朵没有了听觉，眼睛没有了视觉。井上有个李子，金龟子的幼虫已经吃掉了一大半，他爬过去，拿过来吃，吞了三口，耳朵才恢复了听觉，眼睛才恢复了视觉。"

孟子说："在齐国人中间，我一定把仲子看成一流的人物。但是，他怎么能叫做廉洁？要推广仲子的操守，那只有把人变成蚯蚓之后能办到。蚯蚓，在地面上吃干土，在地面下喝泉水。可仲子所住的房屋，是像伯夷那样廉洁的人所建筑的呢？还是像盗跖那样的强盗所建筑的呢？他所吃的粮食，是像伯夷那样廉洁的人所种植的呢？还是像盗跖那样的强盗所种植的呢？这个还是不知道。”

匡章说：“那有什么关系呢？他亲自编草鞋，他妻子绩麻练麻，用这些去交换其他生活用品。”

孟子说：“仲子是齐国的宗族世家，他的哥哥陈戴在盖邑的俸禄便有几万石之多。可他却认为他哥哥的俸禄是不义之财而不去吃，认为他哥哥的住房是不义之产而不去住，避开哥哥，离开母亲，住在於陵这个地方。有一天他回家里去，正好看到有人送给他哥哥一只鹅，他皱着眉头说：‘要这种呃呃叫的东西做什么呢？’过了几天，他母亲把那只鹅杀了给他吃，他的哥哥恰好从外面回来，看见后便说：‘你吃的正是那呃呃叫的东西的肉啊！’他连忙跑出门去，‘哇’地一声便呕吐了出来。母亲的食物不吃，却吃妻子的；哥哥的房屋不住，却住在於陵，这能够算是推广他的廉洁的操守吗？像他那样做，只有把人变成蚯蚓之后才能够办到。”

第七篇　离娄上

【本篇引语】

本篇开始出现短章，长篇大论减少。内容涉及政治、行孝和为人处世的各个方面，以论“仁”的思想为最多。

本篇有不少名言，如：“不以规矩，不能成方圆”，“行有不得者，皆反求诸己”，“天下之本在国，国之本在家，家之本在身”，“自暴者，不可与有言也；自弃者，不可与有为也”，“诚者，天之道也；思诚者，人之道也”，“有不虞之誉，有求全之毁”，“人之患在好为人师”，“不孝有三，无后为大”等。

【原文】

孟子曰：“离娄①之明、公输子②之巧，不以规矩，不能成方员；师旷③之聪，不以六律④，不能正五音⑤；尧舜之道，不以仁政，不能平治天下。今有仁心仁闻⑥而民不被其泽，不可法于后世者，不行先王之道也。故曰徒善不足以为政，徒法不能以自行。《诗》云：‘不愆不忘，率由旧章⑦。’遵先王之法而过者，未之有也。圣人既竭目力焉，继之以规矩准绳，以为方员平直，不可胜用也；既竭耳力焉，继之以六律正五音，不可胜用也；既竭心思焉，继之以不忍人之政，而仁覆天下矣。故曰为高必因丘陵，为下必因川泽；为政不因先王之道，可谓智乎？是以惟仁者宜在高位。不仁而在高位，是播其恶于众也。上无道揆⑧也，下无法守也，朝不信道，工不信度，君子犯义，小人犯刑，国之所存者幸也。故曰：城郭不完，兵甲不多，非国之灾也；田野不辟，货财不聚，非国之害也。上无礼，下无学，贼民兴，丧无日矣。《诗》曰：‘天之方蹶，无然泄泄。’⑨泄泄犹沓沓也。事君无义，进退无礼，言则非⑩先王之道者，犹沓沓也。故曰责难于君谓之恭，陈善闭邪谓之敬，吾君不能谓之贼。”

【注释】

①离娄：相传为黄帝时人，目力极强，能于百步之外望见秋毫之末。②公输子：即公输班（“班”也被写成“般”、“盘”），鲁国人，所以又叫鲁班，古代著名的巧匠。约生活于鲁定公或者哀公的时代，年岁比孔子小，比墨子大。事迹见于《礼记·檀弓》《战国策》《墨子》等书。③师旷：春秋时晋国的乐师，古代极有名的音乐家。事迹见于《左传》《礼记》《国语》等。④六律：中国古代将音律分为阴吕、阳律两部分，各有六种音，六律即阳律的六音，分别是太簇、姑洗、蕤宾、夷则、无射、黄钟。⑤五音：中国古代音阶名称，即宫、商、角、徵、羽，相当于简谱中的1、2、3、5、6这五音。⑥闻：名声。⑦不愆不忘，率由旧章：引自《诗经·大雅·假乐》。愆（qiān），过失；率，遵循。⑧揆（kuí）：度量。⑨天之方蹶，无然泄泄（yì）：引自《诗经·大雅·板》。蹶，动；泄泄，多言、话多。⑩非：诋毁。

【译文】

孟子说：“即使有离娄那样好的视力，公输子那样好的技巧，如果不用圆规和曲尺，也不能准确地画出方形和圆形；即使有师旷那样好的审音力，如果不用六律，也不能校正五音；即使有尧舜的学说，如果不实施仁政，也不能治理好天下。现在有些诸侯，虽然有仁爱的心和仁爱的名声，但老百姓却受不到他的恩泽，不能成为后世效法的楷模，这是因为他没有实施前代圣王的仁政的缘故。所以说，只有好心，不足以治理政治；只有好办法，不能够自己实行起来。《诗经》说：‘不要偏离啊，不要遗忘，一切遵循原来的规章。’遵循前代圣王的法度而犯错误的，是从来没有过的。圣人既用尽了目力，又用圆规、曲尺、水准、绳墨等来制作方的、圆的、平的、直的东西，那些东西便用之不尽了；圣人既用尽了听力，又用六律来校正五音，各种音阶也就运用无穷了；圣人既用尽了脑力，又施行不忍人的仁政，他的仁爱之德便覆盖于天下了。所以说，筑高台一定要凭借山陵，挖深池一定要凭借山沟沼泽；如果执政不凭借前代圣王的办法，能够说是明智吗？所以只有仁慈的人才应该居于统治地位。如果不仁慈的人占据了统治地位，就会把他的恶行败德传播给老百姓。在上的人没有道德规范，在下的人没有法规制度；朝廷不信道义，工匠不信尺度，官吏触犯义理，百姓触犯刑律。如此下去，国家还能生存就真是太侥幸了。所以说，城墙不坚固，武器不充足，这不是国家的灾难；田野没开辟，物资不富裕，这不是国家的祸害。如果在上位的人没有礼义，在下位的人没有教育，违法乱纪的人越来越多，国家的灭亡也就快了。《诗经》说：‘上天正在降骚乱，不要多嘴又多言。’多嘴多言就是拖沓啰嗦。侍奉君主不讲忠义，行为进退不讲礼仪，说话便诋毁前代圣王之道，这就是拖沓啰嗦。所以说，用高标准来要求君王就叫做‘恭’，向君王出好主意而杜绝坏主意就叫做‘敬’，认为自己的君王不能行仁政就叫做‘贼’。”

【原文】

孟子曰：“规矩，方员之至也；圣人，人伦之至也。欲为君，尽君道；欲为臣，尽臣道。二者皆法尧舜而已矣。不以舜之所以事尧事君，不敬其君者也；不以尧之所以治民治民，贼其民者也。孔子曰：‘道二，仁与不仁而已矣。’暴其民甚，则身弑国亡；不甚，则身危国削，名之曰幽、厉①，虽孝子慈孙，百世不能改也。《诗》云：‘殷鉴不远，在夏后之世。’②此之谓也。”

【注释】

①幽、厉：谥号名。《逸周书·谥法解》说：“动祭乱常曰幽，杀戮无辜曰厉。”②“殷鉴不远，在夏后之世”句：出自《诗经·大雅·荡》。

【译文】

孟子说：“圆规、曲尺，是方和圆的最高标准；圣人，是做人的最高典范。想成为好君主，就要尽到做君主的道理；想成为好臣子，就要尽到做臣子的道理。二者都效法尧舜就行了。不用舜侍奉尧的态度来侍奉君主，就是不敬重他的君主；不用尧治理百姓的方法来治理百姓，就是残害他的百姓。孔子说：‘道路只有两条，仁和不仁罢了。’对百姓太残暴，就会自身被杀、国家灭亡；即使不太厉害，也会自身危险、国家削弱，死后被加上幽、厉这类恶谥，即使他有孝顺的子孙，一百代也无法更改了。《诗经》上说：‘殷朝的借鉴不远，就在前代的夏朝。’说的就是这种情况。”

【原文】

孟子曰：“三代之得天下也以仁，其失天下也以不仁。国之所以废兴存亡者亦然。天子不仁，不保四海；诸侯不仁，不保社稷；卿大夫不仁，不保宗庙①；士庶人

不仁，不保四体。今恶死亡而乐不仁，是犹恶醉而强[②]酒。”

【注释】

①宗庙：这里指采（cài）邑（封地），因为卿大夫先有采邑然后才有宗庙。②强（qiǎng）：勉强。

【译文】

孟子说：“夏商周三代获得天下是由于仁，失去天下是由于不仁。诸侯国家的兴衰存亡也是由于同样的原因。天子不仁，不能够保有天下；诸侯不仁，不能够保住国家；卿大夫不仁，不能够保住祖庙；士人和平民百姓不仁，不能够保全身家性命。现在的人既害怕死亡却又乐于做不仁义的事，这就好像既害怕醉却又偏偏要拼命喝酒一样。”

【原文】

孟子曰：“爱人不亲，反其仁；治人不治，反其智；礼人不答，反其敬。行有不得者，皆反求诸己，其身正而天下归之。《诗》云：‘永言配命，自求多福。’”

【译文】

孟子说：“爱别人却得不到别人的亲近，那就应反问自己的仁爱是否不够；管理别人却管理不好，那就应反问自己的管理才智是否有问题；礼貌待人却得不到别人相应的礼貌，那就应反问自己的礼貌是否到家——凡是行为得不到预期的效果，都应该反省检查自己，自身行为端正了，天下的人自然就会归服。《诗经》说：‘长久地与天命相配合，自己寻求更多的幸福。’”

【原文】

孟子曰：“人有恒言，皆曰‘天下国家’。天下之本在国，国之本在家，家之本在身。”

【译文】

孟子说：“人们有句口头语，都说‘天下国家’。天下的基础是国，国的基础是家，家的基础是个人。”

【原文】

孟子曰："为政不难，不得罪于巨室。巨室之所慕，一国慕之；一国之所慕，天下慕之；故沛然德教溢乎四海。"

【译文】

孟子说："搞好政治不难，不得罪贤明的卿大夫就行了。他们所爱慕的，全国都会爱慕；全国所爱慕的，天下都会爱慕；因而德教就会浩浩荡荡充溢于天下了。"

【原文】

孟子曰："天下有道，小德役大德，小贤役大贤；天下无道，小役大，弱役强。斯二者，天也。顺天者存，逆天者亡。齐景公曰：'既不能令，又不受命，是绝物也。'涕出而女于吴①。今也小国师大国而耻受命焉，是犹弟子而耻受命于先师也。如耻之，莫若师文王。师文王，大国五年，小国七年，必为政于天下矣。《诗》云：'商之孙子，其丽不亿。上帝既命，侯于周服。侯服于周，天命靡常。殷士肤敏，祼将于京。'②孔子曰：'仁不可为众也。夫国君好仁，天下无敌。'今也欲无敌于天下而不以仁，是犹执热而不以濯也。《诗》云：'谁能执热，逝不以濯？'③"

【注释】

①事见《说苑·权谋》。齐景公惧怕吴王阖庐伐齐，不得已把女儿嫁给阖庐。送别女儿时，哭着说："余死不汝见矣。"又说："余有齐国之固，不能以令诸侯，又不能听，是生乱也。寡人闻之，不能令，则莫若从。"②此句出自《诗经·大雅·文王》。祼（guàn），宗庙祭祀的一种仪式，把郁鬯（chàng）酒浇在地上以迎接鬼神。将，助。③"谁能执热，逝不以濯"句：出自《诗经·大雅·桑柔》。

【译文】

孟子说："天下有道时，道德低的受道德高的役使，才智少的受才智多的役使；天下无道时，力量小的受力量大的役使，势力弱的受势力强的役使。这两种情况，符合天理。顺从天理的生存，违逆天理的灭亡。齐景公说过：'我既不能命令别人，又不愿听别人命令，这就同别人断绝了关系。’景公不得已哭着把女儿嫁到吴国去。现在，小国效法大国，却又耻于接受大国命令，这就好比学生耻于接受老师的命令一样。如果真感到羞耻，那就不如效法文王。效法文王，大国不出五年，小国不出七年，一定能在天下掌权。《诗经》上说：‘商朝子子孙孙，不下十万余人。上帝既有命令，都向周朝归顺。都向周朝归顺，就因天命没有定论。殷朝的臣子，不论是漂亮的聪明的，都行祼献之礼，助祭在周王京城。’孔子说：‘仁的力量，不在于人多。国君爱好仁德，就能天下无敌。’现在如果想无敌于天下而又不凭借仁，这就像热得受不了而又不肯洗澡一样。《诗经》上说：‘谁能热得受不了，不去洗个澡？’”

【原文】

孟子曰：“不仁者可与言哉？安其危而利其菑①，乐其所以亡者。不仁而可与言，则何亡国败家之有？有孺子歌曰：‘沧浪②之水清兮，可以濯③我缨④；沧浪之水浊兮，可以濯我足。’孔子曰：‘小子听之！清斯濯缨，浊斯濯足矣。自取之也。’夫人必自侮，然后人侮之；家必自毁，而后人毁之；国必自伐，而后人伐之。《太甲》曰⑤：‘天作孽，犹可违；自作孽，不可活。’此之谓也。”

【注释】

①菑（zāi）：同“灾”。②沧浪：前人有多种解释。或认为是水名（汉水支流），或认为是地名（湖北均县北），或认为是指水的颜色（青苍色）。各种意思都不影响对原文的理解。③濯（zhuó）：洗。④缨：系帽子的丝带。⑤《太甲》曰：《公孙丑上》已引过这句话，可参见。

【译文】

孟子说：“不仁的人难道可以和他商议吗？他们对别人的危险心安理得，从别人的灾难中牟利，把导致家破国亡的事当作乐趣。不仁的人如果可以和他商议，那怎么会有国亡家破的事发生呢？从前有个小孩子唱道：‘沧浪的水清呀，可以洗我的帽缨；沧浪的水浊呀，可以洗我的双脚。’孔子听了说：‘弟子们听好了啊！水清就用来洗帽缨，水浊就用来洗双脚，这都是因为水自己造成的。’所以，一个人总是先有自取其辱的行为，别人才侮辱他；一个家庭总是先有自取毁灭的因素，别人才毁灭它；一个国家总是先有自取讨伐的原因，别人才讨伐它。《尚书·太甲》说：‘上天降下的灾害还可以逃避，自己造成的罪孽可就无处可逃了。’说的就是这个意思。”

【原文】

孟子曰：“桀、纣之失天下也，失其民也；失其民者，失其心也。得天下有道：得其民，斯得天下矣；得其民有道：得其心，斯得民矣；得其心有道：所欲与之聚之，所恶勿施尔也①。民之归仁也，犹水之就下、兽之走圹②也。故为渊驱鱼者，獭也；为丛驱爵③者，鹯④也；为汤武驱民者，桀与纣也。今天下之君有好仁者，则诸侯皆为之驱矣。虽欲无王，不可得已。今之欲王者，犹七年之病求三年之艾⑤也。苟为不畜，终身不得。苟不志于仁，终身忧辱，以陷于死亡。《诗》云：‘其何能淑，载胥及溺⑥。’此之谓也。”

【注释】

①尔也：如此罢了。②圹（kuàng）：同“旷”，旷野。③爵（què）：同“雀”。④鹯（zhān）：一种像鹞鹰的猛禽。⑤艾：即陈艾，常用于治病，存放时间越久，疗效越好。⑥其何能淑，载胥及溺：引自《诗经·大雅·桑柔》。淑，善，好；载，句首语助词，无义；胥，相；及，与；溺，落水。

【译文】

孟子说：“桀和纣之所以失去天下，是因为失去了老百姓的支持；之所以失去老百姓的支持，是因为失去了民心。获得天下有办法：获得老百姓的支持，便可以获得天下；获得老百姓的支持有办法：获得民心，便可以获得老百姓的支持；获得民心也有办法：他们所希望的，就满足他们，他们所厌恶的，就不强加在他们身上。如此罢了。老百姓归服仁德，就像水往低处流、兽向旷野跑一样。所以，替深池把鱼赶来的是吃鱼的水獭；替森林把鸟雀赶来的是吃鸟雀的鹞鹰；替商汤、周武王把老百姓赶来的是残害老百姓的夏桀和殷纣王。当今之世，如果有哪位诸侯喜好仁德，那么其他诸侯都会替他把老百姓赶来。就是他不想统一天下，也会身不由已了。现在那些希望统一天下的人，就像害了七年的病需要用三年以上的陈艾来治疗一样，如果平常不栽培积蓄，终身都得不到。同样的道理，如果平常不立志行仁，终身都会忧患受辱，一直到陷入死亡的深

渊。《诗经》说：‘那如何做得好，不过是相率落水罢了。’正是说的这个意思。”

【原文】

孟子曰：“自暴①者，不可与有言也；自弃者，不可与有为也。言非②礼义，谓之自暴也；吾身不能居仁由义，谓之自弃也。仁，人之安宅也；义，人之正路也。旷安宅而弗居，舍正路而不由，哀哉！”

【注释】

①暴：损害，糟蹋。②非：诋毁。

【译文】

孟子说：“自己糟蹋自己的人，和他没有什么好说的；自己抛弃自己的人，和他没有什么好做的。出言便诋毁礼义，叫做自己糟蹋自己。自认为不能居仁心，行正义，叫做自己抛弃自己。仁，是人类最安适的精神住宅；义，是人类最正确的光明大道。把最安适的住宅空起来不去住，把最正确的大道舍弃在一边不去走，这可真是悲哀啊！”

【原文】

孟子曰：“道在尔①而求诸远，事在易而求诸难：人人亲其亲，长其长②，而天下平。”

【注释】

①尔：通“迩”，近。②亲其亲，长其长：前一个“亲”和“长”作动词，后一个“亲”和“长”作名词，宾语。

【译文】

孟子说：“本来很近的路，却偏偏要跑老远去求；本来很容易的事，却偏偏要往难处去做：其实，只要人人都亲近自己的亲人，尊敬自己的长辈，天下就可以太平了。”

【原文】

孟子曰：“居下位而不获于上，民不可得而治也；获于上有道：不信于友，弗获于上矣；信于友有道：事亲弗悦，弗信于友矣；悦亲有道：反身不诚，不悦于亲矣；诚身有道：不明乎善，不诚其身矣。是故诚者，天之道也；思诚者，人之道也。至诚而不动者，未之有也；不诚，未有能动者也。”

【译文】

孟子说：“在下位的人，如果得不到在上位的人信任，就不可能治理好平民百姓。得到在上位的人信任有办法：得不到朋友的信任就得不到在上位的人信任；得到朋友的信任有办法：侍奉父母，不能够使父母高兴，就不能够得到朋友的信任；使父母高兴有办法：自己不真诚就不能够使父母高兴；使自己真诚有办法：不明白什么是善就不能够使自己真诚。所以，真诚是上天的原则，追求真诚是做人的原则。极端真诚而不能够使人感动的，是没有过的；不真诚是不能够感动人的。”

【原文】

孟子曰：“伯夷辟纣，居北海之滨①，闻文王作，兴曰：‘盍归乎来！吾闻西伯②善养老者。’太公③辟纣，居东海之滨④，闻文王作，兴曰：‘盍归乎来！吾闻西伯善养老者。’二老者，天下之大老也，而归之，是天下之父归之也。天下之父归之，其子焉往？诸侯有行文王之政者，七年之内，必为政于天下矣。”

【注释】

①北海之滨：其地在今濒临渤海的河北昌黎一带。②西伯：即周文王。③太公：即姜太公，因祖先曾封于吕地，故又姓吕，名尚，字子牙，号太公望。曾辅佐文王、武王灭商建立周朝。④东海之滨：其地在今山东莒县东部。

【译文】

孟子曰：“伯夷躲避纣王，隐居在北海边，听说文王兴盛起来了，高兴地说：‘何不去投奔西伯呢！我听说西伯善于奉养老人。’太公躲避纣王，隐居在东海边，听说文王兴盛起来了，高兴地说：‘何不去投奔西伯呢！我听说西伯善于奉养老人。’这两位老人，是天下最有声望的老人，（他们）投奔了西伯，这就使天下做父亲的都去投奔西伯了，天下做父亲的都投奔了西伯，他们的儿子还能往哪里去呢？诸侯中如果有施行文王

那样的仁政的，不出七年，一定能在天下执掌政权。”

【原文】

孟子曰：“求也为季氏宰①，无能改于其德，而赋粟倍他日。孔子曰：‘求非我徒也，小子鸣鼓而攻之可也。’由此观之，君不行仁政而富之，皆弃于孔子者也，况于为之强战？争地以战，杀人盈野；争城以战，杀人盈城。此所谓率土地而食人肉，罪不容于死。故善战者服上刑，连诸侯者次之，辟草莱、任土地者次之。”

【注释】

①求也为季氏宰：求，冉求，孔子弟子。季氏，指季康子，鲁国正卿。

【译文】

孟子说：“冉求当了季氏的家臣，不能改变季氏的德行，征收田赋反而比过去增加一倍。孔子说：‘冉求不是我的学生，弟子们，你们可以擂起鼓来声讨他！’由此看来，君主不施行仁政，反而去帮他聚敛财富的人，都是孔子所鄙弃的，更何况为他卖命打仗的人呢？为争夺一块地方打仗而杀人遍野，为争夺一座城池打仗而杀人满城，这就叫做领着土地来吃人肉，罪恶之大，将他处死都嫌不够的。所以善于打仗的人该受最重的刑罚，唆使诸侯拉帮结伙打仗的人，该受次一等的刑罚，强令百姓垦荒耕种的人该受再次一等的刑罚。”

【原文】

孟子曰：“存①乎人者，莫良于眸子。眸子不能掩其恶。胸中正，则眸子瞭②焉；胸中不正，则眸子眊③焉。听其言也，观其眸子，人焉廋④哉？”

【注释】

①存：察。②瞭（liǎo）：明。③眊（mào）：不明，蒙昧。④廋（sōu）：藏匿。

【译文】

孟子说：“观察一个人，再没有比观察他的眼睛更好的了。眼睛不能掩盖一个人的丑恶。心中光明正大，眼睛就明亮；心中不光明正大，眼睛就昏暗不明，躲躲闪闪。所以，听一个人说话的时候，注意观察他的眼睛，他的善恶真伪能往哪里隐藏呢？”

【原文】

孟子曰：“恭者不侮人，俭者不夺人。侮夺人之君，惟恐不顺焉，恶得为恭俭？恭俭岂可以声音笑貌为哉？”

【译文】

孟子说：“恭敬的人不欺侮别人，节俭的人不掠夺别人。欺侮人、掠夺人的君主，惟恐别人不顺从，怎么能做到恭敬和节俭？恭敬和节俭难道可以靠声音笑貌强装出来吗？”

【原文】

淳于髡[①]曰：“男女授受不亲，礼与？”

孟子曰：“礼也。”

曰：“嫂溺，则援之以手乎？”

曰：“嫂溺不援，是豺狼也。男女授受不亲，礼也；嫂溺，援之以手者，权[②]也。”

曰：“今天下溺矣，夫子之不援，何也？”

曰：“天下溺，援之以道；嫂溺，援之以手。子欲手援天下乎？”

【注释】

①淳于髡（kūn）：齐国著名辩士，曾在齐威王、齐宣王和梁惠王的朝廷做官。事迹见于《战国策·齐策》《史记·孟荀列传》《史记·滑稽列传》等。②权：本指秤锤，衡量轻重。引申为衡量轻重而变通处理，即变通之意。

【译文】

淳于髡问：“男女之间不亲手递接东西，这是礼的规定吗？”孟子说：“是的。”

淳于髡又问：“那么，假如嫂嫂掉在水里，小叔子用手去拉她吗？”

孟子说：“嫂嫂掉在水里而不去拉，这简直是豺狼！男女之间不亲手递接东西，

这是礼的规定；嫂嫂掉在水里，小叔子用手去拉她，这是通权达变。”

淳于髡说：“现在整个天下都掉在水里了，先生不去救援，这又是为什么呢？”

孟子说：“整个天下掉在水里了，要用‘道’去救援；嫂嫂掉在水里，用手去拉就可以了。您难道要我用手去救援天下吗？”

【原文】

公孙丑曰：“君子之不教子，何也？”

孟子曰：“势不行也。教者必以正；以正不行，继之以怒。继之以怒，则反夷矣。‘夫子教我以正，夫子未出于正也。’则是父子相夷也。父子相夷，则恶矣。古者易子而教之，父子之间不责善。责善则离，离则不祥莫大焉。”

【译文】

公孙丑说：“君子不亲自教育自己的儿子，为什么呢？”

孟子说：“因为情理上行不通。（父亲）教育（儿子）必然要用正确的道理；用正确的道理行不通，接着便会动怒。一动怒，就反而伤了感情了。（儿子会说）‘你用正确的道理教育我；而你自己的做法就不正确。’这样，父子之间就伤了感情。父子之间伤了感情，就坏事了。古时候相互交换儿子进行教育，父子之间不求全责备。相互求全责备，会使父子关系疏远，父子疏远，那就没有比这更不幸的了。”

【原文】

孟子曰：“事孰为大？事亲为大；守孰为大？守身为大。不失其身而能事其亲者，吾闻之矣；失其身而能事其亲者，吾未之闻也。孰不为事？事亲，事之本也；孰不为守？守身，守之本也。曾子[①]养曾皙，必有酒肉。将彻，必请所与；问有余，必曰有。曾皙死，曾元养曾子，必有酒肉。将彻，不请所与；问有余，曰亡矣，将以复进也。此所谓养口体者也。若曾子，则可谓养志也。事亲若曾子者，可也。”

【注释】

①曾子：即曾参，春秋时鲁国人，与他的父亲曾皙同为孔子的弟子。

【译文】

孟子说："哪一种侍奉最重要？侍奉父母最重要；哪一种守护最重要？守护自身（的善性）最重要。不丧失自身（的善性）而能侍奉好父母的，我听说过；丧失了自身（的善性）而能侍奉好父母的，我从来没听说过。哪个长者不该侍奉？但侍奉父母才是侍奉的根本；哪种好品德不该守护？但守护自身（的善性）是守护的根本。曾子奉养他的父亲曾皙，每餐必定有酒肉。撤除食物时，必定要请示（剩下的酒肉）给谁；父亲问有没有剩余，必定说有。曾皙死后，曾元奉养他的父亲曾子，每餐也必定有酒肉。撤除时，不请示剩余的给谁；父亲问有没有剩余，就回答说没有了，准备拿吃剩的下顿再进奉给父亲。这叫做对父母的口体奉养。像曾子那样，就可以称为对父母心意的奉养了。侍奉父母能像曾子那样就可以了。"

【原文】

孟子曰："人不足与适①也，政不足间也。唯大人为能格君心之非。君仁，莫不仁；君义，莫不义；君正，莫不正。一正君而国定矣。"

【注释】

①适（zhé）：同"谪"，谴责、指责。

【译文】

孟子说："那些在位的小人，不值得去指责，他们的政事不值得去非议。只有大仁大德的人才能纠正君主思想上的错误。君主仁，没有谁不仁；君主义，没有谁不义；君主正，没有谁不正。一旦使君主端正了，国家就安定了。"

【原文】

孟子曰："有不虞①之誉，有求全之毁。"

【注释】

①虞：预料。

【译文】

孟子说："有意料不到的赞誉，也有过分苛求的诋毁。"

【原文】

孟子曰："人之易其言也，无责耳矣。"

【译文】

孟子说："一个人说话随随便便，那就不值得责备他了。"

【原文】

孟子曰："人之患在好为人师。"

【译文】

孟子说："人的毛病在于喜欢做别人的老师。"

【原文】

乐正子从于子敖之齐。乐正子见孟子。孟子曰："子亦来见我乎？"曰："先生何为出此言也？"曰："子来几日矣？"曰："昔者。"曰："昔者，则我出此言也，不亦宜乎？"曰："舍馆未定。"曰："子闻之也，舍馆定，然后求见长者乎？"曰："克有罪。"

【译文】

乐正子跟随王子敖来到齐国。乐正子去见孟子。孟子说："你也来看我吗？"乐正子说："先生为什么要说这样的话呢？"孟子问："你来了几天了？"乐正子说："前些日子。"孟子说："前些日子就来了，那么我说这话不也是应该的吗？"乐正子说："（因为）住所没有定下来。"孟子说："你听说过，（非要）住所定下来了，才去求见长辈的吗？"乐正子说："我有过错。"

【原文】

孟子谓乐正子曰："子之从于子敖来，徒餔啜也。我不意子学古之道而以餔啜也。"

【译文】

孟子对乐正子说："你跟着王子敖来，只是为了混饭吃罢了。我没有想到，你学习古人的道理，竟是用它来混饭吃。"

【原文】

孟子曰："不孝有三，无后为大。舜不告而娶，为无后也。君子以为犹告也。"

【译文】

孟子说："不孝的情况有三种，其中以没有后代的罪过为最大。舜没有禀告父母就娶妻，为的就是怕没有后代。所以，君子认为他虽然没有禀告，但实际上和禀告了一样。"

【原文】

孟子曰："仁之实，事亲是也；义之实，从兄是也；智之实，知斯二者弗去是也；礼之实，节文斯二者是也；乐之实，乐斯二者，乐则生矣①；生则恶可已也，恶可已，则不知足之蹈之手之舞之。"

【注释】

①"乐之实"三句：前一"乐"，读yuè，后二"乐"，读lè。

【译文】

孟子说："仁的实质是侍奉父母；义的实质是顺从兄长；智的实质是明白这两方面的道理而不背离；礼的实质是在这两方面不失礼节、态度恭敬；乐的实质是乐于做这两方面的事，快乐就产生了；一产生就抑制不住，抑制不住，就会不知不觉地手舞足蹈起来。"

【原文】

孟子曰："天下大悦而将归己，视天下悦而归己，犹草芥也，惟舜为然。不得乎

亲，不可以为人；不顺乎亲，不可以为子。舜尽事亲之道而瞽瞍厎豫①，瞽瞍厎豫而天下化，瞽瞍厎豫而天下之为父子者定。此之谓大孝。”

【注释】

①瞽瞍（gǔ sǒu）：舜的父亲，其事可参《万章上》二、四章。厎（dǐ）：致。豫：乐。

【译文】

孟子说：“天下的人都很高兴地要来归附自己，把这种情景看得如同草芥的，只有舜是这样。不能得到父母的欢心，不可以做人；不能顺从父母的心意，不能做儿子。舜竭尽全力按侍奉父母的道理去做，终于使他的父亲瞽瞍高兴了；瞽瞍高兴了，天下的人由此受到感化；瞽瞍高兴了，天下父子之间应有的关系就确定了。这叫做大孝。”

第八篇　离娄下

【本篇引语】

本篇仍然是短章居多，类似语录。内容涉及政治、历史、教育和个人立身处世等诸多方面，但重点是君臣关系和个人修养问题。其中有不少名言，如："人有不为也，而后可以有为"，"言人之不善，当如后患何"，"大人者，不失其赤子之心者也"，"以善养人，然能服天下"，"故声闻过情，君子耻之"，"君子以仁存心，以礼存心"等。

【原文】

孟子曰："舜生于诸冯①，迁于负夏，卒于鸣条，东夷之人也。文王生于岐周②，卒于毕郢③，西夷之人也。地之相去也，千有余里；世之相后也，千有余岁。得志行乎中国，若合符节④，先圣后圣，其揆一也⑤。"

【注释】

①诸冯：与下文的负夏、鸣条，皆古地名，具体所在已无法确指，传说都在今山东省。②岐周：岐，即今陕西省岐山县东北的岐山；"周"是国名。③毕郢：地名，在今陕西省咸阳市东郊。④符节：古代朝廷用作凭证的信物，用金、玉、竹、铜、木等制作，形状不一，上写文字，剖分为二，双方各执一半，使用时将两半相合以验真假。⑤揆（kuí）：尺度，准则。

【译文】

孟子说："舜生在诸冯，迁居到负夏，死在鸣条，是东方边远地区的人。文王生在岐周，死在毕郢，是西方边远地区的人。两地相距一千多里，时代相距一千多年，但他们得志后在中国所推行的，像符节一样吻合，先出的圣人和后出的圣人，他们（所遵循

的）法度是一样的。”

【原文】

子产[①]听郑国之政，以其乘舆[②]济人于溱洧[③]。孟子曰：“惠而不知为政。岁十一月[④]，徒杠[⑤]成；十二月，舆梁[⑥]成，民未病涉也。君子平其政，行辟[⑦]人可也，焉得人人而济之？故为政者，每人而悦之，日亦不足矣。”

【注释】

①子产：名公孙侨，字子产，春秋时郑国的贤宰相。②乘舆：指子产乘坐的车子。③溱洧（zhēn wěi）：两条河水的名称，会合于河南密县。④十一月：周历十一月为夏历九月，下文十二月为夏历十月。⑤徒杠：可供人徒步行走的小桥。⑥舆梁：能通车马的大桥。⑦辟：开辟，即开道的意思。

【译文】

子产主持郑国的政事时，曾经用自己乘的车去帮助人们渡过溱水和洧水。孟子评论说：“这是小恩小惠的行为，并不懂得从政。如果他十一月修成走人的桥，十二月修成过车马的桥，老百姓就不会为渡河而发愁了。在上位的人只要把政事治理好，就是出门鸣锣开道都可以，怎么能够去帮助百姓一个一个地渡河呢？如果执政的人要去讨得每个人的欢心，那时间可就太不够用了。”

【原文】

孟子告齐宣王曰：“君之视臣如手足，则臣视君如腹心；君之视臣如犬马，则臣视君如国人；君之视臣如土芥，则臣视君如寇仇。”王曰：“礼，为旧君有服[①]，何如斯可为服矣？”曰：“谏行言听，膏泽下于民；有故而去，则君使人导之出疆，又先于其所往；去三年不反，然后收其田里。此之谓三有礼焉。如此，则为之服矣。今也为臣，谏则不行，言则不听；膏泽不下于民；有故而去，则君搏执之，又极[②]之于其所往；去之日，遂收其田里。此之谓寇仇。寇仇，何服之有？”

【注释】

①为旧君有服：指离职的臣子为原先的君主服孝。②极：穷困，这里作使动用法，意思是使其处境极端困难。

【译文】

孟子告诉齐宣王说："君主把臣下当手足，臣下就会把君主当腹心；君主把臣下当狗马，臣下就会把君主当一般不相干的人；君主把臣下当泥土草芥，臣下就会把君主当仇敌。"齐宣王说："礼制规定，已经离职的臣下也应为过去的君主服孝。君主要怎样做才能使他们为他服孝呢？"孟子说："臣下有劝谏，君主接受；臣下有建议，君主听从，政治上的恩惠下达到老百姓。臣下有什么原因不得不离去，君主打发人送他出国境，并派人先到臣下要去的地方做一番安排布置，离开了三年还不回来，才收回他的土地和房屋。这就叫做三有礼。这样做了，臣下就会为他服孝。如今做臣下的，劝谏，君王不接受；建议，君王不听从。政治上的恩惠到不了老百姓身上。臣下有什么原因不得不离去，君主把他捆绑起来，还想方设法使他到所去的地方穷困万分，离开的当天就收回他的土地和房屋。这种情况叫做仇敌。君臣之间像仇敌一样，还有什么孝可服呢？"

【原文】

孟子曰："无罪而杀士，则大夫可以去；无罪而戮民，则士可以徙。"

【译文】

孟子说："无罪而杀士人，那么大夫就可以离开；无罪而杀百姓，那么士人就可以迁走。"

【原文】

孟子曰："君仁，莫不仁；君义，莫不义。"

【译文】

孟子说："君主仁，就没有谁不仁；君主义，就没有谁不义。"

【原文】

孟子曰："非礼之礼，非义之义，大人弗为。"

【译文】

孟子说："不符合礼的'礼'，不符合义的'义'，有道德的人是不遵行的。"

【原文】

孟子曰："中也养不中，才也养不才①，故人乐有贤父兄也。如中也弃不中，才也弃不才，则贤不肖之相去，其间不能以寸②。"

【注释】

①中：指无过无不及的中庸之道，代指品德好的人。养：培养、熏陶、教育。②其间不能以寸：省略了"以寸量"的"量"字。

【译文】

孟子说："品德修养好的人教育熏陶品德修养不好的人，有才能的人教育熏陶没有才能的人，所以人人都乐于有好的父亲和兄长。如果品德修养好的人抛弃品德修养不好的人，有才能的人抛弃没有才能的人，那么，所谓好与不好之间的差别，也就相近得不能用寸来计量了。"

【原文】

孟子曰："人有不为也，而后可以有为。"

【译文】

孟子说："人要有所不为，然后才能有所为。"

【原文】

孟子曰："言人之不善，当如后患何？"

【译文】

孟子说："说人家的坏话，招来后患怎么办？"

【原文】

孟子曰："大人者，言不必信，行不必果，惟义所在。"

【译文】

孟子说："所谓大人，说话不一定句句守信，做事不一定都能达到目的，只要合乎道义就行。"

【原文】

孟子曰："仲尼不为已甚者。"

【译文】

孟子说："仲尼不做过头的事。"

【原文】

孟子曰："大人者，不失其赤子[①]之心者也。"

【注释】

①赤子：婴儿。

【译文】

孟子说："所谓大人是能保持婴儿般纯朴天真的心性的人。"

【原文】

孟子曰："养生者不足以当大事，惟送死可以当大事。"

【译文】

孟子说："奉养父母还算不上大事，只有给他们送终才算得上大事。"

【原文】

孟子曰："君子深造之以道，欲其自得之也。自得之，则居之安；居之安，则资①之深；资之深，则取之左右逢其原②。故君子欲其自得之也。"

【注释】

①资：积累。②原：同"源"。

【译文】

孟子说："君子遵循一定的方法来加深造诣，是希望自己有所收获。自己有所收获，就能够掌握牢固；掌握得牢固，就能够积累深厚；积累得深厚，用起来就能够左右逢源。所以，君子总是希望自己有所收获。"

【原文】

孟子曰："博学而详说之，将以反说约也。"

【译文】

孟子说："广博地学习，详尽地解说，目的在于融会贯通后返归到简约去。"

【原文】

孟子曰："以善服人者，未有能服人者也；以善养人，然后能服天下。天下不心服而王者，未之有也。"

【译文】

孟子说："单凭善就想使人心服，是不能够使人心服的；要用善去培养教育人，才能够使天下的人心服。天下的人不心服而想统一天下，这是不可能的。"

【原文】

孟子曰："言无实不祥。不祥之实，蔽贤者当之。"

【译文】

孟子说："说话没有事实根据是不好的。不祥的后果由阻碍进用贤者的人承受。"

【原文】

徐子[①]曰："仲尼亟[②]称于水，曰：'水哉，水哉！'何取于水也？"孟子曰："原泉混混[③]，不舍昼夜，盈科[④]而后进，放乎四海。有本者如是，是之取尔[⑤]。苟为无本，七八月之间雨集，沟浍[⑥]皆盈；其涸也，可立而待也。故声闻[⑦]过情，君子耻之。"

【注释】

①徐子：孟子的学生徐辟。②亟（qì）：屡次。③混混（gǔn gǔn）：通"滚滚"，水势盛大的样子。④科：坎。⑤是之取尔："取是尔"的倒装句，"取这个罢了"。⑥浍（kuài）：大沟渠。⑦声闻：名声，名誉。

【译文】

徐子说："孔子曾多次赞叹水，说：'水啊！水啊！'他到底觉得水有什么可取之处呢？"孟子说："水从源头滚滚涌出，日夜不停地流着，把低洼之处一一填满，然后又继续向前，一直流向大海。它是如此永不枯竭，奔流不息。孔子所取的，就是它的这种特性啊。试想，如果水没有这种永不枯竭的本源，就会像那七八月间的暴雨一样，虽然也可以一下子灌满大小沟渠，但也会一下子就枯竭。所以，声望名誉超过了实际情形，君子就会感到羞耻。"

【原文】

孟子曰："人之所以异于禽兽者几希[①]，庶民去之，君子存之。舜明于庶物，察于人伦，由仁义行，非行仁义也。"

【注释】

①几希：少，一点点。

【译文】

孟子说："人和禽兽的差异就那么一点儿，一般人抛弃它，君子却保存它。舜明白一般事物的道理，了解人类的常情，于是从仁义之路而行，而不是为行仁义而行仁义。"

【原文】

孟子曰："禹恶旨酒而好善言。汤执中，立贤无方①。文王视民如伤，望道而未之见。武王不泄迩②，不忘远。周公思兼三王，以施四事；其有不合者，仰而思之，夜以继日；幸而得之，坐以待旦。"

【注释】

①方：义同"常"。②泄迩：泄，狎；迩，近。

【译文】

孟子说："禹讨厌美酒而喜欢善言。汤掌握住中正的原则，选拔贤人没有一成不变的常规。文王对待百姓，如同对待自己的伤口一样，望见了'道'却像没有看见一样（总是不断追求）。武王不轻慢近臣，不遗忘远臣。周公想要兼有三代圣王的功业，实践（上述）四个方面的美德；要是有不合当时情况的，就仰首思索，夜以继日；幸而想通了，就坐等天亮（以便立即实行）。"

【原文】

孟子曰："王者之迹①熄而诗亡，诗亡然后《春秋》②作。晋之《乘》③，楚之《梼杌》，鲁之《春秋》，一也：其事则齐桓、晋文，其文则史。孔子曰：'其义则丘窃取之矣。'"

【注释】

①迹：当为“远”。《说文解字》：“远，古之遒人。”遒人是古代采集歌谣的官吏。②《春秋》：各国史书的通称。又，相传孔子依据鲁国史官所编《春秋》，加以整理修订而成编年体鲁《春秋》。据上下文，这里的《春秋》似指前者。③《乘》：晋史书名。下文《梼杌》（táo wù）、《春秋》分别是楚国、鲁国史书名。

【译文】

孟子说：“圣王采集歌谣的做法废止后，诗就没有了；诗没有之后，就出现了《春秋》一类史书。晋国的《乘》，楚国的《梼杌》，鲁国的《春秋》，都是一样的：上面记载的是齐桓公、晋文公之类的事，上面的文字，都是由史官记录而成。孔子说：‘各国史书（褒贬善恶）的原则，我私下里取来（运用到《春秋》中去）了。’”

【原文】

孟子曰：“君子之泽五世而斩，小人之泽五世而斩。予未得为孔子徒也，予私淑诸人也。”

【译文】

孟子说：“君子道德风尚的影响，五代以后就断绝了；小人道德风尚的影响，五代以后也就断绝了。我没能（赶上）做孔子的门徒，我是私下从别人那里学习（孔子的道德学问）的。”

【原文】

孟子曰：“可以取，可以无取，取伤廉；可以与，可以无与，与伤惠；可以死，可以无死，死伤勇。”

【译文】

孟子说：“可以拿取，也可以不拿取的，拿取了有损廉洁；可以给予，也可以不给予的，给予了有损恩惠；可以死，也可以不死的，死了有损勇敢。”

【原文】

逄蒙[①]学射于羿，尽羿[②]之道，思天下惟羿为愈己，于是杀羿。孟子曰："是亦羿有罪焉。"公明仪曰："宜若无罪焉。"曰："薄乎云尔，恶得无罪？郑人使子濯孺子侵卫，卫使庾公之斯追之。子濯孺子曰：'今日我疾作，不可以执弓，吾死矣夫！'问其仆曰：'追我者谁也？'其仆曰：'庾公之斯也。'曰：'吾生矣。'其仆曰：'庾公之斯，卫之善射者也；夫子曰吾生，何谓也？'曰：'庾公之斯学射于尹公之他，尹公之他学射于我。夫尹公之他，端人也，其取友必端矣。'庾公之斯至，曰：'夫子何为不执弓？'曰：'今日我疾作，不可以执弓。'曰：'小人学射于尹公之他，尹公之他学射于夫子。我不忍以夫子之道反害夫子。虽然，今日之事，君事也，我不敢废。'抽矢，扣轮，去其金，发乘矢[③]而后反。"

【注释】

①逄（páng）蒙：羿的学生和家众，后来叛变，帮助寒浞（zhuó）杀了羿。②羿：又称后羿，传说是夏代有穷国的君主。③乘矢：四支箭。

【译文】

逄蒙跟弈学射箭，学得了羿的技巧后，他便想，天下只有羿的箭术比自己强了，于是便杀死了羿。孟子说："这事也有羿自己的罪过。"公明仪说："羿不该有什么罪过罢。"孟子说："罪过不大罢了，怎么能说没有呢？从前郑国派子濯孺子侵入卫国，卫国派庾公之斯追击他。子濯孺子说：'今天我的病发作了，不能够拿弓，我死定了！'又问给他驾车的人说：'追我的人是谁呀？'驾车的人答道：'是庾公之斯。'子濯孺子便说：'那我不会死了。'给他驾车的人说：'庾公之斯是卫国著名的弓箭手，先生反而说不会死了，这是为什么呢？'子濯孺子说：'庾公之斯是向尹公之他学的射箭，尹公之他是向我学的射箭。那尹公之他是个正直的人，他所选择的朋友也一定正直。'庾公之斯追上来了，问：'先生为什么不拿弓呢？'子濯孺子说：'今天我病了，不能够拿弓。'庾公之斯说：'我跟尹公之他学射箭，尹公之他又跟您学射箭。我不忍心用您的箭术反过来害您。不过，今天这事是国家的公事，我不敢不做。'于是抽出箭，在车轮上敲打了几下，把箭头敲掉，发了四箭然后就回去了。"

【原文】

孟子曰："西子[①]蒙不洁，则人皆掩鼻而过之；虽有恶[②]人，斋戒沐浴，则可以祀上帝。"

【注释】

①西子：指春秋时越国美女西施，这里以她代指美女。②恶：这里与"西子"相对，主要指丑陋。

【译文】

孟子说："像西施那么美丽的女子，如果她沾染上污秽恶臭的东西，别人也会捂着鼻子走过去；虽然是一个面貌奇丑的人，如果他斋戒沐浴，也同样可以祭祀上天。"

【原文】

孟子曰："天下之言性也，则故而已矣。故者以利为本。所恶于智者，为其凿也。如智者若禹之行水也，则无恶于智矣。禹之行水也，行其所无事也。如智者亦行其所无事，则智亦大矣。天之高也，星辰之远也，苟求其故，千岁之日至[①]，可坐而致也。"

【注释】

①日至：这里指冬至。

【译文】

孟子说："天下之人所说的本性，无非指万物固有的道理而已。固有的道理是以顺乎自然作根本的。（有时）之所以要讨厌聪明，是因为它穿凿附会。如果聪明得能像禹使水顺势流泻那样，那就不会讨厌聪明了。禹使水顺势流泻，做的是不用穿凿而顺其自然的事。如果聪明人也能做不用穿凿而顺其自然的事，那也就聪明得了不起了。天是很高的，星辰是很远的，如果能推求它们固有的（运行）规律，那么一千年后的冬至，也是可以坐着推算出来的。"

【原文】

公行子①有子之丧，右师②往吊。入门，有进而与右师言者，有就右师之位而与右师言者。孟子不与右师言，右师不悦曰："诸君子皆与驩言，孟子独不与驩言，是简驩也。"

孟子闻之，曰："礼，朝廷不历位而相与言，不逾阶而相揖也。我欲行礼，子敖以我为简，不亦异乎？"

【注释】

①公行子：齐国大夫。②右师：官名，这里指王驩。王驩，字子敖。

【译文】

公行子为儿子办丧事，右师前去吊丧。进了门，就有走上来同他说话的，（坐下后）又有走近他的座位来同他说话的。孟子不同右师说话，右师不高兴地说："大夫们都来同我说话，只有孟子不同我说话，这是怠慢我。"

孟子听了这话，说："按礼的规定，在朝廷上不能越过位次相互交谈，不能越过台阶相互作揖。我是想按礼办事，子敖却认为我怠慢了他，不也奇怪吗？"

【原文】

孟子曰："君子所以异于人者，以其存心也。君子以仁存心，以礼存心。仁者爱人，有礼者敬人。爱人者，人恒爱之；敬人者，人恒敬之。有人于此，其待我以横逆①，则君子必自反也：我必不仁也，必无礼也，此物奚宜②至哉？其自反而仁矣，自反而有礼矣，其横逆由③是也，君子必自反也：我必不忠。自反而忠矣，其横逆由是也，君子曰：'此亦妄人也已矣。如此，则与禽兽奚择④哉？于禽兽又何难⑤焉？'是故君子有终身之忧，无一朝之患也。乃若所忧则有之：舜，人也；我，亦人也。舜为法⑥于天下，可传于后世，我由未免为乡人也，是则可忧也。忧之如何？如舜而已矣。若夫君子所患则亡矣。非仁无为也，非礼无行也。如有一朝之患，则君子不患矣。"

【注释】

①横逆：蛮横无礼。②此物：指上文所说“横逆”的态度。奚宜：怎么应当。③由：通“犹”。下文“我由未免为乡人也”中的“由”也通“犹”。④择：区别。⑤难：责难。⑥法：楷模。

【译文】

孟子说：“君子与一般人不同的地方在于，他内心所怀的念头不同。君子内心所怀的念头是仁，是礼。仁爱的人爱别人，礼让的人尊敬别人。爱别人的人，别人也经常爱他；尊敬别人的人，别人也经常尊敬他。假定这里有个人，他对我蛮横无礼，那君子必定反躬自问：我一定不仁，一定无礼吧，不然的话，他怎么会对我这样呢？如果反躬自问是仁的，是有礼的，而那人仍然蛮横无礼，君子必定再次反躬自问：我一定不忠吧？如果反躬自问是忠的，而那人仍然蛮横无礼，君子就会说：‘这人不过是个狂人罢了。这样的人和禽兽有什么区别呢？禽兽又怎么责难呢？’所以君子有终身的忧虑，没有一时的担心。君子所忧虑的是：舜，是人；我，也是人。舜是天下的楷模，为后人所传诵；我却是一个普通人，这真是让我忧虑啊！忧虑怎么样呢？像舜那样，君子就没有什么担心了。不符合仁道的事不做，不符合礼仪的事不做。如果只是一时的担心，君子就不担心了。”

【原文】

禹、稷当平世，三过其门而不入，孔子贤之。颜子[①]当乱世，居于陋巷，一箪食，一瓢饮，人不堪其忧，颜子不改其乐，孔子贤之。孟子曰：“禹、稷、颜回同道。禹思天下有溺者，由己溺之也；稷思天下有饥者，由己饥之也，是以如是其急也。禹、稷、颜子易地则皆然。今有同室之人斗者，救之，虽被发缨冠[②]而救[③]之，可也。乡邻有斗者，被发缨冠而往救之，则惑也，虽闭户可也。”

【注释】

①颜子：即颜回，孔子弟子，以贤著称。②被（pī）发缨冠：古人戴帽子要先束发，然后用簪子把帽子固定在头发上，再系好帽带。披散着头发戴帽，这里是形容

情况紧急，来不及像正常时那样戴帽子。③救：止。

【译文】

禹、后稷处在太平时代，三次路过家门都不进去，孔子称赞他们。颜子处在乱世，居住在僻陋的巷子里，一个小竹筐装饭吃，一个瓢舀水喝，别人忍受不了那种清苦，颜子却不改变他的快乐，孔子称赞他。孟子说："禹、后稷、颜回（遵循）同一个道理。禹一想到天下的人有淹在水里的，就觉得仿佛是自己使他们淹在水里似的；后稷一想到天下的人还有挨饿的，就觉得仿佛是自己使他们挨了饿似的，所以才那样急迫（去拯救他们）。禹、后稷和颜回如果互换一下处境，也都会这样的。假设现在有同室的人打架，（为了）阻止他们，即使（匆忙得）披散着头发就戴上帽子去阻止，也是可以的。如果乡邻中有打架的，也披散着头发就戴上帽子去阻止，那就太糊涂了；（对这种事）即使关起门来（不管它）也是可以的。"

【原文】

公都子曰："匡章，通国皆称不孝焉，夫子与之游，又从而礼貌之，敢问何也？"

孟子曰："世俗所谓不孝者五：惰其四支，不顾父母之养，一不孝也；博弈好饮酒，不顾父母之养，二不孝也；好货财，私妻子，不顾父母之养，三不孝也；从耳目之欲，以为父母戮①，四不孝也；好勇斗很，以危父母，五不孝也。章子有一于是乎？夫章子，子父责善而不相遇也。责善，朋友之道也；父子责善，贼恩之大者。夫章子，岂不欲有夫妻子母之属哉？为得罪于父，不得近，出妻屏子，终身不养焉。其设心以为不若是，是则罪之大者。是则章子已矣。"

【注释】

①戮：羞辱。

【译文】

公都子说："（齐国的）匡章，全国都说他不孝，您却同他交往，还对他很客气，请问这是为什么呢？"

孟子说："世俗所说的不孝，有五种情况：四肢懒惰，不顾父母的生活，这是一不孝；喜欢赌博喝酒，不顾父母的生活，是二不孝；贪图钱财，偏爱老婆孩子，不顾父母的生活，是三不孝；放纵于寻欢作乐，使父母蒙受羞辱，是四不孝；逞勇好斗，危及父母，是五不孝。章子在这五种不孝中犯有哪一种吗？章子是因为父子之间互相责求善行而不能相处在一块的。责求善行，这是朋友相处的原则；父子之间责求善行，却是大伤感情的事。章子难道不想有夫妻母子的团聚？只是因为得罪了父亲，不能亲近他，（不得已）把妻子儿女赶出了门，终身不要他们侍奉。他心里设想，不这么做，就是更大的罪过。这就是章子罢了。"

【原文】

曾子居武城[①]，有越寇。或曰："寇至，盍去诸？"曰："无寓人于我室，毁伤其薪木。"寇退，则曰："修我墙屋，我将反。"寇退，曾子反。左右曰："待先生如此其忠且敬也，寇至，则先去以为民望；寇退，则反，殆于不可。"沈犹行[②]曰："是非汝所知也。昔沈犹有负刍[③]之祸，从先生者七十人，未有与焉。"

子思[④]居于卫，有齐寇。或曰："寇至，盍去诸？"子思曰："如伋去，君谁与守？"

孟子曰："曾子、子思同道。曾子，师也，父兄也；子思，臣也，微也。曾子、子思易地则皆然。"

【注释】

①武城：鲁地名，在今山东费县境内。②沈犹行：曾子弟子，姓沈犹，名行。③负刍：人名，或说是背柴草的人。④子思：孔子之孙，名伋。

【译文】

曾子居住在武城，越国军队来侵犯。有人说："敌人要来了，何不离开这里？"（曾子临离开时）说："不要让人住到我家来，毁坏了这里的树木。"敌人退走了，曾子就说："修好我的墙屋，我要回来了。"敌人退走后，曾子回来了。他身边的人议论说："（武城人）对我们先生这样忠诚而恭敬，敌人来了，先生却先离开，给百姓做了这么个榜样；敌人退走了，他才回来，（这么做）恐怕不好。"沈犹行说："这不是你们所能明白的。从前，（先生曾住在我们那里）沈犹家遭遇负刍作乱的祸事，跟随先生的七十个弟子，没有一个出事的。（因为他们是老师和客人，让他们先离开。）"

子思居住在卫国，有齐国军队来侵犯。有人说："敌人要来了，您何不离开这里？"子思说："如果我也离开，国君同谁来守城呢？"

孟子说："曾子和子思遵循相同的道理。曾子是老师，是长辈；子思是臣，身份低。如果曾子、子思互换了地位，也都会这样的。"

【原文】

储子①曰："王使人瞷②夫子，果有以异于人乎？"孟子曰："何以异于人哉？尧舜与人同耳。"

【注释】

①储子：齐国人，曾任齐相。②瞷（jiàn）：窥视。

【译文】

储子说："齐王派人暗中观察先生，（您）果真有同别人不一样的地方吗？"孟子说："哪有什么同别人不一样的呢？尧舜都是同普通人一样的嘛。"

【原文】

齐人有一妻一妾而处室者，其良人出，则必餍酒肉而后反。其妻问所与饮食者，则尽富贵也。其妻告其妾曰："良人出，则必餍酒肉而后反；问其与饮食者，尽富贵也，而未尝有显者来，吾将瞷良人之所之也。"

蚤起，施①从良人之所之，遍国中无与立谈者。卒之东郭墦②间，之祭者，乞其余；不足，又顾而之他，此其为餍足之道也。其妻归，告其妾曰："良人者，所仰望而终身也，今若此！"与其妾讪其良人，而相泣于中庭。而良人未之知也，施施③从外来，骄其妻妾。

由君子观之，则人之所以求富贵利达者，其妻妾不羞也而不相泣者，几希矣。

【注释】

①施（yì）：斜行，这里形容暗暗尾随着别人走的样子。②墦（fán）：坟墓。③施施（yìyì）：得意的样子。

【译文】

齐国有个一妻一妾住在一起的人家。她们的丈夫每次出门，必定是喝足了酒、吃饱了肉之后才回家。妻子问同他一起吃喝的是什么人，他就说都是有钱有势的人。妻子告诉他的妾说："丈夫每次出去，总是酒足肉饱后回来；问他同谁一起吃喝，他就说都是有钱有势的人，可是从来没见有显贵的人来过，我打算暗中观察看他到什么地方去。"

（第二天）一早起来，（妻子）暗中跟着丈夫到他要去的地方，走遍全城没有一个站住了跟他说话的。最后走到了东门外的一块墓地中间，（见他）跑到祭坟的人那里，讨些残剩的酒菜吃；没吃饱，又东张西望上别处去乞讨，这就是他吃饱喝足的办法。妻子回家后，（把情况）告诉了妾，并说道："丈夫是我们指望终生依靠的人，现在他竟像这样！"（说罢）同妾一起嘲骂丈夫，在庭中相对而泣。而丈夫还不知道，得意洋洋地从外面回来，向妻妾摆架子。

从君子看来，人们用来追求升官发财的手段，能使他们的妻妾不感到羞耻、不相对而泣的，恐怕是很少的。

第九篇　万章上

【本篇引语】

本篇以长文为主，内容是有关尧、舜、禹、汤、孔子、百里奚等三代贤王和春秋贤人的事迹，具有重要的史料价值。但一般读者读来较为生涩。内容主要突出了对圣人道德品质的赞赏；古代圣人治理天下的必备条件；行仁政一定要有忠良贤臣。其中有不少名言，如："大孝终身慕父母"，"君子可欺以其方，难罔以非其道"，"以意逆志，是为得之"等。

【原文】

万章问曰："舜往于田，号泣于旻天，何为其号泣也？"孟子曰："怨慕也。"万章曰："'父母爱之，喜而不忘；父母恶之，劳而不怨。'然则舜怨乎？"曰："长息问于公明高[1]曰：'舜往于田，则吾既得闻命矣；号泣于旻天，于父母，则吾不知也。'公明高曰：'是非尔所知也。'夫公明高以孝子之心，为不若是恝[2]：我竭力耕田，共为子职而已矣，父母之不我爱，于我何哉？帝使其子九男二女，百官牛羊仓廪备，以事舜于畎亩之中，天下之士多就之者，帝将胥天下而迁之焉。为不顺于父母，如穷人无所归。天下之士悦之，人之所欲也，而不足以解忧；好色，人之所欲，妻帝之二女[3]，而不足以解忧；富，人之所欲，富有天下，而不足以解忧；贵，人之所欲，贵为天子，而不足以解忧。人悦之、好色、富贵，无足以解忧者，惟顺于父母可以解忧。人少，则慕[4]父母；知好色，则慕少艾[5]；有妻子，则慕妻子；仕则慕君，不得于君则热中[6]。大孝终身慕父母。五十而慕者，予于大舜见之矣。"

【注释】

①长息、公明高：长息，公明高的弟子；公明高，曾参的弟子。②恝（jiá）：无忧无愁的样子。③妻帝之二女：传说尧把自己两个女儿娥皇和女英嫁给了舜。④慕：爱

慕，依恋。⑤少艾：指年轻美貌的人。⑥热中：焦急得心中发热。

【译文】

万章问道："舜走到田里，对着天诉说、哭泣，他为什么要诉说、哭泣呢？"孟子说："因为他（对父母）既抱怨又眷念。"万章说："'父母喜欢自己，高兴而不忘记父母；父母讨厌自己，忧愁而不抱怨父母。'（按您这么说）那么舜是抱怨父母吗？"孟子说："（以前）长息曾问公明高：'舜到田里去，我听您解说过了；对天诉说、哭泣，这样对父母，我还不理解。'公明高说：'这不是你所能明白的了。'公明高认为，孝子的心是不能像这样无忧无虑的：我竭力耕田，恭敬地尽到做儿子的职责就行了，（要是）父母不喜欢我，我有什么责任呢？（舜却不是这样）帝尧让自己的九个儿子两个女儿，带着大小官员、牛羊、粮食，到田野中侍奉舜，天下的士人投奔他的也很多，帝尧还将把整个天下让给他。（舜却）因为不能使父母顺心，而像走投无路的人无所归宿似的。天下的士人喜欢他，这是人人想得到的，却不足以消除他的忧愁；漂亮的女子，这是人人想得到的，舜娶了帝尧的两个女儿，却不足以消除他的忧愁；财富，是人人想得到的，舜富有天下，却不足以消除他的忧愁；地位尊贵，是人人想得到的，舜尊贵到当了天子，却不足以消除他的忧愁。士人的喜欢、漂亮的女子、财富和尊贵，没有一样足以消除忧愁的，只有顺了父母心意才能消除忧愁。人在年幼的时候，爱慕父母；懂得喜欢女子的时候，就爱慕年轻漂亮的姑娘。有了妻子以后，便爱慕妻子；做了官便爱慕君王，得不到君王的赏识便内心焦急得发热。不过，最孝顺的人却是终身都爱慕父母。到了五十岁还爱慕父母的，我在伟大的舜身上见到了。"

【原文】

万章问曰："《诗》云，'娶妻如之何？必告父母'①。信斯言也，宜莫如舜。舜之不告而娶，何也？"孟子曰："告则不得娶。男女居室，人之大伦也；如告，则废人之大伦，以怼父母，是以不告也。"万章曰："舜之不告而娶，则吾既得闻命矣；帝之妻舜而不告，何也？"曰："帝亦知告焉则不得妻也。"万章曰："父母使舜完廪，捐阶，瞽瞍焚廪。使浚井，出，从而掩之。象②曰：'谟盖都君咸我绩③。牛羊父母，仓廪父母，干戈朕，琴朕，弤朕，二嫂使治朕栖。'象往入舜宫，舜在床琴。象曰：'郁陶④思君尔。'忸怩。舜曰：'惟兹臣庶，汝其于予治。'不识舜不知象之将

杀己与？”曰：“奚而不知也？象忧亦忧，象喜亦喜。”曰：“然则舜伪喜者与？”曰：“否。昔者有馈生鱼于郑子产，子产使校人⑤畜之池。校人烹之，反命曰：‘始舍之，圉圉⑥焉；少则洋洋⑦焉；攸然⑧而逝。’子产曰：‘得其所哉！得其所哉！’校人出，曰：‘孰谓子产智？予既烹而食之，曰：得其所哉！得其所哉！’故君子可欺以其方，难罔以非其道。彼以爱兄之道来，故诚信而喜之，奚伪焉？”

【注释】

①“娶妻如之何？必告父母”句：出自《诗经·齐风·南山》。②象：人名，相传是舜的同父异母弟。③盖：“害”的假借字。都君：指舜。④郁陶：思念之状。⑤校人：管理池塘的小官。⑥圉圉（yǔ）：疲惫的样子。⑦洋洋：舒缓摇尾的样子。⑧攸然：迅速的样子。

【译文】

万章问道：“《诗经》上说，‘娶妻应该怎么做？一定先要禀告父母’。信守这道理的，应该没有人能比得上舜的。（可是）舜不禀告父母就娶妻，这是为什么呢？”孟子说：“禀告了，就娶不成了。男女成婚，是人类重大的伦理关系；如果舜禀告了（而娶不成妻），就废掉了这种伦理关系，反而引起对父母的怨恨，所以不禀告。”万章说：“舜不禀告就娶妻，我已领教了您的解释，帝尧把女儿嫁给舜，却也不告诉舜的父母，为什么呢？”孟子说：“帝尧也知道，告诉了他们就嫁不成了。”万章说：“父母叫舜修理粮仓，（等他爬上仓后）拿掉了梯子，（他父亲）瞽瞍放火烧粮仓（想把舜烧死）。又曾叫舜淘井，（舜已经逃）出了井，（瞽瞍不知道）随即就填井，想把舜埋在井里。象说：‘谋害舜都是我的功劳。（害死了他，他的）牛羊归父母，粮食归父母，干戈归我，琴归我，弓归我，让两个嫂嫂替我整理床铺。’象走进舜的住房，（不料舜没有死）舜正在床上弹琴。象（赶忙掩饰）说：‘我可想念你啦！’神情很不自然。舜说：‘我惦念着这些臣仆，希望你来帮我管理。’我不知道，舜真的不晓得象杀害他吗？”孟子说：“怎么会不知道呢？（舜看重兄弟情义）象忧愁，他也忧愁；象高兴，他也高兴。”万章说：“这么说，舜是假装高兴的吗？”孟子说：“不。从前有人送条活鱼给郑国的子产，子产叫主管池塘的人把它畜养在池塘里。那人却把鱼煮来吃了，回报说：‘刚放进池塘里时，它还要死不活的；一会儿便摇摆着尾巴活动起来了；突然间，一下子就游得不知去向了。’子产说：‘它去了它应该去的地方啦！它去了它应该去的地方啦！’那人从子产那里出来后说：‘谁说子产聪明呢？我明明已经把鱼煮来吃了，可他还说它去了它应该去的地方啦！它去了它应该去的地方啦！’所以，君子可能被合乎情理的方法所欺骗，但难以被不合情理的方法所欺骗。象用喜爱兄长的做法作表示，所以舜真诚地相信而感到高兴，假装什么呢？”

【原文】

万章问曰：“象日以杀舜为事，立为天子则放之，何也？”孟子曰：“封之也；或曰放焉。”万章曰：“舜流共工①于幽州，放驩兜②于崇山，杀三苗③于三危，殛鲧④于羽山，四罪而天下咸服，诛不仁也。象至不仁，封之有庳⑤。有庳之人奚罪焉？仁人固如是乎：在他人则诛之，在弟则封之？”曰：“仁人之于弟也，不藏怒焉，不宿怨焉，亲爱之而已矣。亲之，欲其贵也；爱之，欲其富也。封之有庳，富贵之也。身为天子，弟为匹夫，可谓亲爱之乎？”“敢问或曰放者，何谓也？”曰：“象不得有为于其国，天子使吏治其国而纳其贡税焉，故谓之放。岂得暴彼民哉？虽然，欲常常而见之，故源源而来，‘不及贡，以政接于有庳。’⑥此之谓也。”

【注释】

①共工：相传为尧的大臣。②驩兜：相传是尧、舜时的大臣。③三苗：国名。④鲧（gǔn）：传说是禹的父亲，尧曾派他治水，但没有治成功。⑤有庳（bì）：传说是象的封地。⑥“不及贡，以政接于有庳”句：可能是《尚书》逸文。

【译文】

万章问道：“象天天都把谋杀舜当作自己要干的事，舜做了天子后，只是流放了他，这是为什么？”孟子说：“是封他当诸侯；有人说是流放罢了。”万章说：“舜把共工流放到幽州，把驩兜流放到崇山，把三苗的君主驱逐到三危，把鲧诛死在羽山，将这四个人治了罪，天下便都归服，因为惩处的是不仁的人。象是最不仁的人，却封给他有庳。有庳的百姓有什么罪呢？仁人本该这么做的吗？对旁人就严加治罪，对弟弟就封他诸侯？”孟子说：“仁人对于自己的弟弟，不藏怒气在心里，不留怨恨在胸中，只知道要亲他爱他罢了。亲他，就想让他尊贵；爱他，就想让他富贵。把有庳封给他，就是要让他既富有又尊贵。自己当了天子，弟弟却做百姓，能说是亲他爱他吗？”万章又问道：

“请问，有人说是流放，这话怎么讲呢？”孟子说：“象不能在他的国家里任意行事，天子派了官吏去治理他的国家，收取那里的贡税，所以说是流放。象哪能对他的百姓施行暴政呢？虽然这样，舜还想常常见到象，所以象不断地来。（古书上说）‘不必等到朝贡的日子，（平常就）以政事为名接见有庳的国君。’就是说的这种情况。”

【原文】

咸丘蒙①问曰：“语云：‘盛德之士，君不得而臣，父不得而子。’舜南面而立，尧帅诸侯北面而朝之，瞽瞍亦北面而朝之。舜见瞽瞍，其容有蹙。孔子曰：‘于斯时也，天下殆哉，岌岌乎！’不识此语诚然乎哉？”

孟子曰：“否，此非君子之言，齐东野人之语也。尧老而舜摄也。《尧典》曰：‘二十有八载，放勋乃徂落，百姓如丧考妣，三年，四海遏密八音②。’孔子曰：‘天无二日，民无二王。’舜既为天子矣，又帅天下诸侯以为尧三年丧，是二天子矣。”

咸丘蒙曰：“舜之不臣尧，则吾既得闻命矣。《诗》云：‘普天之下，莫非王土；率土之滨，莫非王臣。’③而舜既为天子矣，敢问瞽瞍之非臣，如何？”

曰：“是诗也，非是之谓也，劳于王事而不得养父母也。曰，‘此莫非王事，我独贤劳也’。故说诗者，不以文害辞，不以辞害志；以意逆志，是为得之。如以辞而已矣，《云汉》④之诗曰：‘周余黎民，靡有孑遗。’信斯言也，是周无遗民也。孝子之至，莫大乎尊亲；尊亲之至，莫大乎以天下养。为天子父，尊之至也；以天下养，养之至也。《诗》曰：‘永言孝思，孝思维则。’⑤此之谓也。《书》曰：‘祗载见瞽瞍，夔夔斋栗，瞽瞍亦允若。’⑥是为‘父不得而子’也？”

【注释】

①咸丘蒙：姓咸丘，名蒙，孟子弟子。②八音：中国古代对乐器的统称。指金、石、土、革、丝、木、匏、竹等八种材料制成的乐器。这里指代音乐。③“普天之下，莫非王土；率土之滨，莫非王臣”句：出自《诗经·小雅·北山》。④《云汉》：《诗经·大雅》中的一篇。⑤“永言孝思，孝思维则”句：出自《诗经·大雅·下武》。⑥“祗载见瞽瞍，夔夔斋栗，瞽瞍亦允若”句：是《尚书》逸文。

【译文】

咸丘蒙问道："俗话说：'很有道德的人，君主不能把他当作臣下，父亲不能把他当作儿子。'舜做了天子，尧率领诸侯朝见他，他父亲瞽瞍也朝见他。舜见了瞽瞍，神色很不安。孔子说：'在这个时候呀，天下真是危险到极点啦！'孔子真这么说过吗？"

孟子说："不，这不是君子说的话，是齐国东边乡下人说的话。尧老了，舜代行天子职权。《尧典》上说：'（舜代行天子职权）二十八年，尧才去世，群臣如同死了父母一般，服丧三年，天下不闻音乐之声。'孔子说：'天上没有两个太阳，人间没有两个帝王。'（如果）舜当时已经做了天子，却又率领天下诸侯为尧服丧三年，这就同时有两个天子了。"

咸丘蒙说："舜没有把尧当作臣，我已领教了您的解释了。《诗经》上说：'普天之下，没有哪里不是天子的土地；四海之内，没有哪个不是天子的臣民。'舜已经做了天子了，瞽瞍却不是他的臣民，请问这又是怎么回事？"

孟子说："这首诗不是说的这个意思，（是说作这首诗的人）公事劳碌以至于不能奉养父母。（意思是）说：'这些没有一件不是公事，却只有我最劳碌'。所以解说诗的人，不能因为字词的解释而误解全句的意思，不能因为词句的解释而误解全诗的意思；要用自己的体会去揣度作者的原意，这样才能把握住诗意。如果只拘泥于词句的解释，（那么）《云汉》这首诗说：'周朝剩下的百姓，没有一个留存。'相信了这句话，这就成了周朝没有一个人留存了。孝子最大的孝，莫过于使父母尊贵；使父母尊贵的最高标准，莫过于用天下奉养父母。做了天子的父亲，这是最尊贵的地位了；用天下奉养父亲，这是最高的奉养了。《诗经》上说：'永远行孝道，孝道就是法则。'说的就是这个意思。《尚书》上说：'舜恭恭敬敬地去见瞽瞍，谨慎而又畏惧，瞽瞍也就真的顺心了。'这是'父亲不能把他当儿子'吗？"

【原文】

万章曰："尧以天下与舜，有诸？"孟子曰："否。天子不能以天下与人。""然则舜有天下也，孰与之？"曰："天与之。""天与之者，谆谆[①]然命之乎？"曰："否，天不言，以行与事示之而已矣。"曰："以行与事示之者，如之何？"曰："天子能荐人于天，不能使天与之天下；诸侯能荐人于天子，不能使天子与之诸侯；大夫能荐人于诸侯，不能使诸侯与之大夫。昔者，尧荐舜于天，而天受之；暴[②]之于民，而民受之。故曰：天不言，以行与事示之而已矣。”曰：“敢问荐之于天，而天受之；暴之于民，而民受之，如何？”曰：“使之主祭，而百神享之，是天受之；使之主事，而事治，百姓安之，是民受之也。天与之，人与之，故曰天子不能以天下与人。舜相尧二十有八载，非人之所能为也，天也。尧崩，三年之丧毕，舜避尧之子于南河③之南，天下诸侯朝觐者，不之尧之子而之舜；讼狱者，不之尧之子而之舜；讴歌者，不讴歌尧之子而讴歌舜。故曰天也。夫然后之中国④，践天子位焉。而⑤居尧之宫，逼尧之子，是篡也，非天与也。《太誓》曰：‘天视自我民视，天听自我民听。’此之谓也。”

【注释】

①谆谆（zhūn）：反复叮咛。②暴（pù）：显露，公开。③南河：舜避居处，在今山东濮县东二十五里，河在尧都之南，故称南河。④中国：这里指帝都。⑤而：如。

【译文】

万章问：“尧拿天下授予舜，有这回事吗？”孟子说：“不，天子不能够拿天下授予人。”万章问：“那么舜得到天下，是谁授予他的呢？”孟子回答说：“天授予的。”万章问：“天授予他时，反复叮咛告诫他吗？”孟子说：“不，天不说话，拿行动和事情来表示罢了。”万章问：“拿行动和事情来表示，是怎样的呢？”孟子回答说：“天子能够向天推荐人，但不能强迫天把天下授予人；诸侯能够向天子推荐人，但不能强迫天子把诸侯之位授予这人；大夫能够向诸侯推荐人，但不能强迫诸侯把大夫之位授予这人。从前，尧向天推荐了舜，天接受了；又把舜公开介绍给老百姓，老百姓也接受了。所以说，天不说话，拿行动和事情来表示罢了。”万章说：“请问推荐给天，天接受了；公开介绍给老百姓，老百姓也接受了，是怎么回事呢？”孟子说：“叫他主持祭祀，所有神明都来享用，这是天接受了；叫他主持政事，政事治理得很好，老百姓很满意，这就是老百姓也接受了。天授予他，老百姓授予他，所以说，天子不能够拿天下授予人。舜辅佐尧治理天下二十八年，这不是凭一个人的意志能够做得到的，而是天意。尧去世后，舜为他服丧三年，然后便避居于南河的南边去，为的是要让尧的儿子继承天下。可是，天下诸侯朝见天子的，都不到尧的儿子那里去，却到舜那里去；打官司的，都不到尧的儿子那里去，却到舜那里去；歌颂的人，也不歌颂尧的儿子，却歌颂舜。所以说这是天意。这样，舜才回到帝都，登上了天子之位。如果先前舜就占据尧的宫室，逼迫尧的儿子让位，那就是篡夺，而不是天授予他的了。《太誓》说过：'上天所见来自我们老百姓的所见，上天所听来自我们老百姓的所听。'说的正是这个意思。"

【原文】

万章问曰："人有言：'至于禹而德衰，不传于贤而传于子。'有诸？"孟子曰："否，不然也。天与贤，则与贤；天与子，则与子。昔者，舜荐禹于天，十有七年，舜崩，三年之丧毕，禹避舜之子于阳城，天下之民从之，若尧崩之后不从尧之子而从舜也。禹荐益①于天，七年，禹崩，三年之丧毕，益避禹之子于箕山②之阴。朝觐讼狱者不之益而之启③，曰：'吾君之子也。'讴歌者不讴歌益而讴歌启，曰：'吾君之子也。'丹朱④之不肖，舜之子亦不肖。舜之相尧、禹之相舜也，历年多，施泽于民久。启贤，能敬承继禹之道。益之相禹也，历年少，施泽于民未久。舜、禹、益相去久远，其子之贤不肖，皆天也，非人之所能为也。莫之为而为者，天也；莫之致而至者，命也。匹夫而有天下者，德必若舜、禹，而又有天子荐之者，故仲尼不有天下。继世以有天下，天之所废，必若桀、纣者也，故益、伊尹、周公不有天下。伊尹相汤以王于天下，汤崩，太丁⑤未立，外丙⑥二年，仲壬四年，太甲⑦颠覆汤之典刑，伊尹放之于桐⑧。三年，太甲悔过，自怨自艾，于桐处仁迁义，三年，以听伊尹之训己也，复归于亳⑨。周公之不有天下，犹益之于夏、伊尹之于殷也。孔子曰：'唐虞⑩禅，夏后殷周继，其义一也。'"

【注释】

①益：古代嬴姓各族的祖先，因助禹治水有功，被选为继承人。②箕山：在今河南登封县东南。③启：禹的儿子。禹死后，他即继位，从此确立了传子制度。④丹朱：传说中尧之子，名朱，因居丹水，名为丹朱。传说他傲慢荒淫，尧因此禅位给舜。⑤太丁：汤的长子。⑥外丙：太丁的弟弟。下句仲壬，外丙的弟弟。⑦太甲：汤的嫡长孙，太丁之子。⑧桐：地名，在今河南虞城县南，一说在山西荣河县。⑨亳（bó）：地名，商汤的国都，故址在今河南商丘县北。⑩唐虞：相传尧建立的朝代叫"唐"，舜建立的朝代叫"虞"。

【译文】

万章问道："人们有这样的说法：'到了禹的时候道德就衰败了，（帝位）不传给贤人却传给儿子'。有这种情况吗？"孟子说："不，不是这样的。天要传给贤人，就传给贤人；天要传给儿子，就传给儿子。从前，舜把禹推荐给天，十七年后，舜去世了，三年丧期完后，禹避开舜的儿子到阳城，天下百姓都跟随着他，就像尧去世后百姓不跟随尧的儿子却跟随舜一样。禹把益推荐给天，七年后，禹去世了，三年丧期完后，益避开禹的儿子，到了箕山北面。来朝见的诸侯及打官司的人不到益那里去，而到启那里去，（他们）说：'（他是）我们君主的儿子。'讴歌的人不讴歌益而讴歌启，说：'（他是）我们君主的儿子。'（尧的儿子）丹朱不成器，舜的儿子也不成器（继承不了帝位），舜辅佐尧、禹辅佐舜，经历了很多年，施给百姓恩泽的时间也长。启很贤明，能恭敬地继承禹的做法。益辅佐禹的年数少，施给百姓恩泽的时间不长。舜、禹、益之间相距的时间有长有短，他们的儿子有好有差，这都出自天意，不是人的意愿所能决定的。没有人能做到的却做到了，这是天意；没有人招致它来却来到了，这是命运。一个普通百姓却能得到天下，他的德性必然像舜和禹那样，而且还要有天子推荐他，所以仲尼（虽然圣贤，没有天子推荐）不能够得到天下。继承上代而得到了天下，天意却要废弃的，必然是像桀、纣那样的君主，所以益、伊尹、周公（虽然圣贤，但他们所辅佐的不是这样的君主）就不能够得到天下。伊尹辅佐汤称王天下，汤死后，太丁没有继位（就死了），外丙在位两年，仲壬在位四年，太甲（继位后）破坏了汤的典章法度，伊尹把他流放到桐邑。三年后，太甲悔过，怨恨自己，改正自己，在桐邑做到心不离仁，行合乎义，三年后，已能听从伊尹的训导了，才又回到亳都（做天子）。周公不能得天下，（原因）正像益处在夏朝、伊尹处在殷朝（没有可能得天下）一样。孔子说：'唐尧、虞舜让位给贤人，夏、商、周三代由子孙继位，其中的道理是一样的。'"

【原文】

万章问曰："人有言：'伊尹以割烹要汤'。有诸？"孟子曰："否，不然。伊尹耕于有莘[1]之野，而乐尧舜之道焉。非其义也，非其道也，禄之以天下，弗顾也；系马千驷，弗视也。非其义也，非其道也，一介不以与人，一介不以取诸人。汤使人以币聘之，嚣嚣然曰：'我何以汤之聘币为哉？我岂若处畎亩之中，由是以乐尧舜之道哉？'汤三使往聘之，既而幡然改，曰：'与我处畎亩之中，由是以乐尧舜之道，吾岂若使是君为尧舜之君哉？吾岂若使是民为尧舜之民哉？吾岂若于吾身亲见之哉？天之生此民也，使先知觉后知，使先觉觉后觉也。予，天民之先觉者也，予将以斯道觉斯民也。非予觉之，而谁也？’思天下之民匹夫匹妇有不被尧舜之泽者，若己推而内之沟中。其自任以天下之重如此，故就汤而说之以伐夏救民。吾未闻枉己而正人者也，况辱己以正天下者乎？圣人之行不同也，或远，或近，或去，或不去，归洁其身而已矣。吾闻其以尧舜之道要汤，未闻以割烹也。《伊训》②曰：‘天诛造攻自牧宫③，朕载自亳。’”

【注释】

①有莘：莘，古国名，“有”是词头，故址在今山东曹县西北。传说商汤娶有莘氏之女。②《伊训》：《尚书》篇名。③牧宫：桀所居之宫。

【译文】

万章问道：“人们有这样的说法：‘伊尹以当厨子来求得汤的任用’。有这回事吗？”

孟子说：“不，不是这样的。伊尹原在有莘国的郊野耕作，喜爱尧舜之道。（如果）不符合义，不符合道，即使把天下当作俸禄给他，他也不理睬；即使有四千匹马拴在那里，他也不看一眼。（如果）不符合义，不符合道，一根草也不拿去送人，一根草也不拿别人的。汤派人带了礼物去聘请他，他无动于衷地说：‘我要汤的聘礼干什么？哪如我生活在田野中，像这样把尧舜之道当作快乐呢？’汤又多次派人去聘请，不久他完全改变了态度，说：‘与其隐居在田野中，把尧舜之道当作快乐，哪如使这个君主成为尧舜那样的君主呢？哪如使百姓成为尧舜时代那样的百姓呢？哪如亲眼见到尧舜那样的盛世呢？上天生育这些人民，就是要使先知者帮助后知者觉悟，先觉者帮助后觉者觉悟。我是上天所生人民中的先觉者，我将用这尧舜之道去使人民觉悟。不是我使他们觉悟，又有谁呢？’他想到天下的人民中，要是还有一个人没有享受到尧舜之道的恩泽的，就像是自己把他们推入了山沟似的。他就像这样把天下的重任担在自己肩上，所以到汤那里劝说他讨伐夏桀，拯救人民。我未听说自己不正却能匡正别人的，更何况侮辱自己来匡正天下呢？圣人的行为是有不同的，有的避离君主，有的接近君主，有的离开朝廷，有的不离开朝廷，但都归结到使自身洁净罢了。我只听说他是凭尧舜之道去求汤

任用的，没听说是靠当厨子去求官做的。《伊训》上（伊尹）说：‘上天诛灭夏桀，原因来自夏桀本人，我只是从亳都开始谋划（讨伐）罢了。’”

【原文】

万章问曰：“或谓孔子于卫主痈疽[1]，于齐主侍人瘠环[2]，有诸乎？”孟子曰：“否，不然也，好事者为之也。于卫主颜雠由[3]。弥子[4]之妻与子路之妻，兄弟也。弥子谓子路曰：‘孔子主我，卫卿可得也。’子路以告。孔子曰：‘有命。’孔子进以礼，退以义，得之不得曰‘有命’，而主痈疽与侍人瘠环，是无义无命也。孔子不悦于鲁、卫，遭宋桓司马[5]将要而杀之，微服而过宋。是时孔子当厄，主司城贞子[6]，为陈侯周[7]臣。吾闻观近臣，以其所为主；观远臣，以其所主。若孔子主痈疽与侍人瘠环，何以为孔子？”

【注释】

①痈疽：人名，又作雍渠、雍钮、雍雎，卫灵公宠幸的宦官。②瘠环：人名，齐景公宠幸的宦官。③颜雠由：卫国大夫，有贤名。④弥子：即弥子瑕，卫灵公的宠臣。⑤桓司马：即宋国的司马桓魋（tuí）。司马，官职名，掌管军政和军赋。⑥司城贞子：陈国大夫。⑦陈侯周：陈国国君，名周。

【译文】

万章问道：“有人说，孔子在卫国时寄住在痈疽家里，在齐国时寄住在瘠环家里，有这回事吗？”孟子说：“不，不是这么回事，是好事者编造出来的。孔子在卫国寄住在颜雠由家。弥子瑕的妻子与子路的妻子是姐妹。弥子瑕曾对子路说：‘孔子来住在我家，卫国卿的职位就可以得到。’子路把这话告诉给孔子。孔子说：‘由命决定。’孔子做官与不做官，根据礼义行事，能不能得到官职，说要‘由命决定’，如果寄住在痈疽和宦官瘠环那里，这便是无视礼义、命运了。孔子在鲁国、卫国感到不快，又遇到宋国的桓司马企图在半路上杀害他，就改换了衣着悄悄通过宋国。这时孔子正遭危难，便寄住到司城贞子家里，做了陈侯周的臣子。我听说过，观察在朝的臣子，看他所接待的客人；观察外来的臣子，看他所寄居处的主人。如果孔子寄住在痈疽和宦官瘠环家里，把他们当作主人，怎么还能算是孔子？”

【原文】

万章问曰："或曰：'百里奚[①]自鬻于秦养牲者，五羊之皮，食牛，以要秦穆公[②]'，信乎？"孟子曰："否，不然，好事者为之也。百里奚，虞人也。晋人以垂棘之璧与屈产之乘，假道于虞以伐虢。宫之奇[③]谏，百里奚不谏。知虞公之不可谏而去之秦，年已七十矣，曾不知以食牛干秦穆公之为污也，可谓智乎？不可谏而不谏，可谓不智乎？知虞公之将亡而先去之，不可谓不智也。时举于秦，知穆公之可与有行也而相之，可谓不智乎？相秦而显其君于天下，可传于后世，不贤而能之乎？自鬻以成其君，乡党自好者不为，而谓贤者为之乎？"

【注释】

①百里奚：虞国大夫，后在秦国任相，辅助秦穆公建立霸业。②秦穆公：又作秦缪公，秦国国君，公元前659年—前621年在位。③宫之奇：虞国大夫。晋国曾两次向虞国借路以攻打虢国，宫之奇用"唇亡齿寒"的道理劝告虞公拒绝晋的要求，虞公不听。结果晋灭虢后，接着灭掉了虞国。虞公，虞国国君。

【译文】

万章问道："有人说，'百里奚用五张羊皮的代价把自己卖给秦国养牲口的人，替他喂牛，以此（寻找机会）求得秦穆公任用'，这是真的吗？"孟子说："不，不是这样，是好事者编造的。百里奚是虞国人，当时晋国用垂棘所产的美玉和屈地所产的良马向虞国借路去攻打虢国，宫之奇劝告（虞公不要答应），百里奚不劝告。他知道虞公不会听从劝告，就离开虞国到了秦国，当时已经七十岁了，（如果）竟不知道靠替人喂牛求得秦穆公任用是污浊的，能说他聪明吗？（知道虞君）不会听从劝告就不去劝告，能说不聪明吗？知道虞公就要亡国而先离开，不能说不聪明啊。一旦在秦国受提拔，就知道穆公是个可以同他干一番事业的君主而辅佐他，能说不聪明吗？做了秦国的相而使他君主的威望显赫于天下，并且可以流传到后世，不是贤者能做到这一步吗？卖掉自己去成全君主，乡里自爱的人也不愿干的，倒能说贤者肯这么干吗？"

第十篇 万章下

【本篇引语】

本篇内容涉及圣人风范、古代礼制、结交朋友、立身处世和大臣的权力、职责等。其中有不少名言，如：“友也者，友其德也，不可以有挟也”，“用上敬下，谓之尊贤”，“颂其诗，读其书，不知其人，可乎？”等。

【原文】

孟子曰：“伯夷，目不视恶色，耳不听恶声。非其君，不事；非其民，不使。治则进，乱则退。横[1]政之所出，横民之所止，不忍居也。思与乡人处，如以朝衣朝冠坐于涂炭也。当纣之时，居北海之滨，以待天下之清也。故闻伯夷之风者，顽[2]夫廉，懦夫有立志。

“伊尹曰：‘何事非君？何使非民？’治亦进，乱亦进，曰：‘天之生斯民也，使先知觉后知，使先觉觉后觉。予，天民之先觉者也。予将以此道觉此民也。’思天下之民匹夫匹妇有不与被尧舜之泽者，若己推而内之沟中。其自任以天下之重也。

“柳下惠不羞污君，不辞小官。进不隐贤，必以其道。遗佚[3]而不怨，厄穷而不悯。与乡人处，由由然不忍去也。‘尔为尔，我为我，虽袒裼裸裎[4]于我侧，尔焉能浼[5]我哉？’故闻柳下惠之风者，鄙夫[6]宽，薄夫[7]敦。

“孔子之去齐，接淅[8]而行；去鲁，曰：‘迟迟吾行也，去父母国之道也！’可以速而[9]速，可以久而久，可以处而处，可以仕而仕，孔子也。”

孟子曰："伯夷，圣之清者也；伊尹，圣之任者也；柳下惠，圣之和者也；孔子，圣之时者也。孔子之谓集大成。集大成也者，金声而玉振⑩之也。金声也者，始条理也；玉振之也者，终条理也。始条理者，智之事也；终条理者，圣之事也。智，譬则巧也；圣，譬力也。由⑪射于百步之外也，其至，尔力也；其中，非尔力也。"

【注释】

①横：暴。②顽：贪婪。③遗佚：不被重用。④袒裼（xī）裸裎：四个字意思相近，同义复用，都是赤身露体的意思。⑤浼（měi）：污染。⑥鄙夫：心胸狭窄的人。⑦薄夫：刻薄的人。⑧接淅：淘米。⑨而：则。以下几句同。⑩金声：指钋（pō）钟发出的声音。玉振：指玉磬收束的余韵。古代奏乐，先以钋钟起音，结束以玉磬收尾。⑪由：通"犹"。

【译文】

孟子说："伯夷，眼睛不看丑陋的事物，耳朵不听邪恶的声音。不是他理想的君主，不侍奉；不是他理想的百姓，不使唤。天下太平就出来做官，天下混乱就隐退不出。施行暴政的国家，住有暴民的地方，他都不愿意居住。他认为和没有教养的乡下人相处，就像穿戴着上朝的礼服礼帽却坐在泥涂或炭灰上一样。当殷纣王暴虐统治的时候，他隐居在渤海边，等待着天下太平。所以，听到过伯夷风范的人，贪得无厌的会变得廉洁，懦弱的会变得意志坚定。

"伊尹说：'哪个君主不可以侍奉？哪个百姓不可以使唤？'所以，他是天下太平做官，天下混乱也做官。他说：'上天生育这些百姓，就是要让先知的人来开导后知的人，先觉的人来开导后觉的人。我就是这些人中先知先觉的人，我要开导这些后知后觉的人。'他认为天下的百姓中，只要有一个普通男子或普通妇女没有承受到尧舜的恩泽，就好像是他自己把别人推进山沟之中去了一样。这就是他以挑起天下的重担为己任的态度。

"柳下惠不以侍奉坏君主为耻辱，也不因官小而不做。做官不隐藏自己的才能，坚持按自己的原则办事。不被重用不怨恨，穷困也不忧愁。与没有教养的乡下人相处，也照样很自在地不忍离去。他说：'你是你，我是我，你就是赤身裸体在我旁边，对我又有什么污染？'所以，听到过柳下惠风范的人，心胸狭窄的会变得宽阔起来，刻薄的会变得厚道起来。

“孔子离开齐国的时候，不等把米淘完就走；离开鲁国时却说：‘我们慢慢走吧，这是离开父母之邦的路啊！’应该快就快，应该慢就慢；应该隐居就隐居，应该做官就做官。这就是孔子。”

孟子说：“伯夷是圣人里面最清高的；伊尹是圣人里面最负责任的；柳下惠是圣人里面最随和的；孔子是圣人里面最识时务的。孔子可以称为集大成者。集大成的意思，就好比乐队演奏，以钋钟声开始起音，以玉磬声结束收尾。钋钟声起音是为了有条有理地开始，玉磬声收尾是为了有条有理地结束。有条有理地开始是智方面的事，有条有理地结束是圣方面的事。智好比是技巧，圣好比是力量。犹如在百步以外射箭，箭能射到靶子，是靠你的力量；射中了，却是靠技巧而不是靠力量。”

【原文】

北宫锜①问曰：“周室班爵禄也，如之何？”孟子曰：“其详不可得闻也，诸侯恶其害己也，而皆去其籍；然而轲也尝闻其略也。天子一位，公一位，侯一位，伯一位，子、男同一位，凡五等也。君一位，卿一位，大夫一位，上士一位，中士一位，下士一位，凡六等。天子之制，地方千里；公侯皆方百里，伯七十里，子、男五十里，凡四等。不能五十里，不达于天子，附于诸侯，曰附庸。天子之卿受地视侯，大夫受地视伯，元士②受地视子、男。大国地方百里，君十卿禄，卿禄四大夫，大夫倍上士，上士倍中士，中士倍下士，下士与庶人在官者同禄，禄足以代其耕也。次国地方七十里，君十卿禄，卿禄三大夫，大夫倍上士，上士倍中士，中士倍下士，下士与庶人在官者同禄，禄足以代其耕也。小国地方五十里，君十卿禄，卿禄二大夫，大夫倍上士，上士倍中士，中士倍下士，下士与庶人在官者同禄，禄足以代其耕也。耕者之所获：一夫百亩，百亩之粪，上农夫食九人，上次食八人，中食七人，中次食六人，下食五人。庶人在官者，其禄以是为差。”

【注释】

①北宫锜（qí）：卫国人。②元士：天子直辖区域内的上士。

【译文】

北宫锜问道：“周朝规定的官爵、俸禄的等级是怎样的？”孟子说：“详细情况不能知道了，诸侯讨厌它妨碍自己，把那些典籍都毁掉了；不过，我曾经听说过它的大致情况。天子一级，公爵一级，侯爵一级，伯爵一级，子爵、男爵同一级，共五个等级。（诸侯国里）国君一级，卿一级，大夫一级，上士一级，中士一级，下士一级，共六个等级。天子的土地规模，一千里见方；公爵、侯爵都是一百里见方，伯爵是七十里见方，子爵、男爵是五十里见方，共四等。不足五十里见方的国家，不同天子直接联系，而是附属于诸侯，叫做'附庸'。天子的卿，受封土地同侯爵相等，大夫受封的土地同伯爵相等，元士受封的土地同子爵、男爵相等。大国的土地有百里见方，国君的俸禄是卿的十倍，卿的俸禄是大夫的四倍，大夫是上士的两倍，上士是中士的两倍，中士是下士的两倍，下士的俸禄同在官府当差的百姓相同，数量足以代替他种田的收入。中等国家的土地有七十里见方，国君的俸禄是卿的十倍，卿的俸禄是大夫的三倍，大夫是上士的两倍，上士是中士的两倍，中士是下士的两倍，下士同在官府当差的百姓同等俸禄，俸禄足以代替他种田的收入。小国的土地有五十里见方，国君的俸禄是卿的十倍，卿的俸禄是大夫的两倍，大夫是上士的两倍，上士是中士的两倍，中士是下士的两倍，下士同在官府当差的百姓俸禄相等，俸禄足以代替他种田的收入。种田人的收入：一个农夫受田一百亩，一百亩地施肥耕种，上等的农夫可以养活九人，次于上等的可以养活八人，中等的农夫可以养活七人，比这差一点的可以养活六人，下等的农夫可以养活五人。在官府当差的百姓，他的俸禄按这种区别来分等级。"

【原文】

万章问曰："敢问友。"孟子曰："不挟①长，不挟贵，不挟兄弟而友。友也者，友其德也，不可以有挟也。孟献子②，百乘之家也，有友五人焉：乐正裘、牧仲，其三人，则予忘之矣。献子之与此五人者友也，无献子之家者也。此五人者，亦有献子之家，则不与之友矣。非惟百乘之家为然也，虽小国之君亦有之。费③惠公曰：'吾于子思，则师之矣；吾于颜般，则友之矣；王顺、长息则事我者也。'非惟小国之君为然也，虽大国之君亦有之。晋平公之于亥唐④也。入云则入，坐云则坐，食云⑤则食；虽疏食⑥菜羹，未尝不饱，盖不敢不饱也。然终于此而已矣。弗与共天位也，弗与治天职也，弗与食天禄也，士之尊贤者也，非王公之尊贤也。舜尚⑦见帝，帝馆甥⑧于贰室⑨，亦飨舜，迭为宾主，是天子而友匹夫也。用⑩下敬上，谓之贵贵；用上敬下，谓之尊贤。贵贵尊贤，其义一也。"

【注释】

①挟：倚仗。②孟献子：鲁国大夫仲孙蔑。③费：春秋时小国，旧地在今山东鱼台西南费亭。④亥唐：晋国人。晋平公时，朝中多贤臣，但亥唐不愿为官，隐居穷巷，平公曾对他“致礼与相见面请事”，非常敬重。⑤入云、坐云、食云：是云入、云坐、云食的倒装。云，说。⑥疏食：粗糙的饮食。⑦尚：同“上”。⑧甥：古时称妻子的父亲叫外舅，所以女婿也称“甥”，舜是尧帝的女婿。⑨贰室：副宫，即招待的官邸。⑩用：以。

【译文】

万章问道：“请问交朋友的原则。”

孟子说：“不倚仗年龄大，不倚仗地位高，不倚仗兄弟的势力去交朋友。交朋友，交的是品德，不能够有什么倚仗。孟献子是一位拥有百辆车马的大夫，他有五位朋友：乐正裘、牧仲，其余三位我忘记了。献子与这五人交朋友，心目中并不存在自己是大夫的观念。这五人，如果心目中存有献子是大夫的观念，也就不与献子交朋友了。不仅具有百辆车马的大夫有这样的，就是小国的国君也有这样的。费惠公说：‘我对于子思，把他尊为老师；我对于颜般，和他交为朋友；至于王顺和长息，不过是侍奉我的人罢了。’不仅小国的国君有这样的，就是大国的国君也有这样的。晋平公对待亥唐，叫他进去就进去，叫他坐就坐，叫他吃就吃。即使是糙米饭小菜汤，也没有不吃饱的，因为不敢不吃饱。不过，晋平公也就是做到这一步而已。不同他一起共列官位，不同他一起治理政事，不同他一起享受俸禄，这只是一般士人尊敬贤者的态度，而不是王公贵族对贤者的态度。从前舜去拜见尧帝，尧助他的这位女婿住在副宫中。他请舜吃饭，舜也请他吃饭，二人互为客人和主人。这是天子与普通百姓交朋友的范例。地位低下的人尊敬地位高贵的人，这叫尊敬贵人；地位高贵的人尊敬地位低下的人，这叫尊敬贤人。尊敬贵人和尊敬贤人，道理都是一样的。”

【原文】

万章问曰：“敢问交际何心也？”孟子曰：“恭也。”曰：“‘却之却之为不恭’，何哉？”曰：“尊者赐之，曰：‘其所取之者义乎，不义乎？’而后受之。以是为不恭，故弗却也。”曰：“请无以辞却之，以心却之，曰：‘其取诸民之不义也。’而以他辞无受，不可乎？”曰：“其交也以道，其接也以礼，斯孔子受之矣。”万章曰：“今有御人于国门之外者，其交也以道，其馈也以礼，斯可受御与？”曰：“不可。《康诰》[①]曰：‘杀越人于货，闵不畏死，凡民罔不憝。’是不待教而诛者也。殷受夏，周受殷，所不辞也；于今为烈，如之何其受之？”曰：“今之诸侯取之于民也，犹御也。苟善其礼际矣，斯君子受之，敢问何说也？”曰：“子以为有王者作，将比今之诸侯而诛之乎？其教之不改而后诛之乎？夫谓非其有而取之者盗也，充类至义之尽也。孔子之仕于鲁也，鲁人猎较[②]，孔子亦猎较。猎较犹可，而况受其赐乎？”曰：“然则孔子之仕也，非事道与？”曰：“事道也。”“事道奚猎较也？”曰：“孔子先簿正祭器，不以四方之食供簿正。”曰：“奚不去也？”曰：“为之兆也。兆足以行矣而不行，而后去，是以未尝有所终三年淹也。孔子有见行可之仕，有际可之仕，有公养之仕。于季桓子[③]，见行可之仕也；于卫灵公[④]，际可之仕也；于卫孝公[⑤]，公养之仕也。”

【注释】

①《康诰》：《尚书》中的一篇。②猎较：古代风俗，打猎时争夺猎物，以所得作祭祀。③季桓子：鲁国的正卿。④卫灵公：卫国国君，前534年—前493年在位。⑤卫孝公：不见于史书记载，可能是卫灵公之孙，继灵公即位。

【译文】

万章问道：“请问，同别人交往要抱什么样的心情？”孟子说：“恭敬的心情。”万章问：“‘（常言道对别人的礼物）拒绝了又拒绝是不恭敬的’，为什么呢？”孟子说：“有地位的人赐给的礼物，（接受前暗自）说：‘他得来这些东西是符合义的呢，还是不符合义的呢？’然后才接受。（人们）认为这是不恭敬的，所以不拒绝。”万章说：“如果不用言语拒绝，而在心里拒绝，（暗自）说：‘他从百姓那里取来这些东西是不义的。’然后用别的理由拒绝接受，不行吗？”孟子说：“他以正当的理由送礼，按礼节规定送礼，这样，便是孔子也会接受的。”万章说：“如果有个在城外拦路抢劫的人，他以正当理由送礼，按礼节赠送，这样也可以接受他抢来的东西吗？”孟子说：“不行。《康诰》上说：‘杀人抢劫，强横不怕死的人，人们没有不痛恨的。’这种人是不必等候教育就可以处死的。（这种规定）殷朝从夏朝继承来，周朝从殷朝继承来，没有拒绝

继承的；到现在更是要继承它，怎么还能接受他的东西呢？”万章说：“现在的诸侯从百姓那里掠取财物，就像拦路抢劫一样。如果他们按照礼节交往，这样君子就可以接受他们的礼物，请问这又怎么说呢？”孟子说：“你认为如果有圣王出现，他将会把现在的诸侯统统杀掉呢，还是把经过教育仍不悔改的诸侯杀掉呢？认为不是他该有的东西他拿了，这就是抢劫，这是把‘抢劫’的含义范围扩大到最尽头了。孔子在鲁国做官时，鲁国人有打猎时争夺猎物的习俗，孔子也去争夺了。争夺猎物尚且可以，何况接受别人赠给的礼物呢？”万章说：“那么孔子做官，不是为了行道吗？”孟子说：“是为了行道。”“行道何必去争夺猎物呢？”孟子说：“孔子先用文书规定该用的祭器，（规定）不用四方珍奇的猎物充作祭品。（所以要用打猎争夺来的猎物作祭品，以避免祭品短缺。）”万章说：“孔子为什么不辞官离开呢？”孟子说：“为了试行（自己的主张）。试行的结果足以行得通，君主却不推行，这才离开那里。所以孔子不曾有过在一个国君那里待满三年的。孔子或者看到有行道的可能而去做官，或者因为君主对他以礼相待而去做官，或者因为君主能供养贤士而去做官。对于季桓子，是有行道的可能而去做官；对于卫灵公，是他能以礼相待而去做官；对于卫孝公，是他能供养贤士而去做官。”

【原文】

孟子曰：“仕非为贫也，而有时乎为贫；娶妻非为养也，而有时乎为养。为贫者，辞尊居卑，辞富居贫。辞尊居卑，辞富居贫，恶乎宜乎？抱关击柝①。孔子尝为委吏②矣，曰：‘会计当而已矣。’尝为乘田③矣，曰：‘牛羊茁壮长而已矣。’位卑而言高，罪也；立乎人之本朝④，而道不行，耻也。”

【注释】

①抱关：守门的小卒。击柝（tuò）：打更。柝，指打更用的梆子。②委吏：管仓库的小吏。③乘田：管苑囿的小吏，负责牲畜的饲养和放牧。④本朝：朝廷。

【译文】

孟子说：“做官不是因为贫穷，但有时也是因为贫穷；娶妻不是为了孝养父母，但有时也是为了孝养父母。因为贫穷而做官的，便应该拒绝高官而居于低位，拒绝厚禄而只受薄禄。拒绝高官而居于低位，拒绝厚禄而只受薄禄，做什么合适呢？比如说做守门打更一类的小吏。孔子曾经做过管理仓库的小吏，只说：‘出入的账目清楚了。’又曾经做过管理牲畜的小吏，只说：‘牛羊都长得很壮实。’地位低下却议论朝廷大事，这是罪过；身在朝廷做官而不能实现自己的抱负，这是耻辱。”

【原文】

万章曰：“士之不托诸侯，何也？”孟子曰：“不敢也。诸侯失国，而后托于诸侯，礼也；士之托于诸侯，非礼也。”万章曰：“君馈之粟，则受之乎？”曰：“受之。”“受之何义也？”曰：“君之于氓也，固周之。”曰：“周之则受，赐之则不受，何也？”曰：“不敢也。”曰：“敢问其不敢何也？”曰：“抱关击柝者皆有常职以食于上，无常职而赐于上者，以为不恭也。”曰：“君馈之，则受之，不识可常继乎？”曰：“缪公之于子思也，亟问，亟馈鼎肉①。子思不悦。于卒也，摽使者出诸大门之外，北面稽首再拜②而不受，曰：‘今而后知君之犬马畜伋。’盖自是台③无馈也。悦贤不能举，又不能养也，可谓悦贤乎？”曰：“敢问国君欲养君子，如何斯可谓养矣？”曰：“以君命将之，再拜稽首而受。其后廪人继粟，庖人继肉，不以君命将之。子思以为鼎肉使己仆仆尔亟拜也，非养君子之道也。尧之于舜也，使其子九男事之，二女女焉，百官牛羊仓廪备，以养舜于畎亩之中，后举而加诸上位，故曰，王公之尊贤者也。”

【注释】

①鼎肉：朱熹《四书集注》云：“鼎肉，熟肉也。”②稽首再拜：稽首，古代跪拜礼，行礼时两手拱至地，头至手，不触及地。再拜，拜两次。据考，稽首再拜称为“凶拜”，而下文再拜稽首称为“吉拜”。③台：始。

【译文】

万章问道：“士人不能寄居到别国诸侯那里靠禄米生活，为什么呢？”孟子说：“因为不敢。诸侯丢了国家后，寄居到别国诸侯那里生活，是合乎礼的；士人寄居到别国诸侯那里靠禄米生活，是不合乎礼的。”万章问：“如果是国君送给他谷米，那么能接受吗？”孟子说：“能接受。”万章问：“能接受是根据什么道理？”孟子说：“国君对于从别国迁居来的人，本来就该周济的。”万章说：“周济他就接受，赏赐他就不接受，这又是什么道理？”孟子说：“因为不敢。”万章问：“请问，不敢接受是什么原因？”孟子说：“守门打更的人都有一定的职务，因此靠上面供养，没有一定的职务而接受上面赏赐，被认为是不恭敬的。”万章问：“国君送来的就接受，不知是否可以经常这么做？”孟子说：“鲁缪公对于子思，多次问候，多次赠送肉食。子思很不高兴。最后，把缪公派来的人赶出大门外，面朝北跪下磕头，然后拱手拜了两拜，拒绝接受礼物，说：‘如今才知道君王是把我当犬马一样畜养的。’（缪公）打这以后就不给子思送东西了。喜爱贤士，却既不提拔任用他，又不能按恰当的方式供养他，能说是喜爱贤士吗？”万章说：“请问，国君想要供养君子，怎样做才算是适宜的供养呢？”孟子说：“（开始时）以国君名义送去，他便拱手拜两拜，跪下磕头接受。以后就让粮仓的小吏不断送粮去，厨师不断送肉去，而不必再以国君名义去送。（这样可以免掉烦琐的礼节）子思认为，那点儿肉，使得自己一次接一次地跪拜行礼，这不是供养君子的恰当做法。尧对于舜，派自己的九个儿子去侍奉他，把两个女儿嫁给他，百官、牛羊、粮食都齐备，在田野中供养他，然后提拔他，让他居于很高的职位。所以说，这是天子诸侯尊敬贤人的正确方法。”

【原文】

万章曰：“敢问不见诸侯，何义也？”孟子曰：“在国曰市井之臣，在野曰草莽之臣，皆谓庶人。庶人不传质[①]为臣，不敢见于诸侯，礼也。”万章曰：“庶人，召之役，则往役；君欲见之，召之，则不往见之，何也？”曰：“往役，义也；往见，不义也。且君之欲见之也，何为也哉？”曰：“为其多闻也，为其贤也。”曰：“为其多闻也，则天子不召师，而况诸侯乎？为其贤也，则吾未闻欲见贤而召之也。缪公亟见于子思，曰：‘古千乘之国以友士，何如？’子思不悦，曰：‘古之人有言，曰事之云乎，岂曰友之云乎？’子思之不悦也，岂不曰：‘以位，则子君也，我臣也，何敢与君友也？以德，则子事我者也，奚可以与我友？’千乘之君求与之友而不可得也，而况可召与？齐景公田，招虞人以旌，不至，将杀之[②]。志士不忘在沟壑，勇士不忘丧其元。孔子奚取焉？取非其招不往也。”曰：“敢问招虞人何以？”曰：“以皮冠。庶人以旃，士以旂，大夫以旌。以大夫之招招虞人，虞人死不敢往；以士之招招庶人，庶人岂敢往哉？况乎以不贤人之招招贤人乎？欲见贤人而不以其道，犹欲其入而闭之门也。夫义，路也；礼，门也。惟君子能由是路，出入是门也。《诗》云：‘周道如底，其直如矢；君子所履，小人所视。'[3]"万章曰："孔子，君命召，不俟驾而行。然则孔子非与？"曰："孔子当仕有官职，而以其官召之也。"

【注释】

①传质：求见君主的人，将献给君主的见面礼品交给通报的人，由他传送进去，称为"传质"。②"齐景公田，招虞人以旌，不至，将杀之"句：参见《滕文公下》首章注④。③"周道如底，其直如矢；君子所履，小人所视"句：出自《诗经·小雅·大东》。

【译文】

万章说："请问（士人）不去谒见诸侯，有什么道理吗？"孟子说："（不在职的士人）住在都城的叫市井之臣，住在农村的叫草莽之臣，都算是百姓。百姓不向诸侯传送见面礼而成为臣属，就不敢谒见诸侯，这是礼的规定。"万章说："百姓，召他服役，就去服役；国君要见他，召他去，却不去见，为什么呢？"孟子说："去服役是应该的，（不是臣属而）去见国君，是不应该的。再说国君要召见他，是因为什么呢？"万章说："因为他见识广博，因为他贤能。"孟子说："因为他见识广博，那么天子也不能召见老师的，何况诸侯呢？因为他贤能，那么我还没听说过，要见贤人竟去召唤他来的。鲁缪公多次去见子思，对他说：'古代有千辆兵车的国君去跟士人交朋友，怎么样？'子思很不高兴，说：'古人有句话，认为只能说（把他当老师）侍奉他，哪能声称同他交朋友呢？'子思之所以不高兴，难道不是说：'论地位，你是国君，我是臣，我怎么敢同国君交朋友呢？论道德，那么你该把我当老师侍奉，怎么可以说同我交朋友？'有千辆兵车的国君要求同他交朋友尚且办不到，更何况召他来见呢？（从前）齐景公打猎，用旌旗召唤管理园囿的小吏，小吏不来，（齐景公）要杀他。志士不怕弃尸山沟，勇士不怕丧失头颅。孔子赞扬他哪一点呢？赞扬他不是该接受的召唤标志他就不去。"万章问："请问，召唤管理园囿的小吏该用什么？"孟子说："用皮帽子。召唤百姓用大红绸的曲柄旗，召唤士人用有铃铛的旗，召唤大夫用饰有羽毛的旌旗。用召唤大夫的旌旗去召园囿的小吏，小吏是死也不敢去的；用召唤士人的旗子去召百姓，百姓难道敢去吗？更何况用不尊重人的召唤方式去召唤贤人呢？想见贤人而不按合适的方式，那就像要人进来却又把他关在门外。义，好比是路；礼，好比是门。只有君子能沿着这条路走，从这扇门

进去。《诗经》上说：‘大路平得像磨刀石，直得像箭；君子所走的道路，小人也会看着走。’”万章说：“孔子，国君召见他，他不等车马驾好就动身。那么，孔子是错了吗？”孟子说：“（那时）孔子正在做官，有官职，而（国君）是按他的官职召见他的。”

【原文】

孟子谓万章曰：“一乡之善士斯友一乡之善士，一国之善士斯友一国之善士，天下之善士斯友天下之善士。以友天下之善士为未足，又尚①论古之人。颂②其诗，读其书，不知其人，可乎？是以论其世也。是尚友也。”

【注释】

①尚：同“上”。②颂：同“诵”。

【译文】

孟子对万章说：“一个乡的优秀人物就和一个乡的优秀人物交朋友，一个国家的优秀人物就和一个国家的优秀人物交朋友，天下的优秀人物就和天下的优秀人物交朋友。如果认为和天下的优秀人物交朋友还不够，便又上溯古代的优秀人物。吟咏他们的诗，读他们的书，不知道他们到底是什么人，可以吗？所以要研究他们所处的社会时代。这就是上溯历史与古人交朋友。”

【原文】

齐宣王问卿。孟子曰：“王何卿之问也？”王曰：“卿不同乎？”曰：“不同，有贵戚之卿①，有异姓之卿。”王曰：“请问贵戚之卿。”曰：“君有大过则谏，反复之而不听，则易位。”王勃然变乎色。曰：“王勿异也。王问臣，臣不敢不以正②对。”王色定，然后请问异姓之卿。曰：“君有过则谏，反复之而不听，则去。”

【注释】

①贵戚之卿：指与君王同宗族的卿大夫。②正：诚。

【译文】

齐宣王问有关卿大夫的事。孟子说："大王问的是哪一类卿大夫呢？"齐宣王说："卿大夫还有所不同吗？"孟子说："不同。有王室宗族的卿大夫，有异姓的卿大夫。"宣王说："那我请问王室宗族的卿大夫。"孟子说："君王有重大过错，他们便加以劝阻；反复劝阻了还不听从，他们便改立君王。"宣王突然变了脸色。孟子说："大王不要怪我这样说。您问我，我不敢不实话回答。"宣王脸色正常了，然后又问非王族的异姓卿大夫。孟子说："君王有过错，他们便加以劝阻；反复劝阻了还不听从，他们便辞职而去。"

第十一篇　告子上

【本篇引语】

本篇集中讨论人性问题，是孟子“性善论”思想较为完整的体现。连带的是仁义道德与个人修养的问题。对精神与物质、感性与理性、人性与动物性等问题也有所涉及。其中有不少名言，如：“人无有不善，水无有不下”，“恻隐之心，仁也；羞恶之心，义也；恭敬之心，礼也；是非之心，智也”，“求则得之，舍则失之”，“口之于味也，有同耆焉；耳之于声也，有同听焉；目之于色也，有同美焉”，“一日暴之，十日寒之，未有能生者也”，“鱼，我所欲也，熊掌亦我所欲也；二者不可得兼，舍鱼而取熊掌者也”“生，亦我所欲也，义，亦我所欲也；二者不可得兼，舍生而取义者也”，“仁，人心也；义，人路也”，“仁之胜不仁也，犹水胜火”，“人人有贵于己者，弗思耳”，“大匠诲人必以规矩，学者亦必以规矩”等。

全篇原文共20章，本书选14章。

【原文】

告子[①]曰：“性犹湍水[②]也，决诸东方则东流，决诸西方则西流。人性之无分于善不善也，犹水之无分于东西也。”孟子曰：“水信[③]无分于东西。无分于上下乎？人性之善也，犹水之就[④]下也。人无有不善，水无有不下。今夫水，搏而跃之，可使过颡[⑤]；激而行之，可使在山。是岂水之性哉？其势则然也。人之可使为不善，其性亦犹是也。”

【注释】

①告子：生平不详，大约做过墨子的学生，较孟子年长。②湍（tuān）水：急流的水。③信：诚，真。④就：趋向。⑤颡（sǎng）：额头。

【译文】

告子说："人性就像那急流的水，缺口在东便向东方流，缺口在西便向西方流。人性无所谓善与不善，就像水无所谓向东流向西流一样。"孟子说："水的确无所谓向东流向西流，但是，也无所谓向上流向下流吗？人性向善，就像水往低处流一样。人性没有不善良的，水没有不向低处流的。当然，如果水受拍打而飞溅起来，能使它高过额头；加压迫使它倒行，能使它流上山岗。这难道是水的本性吗？形势迫使它如此的。人可以迫使他做坏事，本性的改变也像这样。"

【原文】

公都子①曰："告子曰：'性无善无不善也。'或曰：'性可以为善，可以为不善；是故文武兴，则民好善；幽厉兴，则民好暴。'或曰：'有性善，有性不善。是故以尧为君而有象②，以瞽瞍③为父而有舜，以纣为兄之子，且以为君，而有微子启、王子比干。'今曰性善，然则彼皆非与？"

孟子曰："乃若④其情⑤，则可以为善矣，乃所谓善也。若夫为不善，非才⑥之罪也。恻隐之心，人皆有之；羞恶之心，人皆有之；恭敬之心，人皆有之；是非之心，人皆有之。恻隐之心，仁也；羞恶之心，义也；恭敬之心，礼也；是非之心，智也。仁义礼智，非由外铄⑦我也，我固有之也，弗思耳矣。故曰：'求则得之，舍则失之。'或相倍蓰⑧而无算者，不能尽其才者也。《诗》曰：'天生蒸民，有物有则。民之秉夷，好是懿德⑨。'孔子曰：'为此诗者，其知道乎！故有物必有则；民之秉夷也，故好是懿德。'"

【注释】

①公都子：孟子的学生。②象：舜的异母弟，品行不善。③瞽瞍（gǔ sǒu）：舜的父亲，品行不善。④乃若：转折连词，大致相当于"至于"等。⑤情：指天生的性情。⑥才：指天生的资质。⑦铄（shuò）：授予。⑧蓰（xǐ）：五倍。⑨《诗》曰：引自《诗经·大雅·烝民》。蒸：同"烝"，众；则：法则；秉：执；夷：《诗》作彝，常；懿（yì）：美。

【译文】

公都子说："告子说：'人性无所谓善良不善良。'又有人说：'人性可以使它善良，也可以使它不善良。所以周文王、周武王当朝，老百姓就善良；周幽王、周厉王当朝，老百姓就横暴。'也有人说：'有的人本性善良，有的人本性不善良。所以虽然有尧这样善良的人做天子，却有象这样不善良的臣民；虽然有瞽瞍这样不善良的父亲，却有舜这样善良的儿子；虽然有殷纣王这样不善良的侄儿，并且做了天子，却也有微子启、王子比干这样善良的长辈和贤臣。'如今老师说人性本善，那么他们都说错了吗？"

孟子说："从天生的性情来说，都可以使之善良，这就是我说人性本善的意思。至于说有些人不善良，那不能归罪于天生的资质。同情心，人人都有；羞耻心，人人都有；恭敬心，人人都有；是非心，人人都有。同情心属于仁，羞耻心属于义，恭敬心属于礼，是非心属于智。这仁义礼智都不是由外在的因素加给我的，而是我本身固有的，只不过平时没有去想它因而不觉得罢了。所以说：'探求就可以得到，放弃便会失去。'人与人之间有相差一倍、五倍甚至无数倍的，正是由于没有充分发挥他们的天生资质的缘故。《诗经》说：'上天生育了人类，万事万物都有法则。老百姓掌握了这些法则，就会崇尚美好的品德。'孔子说：'写这首诗的人真懂得道啊！有事物就一定有法则；老百姓掌握了这些法则，所以崇尚美好的品德。'"

【原文】

孟子曰："富岁，子弟多赖[①]；凶岁，子弟多暴，非天之降才尔殊[②]也，其所以陷溺其心者然也。今夫辫麦[③]播种而耰[④]之，其地同，树[⑤]之时又同，浡然[⑥]而生，至于日至[⑦]之时，皆熟矣。虽有不同，则地有肥硗[⑧]，雨露之养、人事之不齐也。故凡同类者，举相似也，何独至于人而疑之？圣人，与我同类者。故龙子[⑨]曰：'不知足而为屦，我知其不为蒉[⑩]也。'屦之相似，天下之足同也。口之于味，有同耆[⑪]也。易牙[⑫]先得我口之所耆者也。如使口之于味也，其性与人殊[⑬]，若犬马之与我不同类也，则天下何耆皆从易牙之于味也？至于味，天下期于易牙，是天下之口相似也。惟[⑭]耳亦然。至于声，天下期于师旷，是天下之耳相似也。惟目亦然。至于子都[⑮]，天下莫不知其姣也。不知子都之姣者，无目者也。故曰，口之于味也，有同耆焉；耳之于声也，有同听焉；目之于色也，有同美焉。至于心，独无所同然乎？心之所同然者何也？谓理也，义也。圣人先得我心之所同然耳。故理义之悦我心，犹刍豢[⑯]之悦我口。"

【注释】

①赖（lǎn）：同“懒”。②尔：这样，如此。殊：不同。③麰（móu）麦：大麦。④耰（yōu）：本为农具名，此处作动词，指用土覆盖种子。⑤树：动词，种植。⑥浡（bó）：旺盛。⑦日至：即夏至。⑧硗（qiāo）：土地贫瘠，不肥沃。⑨龙子：古代的贤人。⑩蒉（kuì）：筐、篮。⑪耆（shì）：通“嗜”。⑫易牙：春秋时齐国最擅烹调的人，齐桓公的宠臣。⑬与人殊：即“人与人殊”之意。⑭惟：此处为语首词，无义。⑮子都：春秋时代美男子。⑯刍豢（huàn）：泛指家畜。食草家畜如牛羊称刍，食谷家畜如猪狗称豢。

【译文】

孟子说：“丰收年成，少年子弟多半懒惰；灾荒年成，少年子弟多半横暴，不是天生资质这样不同，而是由于外部环境使他们的心有所陷溺。以大麦而论，播种后用土把种子覆盖好，同样的土地，同样的播种时间，它们蓬勃地生长，到了夏至时，全都成熟了。虽然有收获多少的不同，但那是由于土地有肥瘠，雨水有多少，人工有勤惰而造成的。所以凡是同类的事物，其主要的方面都是相似的，为什么一说到人就发生疑问了呢？圣人，与我是同类的人嘛。所以龙子说：‘不用知道脚的长短去编一双鞋，我也知道是绝不会编成一个筐子的。’草鞋的相近，是因为天下人的脚大致相同。口对于味道，有相同的嗜好，易牙就是先掌握了我们的共同嗜好的人。假如口对于味道，每个人都根本不同，就像狗、马与我们完全不同类一样，那么天下的人怎么会都喜欢易牙烹调出来的味道呢？一说到口味，天下的人都期望做到易牙那样，这说明天下人的口味都是相近的。对耳朵来说也是这样，一提到音乐，天下的人都期望做到师旷那样，这说明天下人的听觉都是相近的。对眼睛来说也是这样，一提到子都，天下人没有不认为他美的。不认为子都美丽的，是没有眼睛的人。所以说，口对于味道，有相同的嗜好；耳朵对于声音，有相同的听觉；眼睛对于颜色，有相同的美感。一说到心，难道就偏偏没有相同的地方了吗？心相同的地方在哪里？在理，在义。圣人不过就是先掌握了我们内心相同的东西罢了。所以理义使我的心高兴，就像吃肉使我觉得味美一样。”

【原文】

孟子曰：“牛山[①]之木尝美矣，以其郊于大国[②]也，斧斤伐之，可以为美乎？是

其日夜之所息[3]，雨露之所润，非无萌蘖[4]之生焉，牛羊又从而牧之，是以若彼濯濯[5]也。人见其濯濯也，以为未尝有材焉，此岂山之性也哉？虽存乎人者，岂无仁义之心哉？其所以放其良心者，亦犹斧斤之于木也，旦旦而伐之，可以为美乎？其日夜之所息，平旦[6]之气，其好恶与人相近也者几希，则其旦昼[7]之所为，有梏亡之矣[8]。梏之反覆，则其夜气不足以存；夜气不足以存，则其违禽兽不远矣。人见其禽兽也，而以为未尝有才焉者，是岂人之情也哉？故苟得其养，无物不长；苟失其养，无物不消。孔子曰：'操则存，舍则亡；出入无时，莫知其乡[9]。'惟心之谓与？"

【注释】

①牛山：齐国首都临淄郊外的山。②郊：此处作动词用，在……郊。大国：即大都市，指临淄。③息：生长。④萌蘖（niè）：新枝嫩芽。⑤濯濯（zhuó）：没有草木，光秃秃的样子。⑥平旦：黎明，天刚亮时。⑦旦昼：第一天。⑧有（yòu）：同"又"。梏（gù）：拘禁，束缚。梏亡指因受束缚而消亡。⑨乡：乡里，"居"的意思。

【译文】

孟子说："牛山的树木曾经是很茂盛的，但是由于它在大都的郊外，经常被人们用斧子去砍伐，还能够保持茂盛吗？当然，山上的树木日日夜夜都在生长，雨水露珠也在滋润着，并非没有青枝嫩芽长出来，但随即又有人赶着牛羊去放牧，所以也就像这样光秃秃的了。人们看见它光秃秃的，便以为牛山从来也不曾有过高大的树木，这难道是这山的本性吗？即使在一些人身上也是如此，难道没仁义之心吗？他们放任良心失去，也像用斧头砍伐树木一样，天天砍伐，还可以保持茂盛吗？他们日日夜夜地生息，在天刚亮时的清明之气，这些在他心里所产生出来的好恶与一般人相近的也有那么一点点，可到了第二天，他们的所作所为，又使它们窒息而消亡了。反复窒息的结果，便使他们夜晚的息养之气不足以存在了，夜晚的息养之气不足以存在，也就和禽兽差不多了。人们见到这些人的所作所为和禽兽差不多，还以为他们从来就没有过天生的资质，这难道是人的本性如此吗？所以，假如得到滋养，没有什么东西不生长；假如失去滋养，没有什么东西不消亡。孔子说过：'把握住就存在，放弃就失去；进出没有一定的时候，也不知道它去向何方。'这就是指人心而言的吧？"

【原文】

孟子曰："无或[①]乎王之不智也。虽有天下易生之物也，一日暴[②]之，十日寒之，未有能生者也。吾见亦罕矣，吾退而寒之者至矣，吾如有萌焉何哉？今夫弈[③]之为数[④]，小数也；不专心致志，则不得也。弈秋，通国之善弈者也。使弈秋诲二人弈，其一人专心致志，惟弈秋之为听。一人虽听之，一心以为有鸿鹄[⑤]将至，思援弓缴[⑥]而射之，虽与之俱学，弗若之矣，为是其智弗若与？曰：非然也。"

【注释】

①或（huò）：同"惑"。②暴（pù）：同"曝"，晒。③弈：围棋。④数：技术，技巧。⑤鸿鹄（hú）：天鹅。⑥缴（zhuó）：系在箭上的绳，代指箭。

【译文】

孟子说："大王的不明智，没有什么不可理解的。即使有一种天下最容易生长的植物，晒它一天，又冻它十天，也没有能够继续生长的。我和大王相见的时候也太少了。我一离开大王，那些'冻'他的奸邪之人就去了，他即使有一点善良之心的萌芽也被他们冻杀了，我有什么办法呢？比如下棋作为一种技艺，只是一种小技艺；但如果不专心致志地学习，也是学不会的。弈秋是全国闻名的下棋能手，让弈秋同时教两个人下棋，其中一个专心致志，只听弈秋的话；另一个虽然也在听，但心里面却老是觉得有天鹅要飞来，一心想着如何张弓搭箭去射杀它。这个人虽然与专心致志的那个人一起学习，却比不上那个人。是因为他的智力不如那个人吗？回答很明确：当然不是。"

【原文】

孟子曰："鱼，我所欲也；熊掌，亦我所欲也。二者不可得兼，舍鱼而取熊掌者也。生，亦我所欲也；义，亦我所欲也。二者不可得兼，舍生而取义者也。生亦我所欲，所欲有甚于生者，故不为苟得也；死亦我所恶，所恶有甚于死者，故患有所不辟[①]也。如使人之所欲莫甚于生，则凡可以得生者，何不用也？使人之所恶莫甚于死者，则凡可以辟患者，何不为也？由是则生而有不用也，由是则可以辟患而有不为也。是故所欲有甚于生者，所恶有甚于死者。非独贤者有是心也，人皆有之，贤者能勿丧耳。一箪食，一豆[②]羹，得之则生，弗得则死，呼尔[③]而与之，行道之人

弗受；蹴尔④而与之，乞人不屑也。万钟则不辨礼义而受之。万钟于我何加焉？为宫室之美、妻妾之奉、所识穷乏者得⑤我与？乡⑥为身死而不受，今为宫室之美为之；乡为身死而不受，今为妻妾之奉为之；乡为身死而不受，今为所识穷乏者得我而为之，是亦不可以已乎？此之谓失其本心。”

【注释】

①辟（bì）：同“避”。②豆：古代盛羹汤的器具。③呼尔：轻率地呼喝。④蹴（cù）尔：以脚践踏。⑤得：通“德”，这里指以我为德，即感激的意思。⑥乡（xiàng）：同“向”，向来，一向，从前。

【译文】

孟子说：“鱼是我喜欢吃的，熊掌也是我喜欢吃的；如果不能两样都吃，我就舍弃鱼而吃熊掌。生命是我想拥有的，正义也是我想拥有的；如果不能两样都拥有，我就舍弃生命而坚持正义。生命是我想拥有的，但是还有比生命更使我想拥有的，所以我不愿意苟且偷生；死亡是我厌恶的，但是还有比死亡更使我厌恶的，所以我不愿意因为厌恶死亡而逃避某些祸患。如果让人想拥有的没有超过生命的，那么只要是可以活命，什么事情干不出来呢？如果让人厌恶的没有超过死亡的，那么只要是可以逃避死亡的祸患，什么事情干不出来呢？但也有些人，照此做就可以拥有生命，却不照此做；照此做就可以逃避死亡的祸患，却不照此做。由此可知，的确有比生命更使人想拥有的东西，也的确有比死亡更使人厌恶的东西。这种心原本不只是贤人才有，而是人人都有，只不过贤人能够保持它罢了。一篮子饭，一碗汤，吃了便可以活下去，不吃就要饿死。如果吆喝着给人吃，过路的人虽然饿着肚子也不会接受；如果用脚踩踏后再给人吃，就是乞丐也不屑于接受。可是现在，万钟的俸禄却有人不问合乎礼义与否就接受了。万钟的俸禄对我有什么好处呢？为了住宅的华丽、妻妾的奉养以及我所认识的穷苦人感激我吗？过去宁肯死亡都不接受的，现在却为了住宅的华丽而接受了；过去宁肯死亡都不接受的，现在却为了妻妾的奉养而接受了；过去宁肯死亡都不接受的，现在却为了我所认识的穷苦人感激我而接受了。这些不是可以停止的吗？这种做法叫做丧失了本性。”

【原文】

孟子曰："仁，人心也，义，人路也。舍其路而弗由，放[1]其心而不知求，哀哉！人有鸡犬放，则知求之；有放心而不知求。学问之道无他，求其放心而已矣。"

【注释】

①放：放任，失去。

【译文】

孟子说："仁是人的本心，义是人的大道。放弃了大道不走，失去了本心而不知道寻求，真是悲哀啊！有的人，鸡狗丢失了倒晓得去找回来，本心失去了却不晓得去寻求。学问之道没有别的什么，不过就是把那失去了的本心找回来罢了。"

【原文】

孟子曰："今有无名之指屈而不信[1]，非疾痛害事也，如有能信之者，则不远秦楚之路，为指之不若人也。指不若人，则知恶之；心不若人，则不知恶。此之谓不知类[2]也。"

【注释】

①信（shēn）：同"伸"。②不知类：不知轻重，舍本逐末。

【译文】

孟子说："现在有个人，他的无名指弯曲而不能伸直，虽然并不疼痛，也不妨碍做事情，但只要有人能使它伸直，就是到秦国、楚国去，也不会嫌远，为的是手指不如别人。手指不如别人，就知道厌恶；心不如别人，却不知道厌恶。这叫做不知轻重，舍本逐末。"

【原文】

孟子曰："人之于身也，兼所爱。兼所爱，则兼所养也。无尺寸之肤不爱焉，则

无尺寸之肤不养也。所以考其善不善者，岂有他哉？于己取之而已矣。体有贵贱，有小大。无以小害大，无以贱害贵。养其小者为小人，养其大者为大人。今有场师，舍其梧槚[①]，养其樲棘[②]，则为贱场师焉。养其一指而失其肩背，而不知也，则为狼疾[③]人也。饮食之人，则人贱之矣，为其养小以失大也。饮食之人无有失也，则口腹岂适[④]为尺寸之肤哉？”

【注释】

①梧槚：梧桐。槚（jiǎ）：即楸树，也是一种木质很好的树。②樲（èr）：酸枣树。棘：荆棘树。③狼疾：同“狼藉”，昏乱，糊涂。④适（chì）：通“啻”，仅仅、只。

【译文】

孟子说：“人对于身体，哪一部分都爱护。都爱护，便都保养。没有一尺一寸的肌肤不爱护，便没有一尺一寸的肌肤不保养。考察他护养得好不好，难道有别的方法吗？不过是看他注重的是身体的哪一部分罢了。身体有重要的部分，有次要的部分；有小的部分，也有大的部分。不要因为小的部分而损害大的部分，不要因为次要的部分而损害重要的部分。护养小的部分的是小人，护养大的部分的是大人。如果有一位园艺师，舍弃梧桐楸树，却去培养酸枣荆棘，那就是一位很糟糕的园艺师。如果有人为护养一根指头而失去整个肩背，自己还不明白，那便是个糊涂透顶的人。那种只晓得吃吃喝喝的人之所以受到人们的鄙视，就因为他护养了小的部分而失去了大的部分。如果说他没有失去什么的话，那么，一个人的吃喝难道就只是为了护养那一尺一寸的肌肤吗？”

【原文】

公都子问曰：“钧[①]是人也，或为大人，或为小人，何也？”孟子曰：“从其大体为大人，从其小体为小人。”曰：“钧是人也，或从其大体，或从其小体，何也？”曰：“耳目之官不思，而蔽于物。物交物，则引之而已矣。心之官则思，思则得之，不思则不得也。此天之所与我[②]者。先立乎其大者，则其小者弗能夺也。此为大人而已矣。”

【注释】

①钧：同“均”。②我：泛指人类。

【译文】

公都子问道：“同样是人，有的成为君子，有的成为小人，这是为什么呢？”孟子说：“注重身体重要部分的成为君子，注重身体次要部分的成为小人。”公都子说：“同样是人，有的人注重身体重要部分，有的人注重身体次要部分，这又是为什么呢？”孟子说：“眼睛耳朵这类器官不会思考，所以被外物所蒙蔽，一与外物相接触，便容易被引入迷途。心这个器官则有思考的能力，一思考就会有所得，不思考就得不到。这是上天特意赋予我们人类的。所以，首先把心这个身体的重要部分树立起来，其他次要部分就不会被引入迷途。这样便可以成为君子了。”

【原文】

孟子曰：“有天爵者，有人爵者。仁义忠信，乐善不倦，此天爵也；公卿大夫，此人爵也。古之人修其天爵，而人爵从之。今之人修其天爵，以要①人爵，既得人爵，而弃其天爵，则惑之甚者也，终亦必亡而已矣。”

【注释】

①要（yāo）：即“邀”，求取，追求。

【译文】

孟子说：“有天赐的爵位，有人授的爵位。仁义忠信，不厌倦地乐于行善，这是天赐的爵位；公卿大夫，这是人授的爵位。古代的人修养天赐的爵位，水到渠成地获得人授的爵位。现在的人修养天赐的爵位，其目的就在于得到人授的爵位；一旦得到人授的爵位，便抛弃了天赐的爵位。这可真是糊涂得很啊！最终连人授的爵位也必定会失去。”

【原文】

孟子曰：“欲贵者，人之同心也。人人有贵于己者，弗思耳。人之所贵者，非良

贵也。赵孟[1]之所贵，赵孟能贱之。《诗》云：‘既醉以酒，既饱以德[2]。’而饱乎仁义也，所以不愿[3]人之膏粱[4]之味也；令闻广誉施于身，所以不愿人之文绣[5]也。”

【注释】

①赵孟：春秋时晋国正卿赵盾，字孟。他的子孙如著名的赵文子赵武、赵简子赵鞅、赵襄子赵无恤等都因袭赵盾而称赵孟。这里以赵孟代指有权势的人物，不一定具体指哪一个。②既醉以酒，既饱以德：引自《诗经•大雅•既醉》。③愿：羡慕。④膏粱：肥肉叫膏，精细色白的小米叫粱，而不是指今日的高粱。⑤文绣：古代要有爵位的人才能穿有文绣的衣服。

【译文】

孟子说：“希望尊贵，这是人们的共同心理。不过，每个人自己其实都有可尊贵的东西，只不过平时没有去想到它罢了。别人所给与的尊贵，并不是真正的尊贵。赵孟使你尊贵，赵孟也同样可以使你下贱。《诗经》说：‘酒已经醉了，德已经饱了。’这是说仁义道德很充实，也就不羡慕别人的美味佳肴了；四方传播的好名声在我身上，也就不羡慕别人的绣花衣裳了。”

【原文】

孟子曰：“仁之胜不仁也，犹水胜火。今之为仁者，犹以一杯水救一车薪之火也；不熄，则谓之水不胜火。此又与[1]于不仁之甚者也，亦终必亡而已矣。”

【注释】

①与：助。

【译文】

孟子说：“仁胜过不仁，就像水可以灭火一样。但如今奉行仁道的人，就像用一杯水去灭一车柴草所燃烧的大火一样；灭不了，就说是水不能够灭火。这样的说法正好又大大助长了那些不仁之徒，结果连他们原本奉行的一点点仁道也必然会最终失去。”

【原文】

孟子曰："羿之教人射，必志于彀[①]，学者亦必志于彀。大匠诲人必以规矩，学者亦必以规矩。"

【注释】

①志：期望。彀（gòu）：拉满弓。

【译文】

孟子说："羿教人射箭，总是期望把弓拉满，学的人也总是期望把弓拉满。高明的工匠教人手艺必定依照一定的规矩，学的人也就必定依照一定的规矩。"

第十二篇　告子下

【本篇引语】

本篇包括政治、战争、财政税收等多方面的治国问题，也包括教育、历史、个人修养等方面的内容。其中“生于忧患，死于安乐”是非常著名的一章。其中有不少名言，如：“君子不亮，恶乎执”，“故天将降大任于是人也，必先苦其心志，劳其筋骨，饿其体肤，空乏其身，行拂乱其所为，所以动心忍性，曾益其所不能”，“生于忧患而死于安乐也”，“予不屑之教诲也者，是亦教诲之而已矣”等。

全篇原文共16章，本书选10章。

【原文】

任①人有问屋庐子②曰：“礼与食孰重？”曰：“礼重。”“色与礼孰重？”曰：“礼重。”曰：“以礼食，则饥而死；不以礼食，则得食，必以礼乎？亲迎③，则不得妻；不亲迎，则得妻，必亲迎乎？”屋庐子不能对，明日之邹以告孟子。孟子曰：“于答是也何有？不揣其本，而齐其末，方寸之木可使高于岑楼④。金重于羽者，岂谓一钩金⑤与一舆羽之谓哉？取食之重者与礼之轻者而比之，奚翅⑥食重？取色之重者与礼之轻者而比之，奚翅色重？往应之曰：‘紾⑦兄之臂而夺之食，则得食；不紾，则不得食，则将紾之乎？逾东家墙而搂其处子⑧，则得妻；不搂，则不得妻，则将搂之乎？’”

【注释】

①任：春秋时国名，故址在今山东济宁。②屋庐子：孟子的学生。③亲迎：古代婚姻制度，新郎亲迎新娘。这里代指按礼制娶亲。④岑楼：尖顶高楼。⑤钩：衣带钩。一钩金即一衣带钩那样一点点金。⑥翅：同“啻”，只、止、但。⑦紾（zhěn）：

扭转。⑧处子：处女。

【译文】

有个任国人问屋庐子说："礼和食哪样重要？"屋庐子说："礼重要。"那人问："娶妻和礼哪样重要？"屋庐子说："礼重要。"那人又问："如果非要按照礼节才吃，就只有饿死；不按照礼节而吃，就可以得到吃的，那还是一定要按照礼节吗？如果非要按照'亲迎'的礼节娶妻，就娶不到妻子；不按照'亲迎'的礼节娶妻，就可以娶到妻子，那还是一定要'亲迎'吗？"屋庐子不能回答，第二天就到邹国，把这话告诉了孟子。孟子说："回答这个问题有什么困难呢？如果不比较基础的高低是否一致，只比较顶端，那么，一块一寸见方的木头可以使它高过尖顶高楼。我们说金属比羽毛重，难道是说一个衣带钩的金属比一车羽毛还重吗？拿重要的饮食问题和礼的末节相比较，岂止是饮食问题重要？拿重要的娶妻问题和礼的末节相比较，岂止是娶亲问题重要？你去这样答复他：'扭折哥哥的胳膊，抢夺他的食物，就可以得到吃的；不扭，便得不到吃的，那会去扭吗？爬过东边人家的墙壁去搂抱人家的处女，就可以得到妻子；不去搂抱，便得不到妻子，那会去搂抱吗？'"

【原文】

曹交[①]问曰："人皆可以为尧舜，有诸？"孟子曰："然。""交闻文王十尺，汤九尺，今交九尺四寸以长，食粟而已，如何则可？"曰："奚有于是？亦为之而已矣。有人于此，力不能胜一匹雏[②]，则为无力人矣；今日举百钧，则为有力人矣。然则举乌获[③]之任，是亦为乌获而已矣。夫人岂以不胜为患哉？弗为耳。徐行后长者谓之弟，疾行先长者谓之不弟。夫徐行者，岂人所不能哉？所不为也。尧舜之道，孝弟而已矣。子服尧之服，诵尧之言，行尧之行，是尧而已矣。子服桀之服，诵桀之言，行桀之行，是桀而已矣。"曰："交得见于邹君，可以假馆[④]，愿留而受业于门。"曰："夫道，若大路然，岂难知哉？人病不求耳。子归而求之，有余师。"

【注释】

①曹交：赵岐注认为是曹君的弟弟，名交。但孟子的时代曹国已亡，所以也不确切。②一匹雏：一只小鸡。③乌获：古代传说中的大力士。④假馆：借客舍，意为找

一个住处。

【译文】

曹交问道：“人人都可以做尧舜，有这说法吗？”孟子说：“有。”曹交说：“我听说文王身高一丈，汤身高九尺，如今我身高九尺四寸多，却只会吃饭罢了，要怎样做才行呢？”孟子说：“这有什么关系呢？只要去做就行了。要是有人自以为他连一只小鸡都提不起来，那他便是一个没有力气的人。如果有人说自己能够举起三千斤，那他就是一个很有力气的人。同样的道理，举得起乌获所举的重量的，也就是乌获了。人难道以不能胜任为忧患吗？只是不去做罢了。比如说，慢一点走在长者之后叫做悌；快一点走，抢在长者之前叫做不悌。那慢一点走难道是人做不到的吗？不那样做而已。尧舜之道，不过就是孝和悌罢了。你穿尧的衣服，说尧的话，做尧的事，你便是尧了。你穿桀的衣服，说桀的话，做桀的事，你便是桀了。”曹交说：“我准备去拜见邹君，向他借个住处，情愿留在您的门下做学生。”孟子说：“道就像大路一样，难道难于了解吗？只怕人不去寻求罢了。你回去自己寻求吧，老师多得很呢。”

【原文】

宋牼①将之楚，孟子遇于石丘②，曰：“先生将何之？”曰：“吾闻秦楚构兵③，我将见楚王说④而罢之。楚王不悦，我将见秦王说而罢之。二王我将有所遇⑤焉。”曰：“轲也请无问其详，愿闻其指⑥。说之将何如？”曰：“我将言其不利也。”曰：“先生之志则大矣，先生之号⑦则不可。先生以利说秦楚之王，秦楚之王悦于利，以罢三军之师，是三军之士乐罢而悦于利也。为人臣者怀利以事其君，为人子者怀利以事其父，为人弟者怀利以事其兄，是君臣、父子、兄弟终去仁义，怀利以相接，然而不亡者，未之有也。先生以仁义说秦楚之王，秦楚之王悦于仁义，而罢三军之师，是三军之士乐罢而悦于仁义也。为人臣者怀仁义以事其君，为人子者怀仁义以事其父，为人弟者怀仁义以事其兄，是君臣、父子、兄弟去利，怀仁义以相接也，然而不王者，未之有也。何必曰利？”

【注释】

①宋牼（kēng）：战国时宋国著名学者，反对战争，主张和平。②石丘：地名，其

址不详。③构兵：交战。④说（shuì）：劝说。⑤遇：说而相合。⑥指：同“旨”，大概、大意。⑦号：提法。

【译文】

宋轻准备到楚国去，孟子在石丘这个地方遇上了他。孟子问：“先生准备到哪里去？”宋轻说：“我听说秦楚两国交战，我准备去见楚王，劝说他罢兵。如果楚王不听，我准备去见秦王，劝说他罢兵。在两个国王中，我总会劝说通一个。”孟子说：“我不想问得太详细，只想知道你的大意，你准备怎样去劝说他们呢？”宋轻说：“我将告诉他们，交战是很不利的。”孟子说：“先生的动机是很好的，可是先生的提法却不行。先生用利去劝说秦王、楚王，秦王、楚王因为有利而高兴，于是停止军事行动；军队的官兵也因为有利而高兴，于是乐于罢兵。做臣下的心怀利害关系来侍奉君主，做儿子的心怀利害关系来侍奉父亲，做弟弟的心怀利害关系来侍奉哥哥，这就会使君臣之间、父子之间、兄弟之间都完全去掉仁义，心怀利害关系来互相对待，这样不使国家灭亡的，是没有的。若是先生以仁义的道理去劝说秦王、楚王，秦王、楚王因仁义而高兴，于是停止军事行动；军队的官兵也因仁义而高兴，于是乐于罢兵。做臣下的心怀仁义来侍奉君主，做儿子的心怀仁义来侍奉父亲，做弟弟的心怀仁义来侍奉哥哥，这就会使君臣之间、父子之间，兄弟之间都完全去掉利害关系，心怀仁义来互相对待，这样还不能够使天下归服的，是没有的。何必要去谈‘利’呢？”

【原文】

孟子曰：“今之事君者皆曰：‘我能为君辟土地，充府库。’今之所谓良臣，古之所谓民贼也。君不乡道[①]，不志于仁，而求富之，是富桀也。‘我能为君约与国[②]，战必克。’今之所谓良臣，古之所谓民贼也。君不乡道，不志于仁，而求为之强战，是辅桀也。由今之道，无变今之俗，虽与之天下，不能一朝居也。”

【注释】

①乡（xiàng）道：向往道德。乡，同“向”，向往。②与国：盟国。

【译文】

孟子说:“如今侍奉国君的人都说:‘我能为国君开拓土地,充实府库。’如今所说的好臣子,正是古代所说的残害百姓的人。国君不向往道德,不立志行仁,却去想着让他富有,这等于让夏桀富有。又说:‘我能够替国君邀约盟国,每战一定胜利。’如今所说的好臣子,正是古代所说的残害百姓的人。国君不向往道德,不立志行仁,却去想着让他武力强大,这等于是去帮助夏桀。从如今这样的道路走下去,不改变如今的风俗习气,即便把整个天下给他,也是一天都坐不稳的。”

【原文】

白圭①曰:“吾欲二十而取一,何如?”孟子曰:“子之道,貉②道也。万室之国,一人陶,则可乎?”曰:“不可,器不足用也。”曰:“夫貉,五谷不生,惟黍生之;无城郭、宫室、宗庙、祭祀之礼,无诸侯币帛饔飧③,无百官有司,故二十取一而足也。今居中国,去人伦,无君子④,如之何其可也?陶以寡,且不可以为国,况无君子乎?欲轻之于尧舜之道者,大貉小貉也;欲重之于尧舜之道者,大桀小桀也。”

【注释】

①白圭:名丹,曾做过魏国的宰相,筑堤治水很有名。②貉(mò):又作“貊”,古代北方的一个小国。③饔(yōng):早餐。飧(sūn):晚餐。这里以饔飧代指请客吃饭的礼节。④去人伦,无君子:去人伦指无君臣、祭祀、交际的礼节,无君子指无百官有司。

【译文】

白圭说:“我想定税率为二十抽一,怎么样?”孟子说:“你的办法是貉国的办法。一个有一万户人的国家,只有一个人做陶器,怎么样?”白圭说:“不可以,因为陶器会不够用。”孟子说:“貉国,五谷不能生长,只能长黍子;没有城墙、宫廷、祖庙和祭祖的礼节,没有诸侯之间的往来送礼和宴饮,也没有各种衙署和官吏,所以二十抽一便够了。如今在中原国家,取消社会伦常,不要各种官吏,那怎么能行呢?做陶器的人太少,尚且不能够使一个国家搞好,何况没有官吏呢?想要比尧舜十分抽一的税率更轻的,是大貉小貉;想要比尧舜十分抽一的税率更重的,是大桀小桀。”

【原文】

白圭曰：“丹之治水[①]也愈于禹。”孟子曰：“子过矣。禹之治水，水之道也，是故禹以四海为壑[②]。今吾子以邻国为壑。水逆行谓之洚[③]水，洚水者，洪水也，仁人之所恶也。吾子过矣。”

【注释】

①丹之治水：白圭治水的方法，据《韩非子·喻老篇》记载，主要在于筑堤塞穴，所以孟子要指责他“以邻国为壑”。②壑（hè）：本义为沟壑，这里扩大指受水处。③洚（jiàng）：大水泛滥。

【译文】

白圭说：“我治理水比大禹还强。”孟子说：“你错了。大禹治理水患，是顺着水的本性而疏导，所以使水流淌于四海。如今你却使水流到邻近的国家去。水逆流而行叫做洚水，洚水就是洪水，是仁慈的人厌恶的。你错了！”

【原文】

孟子曰：“君子不亮[①]，恶乎执？”

【注释】

①亮：同“谅”，诚信。

【译文】

孟子说：“君子不讲信用，怎么能够有操守呢？”

【原文】

鲁欲使乐正子[①]为政。孟子曰：“吾闻之，喜而不寐。”公孙丑曰：“乐正子强乎？”曰：“否。”“有知虑乎？”曰：“否。”“多闻识乎？”曰：“否。”“然则奚为喜而不寐？”曰：“其为人也好善[②]。”“好善足乎？”曰：“好善优于天下[③]，而况鲁国乎？夫苟好善，则四海之内皆将轻[④]千里而来告之以善；夫苟不好善，则人将曰：‘訑訑[⑤]，予既[⑥]已知之矣。’訑訑之声音颜色距[⑦]人于千里之外。士止于千里之外，则谗谄面谀[⑧]之人至矣。与谗谄面谀之人居，国欲治，可得乎？”

【注释】

①乐正子：复姓乐正，名克。②好善：这里特指喜欢听取善言。③优于天下：优于治天下的意思。优，充足。④轻：易，容易，不以为难。⑤訑訑（yí）：自满的样子。⑥既：尽，都。⑦距：同“拒”。⑧谗：说陷害人的坏话。谄：巴结，奉承。谀：讨好逢迎。

【译文】

鲁国打算让乐正子治理国政。孟子说：“我听到这一消息，欢喜得睡不着觉。”公孙丑问：“乐正子很有能力吗？”孟子说：“不。”公孙丑问：“有智慧有远见吗？”孟子说：“不。”公孙丑问：“见多识广吗？”孟子说：“不。”公孙丑问：“那您为什么高兴得睡不着觉呢？”孟子回答说：“他为人喜欢听取善言。”公孙丑问：“喜欢听取善言就够了吗？”孟子说：“喜欢听取善言足以治理天下，何况治理鲁国呢？假如喜欢听取善言，四面八方的人都会从千里之外赶来把善言告诉他；假如不喜欢听取善言，那别人就会模仿他说：‘呵呵，我都已经知道了！’呵呵的声音和脸色就会把别人拒绝于千里之外。士人在千里之外停止不来，那些进谗言的阿谀奉承之人就会来到。与那些进谗言的阿谀奉承之人住在一起，要想治理好国家，办得到吗？”

【原文】

孟子曰：“舜发于畎亩[①]之中，傅说[②]举于版筑[③]之间，胶鬲[④]举于鱼盐之中，管夷吾举于士[⑤]，孙叔敖举于海[⑥]，百里奚举于市[⑦]。故天将降大任于是人也，必先苦其心志，劳其筋骨，饿其体肤，空乏其身，行拂乱其所为，所以动心忍性，曾[⑧]益其所不能。人恒过，然后能改；困于心，衡[⑨]于虑，而后作；征[⑩]于色，发于声，而后喻。入则无法家拂士[⑪]，出则无敌国外患者，国恒亡。然后知生于忧患而死于安乐也。”

【注释】

①畎（quǎn）亩：田间，田地。②傅说（yuè）：殷武丁时人，曾为刑徒，后被武丁发现，举用为相。③版筑：一种筑墙工作，在两块墙板中，填入泥土夯实。④胶鬲（gé）：殷纣王时人，曾以贩卖鱼、盐为生，周文王把他举荐给纣，后辅佐周武王。⑤管夷吾：管仲。士：此处指狱囚管理者。当年齐桓公和公子纠争夺君位，公子纠失败后，管仲随他一起逃到鲁国，齐桓公知道他贤能，所以要求鲁君杀死公子纠，而把管仲押回自己处理。鲁君于是派狱囚管理者押管仲回国，结果齐桓公用管仲为宰相。⑥孙叔敖：春秋时楚国的隐士，隐居海边，被楚王发现后任为令尹（宰相）。⑦百里奚举于市：春秋时的贤人百里奚，流落在楚国，秦穆公用五张羊皮的价格把他买回，任为宰相，所以说“举于市”。⑧曾：同“增”。⑨衡：通“横”，指横塞。⑩征：表征，表现。⑪法家：有法度的大臣。拂（bì）：假借为“弼”，辅佐。拂士即辅佐的贤士。

【译文】

孟子说：“舜从田间劳动中成长起来，傅说从筑墙的工作中被选拔出来，胶鬲被选拔于鱼盐的买卖之中，管仲被提拔于囚犯的位置上，孙叔敖从海边被发现，百里奚从市场上被选拔。所以，上天将要把重大使命降落到某人身上，一定要先使他的意志受到磨炼，使他的筋骨受到劳累，使他的身体忍饥挨饿，使他备受穷困之苦，做事总是不能顺利。这样来震动他的心志，坚韧他的性情，增长他的才能。人要经常犯错误，然后才能改正错误；心气郁结，殚思极虑，然后才能奋发而起；显露在脸色上，表达在声音中，然后才能被人了解。一个国家，内没有守法的大臣和辅佐的贤士，外没有敌对国家的忧患，往往容易亡国。由此可以知道，忧患使人生存，安逸享乐却足以使人败亡。”

【原文】

孟子曰：“教亦多术矣。予不屑之教诲也者，是亦教诲之而已矣。”

【译文】

孟子说：“教育也有多种方式方法。我不屑于教诲他，本身就是对他的教诲。”

第十三篇　尽心上

【本篇引语】

本篇集中了孟子关于认识论和自身修养的论述，其中不少名言警句，至今具有重要意义。如："存其心，养其性，所以事天也"，"知命者不立乎岩墙之下"，"反身而诚，乐莫大焉"，"人不可以无耻。无耻之耻，无耻矣"，"穷则独善其身，达则兼善天下"，"善政得民财，善教得民心"，"亲亲，仁也；敬长，义也"，"有大人者，正己而物正者也"，"登东山而小鲁，登泰山而小天下"，"饥者甘食，渴者甘饮"“，杀一无罪非仁也，非其有而取之非义也" 等。

本篇也是《孟子》全书章节最多的一篇，全篇原文共46章，本书选24章。

【原文】

孟子曰："尽其心者，知其性也。知其性，则知天矣。存其心，养其性，所以事天也。夭寿不贰，修身以俟之，所以立命也。"

【译文】

孟子说："充分运用心灵思考的人，是知道人的本性的人。知道人的本性，就知道天命。保持心灵的思考，涵养本性，这就是对待天命的方法。无论短命还是长寿都一心一意地修身以等待天命，这就是安身立命的方法。"

【原文】

孟子曰："莫非命也，顺受其正。是故知命者不立乎岩墙之下。尽其道而死者，正命也；桎梏死者，非正命也。"

【译文】

孟子说："一切都是命运，顺应它就承受正常的命运。所以知道命运的人不站在危险的墙下。尽力行道而死的人，所承受的是正常的命运；犯罪受刑而死的人，所承受的是非正常的命运。"

【原文】

孟子曰："求则得之，舍则失之，是求有益于得也，求在我者也。求之有道，得之有命，是求无益于得也，求在外者也。"

【译文】

孟子说："求索就能得到，放弃便会失去，这种求索有益于得到，因为所求的东西就在我自身。求索有一定的方法，能否得到却决定于天命，这种求索无益于得到，因为所求的东西是身外之物。"

【原文】

孟子曰："万物皆备于我矣。反身而诚，乐莫大焉。强恕而行，求仁莫近焉。"

【译文】

孟子说："万物我都具备了。反躬自问诚实无欺，便是最大的快乐。尽力按恕道办事，便是最接近仁德的道路。"

【原文】

孟子曰："行之而不著焉，习矣而不察焉，终身由之而不知其道者，众也。"

【译文】

孟子说："做一件事不明白为什么要做，习惯了不想想为什么习惯，一辈子随波逐流不知去向何方，这样的人是平庸的人。"

【原文】

孟子曰："人不可以无耻。无耻之[1]耻，无耻矣。"

【注释】

①之：至。

【译文】

孟子说："人不可以不知羞耻。从不知羞耻到知道羞耻，就可以免于羞耻了。"

【原文】

孟子曰："耻之于人大矣！为机变[1]之巧者，无所用耻焉。不耻不若人，何若人有？"

【注释】

①机变：奸诈。

【译文】

孟子说："羞耻之心对于人至关重要！搞阴谋诡计的人是不知羞耻的。不以自己不如别人为羞耻，怎么赶得上别人呢？"

【原文】

孟子曰："古之贤王好善而忘势；古之贤士何独不然？乐其道而忘人之势。故王公不致敬尽礼，则不得亟[1]见之。见且由不得亟，而况得而臣之乎？"

【注释】

①亟（qì）：多次。

【译文】

孟子说："古代的贤明君王喜欢听取善言，不把自己的权势放在心上。古代的贤能之士又何尝不是这样呢？乐于自己的学说，不把他人的权势放在心上。所以，即使是王公贵人，如果不对他恭敬地尽到礼数，也不能够多次和他相见。相见的次数尚且不能够多，何况要他做臣下呢？”

【原文】

孟子谓宋勾践[①]曰：“子好游[②]乎？吾语子游。人知之，亦嚣嚣[③]；人不知，亦嚣嚣。”曰：“何如斯可以嚣嚣矣？”曰：“尊德乐义，则可以嚣嚣矣。故士穷不失义，达不离道。穷不失义，故士得己[④]焉；达不离道，故民不失望焉。古之人得志，泽加于民；不得志，修身见于世。穷则独善其身，达则兼善天下。”

【注释】

①宋勾践：人名，姓宋，名勾践，生平不详。②游：指游说。③嚣嚣：安详自得的样子。④得己：即自得。

【译文】

孟子对宋勾践说：“你喜欢游说各国君主吗？我告诉你游说的态度：别人理解也安详自得；别人不理解也安详自得。”宋勾践问：“怎样才能做到安详自得呢？”孟子说：“尊崇道德，喜爱仁义，就可以安详自得了。所以士人穷困时不失去仁义，显达时不背离道德。穷困时不失去仁义，所以安详自得；显达时不背离道德，所以老百姓不失望。古代的人，得志时恩惠施于百姓，不得志时修养自身以显现于世。穷困时独善其身，显达时兼善天下。”

【原文】

孟子曰：“待文王而后兴者，凡民也。若夫豪杰之士，虽无文王犹兴。”

【译文】

孟子说：“一定要等待有周文王那样的人出现后才奋发的，是平庸的人。至于豪杰之士，即使没有周文王那样的人出现，自己也能奋发有为。”

【原文】

孟子曰："仁言不如仁声之入人深也，善政不如善教之得民也。善政，民畏之；善教，民爱之。善政得民财，善教得民心。"

【译文】

孟子说："仁德的言语不如仁德的声望那样深入人心，好的政令不如好的教育那样赢得民众。好的政令，百姓畏服；好的教育，百姓喜爱。好的政令得到百姓的财富，好的教育得到百姓的心。"

【原文】

孟子曰："人之所不学而能者，其良能也；所不虑而知者，其良知①也。孩提之童②无不知爱其亲者，及其长也，无不知敬其兄也。亲亲，仁也；敬长，义也。无他，达之天下也。"

【注释】

①良：指本能的，天然的。良能、良知已作为专门的哲学术语，以不译为妥。②孩提之童：指两三岁之间的小孩子。

【译文】

孟子说："人不用学习就能的，是良能；不用思考就知道的，是良知。两三岁的小孩子没有不知道亲爱他父母的，等到他长大，没有不知道尊敬他兄长的。亲爱父母是仁，尊敬兄长是义。没有其他原因，因为这两种品德是通行天下的。"

【原文】

孟子曰："人之有德、慧、术、知者，恒存乎疢疾①。独孤臣孽子②，其操心也危，其虑患也深，故达。"

【注释】

①疢（chèn）疾：灾患。②孽子：古代常一夫多妻，非嫡妻所生之子叫庶子，也

叫孽子，一般地位卑贱。

【译文】

孟子说："人的品德、智慧、本领、知识，往往产生于灾患之中。那些受疏远的大臣和贱妾所生的儿子，经常操心着危难之事，深深忧虑着祸患降临，所以能通达事理。"

【原文】

孟子曰："有事君人者，事是君则为容悦者也；有安社稷臣者，以安社稷为悦者也；有天民者，达可行于天下而后行之者也；有大人者，正己而物正者也。"

【译文】

孟子说："有侍奉君主的人，专以讨得君主的欢心为喜悦；有安定国家的臣，以安定国家为喜悦；有顺应天理的人，当他的主张能行于天下时，他才去实行；有伟大的人，端正自己，天下万物便随之端正。"

【原文】

孟子曰："君子有三乐，而王天下不与存焉。父母俱存，兄弟无故①，一乐也；仰不愧于天，俯不怍②于人，二乐也；得天下英才而教育之，三乐也。君子有三乐，而王天下不与存焉。"

【注释】

①故：事故，指灾患病丧。②怍（zuò）：惭愧。

【译文】

孟子说："君子有三大快乐，以德服天下不在其中。父母健在，兄弟平安，这是第一大快乐；上不愧对于天，下不愧对于人，这是第二大快乐；得到天下优秀的人才进行教育，这是第三大快乐。君子有三大快乐，以德服天下不在其中。"

【原文】

孟子曰："广土众民，君子欲之，所乐不存焉；中天下而立，定四海之民，君子乐之，所性不存焉。君子所性，虽大行①不加焉，虽穷居不损焉，分定故也。君子所性，仁义礼智根于心，其生色也睟然②，见于面，盎③于背，施于四体，四体不言而喻。"

【注释】

①大行：指理想、抱负行于天下。②睟（suì）然：颜色润泽。③盎（àng）：显露。

【译文】

孟子说："拥有广阔的土地、众多的人民，这是君子所向往的，但却不是他的快乐所在；立于天下的中央，安定天下的百姓，这是君子的快乐，但却不是他的本性所在。君子的本性，纵使他的抱负实现也不会增加，纵使他穷困也不会减少，因为他的本分已经固定。君子的本性，仁义礼智植根于内心，外表神色清和润泽，呈现于脸面，流溢于肩背，充实于四肢，四肢的动作，不用言语，别人也能理解。"

【原文】

孟子曰："易其田畴①，薄其税敛，民可使富也。食之以时，用之以礼，财不可胜用也。民非水火不生活，昏暮叩人之门户，求水火，无弗与者，至足矣②。圣人治天下，使有菽粟如水火。菽粟如水火，而民焉有不仁者乎？"

【注释】

①易：治、耕种；田畴：田地。②矣：这里的用法同"也"。

【译文】

孟子说："搞好耕种，减轻税收，可以使老百姓富足。饮食有一定时候，费用有一定节制，财物便用之不尽。老百姓离开了水与火就不能够生活，可是当有人傍晚敲门借水或火时，没有不给予的。为什么呢？因为水火都很充足。圣人治理天下，使百姓的粮食像水与火一样充足。粮食像水与火一样充足了，老百姓哪有不仁慈的呢？"

【原文】

孟子曰："孔子登东山①而小鲁，登泰山而小天下。故观于海者难为水，游于圣人之门者难为言。观水有术，必观其澜。日月有明，容光②必照焉；流水之为物也，不盈科不行；君子之志于道也，不成章③不达。"

【注释】

①东山：即蒙山，在今山东蒙阴县南。②容光：指能够容纳光线的小缝隙。③成章：《说文》曰："乐竟为一章。"由此引申，指事物达到一定阶段或有一定规模。

【译文】

孟子说："孔子登上东山，就觉得鲁国变小了；登上泰山，就觉得整个天下都变小了。所以，观看过大海的人，便难以被其他水所吸引了；在圣人门下学习过的人，便难以被其他言论所吸引了。观看水有一定的方法，一定要观看它壮阔的波澜。太阳月亮有光辉，不放过每条小缝隙；流水有规律，不把坑坑洼洼填满不向前流；君子立志于道，不到一定的程度不能通达。"

【原文】

孟子曰："鸡鸣而起，孳孳①为善者，舜之徒也；鸡鸣而起，孳孳为利者，跖②之徒也。欲知舜与跖之分，无他，利与善之间③也。"

【注释】

①孳孳（zī）：同"孜孜"，勤勉不懈。②跖（zhí）：相传为柳下惠的弟弟，春秋时的大盗，所以又称"盗跖"。③间（jiàn）：区别，差异。

【译文】

孟子说："鸡叫便起床，孜孜不倦地行善的人，是舜一类的人物；鸡叫便起床，孜孜不倦地求利的人，是盗跖一类的人物。要想知道舜和跖有什么区别，没有别的，利和善的不同罢了。"

【原文】

孟子曰："杨子①取为我，拔一毛而利天下，不为也。墨子兼爱②，摩顶放踵③利天下，为之。子莫④执中。执中为近之。执中无权，犹执一也。所恶执一者，为其贼道也，举一而废百也。"

【注释】

①杨子：战国初期哲学家，名朱，魏国人。他的学说与墨子的学说在战国时代都很流行。他主张轻物贵己，反对别人对自己的侵夺，但也反对侵夺别人。他没有留下著作，事迹见于《孟子》《庄子》《韩非子》《吕氏春秋》等，《列子》里有《杨朱篇》，但不一定可靠。②墨子兼爱：墨子（约前468—前376），春秋战国之际的思想家、政治家，墨家学派的创始人，名翟。相传原为宋国人，后长期住在鲁国。"兼爱"是他的基本思想之一。③摩顶放踵：从头顶到脚跟都受伤，形容不畏劳苦，不顾遍体受伤。放，到。④子莫：战国时鲁国人，其事迹已不可考。

【译文】

孟子说："杨朱主张为自己，即使拔一根毫毛而有利于天下，他都不肯干。墨子主张兼爱，即便是从头顶到脚跟都受伤，只要是对天下有利，他都肯干。子莫则主张中道。主张中道本来是不错的，但如果只知中道而不知道权变，那也就和执着于一点一样了。为什么厌恶执着于一点呢？因为它会损害真正的道，只是坚持一点而废弃了其余很多方面。"

【原文】

孟子曰："饥者甘食，渴者甘饮。是未得饮食之正也，饥渴害之也。岂惟口腹有饥渴之害？人心亦皆有害。人能无以饥渴之害为心害，则不及人不为忧矣。"

【译文】

孟子说："饥饿的人觉得任何食物都是美味的，干渴的人觉得任何饮料都是可口的。他们不能够吃喝出饮料和食物的正常滋味，是由于饥饿和干渴的妨害。难道只有嘴巴和肚子有饥饿和干渴的妨害吗？心灵也同样有妨害。一个人能够不让饥饿和干渴那样的妨害去妨害心灵，那就不会以自己不及别人为忧虑了。”

【原文】

孟子曰：“有为者辟①若掘井，掘井九轫②而不及泉，犹为弃井也。”

【注释】

①辟（pì）：同“譬”。②轫：同“仞”，古代量词，一仞七尺或八尺。九轫相当于六七丈。

【译文】

孟子说：“做事好比掘井一样，掘到六七丈深还没有见水，仍然只是一口废井。”

【原文】

公孙丑曰：“《诗》曰：‘不素餐兮！’①君子之不耕而食，何也？”孟子曰：“君子居是国也，其君用之，则安富尊荣；其子弟从之，则孝悌忠信。‘不素餐兮！’孰大于是？”

【注释】

①不素餐兮：引自《诗经•魏风•伐檀》。素餐，白吃饭。

【译文】

公孙丑说：“《诗经》说：‘不白吃饭啊！’可君子不种庄稼也吃饭，为什么呢？”孟子说：“君子居住在一个国家，国君用他，就会安定富足，尊贵荣耀；学生们跟随他，就会孝敬父母，尊敬兄长，忠诚而守信用。‘不白吃饭啊！’还有谁比他的贡献更大呢？”

【原文】

王子垫①问曰：“士何事？”孟子曰：“尚志。”曰：“何谓尚志？”曰：“仁义而已矣。杀一无罪非仁也，非其有而取之非义也。居恶在？仁是也；路恶在？义是也。居仁由义，大人之事备矣。”

【注释】

①王子垫：齐王的儿子，名垫。

【译文】

王子垫问道："士做什么事？"孟子说："使志行高尚。"王子垫问："使志行高尚指的是什么？"孟子说："仁和义罢了。杀死一个无罪的人，是不仁；不是自己的东西却去占有，是不义。居住的地方在哪里？仁便是；道路在哪里？义便是。居于仁而行于义，大人的事便齐备了。"

【原文】

桃应①问曰："舜为天子，皋陶为士，瞽瞍杀人，则如之何？"孟子曰："执之而已矣。""然则舜不禁与？"曰："夫舜恶得而禁之？夫有所受之也。""然则舜如之何？"曰："舜视弃天下犹弃敝屣②也。窃负而逃，遵海滨而处，终身䜣③然，乐而忘天下。"

【注释】

①桃应：孟子的学生。②敝屣（xǐ）：破鞋子。③䜣（xīn）：同"欣"。

【译文】

桃应问道："舜做天子，皋陶做法官，假如舜的父亲瞽瞍杀了人，那怎么办？"孟子说："把他逮起来就是了。"桃应问："难道舜不阻止吗？"孟子说："舜怎么能够阻止呢？皋陶是按所受职责办事。"桃应问："那么，舜该怎么办呢？"孟子说："舜把抛弃天子之位看得像抛弃破鞋子一样。他偷偷地背负父亲逃走，沿着海滨住下来，终身逍遥，快乐得把曾经做过天子的事情忘掉。"

第十四篇　尽心下

【本篇引语】

本篇是《孟子》的最后一篇。主要有三个方面的内容：修身问题；从仁政角度评价战争；关于国家的治理问题。其中有不少名言，如："尽信《书》，则不如无《书》"，"仁人无敌于天下"，"民为贵，社稷次之，君为轻"，"贤者以其昭昭使人昭昭"，"言近而指远者，善言也；守约而施博者，善道也"，"养心莫善于寡欲"等。

【原文】

孟子曰："不仁哉梁惠王也！仁者以其所爱及其所不爱，不仁者以其所不爱及其所爱。"公孙丑曰："何谓也？""梁惠王以土地之故，糜烂其民而战之，大败，将复之，恐不能胜，故驱其所爱子弟以殉之，是之谓以其所不爱及其所爱也。"

【译文】

孟子说："梁惠王真不仁啊！仁人把给予他所爱的人的恩德推及到他所不爱的人，不仁者把带给他所不爱的人的祸害推及到他所爱的人。"公孙丑问道："为什么这么说呢？"孟子说："梁惠王因为土地的缘故，糟蹋百姓的生命，驱使他们去打仗，大败后准备再打，担心不能取胜，所以又驱使他所爱的子弟去为他送死，这就叫把带给他所不爱的人的祸害推及到他所爱的人。"

【原文】

孟子曰："春秋无义战。彼善于此，则有之矣。征者，上伐下也，敌国不相征也。"

【译文】

孟子说："春秋时代没有符合义的战争。那一次（战争）比这一次好一点的情况，

还是有的。所谓征，是指天子讨伐诸侯，同等的诸侯国是不能相互征讨的。”

【原文】

孟子曰：“尽信《书》，则不如无《书》。吾于《武成》①，取二三策②而已矣。仁人无敌于天下，以至仁伐至不仁，而何其血之流杵③也？”

【注释】

①《武成》：《尚书》的篇名。现存《武成》篇是伪古文。②策：竹简。古代用竹简书写，一策相当于我们今天说的一页。③杵（chǔ）：舂米或捶衣的木棒。

【译文】

孟子说：“完全相信《书》，那还不如没有《书》。我对于《武成》这一篇书，就只相信其中的二三页罢了。仁人在天下没有敌手，以周武王这样极为仁道的人去讨伐商纣这样极不仁道的人，怎么会使鲜血流得可以漂起木棒呢？”

【原文】

孟子曰：“有人曰‘我善为陈①，我善为战’。大罪也。国君好仁，天下无敌焉。南面而征北狄怨，东面而征西夷怨，曰：‘奚为后我？’武王之伐殷也，革车三百两，虎贲三千人。王曰：‘无畏！宁尔也，非敌百姓也。’若崩厥角②稽首。征之为言正也，各欲正己也，焉用战？”

【注释】

①陈（zhèn）：同“阵”。②厥角：顿首。厥，同“蹶”，顿。角，额角。

【译文】

孟子说：“有人说‘我善于布阵，我善于打仗’。这是大罪恶。国君爱好仁，就会天下无敌。（商汤）征伐南方，北方的民族就埋怨；征伐东方，西方的民族就埋怨。埋怨说：‘为什么把我们放在后边？’武王讨伐殷商，有战车三百辆、勇士三千人。武王（向殷商的百姓）说：‘不要害怕，（我们是来）安抚你们的，不是来同百姓为敌的。’殷商的百姓都跪倒叩头，额角碰地的声音，像山岩崩塌一般。‘征’就是‘正’的意思。如果各国都有端正自己的打算，哪还用得着打仗？”

【原文】

孟子曰：“梓匠轮舆能与人规矩，不能使人巧。”

【译文】

孟子说：“能工巧匠能够教会别人规矩法则，但不能够教会别人巧。”

【原文】

孟子曰：“舜之饭糗①茹草也，若将终身焉；及其为天子也，被袗衣，鼓琴，二女果②，若固有之。”

【注释】

①饭糗（qiǔ）：饭，动词，吃；糗，干粮。②果（wǒ）：通“婐”，侍女，这里是侍候的意思。

【译文】

孟子说：“舜在吃干粮咽野菜的时候，就像打算终身这么过日子似的。到他做了天子后，穿着细葛布衣服，弹着琴，尧的两个女儿侍候着，又像本来就享有这种生活似的。”

【原文】

孟子曰：“吾今而后知杀人亲之重也：杀人之父，人亦杀其父；杀人之兄，人亦杀其兄。然则非自杀之也，一间耳。”

【译文】

孟子说：“我现在才知道杀害别人亲人的严重性：你杀了人家的父亲，人家也会杀你父亲；你杀了人家的哥哥，人家也会杀你哥哥。虽然不是你自己杀了父亲和哥哥，

但也只差那么一点点了。”

【原文】

孟子曰：“古之为关也，将以御暴；今之为关也，将以为暴。”

【译文】

孟子说：“古时候设立关卡，是要用它抵御残暴；而现在设立关卡，却是想用它来施行残暴。”

【原文】

孟子曰：“身不行道，不行于妻子；使人不以道，不能行于妻子。”

【译文】

孟子说：“自己不按道行动，道在他妻子儿女身上也实行不了；不按道去使唤人，那就连妻子儿女也使唤不了。”

【原文】

孟子曰：“周于利者凶年不能杀，周于德者邪世不能乱。”

【译文】

孟子说：“富于财利的人荒年不能使他困窘，富于道德的人乱世不能使他迷乱。”

【原文】

孟子曰：“好名之人能让千乘之国，苟非其人，箪食豆羹见于色。”

【译文】

孟子说：“爱名声的人，能够让出大国国君的位置，如果不是这样的人，就是让出一小筐饭、一碗汤，脸色也会显出不高兴。”

【原文】

孟子曰："不信仁贤，则国空虚；无礼义，则上下乱；无政事，则财用不足。"

【译文】

孟子说："不信任仁人贤士，国家实力就会空虚；没有礼义，上下等级关系就会混乱；没有政事，国家财用就会不足。"

【原文】

孟子曰："不仁而得国者，有之矣；不仁而得天下者，未之有也。"

【译文】

孟子说："不仁的人得到一个国家，有这样的情况；不仁的人得到天下，是从来没有过的。"

【原文】

孟子曰："民为贵，社稷①次之，君为轻。是故得乎丘②民而为天子，得乎天子为诸侯，得乎诸侯为大夫。诸侯危社稷，则变置。牺牲③既成，粢盛既洁④，祭祖以时，然而旱干水溢，则变置社稷。"

【注释】

①社稷：社，土神；稷，谷神。古代帝王或诸侯建国时，都要立坛祭祀社、稷，所以社稷又作为国家的代称。②丘：众。③牺牲：供祭祀用的牛、羊、猪等祭品。④粢（zī）：稷，粟米。粢盛既洁的意思是说，盛在祭器内的祭品已洁净了。

【译文】

孟子说："百姓最为重要，代表国家的土神谷神其次，国君为轻。所以，得到民心的做天子，得到天子欢心的做国君，得到国君欢心的做大夫。国君危害到土神谷神——国家，就改立国君。祭品丰盛洁净，祭扫按时举行，但仍然遭受旱灾水灾，那就改立土神谷神。"

【原文】

孟子曰："圣人，百世之师也，伯夷、柳下惠是也。故闻伯夷之风者，顽夫廉，懦夫有立志；闻柳下惠之风者，薄夫敦，鄙夫宽，奋乎百世之上。百世之下闻者莫不兴起也。非圣人而能若是乎？而况于亲炙之者乎？"

【译文】

孟子说："圣人是百代人的师表，伯夷、柳下惠就是这样的人。所以听说过伯夷的道德风范的，贪婪的人会变廉洁，懦弱的人会有立志的决心；听说过柳下惠的道德风范的，刻薄的人变得厚道，狭隘的人会变得宽广。百代之前奋发有为，百代之后，听说过他们事迹的人，没有不振作奋发的。不是圣人能像这样吗？百代以后的影响尚且这样，更何况当时亲身受过他们熏陶的人呢？"

【原文】

孟子曰："仁也者，人也。合而言之，道也。"

【译文】

孟子说："所谓仁，意思就是人。人和仁结合起来，就是所说的道。"

【原文】

孟子曰："孔子之去鲁，曰：'迟迟吾行也，去父母国之道也。'去齐，接淅而行，去他国之道也。"

【译文】

孟子说："孔子离开鲁国时，说道：'我要慢慢地走啊，这是离开祖国的态度。'离开齐国时，将淘好了的米捞起来就走，这是离开别的国家时的态度。"

【原文】

孟子曰："君子之戹于陈蔡之间①，无上下之交也。"

【注释】

①君子之戹（è）于陈蔡之间：君子，指孔子。戹，同“厄”，穷困、灾难。据《史记•孔子世家》记载，（哀公四年）楚使人聘孔子，孔子将往，而陈、蔡两国大夫担心孔子被楚任用后对他们不利，于是派徒役包围孔子，致使孔子和他的弟子断粮多日，饿得爬不起来。“戹于陈蔡之间”即指此事。

【译文】

孟子说：“孔子在陈国、蔡国之间遭围困，是由于跟这两国的君臣没有交往的缘故。”

【原文】

貉稽[①]曰：“稽大不理于口。”孟子曰：“无伤也。士憎兹多口。《诗》云：‘忧心悄悄，愠于群小。’[②]孔子也。‘肆不殄厥愠，亦不陨厥问。’[③]文王也。”

【注释】

①貉稽：人名，生世不详。②“忧心悄悄，愠于群小”句：出自《诗经•邶风•柏舟》。③“肆不殄厥愠，亦不陨厥问”句：出自《诗经•大雅•绵》。

【译文】

貉稽说：“我貉稽被人家说了很多坏话。”孟子说：“没关系的。士人总会受到七嘴八舌的非议的。《诗经》上说：‘忧心忡忡排遣不了，小人对我又恨又恼。’孔子就是这样的人。（又说）‘不消除别人的怨恨，也不丧失自己的名声。’说的就是文王。”

【原文】

孟子曰：“贤者以其昭昭使人昭昭，今以其昏昏使人昭昭。”

【译文】

孟子说：“贤人先使自己明白，然后才去使别人明白；今天的人则是自己都没有搞清楚，却想去使别人明白。”

【原文】

孟子谓高子①曰："山径之蹊②，间介然③用之而成路；为间④不用，则茅塞之矣。今茅塞子之心矣。"

【注释】

①高子：齐国人，孟子的学生。②径：山路。蹊：人行处。山径之蹊泛指很窄的山间小路。③介然：本指意志专一而不旁骛，这里是经常不断的意思。④为间：即"有间"，短时，为时不久。

【译文】

孟子对高子说："山坡间的小径，经常有人行走便踏成了一条路；过一段时间没有人去走它，又会被茅草堵塞了。现在茅草也把你的心堵塞了。"

【原文】

高子曰："禹之声尚文王之声。"孟子曰："何以言之？"曰："以追蠡①。"曰："是奚足哉？城门之轨，两马之力与？"

【注释】

①追蠡（lǐ）：追，钟钮；蠡，要断的样子。

【译文】

高子说："禹的音乐胜过文王的音乐。"孟子问："凭什么这么说？"高子说："因为（禹传下来的钟上的）钟钮都快断了（可见人们喜欢演奏它）。"孟子说："这哪足以说明问题呢？城门下的车迹很深，是一二匹马的力量造成的吗？"（那是年深月久车马过得多了造成的。禹传下的钟钮快要断了，也正是年代久远的缘故。）

【原文】

齐饥。陈臻曰："国人皆以夫子将复为发棠①，殆不可复。"孟子曰："是为冯妇[②]也。晋人有冯妇者，善搏虎，卒为善士。则之野，有众逐虎。虎负嵎[③]，莫之敢撄[④]。望见冯妇，趋而迎之。冯妇攘臂下车。众皆悦之，其为士者笑之。”

【注释】

①复为发棠：重新劝齐王打开棠地的粮仓赈济灾民。发，打开。棠，地名，在今山东即墨南。过去齐国灾荒时，孟子曾劝过齐上开棠地粮仓赈济灾民，所以有此说。②冯妇：人名，姓冯，名妇。③嵎（yú）：山势弯曲险阻处。④撄（yīng）：迫近。

【译文】

齐国遭饥荒，陈臻对孟子说：“国内的人们都以为老师会再次劝齐王打开棠地的粮仓来赈济灾民，大概不可以再这样做了吧。”孟子说：“再这样做就成了冯妇了。晋国有个人叫冯妇的，善于打虎，后来成了善士，不再打虎了。有次他到野外去，看到有很多人正在追逐一只老虎。那老虎背靠着山势险阻的地方，没有人敢去迫近它。大家远远望见冯妇来了，连忙跑过去迎接他。冯妇挽袖伸臂地走下车来，众人都很高兴，可士人们却讥笑他。”

【原文】

孟子曰：“口之于味也，目之于色也，耳之于声也，鼻之于臭也，四肢之于安佚也，性也。有命焉，君子不谓性也。仁之于父子也，义之于君臣也，礼之于宾主也，智之于贤者也，圣人之于天道也，命也。有性焉，君子不谓命也。”

【译文】

孟子说：“口对于美味，眼睛对于美色，耳朵对于好听的声音，鼻子对于香味，四肢对于安逸（都是极喜欢的），这是天性，（但能否享受到）其中有命的作用，所以君子不强调天性。仁对于父子关系，义对于君臣关系，礼对于宾主关系，智慧对于贤者，圣人对于天道（都是极重要的），这都是由命决定的，（能否得到它们）其中也有天性的作用，所以君子不强调命的作用。”

【原文】

浩生不害[①]问曰："乐正子何人也？"孟子曰："善人也，信人也。""何谓善？何谓信？"曰："可欲之谓善，有诸己之谓信，充实之谓美，充实而有光辉之谓大，大而化之之谓圣，圣而不可知之之谓神。乐正子，二之中、四之下也。"

【注释】

①浩生不害：姓浩生，名不害，齐国人。

【译文】

浩生不害问道："乐正子是怎样一个人？"孟子说："是个善人、信人。"浩生不害问："什么叫'善'？什么叫'信'？"孟子说："值得喜爱的叫'善'，自己确实具有'善'就叫'信'，'善'充实在身上就叫'美'，既充实又有光辉就叫'大'，既'大'又能感化万物就叫'圣'，'圣'到妙不可知就叫'神'。乐正子是在'善'和'信'二者之中，'美''大''圣''神'四者之下的人。"

【原文】

孟子曰："逃墨必归于杨，逃杨必归于儒。归，斯受之而已矣。今之与杨、墨辩者，如追放豚，既入其苙，又从而招之。"

【译文】

孟子说："避开墨子这一派，必定会归入杨朱这一派；避开杨朱这一派，必定会回归到儒家这一派。回归了，接纳他就是了。而现在同杨朱、墨子辩论的人，好像在追跑掉的猪，已经追回赶入猪圈了，还要接着把它的脚拴住。（这未免过分了。）"

【原文】

孟子曰："有布缕之征，粟米之征，力役之征。君子用其一，缓其二。用其二而民有殍，用其三而父子离。"

【译文】

孟子说："有征收布帛的赋税，有征收粮食的赋税，有征发人力的赋税。君子征收了其中一种，就缓征其他两种。同时征收两种，百姓就会有饿死的了；同时征收三种，就会使百姓们父子离异各顾自己了。"

【原文】

孟子曰："诸侯之宝三：土地、人民、政事。宝珠玉者，殃必及身。"

【译文】

孟子说："诸侯有三样宝：土地、人民和政事。如果错以珍珠美玉为宝，灾祸必定落到他身上。"

【原文】

盆成括①仕于齐，孟子曰："死矣盆成括！"盆成括见杀，门人问曰："夫子何以知其将见杀？"曰："其为人也小有才，未闻君子之大道也，则足以杀其躯而已矣。"

【注释】

①盆成括：姓盆成，名括。

【译文】

盆成括在齐国做官，孟子说："盆成括离死不远了！"盆成括果然被杀，学生问孟子说："老师怎么知道盆成括将被杀呢？"孟子回答说："盆成括有些小聪明，但不懂得君子应该知道的大道理，这是足以招致杀身之祸的。"

【原文】

孟子之滕，馆于上宫。有业屦于牖上，馆人求之弗得。或问之曰："若是乎从者之　也？"曰："子以是为窃屦来与？"曰："殆非也。夫子之设科也，往者不追，来者不拒。苟以是心至，斯受之而已矣。"

【译文】

孟子到了滕国，住在上宫。有一双还没织好的草鞋放在窗台上，旅馆里的人来找而没有找到。有人问孟子："跟随你来的人怎么竟像这样乱藏人家东西呢？"孟子说："你以为这些人是为了偷鞋子而来这里的吗？"那人说道："大概不是的。先生订了规章条例（接收学生学习），走了的不追究，有来的不拒绝。只要凭着求学愿望来的，就接收他罢了。（这可难免会有手脚不清的人混进来呢！）"

【原文】

孟子曰："人皆有所不忍，达之于其所忍，仁也；人皆有所不为，达之于其所为，义也。人能充无欲害人之心，而仁不可胜用也；人能充无穿逾之心，而义不可胜用也；人能充无受尔汝①之实，无所往而不为义也。士未可以言而言，是以言餂之也②；可以言而不言，是以不言餂之也，是皆穿逾之类也。"

【注释】

①尔汝：尔、汝都是第二人称代词，古代尊长称呼卑幼时用。如果平辈之间用来称呼，则是对对方的轻视。②餂（tiǎn）：取。

【译文】

孟子说："人人都有不忍心干的事，把它推及到他所忍心去干的事上，就是仁；人人都有不肯去干的事，把它推及到他所肯干的事上，就是义。一个人能把不想害人的心理扩展开去，仁就用不尽了；一个人能把不愿扒洞翻墙（行窃）的心理扩展开去，义就用不尽了；一个人能把不愿受人轻蔑的心理扩展开去，那么无论到哪里，（言行）都是符合义的了。士人，不可以交谈而去交谈，这是用言语试探对方来取利；可以交谈却不去交谈，这是用沉默试探对方来取利，这些都是扒洞翻墙一类的行径。"

【原文】

孟子曰："言近而指远者，善言也；守约而施博者，善道也。君子之言也，不下带①而道存焉；君子之守，修其身而天下平。人病舍其田而芸人之田，所求于人者重，而所以自任者轻。"

【注释】

①带：束腰的带子。朱熹注："古人视不下于带，则带之上乃目前常见至近之处也。举目前之近事，而至理存焉。"所以，不下带指平常浅近的意思。

【译文】

孟子说："言语浅近而意义深远的，是善言；操守简约而施与广博的，是善道。君子的言语，讲的虽然是平常的事情，却蕴含着深刻的道理；君子的操守，从修养自身开始，然后才使天下太平。人们的毛病往往在于放弃自己的田地不耕种，却跑到别人的田里去除草，要求别人很多很严格，要求自己却很少很轻松。"

【原文】

孟子曰："尧、舜，性者也；汤、武，反之也。动容周旋中礼者，盛德之至也。哭死而哀，非为生者也。经德不回，非以干禄也。言语必信，非以正行也。君子行法，以俟命而已矣。"

【译文】

孟子说："尧、舜的仁德，是出自本性；汤王、武王的仁德，是（经过修身）回复到本性。动作容貌等一切方面都符合礼，这是美德的最高表现。为死者哭得悲哀，不是做给活人看的。遵循道德而不违背，不是用来求官做的。言语必求信实，不是用来修正自己的品行的。君子遵循天然的道理去做，以此等待命运的安排罢了。"

【原文】

孟子曰："说①大人，则藐之，勿视其巍巍然。堂高数仞，榱题②数尺，我得志，弗为也。食前方丈，侍妾数百人，我得志，弗为也。般乐饮酒，驱骋田猎，后车千乘，我得志，弗为也。在彼者，皆我所不为也；在我者，皆古之制也。吾何畏彼哉？"

【注释】

①说（shuì）：向……进言。②榱（cuī）题：也叫"出檐"，指屋檐的前端。

【译文】

孟子说："向位高显贵的人说话，要藐视他，不要把他的显赫地位和权势放在眼里。哪怕他殿堂高两三丈，屋檐好几尺宽，如果我得志，并不屑于这些；哪怕他佳肴满桌，侍奉的姬妾好几百，如果我得志，并不屑于这些；哪怕他饮酒作乐，驰驱打猎，随从车辆成百上千，如果我得志，并不屑于这些。他所拥有的，都是我不屑于有的；我所希望的，是古代的礼乐制度。我为什么要怕他呢？"

【原文】

孟子曰："养心莫善于寡欲。其为人也寡欲，虽有不存焉者，寡矣；其为人也多欲，虽有存焉者，寡矣。"

【译文】

孟子说："修养心性的最好办法是减少欲望。一个人如果欲望很少，即便本性有所失去，那也是很少的；一个人如果欲望很多，即便本性还有所保留，那也是很少的了。"

【原文】

曾晳嗜羊枣[①]，而曾子不忍食羊枣。公孙丑问曰："脍炙与羊枣孰美？"孟子曰："脍炙哉！"公孙丑曰："然则曾子何为食脍炙而不食羊枣？"曰："脍炙所同也，羊枣所独也。讳名不讳姓，姓所同也，名所独也。"

【注释】

①羊枣：即黑枣，因形状色泽似羊屎，故称羊枣。

【译文】

曾晳爱吃羊枣，（死后，他的儿子）曾子就不忍心吃羊枣。公孙丑问道："烤肉与羊枣，哪样味道好？"孟子说："当然是烤肉！"公孙丑又问："那么曾子为什么吃烤肉而不吃羊枣？"孟子说："烤肉是大家共同爱吃的，而吃羊枣是（曾晳）独有的嗜好。（因此曾子不忍心吃。）（如同避讳）只避名不避姓，因为姓是很多人共用的，而名是一个人独有的。"

【原文】

万章问曰："孔子在陈曰：'盍归乎来！吾党之小子狂简，进取，不忘其初。'[①]孔子在陈，何思鲁之狂士？"孟子曰："孔子'不得中道而与之，必也狂狷乎！狂者进取，狷者有所不为也'。[②]孔子岂不欲中道哉？不可必得，故思其次也。""敢问何如斯可谓狂矣？"曰："如琴张[③]、曾皙、牧皮[④]者，孔子之所谓狂矣。""何以谓之狂也？"曰："其志嘐嘐[⑤]然，曰：'古之人，古之人。'夷[⑥]考其行，而不掩焉者也。狂者又不可得，欲得不屑不洁之士而与之，是狷也，是又其次也。孔子曰：'过我门而不入我室，我不憾焉者，其惟乡原[⑦]乎！乡原，德之贼也[⑧]。'"曰："何如斯可谓之乡原矣？"曰："'何以是嘐嘐也？言不顾行，行不顾言，则曰'古之人，古之人'。行何为踽踽凉凉[⑨]？生斯世也，为斯世也，善斯可矣。'阉然[⑩]媚于世也者，是乡原也。"万子曰："一乡皆称原人焉，无所往而不为原人，孔子以为德之贼，何哉？"曰："非之无举也，刺之无刺也，同乎流俗，合乎污世，居之似忠信，行之似廉洁，众皆悦之，自以为是，而不可与入尧舜之道，故曰德之贼也。孔子曰：'恶似而非者：恶莠[⑪]，恐其乱苗也；恶佞，恐其乱义也；恶利口，恐其乱信也；恶郑声，恐其乱乐也；恶紫，恐其乱朱也；恶乡原，恐其乱德也。'君子反经[⑫]而已矣。经正，则庶民兴；庶民兴，斯无邪慝[⑬]矣。"

【注释】

①孔子在陈曰：见《论语·公冶长》，原文为："子在陈曰：'归与归与！吾党之小子狂简，斐然成章，不知所以裁之。'"与万章所引略有不同。②"孔子'不得……为也'"句：见《论语·子路》。原文和孟子这里所引一样。③琴张：人名，不详。④牧皮：人名，不详。⑤嘐嘐（xiāo）：赵岐注："志大言大者也。"⑥夷：平。或认为作语助词，无义。⑦乡原（yuàn）：也作"乡愿"。愿，谨慎。乡原指外貌忠诚谨慎，实际上欺世盗名的人，也就是现代所谓"老好人""好好先生"。⑧孔子曰：这段话在《论语·阳货》中只有"子曰：'乡原，德之贼也。'"⑨踽踽（jǔ）：独行不进的样子。凉凉：淡薄，冷漠。⑩阉：指阉人，即宦官。阉然指像宦官那样巴结逢迎的样子。⑪恶（wù）莠：厌恶杂草。⑫反：同"返"。经：正常之道。⑬慝（tè）：奸邪。

【译文】

万章问道："孔子在陈国说：'何不归去呢！我的那些学生们志大而狂放，进取而不忘本。'孔子在陈国，为什么思念鲁国的那些狂放之士呢？"孟子说："孔子'得不到言行合于中庸之道的人交友，那就必然是和狂与狷这两种人交友吧！狂的人具有进取精神，狷的人有所不为'。孔子难道不想和言行合于中庸之道的人交友吗？不能够得到，所以只能求次一等的罢了。"万章问："请问什么样的人可以叫做狂放的人？"孟子说："如琴张、曾皙、牧皮这些人，就是孔子称为狂放的人。"万章问："为什么说他们是狂放的人呢？"孟子说："他们志向很远大，言语很夸张，嘴巴总是说'古人呀！古人呀！'可是一考察他们的行为，却不和言语相合。这种狂放之人如果也得不到，那就和洁身自好的人相交往了，这些洁身自好的人就是孔子所说的狷者，是比狂者又次一等的人。孔子说：'从我家门口经过却不进到我的屋里来，而我并不遗憾的，那就只有好好先生了吧！好好先生是妨害道德的人。'"万章问："什么样的人可以称为好好先生呢？"孟子说："好好先生批评狷者说：'为什么这样志大言大呢？言语不能够和行为相符合，行为不能够和言语相符合，就只说古人呀！古人呀！'又批评狷者说：'为什么这样落落寡合呢？生在这个世界上，为这个世界做事，只要好就行了。'像宦官那样八面玲珑，四处讨好的人，就是好好先生。"万章说："一乡的人都说他是老好人，他也到处都表现得像个老好人，孔子却认为他是妨害道德的人，这是为什么呢？"孟子说："是啊，这种人，你要说他有什么不对，又举不出例证来；你要指责他却又好像无可指责。他只是同流合污，为人好像忠诚老实，行为好像清正廉洁，大家都很喜欢他，他自己也以为很不错，但实际上，他的所作所为却并不合于尧舜之道，所以说他是妨害道德的人。孔子说：'厌恶那些似是而非的东西：厌恶杂草，怕的是它妨碍禾苗的生长；厌恶花言巧语，怕的是它损害正义；厌恶夸夸其谈，怕的是它破坏诚信；厌恶郑国的乐曲，怕的是它影响雅乐；厌恶紫色，怕的是它和正宗的红色相混淆；厌恶好好先生，怕的是他搅乱道德。'君子的所作所为不过是为了让一切回到正道罢了。回到正道，老百姓就会振作起来；老百姓振作起来，也就没有邪恶了。"

【原文】

孟子曰："由尧舜至于汤，五百有余岁，若禹、皋陶，则见而知之。若汤，则闻而知之。由汤至于文王，五百有余岁，若伊尹、莱朱①，则见而知之；若文王，则闻而知之。由文王至于孔子，五百有余岁，若太公望、散宜生[②]，则见而知之；若孔子，则闻而知之。由孔子而来至于今，百有余岁，去圣人之世，若此其未远也。近圣人之居，若此其甚也，然而无有乎尔，则亦无有乎尔[③]！”

【注释】

①莱朱：传说是商汤的贤臣，一说就是仲虺，商汤的相。②散宜生：文王贤臣。③然而无有乎尔，则亦无有乎尔：朱熹《集注》引林氏的解释认为：前半句“然而无有乎尔”指没有“见而知之”者；后半句“则亦无有乎尔”指五百余岁之后更不会有“闻而知之”者了。因此，是孟子对没有人继承孔子圣人学说的忧虑。

【译文】

孟子说：“从尧舜到汤，经历了五百多年，像禹、皋陶那样的人，是亲眼看见尧舜之道而继承的；像汤，则是听说尧舜之道而继承的人。从商汤到周文王，又有五百多年，像伊尹、莱朱那样的人，是亲眼看见商汤之道而继承的；像文王，则是听说商汤之道而继承的。从周文王到孔子，又是五百多年，像太公望、散宜生那样的人，是亲眼看见文王之道而继承的；像孔子，则是听说文王之道而继承的。从孔子到现在，一百多年，距离圣人在世的年代这样近，距离圣人的家乡这样近，但是却没有亲眼看见圣人之道而继承的人了，以后恐怕也没有听说圣人之道而继承的人了吧！”

附录一　《孟子》对后世的影响

孟子的思想或学说对后世有很大影响，尤其对宋明理学影响更巨，宋代以后常把孟子思想与孔子思想并称为“孔孟之道”。孟子的思想内容，主要集中在《孟子》一书中，一般认为该书由孟子自撰，弟子万章、公孙丑等参与其事。

一、性善说

这是孟子全部思想的基础。孟子确认，人具有一种先天的善性：“人性之善也，犹水之就下也；人无有不善，水无有不下”（《孟子·告子上》）。而人性之所以是善的，是因为人生来就具有“善端”，这种“善端”不仅是先天的，也是超功利的：“人皆有不忍人之心者，今人乍见孺子将入于井，皆有怵惕恻隐之心，非所以内交于孺子之父母也，非所以要誉于乡党朋友也，非恶其声而然也。由是观之，无恻隐之心，非人也；无羞恶之心，非人也；无辞让之心，非人也；无是非之心，非人也。恻隐之心，仁之端也；羞恶之心，义之端也；辞让之心，礼之端也；是非之心，智之端也。人之有是四端也，犹其有四体也”（《孟子·公孙丑上》），这就是孟子著名的“四端”说，也是孟子的性善论。孟子的性善说是一种道德先验论，宋代以后为理学家们普遍接受，成为正统的人性论思想，影响深远。

同时，孟子认为：“仁义礼智，非有外铄于我也，我固有之也，弗思耳矣。”（《孟子·告子上》）这是一种与生俱来的善性，是“不学而能”的“良能”和“不虑而知”的“良知”。

孟子通过“同类相似”的例题来论人所普遍具有的善性，他说：“口之于味也，有同耆焉；耳之于声也，有同听焉；目之于色也，有同美焉。至于心，独无所同然乎？心之所同然者，何也？谓理也，义也。圣人先得我心之所同然耳。故理义之悦我心，犹刍豢之悦我口。”（《孟子·告子上》）孟子强调人的本性存在先验的“善”之同时，认为人之所以会有不善是由两方面原因造成的：

一是外界影响。他说：“今夫水，搏而跃之，可使过颡；激而行之，可使在

山。是岂水之性哉？其势则然也。人之可使为不善，其性亦犹是也。（《孟子·告子上》）

二是人自身是否有向善的主观愿望。他说："人之异于禽兽者几希，庶民去之，君子存之。（《孟子·离娄上》）"求则得之，舍则失之，是求有益于得也，"求在我者也。"（《孟子·尽心上》）

孟子认为，一个人如果不愿意向善，那就是"自暴""自弃""自贼"。为了使人的善性能够保存和扩展，孟子提出了一整套修身养性的功夫，这其中既包含了他的认识论，也包含了他的道德哲学。这些修养功夫是由一系列命题构成的，即：

（1）"尽心"——"尽其心者，知其性也；知其性，则知天矣。"（《孟子·尽心上》）

（2）"存心养性"——"存其心，养其性，所以事天也；夭寿不贰，修身以俟之，所以立命也。"（《孟子·尽心上》）

（3）"寡欲"——"养心莫善于寡欲。"（《孟子·尽心上》）

（4）"求放心"——"诚者，天之道也；思诚者，人之道也。至诚而不动者，未之有也；不诚，未有能动者也。"（《孟子·离娄上》）

（5）"自反"——"万物皆备于我，反身而诚，乐莫大焉；强恕而行，求仁莫近焉。"（《孟子·尽心上》）

（6）"养气"——"我善养吾浩然之气""其为气也，至大至刚，以直养而无害，则塞于天地之间。其为气也，配义与道；无是，馁也。是集义所生者，非义袭而取之也；行有不慊于心，则馁矣。"（《孟子·公孙丑上》）

此外，尚有"不动心""存夜气""先立其大""知言""知耻"等命题。

二、"仁政"思想

孟子从其性善论出发，提出了他的"仁政""王道"政治学说。他指出，"仁政"源于先王的"不忍人之心"："人皆有不忍人之心。先王有不忍人之心，斯有不忍人之政矣。以不忍人之心，行不忍人之政，治天下可运之掌上。"（《孟子·公孙丑上》）孟子认为："如施仁政于民，省刑罚，薄税敛，深耕易耨，壮者以暇日修其孝悌忠信，入以事其父兄，出以事其长上，可使制梃以挞秦、楚之坚甲利兵矣。"（《孟子·梁惠王上》）他又说："夫仁政，必自经界始。"（《孟子·滕文公

上》）也就是："五亩之宅，树之以桑，五十者可以衣帛矣。鸡豚狗彘之畜，无失其时，七十者可以食肉矣。百亩之田，勿夺其时，数口之家可以无饥矣。谨庠序之教，申之以孝悌之义，颁白者不负戴于道路矣。老者衣帛食肉，黎民不饥不寒，然而不王者，未之有也。"（《孟子·梁惠王上》）同时，孟子又提出了"制民之产"的思想，即主张以"恒产"来求得老百姓之"恒心"，"必使仰足以事父母，俯足以畜妻子，乐岁终身饱，凶年免于死亡，然后驱而之善"（《孟子·梁惠王上》）。

在孟子的"仁政"思想中，突出了"民"的地位，他提出"保民而王"，"得其民，斯得天下矣"（《孟子·离娄上》），"民为贵，社稷次之，君为轻"（《孟子·尽心下》）。

此外，在孟子政治学说中还有"王道"与"霸道"之辨、义利之辨等等。

三、理想人格

孟子学说中还有不少关于理想人格的思想。其中，提出了理想的人生典范——大丈夫人格。有一次，弟子问孟子说：公孙衍、张仪难道算不上大丈夫吗？他们位居多国要职，发起怒来诸侯都恐惧不已，他们平静下来天下也就太平了。孟子不屑道：他们哪里能称为大丈夫呢？在孟子看来，保持自我和完善人格才是理想的人格即所谓大丈夫："居天下之广居，立天下之正位，行天下之大道"，"富贵不能淫，贫贱不能移，威武不能屈，此之谓大丈夫。"（《孟子·滕文公下》）只有人格独立自主才能"无为其所不为"，才能"仰不愧于天，俯不怍于人"（《孟子·尽心上》）。"仁人无敌于天下"，有了这样的修养和"浩然之气"，就能够无所畏惧。孟子在与诸侯王公交往中不卑不亢，表现出高度的原则性和气节。当弟子问孟子，齐宣王对他很尊敬，为什么孟子对齐宣王反而不那么尊敬时，孟子用曾子的话说："彼以其富，我以吾仁；彼以其爵，我以吾义，吾何慊乎哉？"（《孟子·公孙丑下》）他还说："说大人，则藐之。勿视其巍巍然……在彼者，皆我所不为也；在我者，皆古之制也，吾何畏彼哉!"（《孟子·尽心下》）

孟子多次与诸侯论治，坚持仁政主张，言辞犀利，敢撄逆鳞，经常使国君们"勃然变乎色"（《孟子·万章下》），或者无言以对，只好"顾左右而言他"（《孟子·梁惠王下》）。又如"人皆可以为尧舜"（《孟子·告子下》）；"天下有道，以道殉身；天下无道，以身殉道"（《孟子·尽心上》）；"生，亦我所欲也；义，亦我所欲也。二者不可得兼，舍生而取义者也"（《孟子·告子上》）；"待文王而后兴者，凡民也。若豪杰之士，虽无文王犹兴”（《孟子·尽心上》）等等，都是激励人心、传诵千古的名言，为大丈夫人格也。

四、文学性

这是《孟子》一书的特色。善辩是孟子的特长，他不仅善于从逻辑上说明道理，而且加进了强烈的感情色彩，其行文坦露，嬉笑怒骂皆成文章，绝无吞吞吐吐之态。另外从行文上讲，文字通俗流畅，绝无生硬语，又喜欢使用层层叠叠的排比句式，从而使整个文章富有气势，如长河大浪，磅礴而来，咄咄逼人，横行无阻。《孟子》的文学性，还表现在它善于用形象之事帮助说理。有时是短小的比喻，如：“哀哉！人有鸡犬放（逃逸），则知求之，有放心而不知求。学问之道无他，求其放心而已。”（《孟子·告子上》）有时则是完整的小故事、寓言，条理清楚，只要添上题目，便可单独成篇，对后世有十分深远的影响。它是感性和理性的结合，善于用文学手段达到实用目的，对于既主张“以文载道”，又重视文学的美感，喜欢在说理中包蕴个人感情的唐宋古文家，成为绝好的典范。例如唐韩愈的文章，雄肆而严整，喜用排比、博喻，与孟子文章实在有前后相承的关系。

《孟子》一书在北宋的时候，被朝廷正式列为“经”，成为儒家传世“十三经”之一，并逐步成为当时国家举行科举考试的必读经典。《孟子》主要注本有《孟子注疏》，《四部备要》本14卷；《孟子集注》，《四部备要》本7卷；《孟子正义》，《四部备要》本30卷。另有今人杨伯峻《孟子译注》（中华书局本）。

附录二 《孟子》中的经典成语

引领而望

【出处】“如有不嗜杀人者，则天下之民皆引领而望之矣。”（《梁惠王》）

【释义】如果有一位不好杀人的君主，那么天下的老百姓都会伸长着脖子期待他的解救了。

君子远庖厨

【出处】“是以君子远庖厨。”（《梁惠王》）

【释义】所以君子远离厨房。

明察秋毫

【出处】“明足以察秋毫之末，而不见舆薪。”（《梁惠王》）

【释义】我的目力能够把秋天鸟的细毛看得分明，一车子柴火摆在眼前却瞧不见。

挟泰山以超北海

【出处】“挟泰山以超北海，语人曰‘我不能’，是诚不能也。”（《梁惠王》）

【释义】把泰山夹在胳臂底下跳过北海，告诉人说“这个我办不到”，是真办不到。

缘木求鱼

【出处】“以若所为求若所欲，犹缘木而求鱼也。”（《梁惠王》）

【释义】以您这样的做法满足您这样的欲望，好像爬到树上去捉鱼一样。

寡不敌众

【出处】“寡固不可以敌众，弱固不可以敌强。”（《梁惠王》）

【释义】人口稀少的国家不可以跟人口众多的国家为敌，弱国不可以跟强国为敌。

与民同乐

【出处】“此无他，与民同乐也。”（《梁惠王》）

【释义】这没有别的原因，只是因为同百姓一同娱乐罢了。

乐以天下，忧以天下

【出处】“乐以天下，忧以天下，然而不王者，未之有也。”（《梁惠王》）

【释义】和天下的人同忧同乐，这样还不能使天下归服于他的，是从来不曾有的事。（注：范仲淹名句“先天下之忧而忧，后天下之乐而乐”即化于此。）

顾左右而言他

【出处】“王顾左右而言他。”（《梁惠王》）

【释义】齐王回过头来左右张望，把话题扯到别处去了。

水深火热

【出处】“如水益深，如火益热，亦运而已矣。”（《梁惠王》）

【释义】如果燕国的百姓受水更深，受火更热（指灾难更加深了），那他们只能转而去求其他的出路了。

救民于水火之中

【出处】“今燕虐其民，王往而征之，民以为将拯己于水火之中也，箪食壶浆以迎王师。”（《梁惠王》）

【释义】如今燕国的君主虐待百姓，您去征伐他，那里的百姓认为您是要把他们从水深火热的苦难中解救出来，因此都用筐盛着干饭，用壶盛着酒浆来欢迎您的军队。

箪食壶浆

【出处】“今燕虐其民，王往而征之，民以为将拯己于水火之中也，箪食壶浆以迎王师。”（《梁惠王》）

【释义】如今燕国的君主虐待百姓，您去征伐他，那里的百姓认为您是要把他们从水深火热的苦难中解救出来，因此都用筐盛着干饭，用壶盛着酒浆来欢迎您的军队。

出尔反尔

【出处】“戒之戒之！出乎尔者，反乎尔者也。”（《梁惠王》）

【释义】提高警惕，提高警惕！你怎样去对待人家，人家将怎样回报你。

解民倒悬

【出处】“当今之时，万乘之国行仁政，民之悦之，犹解倒悬也。”（《公孙丑》）

【释义】现在这个时候，拥有万辆兵车的大国实行仁政，老百姓的高兴，正好像人倒挂着而被解救了一般。

事半功倍

【出处】“故事半古之人，功必倍之，惟此时为然。”（《公孙丑》）

【释义】所以“事半功倍”，只有在这个时代才行。

具体而微

【出处】“冉牛、闵子、颜渊则具体而微。”（《公孙丑》）

【释义】冉牛、闵子、颜渊大体近于孔子，却不如他那样博大精深。

出类拔萃

【出处】“出于其类，拔乎其萃，自生民以来，未有盛于孔子也。”（《公孙丑》）

【释义】圣人远远超出了他那一类，大大高出了他那一群。从有人类以来没有比孔子还要伟大的。

心悦诚服

【出处】“以德服人者，中心悦而诚服也。”（《公孙丑》）

【释义】依靠道德来使人服从的，人家才会心悦顺服。

反求诸己

【出处】“发而不中，不怨胜己者，反求诸已而已矣。”（《公孙丑》）

【释义】（射箭）如果没有射中，不埋怨那些胜过自己的人，而是反过来找自己的原因。

与人为善

【出处】“取诸人以为善，是与人为善者也。”（《公孙丑》）

【释义】吸取别人的优点来自己行善，这就是偕同别人一道行善。

绰绰有余

【出处】“我无官守，我无言责也，则吾进退，岂不绰绰然有余裕哉？”（《公孙丑》）

【释义】我既没有固定的职务，又没有进言的责任，那我的行动，难道不是宽舒得有无限的回旋余地吗？

怨天尤人

【出处】“君子不怨天，不尤人。”（《公孙丑》）

【释义】君子不抱怨天，不责怪人。

此一时，彼一时

【出处】“彼一时，此一时也。”（《公孙丑》）

【释义】那时是一个时候，现在又是一个时候。

舍我其谁

【出处】“当今之世，舍我其谁也？”（《公孙丑》）

【释义】在今日的社会里，除了我，还有谁呢？

为富不仁

【出处】“为富不仁矣，为仁不富矣。”（《滕文公》）

【释义】要发财致富便不能仁爱，要仁爱便不能发财致富。

父母之命，媒妁之言

【出处】“不待父母之命，媒妁之言，钻穴隙相窥，逾墙相从，则父母国人皆贱之。”（《滕文公》）

【释义】若是不等到爹娘开口，不经过媒人介绍，自己便钻洞扒门缝来互相窥望，爬过墙去私会，那么爹娘和社会人士都会轻视他。

乱臣贼子

【出处】“孔子成《春秋》而乱臣贼子惧。”（《滕文公》）

【释义】孔子写成《春秋》，叛乱的臣子、不孝的儿子才有所害怕。

自暴自弃

【出处】“自暴者，不可与有言也；自弃者，不可与有为也。”（《离娄》）

【释义】自己残害自己的人，不能和他谈出有价值的言语；自己抛弃自己的人，不能和他成就有价值的事业。

不虞之誉

【出处】“有不虞之誉，有求全之毁。”（《离娄》）

【释义】有意料不到的赞扬，也有过于苛求的诋毁。

好为人师

【出处】“人之患在好为人师。”(《离娄》)

【释义】人的毛病在于喜欢做别人的老师。

何出此言

【出处】“先生何为出此言也?”(《离娄》)

【释义】老师为什么说这样的话呢?

不孝有三,无后为大

【出处】“不孝有三,无后为大。”(《离娄》)

【释义】不孝顺父母的事情有三种,其中以没有子孙为最大。

手舞足蹈

【出处】“生则恶可已也,恶可已,则不知足之蹈之手之舞之。”(《离娄》)

【释义】快乐一发生就无法休止,无法休止就会不知不觉地手舞足蹈起来了。

不为已甚

【出处】“仲尼不为已甚者。”(《离娄》)

【释义】孔子是做什么事都不过火的人。

左右逢源

【出处】“资之深,则取之左右逢其原。”(《离娄》)

【释义】蓄积很深,便能取之不尽,左右逢源。

夜以继日

【出处】“仰而思之,夜以继日。”(《离娄》)

【释义】仰头思考,白天想不好,夜里接着想。

自怨自艾

【出处】“三年,太甲悔过,自怨自艾(艾,音yì)。”(《万章》)

【释义】三年后,太甲悔过,自己怨恨,自己悔过。

先知先觉

【出处】“天之生此民也,使先知觉后知,使先觉觉后觉也。”(《万章》)

【释义】上天生育人民,就是要先知先觉者来使后知后觉者有所觉悟。

集大成者

【出处】“集大成也者,金声而玉振之也。”(《万章》)

【释义】“集大成”的意思，就和奏乐时先敲钵钟，最后用玉磬收束，有始有终一样。

却之不恭

【出处】“‘却之却之为不恭’，何哉？”（《万章》）

【释义】“一再拒绝人家的礼物，这是不恭敬”，为什么呢？

杀人越货

【出处】“杀越人于货，闵不畏死，凡民罔不憝。”（《万章》）

【释义】杀死别人，抢夺财物，强横不怕死，这种人是没有人不痛恨的。

茁壮成长

【出处】“牛羊茁壮长而已矣。”（《万章》）

【释义】牛羊都壮实地长大了。

知人论世

【出处】“颂其诗，读其书，不知其人，可乎？是以论其世也。”（《万章》）

【释义】吟咏他们的诗歌，研究他们的著作，不了解他们的为人，可以吗？所以要讨论他们那一个时代。

一暴十寒

【出处】“虽有天下易生之物也，一日暴之，十日寒之，未有能生者也。”（《告子》）

【释义】纵使有一种最容易生长的植物，晒它一天，冻它十天，没有能够再长的。

专心致志

【出处】“使弈秋诲二人弈，其一人专心致志，惟弈秋之为听。”（《告子》）

【释义】假使让弈秋（下棋高手）教两个人下棋，其中的一个人一心一意，只听弈秋的话。

舍生取义

【出处】“二者不可得兼，舍生而取义者也。”（《告子》）

【释义】如果两者（生命和义）不能并有，便牺牲生命，而要“义”。

杯水车薪

【出处】“今之为仁者，犹以一杯水救一车薪之火也。”（《告子》）

【释义】如今行仁的人，好像用一杯水来救一车柴木的火焰。

言归于好

【出处】“凡我同盟之人，既盟之后，言归于好。”（《告子》）

【释义】所有我们参加盟会的人订立盟约以后，完全恢复旧日的友好。

以邻为壑

【出处】“今吾子以邻为壑。”（《告子》）

【释义】如今你却使水流到临近的国家去。

习焉不察

【出处】“行之而不著焉，习矣而不察焉。”（《尽心》）

【释义】如此做法，却不明白其当然；习惯了却不深知其所以然。

独善其身

【出处】“穷则独善其身，达则兼善天下。”（《尽心》）

【释义】穷困便独善其身，得意便兼善天下。

不言而喻

【出处】“施于四体，四体不言而喻。”（《尽心》）

【释义】（君子的本性，仁义礼智）至于手足四肢，在手足四肢的动作上，不必言语，别人一目了然。

引而不发

【出处】“君子引而不发，跃如也。”（《尽心》）

【释义】君子（教导别人正如射箭）张满了弓，却不发箭，做出跃跃欲试的样子。

仁民爱物

【出处】“亲亲而仁民，仁民而爱物。”（《尽心》）

【释义】君子亲爱亲人，因而仁爱百姓；仁爱百姓因而爱惜万物。

当务之急

【出处】“知者无不知也，当务之为急。”（《尽心》）

【释义】智者没有不知道的，但是急于做当前的重要工作。

尽信书，不如无书

【出处】“尽信《书》，则不如无《书》。”（《尽心》）

【释义】完全相信《尚书》，那还不如没有《尚书》。

茅塞顿开

【出处】“山径之蹊，间介然用之而成路；为间不用，则茅塞之矣。”（《尽心》）

【释义】山坡的小路只一点点宽，经常去走它便成了一条路；只要有一个时候不去走它，又会被茅草堵塞了。

言近旨远

【出处】“言近而指远者，善言也。”（《尽心》）

【释义】言语浅近，意义却深远的，这是“善言”。

同流合污

【出处】“同乎流俗，合乎污世。”（《尽心》）

【释义】同流合污。

附录三　孟子年谱

《孟子·离娄上》关于孟子的生卒年月有三种说法：

一、认为孟子生于周安王十七年（公元前385年），卒于周赧王十一年（公元前304年）。

二、认为孟子生于周烈王四年（公元前372年），卒于周赧王二十六年（公元前289年）。

三、赵岐《〈孟子〉题辞》认为：孟子生于周安王十二年，约公元前390年，卒于周显王四十六年，公元前323年。

我们采用第三种说法：即公元前390年，周安王十二年，孟子生于邹之凫村。

1岁　公元前389年秋，周安王十三年，孟子在邹。

4岁　公元前386年，周安王十六年，孟子在邹。是年丧父，受母三迁、断机之教（据《列女传》）。其实三迁与断机恐非发生于一年。

6岁　公元前384年，周安王十八年。楚吴起为相。孟子在邹。

7岁　公元前383年，周安王十九年。鲁穆公卒，子奋立，是为共公。孟子在邹。

9岁　公元前381年，周安王二十一年。楚宗室杀吴起。孟子在邹。

11岁　公元前379年，周安王二十三年，齐康公绝祀。赵王翳迁于吴。孟子在邹。

14岁　公元前376年，周安王二十六年。韩灭郑。诸咎杀其君。孟子在邹。

15岁　公元前375年，周烈王元年。韩山坚杀其君。齐田午杀其君，自立为桓公。越寺区定乱，立无余之。孟子在邹。

19岁　公元前371年，周烈王五年，魏武侯卒。燕简公卒。韩严杀韩哀侯。魏伐楚，取鲁阳。孟子在邹。

20岁　公元前370年，周烈王六年。晋桓公被韩、赵迁于屯留。赵、韩伐魏，魏伐赵，败之平阳。孟子在邹。

21岁 公元前369年，周烈王七年。齐伐魏，降观，王错奔韩。魏败韩于马陵。孟子在邹。

22岁 公元前368年，周显王元年。孟子赴鲁游学，受业于子思之门人。

23岁 公元前367年，周显王二年。韩赵分周为二。孟子在鲁。

24岁 公元前366年，周显王三年。魏伐韩败逋。孟子在鲁。

25岁 公元前365年，周显王四年。四月甲寅，魏迁都大梁。桓公杀其君母。孟子在鲁。

26岁 公元前364年，周显王五年。魏公子缓如赵以作难。孟子归邹创办子思书院，广育天下英才。

27岁 公元前363年，周显王六年。魏伐赵，取利人与肥。越寺区、弟思杀其君。孟子在邹。

28岁 公元前362年，周显王七年。魏战败赵、韩联军于浍北，擒乐祚，攻取皮牢。赵成侯与韩昭侯会于上党。孟子在邹。

29岁 公元前361年，周显王八年。商鞅入秦。魏入河水于甫田。暇阳人来归。孟子在邹。

30岁 公元前360年，周显王九年。东周惠公杰卒。孟子在邹。

31岁 公元前359年，周显王十年。韩魏分晋，迁晋君于端氏。商鞅变法。孟子在邹。

32岁 公元前358年，周显王十一年。魏及韩侯盟于巫沙，归侯于韩，商鞅刑公子虔、公孙贾。孟子在邹。

33岁 公元前357年，周显王十二年。鲁、宋、卫、韩君朝魏，梁惠王称王。商鞅为左庶长。孟子在邹。

34岁 公元前356年，周显王十三年。鲁侯朝魏，魏筑阳池以备秦。韩筑长城自亥谷以南。赵会燕成侯于安邑。孟子在邹。

35岁 公元前355年，周显王十四年。申不害相韩。越无颛卒。秦孝公与魏惠王会于杜平，侵宋。孟子在邹。

36岁 公元前354年，周显王十五年。齐败魏于桂阳。韩侯朝魏。秦败魏，斩首七千，取少梁。孟子在邹。

37岁 公元前353年，周显王十六年。赵败魏于桂陵（齐用孙膑围魏救赵）。

魏以韩师败诸侯于襄陵，会齐宋之国。齐使楚景舍与魏求成。孟子在邹。

38岁　公元前352年，周显王十七年。商鞅为秦大良造（相当于相国兼将军），伐魏，安邑降秦。孟子在邹。

39岁　公元前351年，周显王十八年。秦迁都咸阳。商鞅伐魏，固阳降秦。魏归赵邯郸，在漳水上结盟。孟子在邹。

40岁　公元前350年，周显王十九年。商鞅废井田，设县。孟子在邹。

42岁　公元前348年，周显王二十一年。韩昭侯如秦。秦“初为赋”。孟子在邹。

43岁　公元前347年，周显王二十二年，孟子因齐威王招文学游说之士，第一次由邹到齐临淄稷下学宫。

44岁　公元前346年，周显王二十三年，孟子在齐与匡章交游。

46岁　公元前344年，周显王二十五年。魏惠王召诸侯于逢泽朝天子，秦公子少师率师参于逢泽之会。秦孝公会诸侯于京师。孟子在齐稷下被淳于髡讥讽，二人进行了有关礼的辩论。

47岁　公元前343年，周显王二十六年。齐田忌用孙膑之计大败魏军于马陵，庞涓自杀，太子申被俘。孟子在齐并不受重用，被齐人讥讽，孟子以“我无官守”“我无言责”而自解。

48岁　公元前342年，周显王二十七年。商鞅伐魏，用计俘公子卬，大破魏军。孟子在齐。

50岁　公元前340年，周显王二十九年。（齐）邳迁于薛。魏为大沟，行圃田之水。孟子在齐。

51岁　公元前339年，周显王三十年。据《史记》所载，威王聘庄子为相，庄子辞见。赵良见商鞅，威胁商鞅下台。孟子在齐。

52岁　公元前338年，周显王三十一年。宋剔成卒，弟偃立。秦孝公卒，车裂商鞅于咸阳，其师尸佼逃蜀。孟子在齐。

53岁　公元前337年，周显王三十二年。韩申不害卒。秦仍用商鞅新法，楚、赵、韩、蜀朝秦。孟子在齐。

55岁　公元前335年，周显王三十四年。秦甘茂取韩宜阳。匡章因与孟子游，被齐用为将，败秦。魏惠王用惠施策与齐威王会徐州，惠王改元。孟子在齐。

56岁　公元前334年，周显王三十五年，楚灭越。孟子在齐。

57岁　公元前333年，周显王三十六年。苏秦合纵六国，于洹水歃血为盟。孟子在齐。

59岁　公元前331年，周显王三十八年。秦败魏，俘其将龙贾，斩首八万。孟子在齐不被重用，拥楹而叹。

60岁　公元前330年，周显王三十九年。魏献西河之地于秦。孟子在齐。

63岁　公元前327年，周显王四十二年。韩举与齐战，死于桑邱。孟母仙逝，孟子归葬于鲁，孟子第一次到齐国的后期已得到客卿地位，故以卿大夫之礼葬母。

64岁　公元前326年，周显王四十三年。五月，魏会韩威侯于巫沙。十月，韩宣王朝魏。孟子在鲁守丧。

65岁　公元前325年，周显王四十四年。四月，秦惠王称王。五月，燕王称王，韩宣王称王。孟子在鲁守丧。

66岁　公元前324年，周显王四十五年。楚败魏于襄陵。孟子在鲁三年之丧满，返齐。

67岁　公元前323年，周显王四十六年。昭阳为楚伐魏。滕定公、孟子卒。

附录四　对儒家思想的基本认识

一、什么是儒家？

儒家是由孔子所创立的学派或思想学说，学习古代圣人的仁义教诲，持守中庸的精神，落实个人到群体的道德伦理。

二、谁是孔子？

孔子是儒家的创始人，他是春秋末年伟大的思想家、政治家和教育家。他首创私学，有教无类，一生从事教育事业，积累了丰富的教育经验，创造了科学的教育方法和教育方式，创立了完整的教育理论；他删《诗》《书》，订《礼》《乐》，赞《周易》，整理了众多的古代文献，为古代文化的保存与传承作出了重要贡献。

三、儒家的中心思想是什么？

儒家思想体系的核心是“仁”，其内涵约有以下几个要义：

血缘亲情的爱心，即孝顺父母、尊重长辈、疼爱小辈；把爱心推广到一切人；由“仁”的思想转化为品德与性格；完善道德的理想境界，达致天下归仁。

四、什么是《四书》？

《四书》即《大学》《中庸》《论语》《孟子》四本书的合称。它是儒家最著名的经典，也是中国古代文人的必读书籍，其影响深远而广大。

五、什么是《四书章句集注》？

南宋著名大儒朱熹（1130—1200）吸收借鉴并利用前贤的研究成果，在辑录前贤注解的同时，提出自己独到的见解，以此来抒发儒家的精义，从而形成《四书章句集注》（简称《四书集注》）。本书倾注了朱熹的毕生精力，成为元、明、清历代王朝科举考试和知识分子的必读书目。

六、什么是《论语》？

《论语》是关于孔子的言行录，由孔子弟子及再传弟子根据记录和传闻整理而成。全书基本采用问答体裁。今本共计二十篇，每篇取篇首二三字为名。本书的字数不多，但蕴涵的思想十分丰富，牵涉到政治、伦理、教育、哲学等各方面。孔子在《论语》里提出以“仁”为核心的伦理思想，进而谈到礼节仪文对道德行为的节制作用。当然，本书也论述了孔子伟大的教育思想理念和原则。《论语》从东汉起被列入儒家经典，到南宋时经朱熹集注后被列入四书。有句话说：“半部《论语》治天下”，充分显示了《论语》的重要价值。

七、什么是《孟子》？

《孟子》是儒家仁政思想的开篇。本书共七篇，每篇分上下，共十四卷，由战国时孟子及其弟子等编著，此后成为儒家的重要著作之一。本书的思想内容主要是论述人性本善，主张推行仁政王道，以及如何完善理想人格。

八、什么是《大学》？

《大学》是儒家最全面和系统申述治国平天下学说的一篇文章。它本是《小戴礼记》中的一篇。“大学”一词指的是成人所受的高等教育。南宋的朱熹整理《大学》时，将其分为“经”一章，“传”十章。他认为经一章是由曾子转述孔子所说的话语，而传十章则为门人所记下的曾子表达之意。《大学》全文仅两千多字。本书的纲领阐述了儒家内圣外王的理论：如果要平天下，就要治国；要治国，先要齐家；要齐家，先要修身；要修身，先要正心；要正心，先要诚意；要诚意，先要致知；而致知的关键在于格物。这是一个由内向外的完整系统，显示出一种由近及远、缺一不可的逻辑关系。

九、什么是《中庸》？

《中庸》和《大学》一样，同为《小戴礼记》中的一篇，是儒家论述人生哲理的论文。本书据说是由孔子的孙子、曾子的学生子思所作。“中庸”一词始见于《论语·雍也篇》，本书可说是对《论语》以来的中庸思想所作的最系统的阐发。朱熹的《中庸章句》，将其分为三十三章。《中庸》完全以个人的修养和完善为中心，以阐发实践伦理的学说。本书认为“天”与“道”和人息息相关。它以“诚”作为天人合一的道德修养。

十、什么是《五经》？

五经包含了儒家全部的主要思想内容。这五本经典分别是《周易》《尚书》《诗经》《礼记》和《春秋》。《周易》是由卦、爻两种符号和卦辞、爻辞两种文字构成，是古代为占卜用的。《尚书》（又称《书经》）是中国上古历史文件和追述古代事迹的著作汇编，相传是孔子所编选的。《诗经》是孔子把中国古代流传下来的三千多首诗，选出有教育意义的三百零五首，汇集成一本诗集。《礼记》为秦汉以前各种礼仪论著的选集。《春秋》是编年体的鲁史，相传是孔子据鲁国史官所编《春秋》加以整理修订而成，其文字简短，寓有褒贬之意，后世称为“春秋笔法”。

十一、什么是《六经》？

上述的五经，再加上《乐经》，即儒家的音乐教育经典，合称六经。不过，由于经历秦始皇的焚书坑儒，目前《乐经》原本已经失传，其部分内容散见于相关先秦典籍。

十二、什么是《七经》？

《七经》共有以下几种说法：

1. 汉代，“七经”一般指“五经”加上《孝经》和《论语》。

2.《书经》《诗经》《三礼》（《周礼》《仪礼》《礼记》）《公羊传》《论语》。

3.“五经”加《周礼》《礼记》。

4. 凡从“十三经”中选出七种，都可以编为“七经”。

十三、什么是《九经》？

“九经”也有以下几种不同说法：

1. 唐代，《礼记》《左传》为大经，《诗经》《周礼》《仪礼》为中经，《易经》《书经》《公羊传》《谷梁传》为小经。

2. 宋代，九经包括《周易》《书经》《诗经》《周礼》《礼记》《左传》《公羊传》《谷梁传》和《孟子》；也有以《诗经》《书经》《易经》《春秋》《三礼》（《周礼》《仪礼》《礼记》）《论语》和《孟子》为九经。

3. 明代，以“五经”和“四书”合为九经。

4. 清代，以《易经》《书经》《诗经》《周礼》《仪礼》《礼记》《左传》《公羊传》和《谷梁传》为九经。

5. 凡从“十三经”中选取九种，便可称为九经。

十四、什么是《十一经》？

1.五代时，十一经指的是《易经》《书经》《诗经》《三礼》（《周礼》《仪礼》《礼记》）《春秋三传》（《左传》《公羊传》《谷梁传》）《论语》和《孝经》。

2.宋代时，“十三经”中除去《论语》《孟子》为十一经。

十五、什么是《十三经》？

宋代以前，《周易》《尚书》《诗经》《仪礼》《周礼》《礼记》《春秋左氏传》《春秋公羊传》《春秋谷梁传》《孝经》《论语》《尔雅》被订为十二经，宋代升《孟子》为经，合为十三经。

十六、什么是六艺？

六艺是孔子教育学生的六项学习内容，主要有以下两种：一是指六经，即《易经》《诗经》《书经》《礼记》《乐经》《春秋》。二是指礼、乐、射、驭（御）、书、数。

十七、什么是三不朽？

“三不朽”的典故出自《左传》：“太上有立德，其次有立功，其次有立言，虽久不废，此之谓不朽。”立德指树立道德，即提高道德修养，给人们树立道德方面的榜样。立功的意思是为人民做了好事，立了大功。立言就是以救世之心著书立说。

十八、什么是“有教无类”？

孔子在《论语·卫灵公》中说过“有教无类”这句话，意思是主张教育不分身份高低，从而使更多平民得到受教育的机会。这对发展教育、普及教育起了积极的促进作用。

十九、什么叫“三纲五常”？

“三纲”指的是：君为臣纲，父为子纲，夫为妻纲。这在汉代以后成为儒家伦理道德思想的核心。

“五常”则指仁、义、礼、智、信五种德行。孔子在《论语》里有许多论述这五种德行的话语。孟子则把这五个概念化为“四端”（《孟子·告子上》），仁义礼智是人自然而有的善端，不是经过社会教化才产生的。一切道德修养的目的就是保持本性中的善端。“信”则是处理朋友关系时所遵循的原则。

二十、简述《周易》发展史

《周易》发展史可以用“人更三圣，世历三古”来加以概括，简述如下：

1. 上古时期：伏羲画卦。伏羲氏始作八卦，明万物之发生，为天道思想。八卦的画成起于普遍观察天、地、人、我、万物。《易传·系辞下》二章说：“古者包牺氏之王天下也，仰则观象于天，俯则取法于地，观鸟兽之文，与天地之宜，近取诸身，远取诸物，于是始作八卦，以通神明之德，以类万物之情。”

2. 中古时期：文王演易。文王时代，上距伏羲氏已三千余年，周文王演易以应人事之用。文王演易指的是将八卦演变为六十四卦，作卦爻辞、创定筮术，为吉凶占断和定易之名称。周文王是第一位将易学引入人生的圣人，他的演易在于教化人，使人提高道德品质，增进理性知识，此乃圣人忧民爱民的表现，所以后来孔子赞扬他：“作易者，其有忧患乎”（《系辞下》）、“圣人以神道设教，而天下服矣。”（《观卦·象传》）

3. 下古时期：孔子赞易。伏羲氏、周文王而后，继承发扬易学的是孔子，史称“孔子赞易”。他的主要易学贡献，表现在作《易传》上，使易学一变而为深远的哲学思想。孔子在《易传》中为人指出未来应该走的前途，规划人生未来的理想奋斗目标，人应该致力于道德生活，作君子、圣人或大人，以达到天人合德的境界。孔子最后完成易学的人道思想，孟子称赞孔子的贡献，说：“孔子之谓集大成。”（《孟子·万章下》）

二十一、八卦的含义

八卦即八种物象，分别为：天（乾）、地（坤）、雷（震）、风（巽）、水（坎）、火（离）、山（艮）和泽（兑）。为了方便记忆八卦的爻象，朱熹在《周易本义》里特编了一首“八卦取象歌”，随简释附于卦名后。

1. 乾卦（乾三连），叠三阳，象征阳气上升为天。古人认为，天是轻清明澈的阳气升浮而形成的，故以三阳相叠为天之象。天是运行不止的，四季寒暑周转不息，有刚健之义。

2. 坤卦（坤六断），叠三阴，象征阴气下凝为地。古人认为，地是重浊混沌的阴气沉聚而成的，故以三阴相叠为地。地是宽厚载物的，承受万物巨细不遗，有柔顺之义。

3. 离卦（离中虚），上下为阳，中蓄一阴，象征火以阳为代表，内中却隐藏着阴质，即“火中有水”。今天我们观察火的燃烧无不伴随着水汽的散发亦可证明。火的燃烧必附于燃料，有附着之义。

4. 震卦（震仰盂），上两阴下降，下一阳上升，象征阴阳冲突，爆发为雷。古人认为雷是阴阳二气相冲突而产生的。雷生奋起振动万物，有震动之义。

5. 巽卦（巽下断），二阳升腾于一阴之上，象征风行地上。卦下一阴象“土”，上二阳象“风气”。风行天下无隙不入，有顺入之义。

6. 艮卦（艮覆碗），上为阳，二阴蓄其下，象征山上表层凝有坚石，下含丰厚的湿土。今天我们看到山，尚可感觉到它的上层虽高拔刚健，下层却藏有大量阴气以滋润草木，故古人以此形为山之象。山峰屹立静止不动，有静止之义。

7. 兑卦（兑上缺），上为阴，二阳蓄其下，象征泽外表为阴湿之所，下层却含有大量阳气。凡泽面阴湿，泽下必蕴蓄许多热气。今天有通过泥沼产生沼气的科学实践，也可印证此理。泽润所及万物欣悦，有欣悦之义。

8. 坎卦（坎中满），上下为阴，中蓄一阳，象征水以阴为代表，内中却隐藏着阳质。现代科学证明，水分子含有一个氧原子和两个氢原子，氢、氧均是可燃之物。这与坎中包含阳气之象颇为吻合。

二十二、什么是内圣外王？

简单说来，内圣意即“内求于己”，也就是“八条目”所说的“格物、致知、诚意、正心、修身”；外王表示“外用于世”，指的是“八条目”中的“齐家、治国、平天下”。孟子说：“穷则独善其身，达则兼善天下。”正是表达了内圣外王的精义所在。

二十三、什么是宋明理学？

宋明理学是儒学在宋、明两个时期之间和佛道两家的冲击和相互交融，从而使儒学吸收佛道的精华，重新诠释和建构儒学的宇宙生成论和伦理学体系。朱熹和二程兄弟吸收道家太极、阴阳思想而形成理学，另外陆九渊和王阳明则深受禅学明心见性的影响，提出心学而自成一派。

二十四、什么是新儒家？

新儒家萌生于二十世纪二十年代，发展于三十年代，五十年代之后，走向了全世界，成为驰名于国际的文化学派或文化思潮。1921年，梁漱溟到山东讲演并出版了《东西文化及其哲学》，揭起了新儒家的大旗。

1923年，熊十力在北京大学讲《新唯识论》，系统地阐述了新儒家的理论观点。十年之后，出版了《新唯识论》，从理论上全面展现了新儒学的面貌，同时标志着新儒学的形成。

现代新儒学，其发展历程可分为前后两个阶段：第一阶段是1920至1940年期间，其主要代表人物包括梁漱溟、熊十力、贺麟、冯友兰等人；第二阶段是五十年代而下，其主要代表人物有唐君毅、牟宗三、徐复观，而钱穆、张君劢、方东美三人则纵横于前后两个不同时期。这前后两个阶段的新儒家代表人物，一般被称为第一代新儒家和第二代新儒家。

目前，新儒家的主要代表人物如杜维明、刘述先、蔡仁厚、成中英、余英时等人，则为第三代新儒家。所谓的新儒家，其实是博采诸子和西方文化的精华，经过自我更新，成为具有生命力，能够适应新时代文化环境的新精神所需要的儒学。新儒家也被称作“儒学的第三期发展”，意即新儒家乃是“返本开新”的儒学。所谓“返本”，意即回归传统儒学的本原、根本道统、道德本体的“内圣之道”。至于“开新”，即是革新儒家的传统文化，开科学和民主之新，也就是要变革传统儒学的“外王之道”。

现代新儒家以“返本开新”为纲领，补救传统儒学“外王弱”的不足，“开新的外王”，就是在儒家传统的道德伦理主导下，引进西方的科学与民主。总而言之，现代新儒家所说的新儒学，就是要恢复传统儒学的“内圣成德之教”，“接续民族文化生命的本源大流”，并开出学统和政统为内涵的“新外王”，从而使儒学演化适应当代世界新文化环境的精神需要。

时至今日，新儒家不仅在香港、台湾、美国等国家和地区成为学术界众所皆知的术语，而且也成为中国大陆学术界研究的热点。现代新儒学正是传统儒学的自我更新、自我变革，它以适应新的文化环境的新精神、新的时代特征而与传统儒学有所区别。因此，海内外学者都异口同声地称之为新儒家。

二十五、儒家是不是一种宗教？

严格说来，儒家不算是一种宗教，但它却具有宗教功能的特色。宗教基本上要具备四个条件，即：教义、仪式、规范、合理。儒家对于宇宙人生的真相，显然有所论断，由此昭示明确的信念。由于孔子、孟子珍惜传统的礼乐，表现述而不作的态度，礼乐就圆满了对仪式的要求。因而，儒家强调祭天、祭祖先、祭圣贤，到了今天，真正普遍流传在华人社会的就只有祭祖先。再者，儒家的规范自成系统，并且从杀身成仁、舍身取义来看，也已经超越了现世福报的相对考虑，完全合乎宗教的要求。就合理而言，儒家在这方面的表现更令人激赏，既能尊重理性的潜力，更能显示向着超越界的开放胸襟。

二十六、如果儒家具有宗教的特质，那它算是高级宗教吗？

我们先了解几项高级宗教的特点，这包括肯定“人不是至高的精神实体”，同意“人应该行善避恶”，对于世界苦难采取“既不逃避也不厌恶，而是力求化解和转化”的态度。依照上述的三项高级宗教特色，那儒家可算是高级宗教了。这是因为儒家肯定“人的可完美性”，亦即预设人的现状并不完美，因此必须经由行善避恶来提升自己成为君子、贤人、圣人等理想人格。同时，儒家一向正视命运与痛苦，以之为试炼与考验，进而激发更强的奋斗意志，并展现更高的人格尊严。由此观之，儒家的宗教性格可以得到进一步的阐明了。

声　明

《国学经典之四书品读》一书由赵华伦主编，陈彬、邱胜、牛海亮任副主编。我公司曾于2008年出版发行本书，此次重新改版发行。由于通讯信息变动，我公司无法联系到相关著作权人。请相关著作权人看到声明后及时与我们联系，洽谈相关事宜。

商务印书馆国际有限公司

2015年6月